How to TEPS

하우투 텝스

시크릿 청해편

How to TEPS 시크릿 청해편

지은이 유니스 정
펴낸이 안용백
펴낸곳 (주)넥서스

초판 1쇄 발행 2009년 3월 10일
초판 4쇄 발행 2010년 3월 10일

2판 1쇄 발행 2010년 6월 25일
2판 6쇄 발행 2015년 2월 10일

출판신고 1992년 4월 3일 제311-2002-2호
121-893 서울시 마포구 양화로 8길 24
Tel (02)330-5500 Fax (02)330-5555

ISBN 978-89-6000-914-1 18740

본책은 〈How to TEPS 주제별 청해〉의 개정판입니다.

www.nexusbook.com

주제별로 텝스 청해를 공략한다

How to TEPS

하우투 텝스

시크릿 청해편

유니스 정 지음

넥서스

머리말

　다른 어떤 공부와 마찬가지로 텝스 청해를 공부하는 데에도 개인적인 노력을 절대 무시할 수는 없습니다. 또한 영어를 공부하는 것 자체가 많은 노력을 요하는 것은 불변의 진리입니다. 그러나 텝스 청해를 공부하는 수험자들을 보면 정말 노력만 하는 것 같습니다. 아무것도 갖추어져 있지 않은 상태에서 노력만 해서는 절대로 청해 점수가 향상되지 않습니다. 그 무엇보다 중요시되어야 할 텝스 청해의 시험 범위도 정확히 모르면서 단지 시간과 노력만 투자합니다. 어떠한 시험이든 간에 시험을 준비함에 있어 가장 기본이 되는 것은 공부해야 할 범위를 정확히 아는 것입니다.

　〈How to TEPS 시크릿 청해편〉이 바로 텝스 청해의 정확한 시험 범위를 알려주고 있습니다. 이보다 더 완벽하고, 체계적인 교재는 없다고 자부합니다. 이 교재는 텝스 청해에 나오는 시험 범위를 정확히 제시하고 있을 뿐 아니라 철저한 분석을 통해 단계적이고, 체계적으로 구성된 맞춤식 텝스 청해 교재입니다. 그리고 8년간 매달 텝스 시험을 통해 분석한 노하우를 그대로 반영했습니다. 그러므로 수험자가 스스로 학습하면서 청해에 자신감을 갖게 될 것을 믿어 의심치 않습니다.

　시험 범위도 정확히 모르면서, 문제에 적용해야 할 기출 공식도 모르면서, 막연한 문제풀이로 접근한다면 투자되는 시간과 노력은 막연히 허비될 뿐입니다. 시험 범위조차 모르는 수험자의 노력은 범위 내에서 공부하는 수험자를 절대 쫓아갈 수가 없습니다. 또한 타 영어 시험의 문법 교재는 주제별, 상황별 구성으로 세세히 나누어 놓아 수험자가 언어를 받아드리는 데 체계적인 효율성을 둔 것들이 많습니다. 그러나 텝스 청해 분야에서 이와 같은 교

재가 아직 없습니다. 그만큼 텝스 청해에 대한 전문성이 부족하다는 반증입니다. 이 교재는 텝스에 나오는 모든 내용을 주제별로 세분화하여 분류했습니다. 텝스 청해의 시험 범위가 막연한 추상명사의 나열이 아닌 구체적이고, 체계적으로 정리되어 수험자가 그대로 따라 온다면, 그 노력이 헛되지 않을 것입니다. 그 노력은 곧바로 점수로 나타날 것입니다.

이 교재가 출판되기까지 개인적으로나 편집 과정에 있어서 정말 많은 변화와 고비가 있었습니다. 하지만 지나고 나니 더 좋은 교재가 출간되기 위한 배움의 과정임을 새삼 느낍니다. 인생의 또 다른 배움을 얻었던 시간들이었습니다. 처음 이 책을 집필하는 시점부터 지금까지 도와 주셨던 모든 분들께 감사드립니다.

마지막으로 세상을 살아가는 데 제게 무한한 자신감을 주신 하늘에 계신 이익훈 회장님, 사랑하는 친구들, 그리고 항상 저의 숨 쉬는 공기와 같은 가족에게 진심으로 감사드립니다.

텝스 청해의 세계화를 꿈꾸며,
유니스 정

목차

이 책의 구성
TEPS 정보
각 PART별 전략
뉘앙스별 청해 필수 표현
기본 실력 다지기
TEPS 청해 FAQ, TEPS 청해 후기

▌ Section A   Part I, II, III

Section B   Part Ⅳ

Section C

이 책의 구성

1 파트별 기본 다지기 전략

Part I, II, III

Key Expressions

★★☆ **1 길 안내 관련**
I'm a stranger here. 여기가 처음이에요.
How do I get to the station? 역에 어떻게 가나요?
You can't miss it. 찾기 쉬워요.
It's a ten-minute walk. 걸어서 10분 거리예요.

★★☆ **2 대중교통 수단 관련**
Is this bus for the Central Park? 이 버스는 센트럴 파크 행인가요?
How often does this bus run? 얼마나 자주 운행하나요?
Where to? 어디까지 가세요?
You'd better transfer to line number 3. 3호선으로 갈아타세요.

Key Expressions

각 Unit별로 핵심이 되는 관련 청해 표현들을 정리해 TEPS 청해의 초석을 다질 수 있도록 하였다.

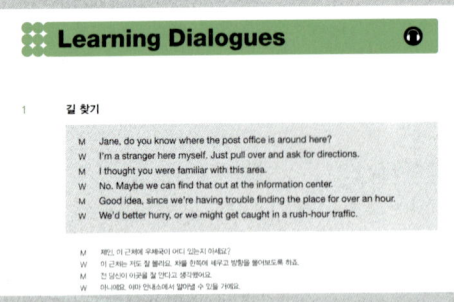

Learning Dialogues

1 길 찾기

M Jane, do you know where the post office is around here?
W I'm a stranger here myself. Just pull over and ask for directions.
M I thought you were familiar with this area.
W No. Maybe we can find that out at the information center.
M Good idea, since we're having trouble finding the place for over an hour.
W We'd better hurry, or we might get caught in a rush-hour traffic.

M 제인, 이 근처에 우체국이 어디 있는지 아세요?
W 저 근처는 저도 잘 몰라요. 차를 한쪽에 세우고 방향을 물어보도록 하죠.
M 전 당신이 이곳을 잘 안다고 생각했어요.
W 아니에요. 아마 안내소에서 알아낼 수 있을 거예요.

Learning Dialogues

각 Unit별 핵심 표현들을 효과적으로 반복 학습할 수 있도록 대화로 구성하였다.

Part IV

Useful Expressions

★ **아래 표현들을 꼭 익히자.**

1 This morning, I'd like to talk about the civilization.
오늘 아침은 문명에 대해 얘기하겠습니다.
어휘 civilization 문명

2 In today's class, I'll introduce you to organic products.
오늘 수업 시간에는 유기농 제품에 대해 소개할 것입니다.
어휘 organic product 유기농 제품

3 Today's lecture focuses on the influence of two dominant artists, Picasso and Matisse.
오늘 강의는 두 명의 뛰어난 예술가인 피카소와 마티스가 끼친 영향에 중점을 두고자 합니다.
어휘 focus on ~에 중점을 두다 dominant 우세한, 우위를 차지하는, 지배적인

Useful Expressions

Part IV의 특성에 맞게 각 Unit별로 핵심이 되는 관련 청해 표현들을 정리해 TEPS 청해의 초석을 다질 수 있도록 하였다.

Useful Expression Check-Up

● **앞에서 익힌 표현들을 확인해 보자.**

1 오늘 아침은 문명에 대해 얘기하겠습니다.
This morning, _____

2 오늘 수업 시간에는 유기농 제품에 대해 소개할 것입니다.
_____, I'll _____

3 오늘 강의는 두 명의 뛰어난 예술가인 피카소와 마티스가 끼친 영향에 중점을 두고자 합니다.
_____ the influence of two dominant artists, Picasso and Matisse.

Useful Expression Check-Up

각 Unit별 핵심 문장들을 확실히 익히기 위해 받아쓰기(Dictation) 코너를 마련해 청취력 향상을 꾀하였다.

2 파트별 실전문제 전략

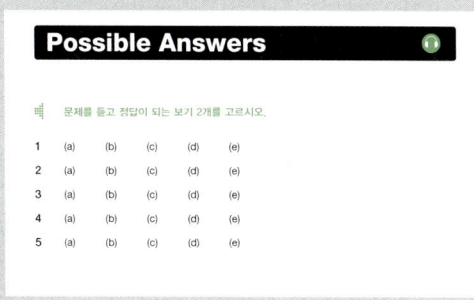

Possible Answers

실전문제(Exercise)와 같은 형태와 유형을 통해 실전에 대비하도록 하였다. 또한 각 문제에 대한 Possible Answers를 추가하여 자주 출제되는 답안을 정리하였다.

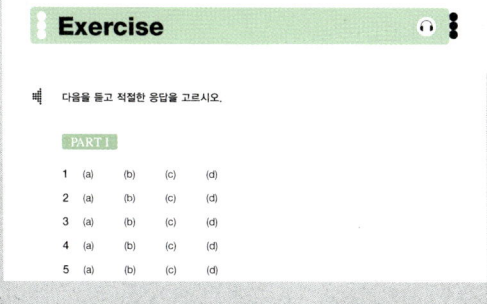

Exercise

각 Part별, Unit별 특성에 맞는 연습 문제를 제공해 관련 사항에 대해 가장 효율적인 방법으로 대비토록 했다.

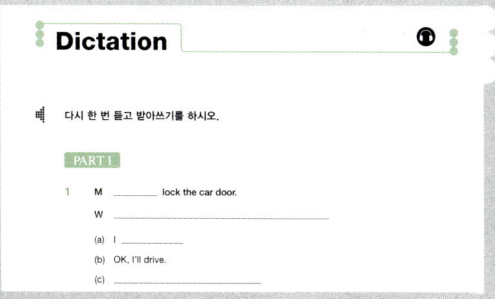

Dictation

듣고 푸는 청해 유형을 확실히 정복하기 위한 받아쓰기(Dictation) 코너로, 이를 통해 청취력 향상을 꾀하도록 하였다.

3 Actual Test

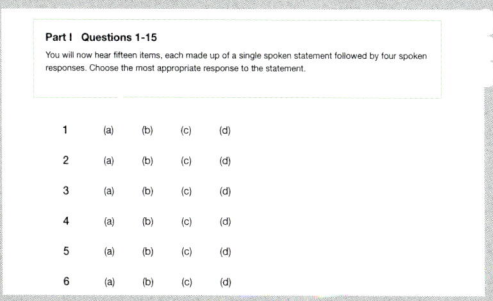

실제 시험과 같은 형태로, 최종적으로 Actual Test를 풀어봄으로써 실력을 점검하고, 확실한 시험 감각도 익혀 실전에 대비할 수 있도록 구성하였다.

TEPS 개요

TEPS란 Test of English Proficiency developed by Seoul National University의 약자로 서울대학교 언어교육원에서 개발하고, TEPS관리위원회에서 주관하는 국내 토종 영어 인증시험입니다.

- 서울대학교 언어교육원은 대한민국 정부가 공인하는 외국어 능력 측정 기관으로 32년간 정부 기관, 각급 단체 및 기업체를 대상으로 어학 능력을 측정해 왔습니다.

- TEPS는 국내외 유수한 대학에 종사하는 최고 수준의 영어 관련 전문가 100여 명이 출제하고 세계의 권위자로 구성된 자문위원회에서 검토하는 시험입니다.

- TEPS는 청해, 문법, 어휘, 독해에 걸쳐 총 200문항, 990점 만점의 시험입니다.

- TEPS는 언어 테스팅 분야의 세계적 권위자인 Bachman 교수(미국 UCLA)와 Oller 교수(미국 뉴멕시코대)에게서 타당성을 검증받았으며, 여러 번의 시험적 평가에서 이미 그 신뢰도와 타당도가 입증된 시험입니다.

- TEPS는 우리나라 사람들의 살아 있는 영어 실력, 즉 의사소통 능력을 가장 효과적이고 정확하게 측정해 주는 시험이라고 할 수 있습니다.

- TEPS는 진정한 실력자와 비실력자를 확실히 구분할 수 있도록 구성된 시험으로서 변별력에 있어서 본인의 정확한 실력 파악에 실제적인 도움이 됩니다.

- TEPS 성적표는 수험생의 영어 능력을 영역별로 세분화하여 평가해주기 때문에 수험자의 어느 부분이 탁월한지 잘 알 수 있을 뿐만 아니라 효과적인 영어 공부 방향을 제시해 주기도 합니다.

- TEPS는 다양하고 일반적인 영어 능력을 평가하는 시험으로 대학교, 기업체, 각종 기관 및 단체, 개인이 다양한 목적을 위해 응시할 수 있는 시험입니다.

TEPS의 구성

영역	파트별 내용	문항 수	총문항/시간	배점
청 해 Listening Comprehension	Part I : 질의 응답 (문장 하나를 듣고 이어질 대화 고르기) Part II : 짧은 대화 (3개 문장의 대화를 듣고 이어질 대화 고르기) Part III : 긴 대화 (6-8개 문장의 대화를 듣고 질문에 알맞은 답 고르기) Part IV : 담화문 (담화문의 내용을 듣고 질문에 알맞은 답 고르기)	15 15 15 15	60문항 / 55분	400점
문 법 Grammar	Part I : 구어체 (대화문의 빈칸에 적절한 표현 고르기) Part II : 문어체 (문장의 빈칸에 적절한 표현 고르기) Part III : 대화문 (대화에서 어법상 틀리거나 어색한 부분 고르기) Part IV : 담화문 (담화문에서 문법상 틀리거나 어색한 부분 고르기)	20 20 5 5	50문항 / 25분	100점
어 휘 Vocabulary	Part I : 구어체 (대화문의 빈칸에 적절한 단어 고르기) Part II : 문어체 (문장의 빈칸에 적절한 단어 고르기)	25 25	50문항 / 15분	100점
독 해 Reading Comprehension	Part I : 빈칸 채우기 (지문을 읽고 실문의 빈칸에 들어갈 내용 고르기) Part II : 내용 이해 (지문을 읽고 질문에 가장 적절한 내용 고르기) Part III : 흐름 찾기 (지문을 읽고 문맥상 어색한 내용 고르기)	16 21 3	40문항 / 45분	400점
총 계	13개의 세부 영역	200	140분	990점

*IRT(Item Response Theory)에 의하여 최고점은 990점, 최하점은 10점으로 조정됨.

TEPS 특징

한국인에게 알맞은 영어 시험

우리 국민 대다수가 초·중·고교에서 10년 동안 영어를 배우고, 대학과 직장에서 또다시 영어교육을 받지만 한국은 아시아에서도 한참 뒤떨어진 영어후진국 신세를 면치 못하고 있습니다.

미국과 영국에서 개발한 영어교육체계와 어학검정시험을 좇아 매년 수십만 명이 동분서주하지만 눈에 띄는 성과를 거두지는 못했습니다. 사고방식과 언어 습관이 다른 외국인이 한국인의 고민을 알기는 어렵습니다.

TEPS는 영어와 한국어를 다 잘하는 국내 최고의 연구진이 영어와 한국어의 언어적 특성을 대조·분석하고 한국인들이 범하기 쉬운 오류를 찾아 출제에 적극 반영합니다. 따라서 TEPS는 한국인에게 가장 필요한 영어 학습 지침을 제공하는 시험이라고 할 수 있습니다.

편법이 통하지 않는 시험

개인의 어학 능력은 결코 단기간에 급속도로 향상되지 않습니다. 그런데도 실력 배양은 아랑곳하지 않고 영어 성적만을 올리기 위해 요령과 편법을 가르치는 교육기관이 많습니다.

TEPS는 있는 그대로의 영어 능력을 정확하게 진단합니다. 예를 들어 청해 시험은 인쇄된 질문지 및 선택지 없이 방송으로만 들려주기 때문에 미리 문제를 보고 답을 예측해 보는 요령이 통하지 않습니다. 또한 독해 시험에 있어서는 '1지문 1문항 원칙'을 지켜 한 문제로 다음 문제의 답을 유추할 수 있는 가능성을 원천적으로 배제하고 있습니다. 따라서 TEPS는 편법이 통하지 않는 시험입니다.

활용 능력을 중시하는 시험

외국인과 영어로 대화할 때 상대방이 질문을 던질 경우, 한참 동안 문법과 어휘를 고민해서 대답할 수는 없는 노릇입니다. 암기식으로 배운 영어로는 실제 상황에서 제 실력을 발휘할 수 없습니다.

TEPS는 일상생활에서의 활용능력을 정확하게 측정해 주는 시험입니다. TEPS는 기존의 다른 시험에 비해 많은 지문을 주고 이를 짧은 시간 내에 이해하여 풀어낼 수 있는지를 측정합니다. 이는 실제 생활에서 활용할 수 없는 암기식 영어가 아니라 완전히 습득되어 자유롭게 구사할 수 있는 '살아 있는' 영어 실력을 평가하기 위한 것입니다.

경제성과 효율성을 갖춘 시험

TEPS는 서울대 언어교육원이 자체 개발한 시험으로 외국에 비싼 로열티를 지불하는 다른 시험과는 달리 응시 비용이 매우 저렴합니다.

채점 방식이 다른 시험

TEPS는 첨단 어학 능력 검증 기법인 문항 반응 이론(IRT: Item Response Theory)을 도입했습니다. 문항 반응 이론은 문항을 개발할 때 문항별로 1차 난이도를 정의하고 시험 시행 후 전체 수험자들이 각각의 문항에 대해 맞고 틀린 것을 종합해 그 문항의 난이도를 재조정한 다음, 이를 근거로 다시 한 번 채점해 최종 성적을 내게 됩니다. 이 과정에서 최고점은 990점, 최하점은 10점으로 조정됩니다.

문항 반응 이론은 맞은 개수의 합을 총점으로 하는 전근대적인 평가 방식과는 달리, 각 문항의 난이도와 변별도에 대한 수험자의 반응 패턴을 근거로 영어 능력을 추정하는 확률 이론입니다.

문항 반응 이론을 적용할 경우, 낮은 난이도의 문제를 많이 틀린 수험자가 높은 난이도의 문제를 맞힐 경우 실력에 관계없이 추측이나 우연히 맞힐 가능성이 높다고 보고 감점 처리합니다. 이러한 문항 반응 이론은 가장 선진적인 검정 방식으로서 TEPS는 이 이론에 기초한 국내 최초의 영어능력평가시험입니다.

실용영어 능력 평가

실용영어는 사소한 대화를 위주로 하는 생활영어와는 다른 범주입니다. 평균적인 교양을 갖춘 일반인이 가정, 직장, 공공장소 등 일상적인 환경과 생활에서 사용하는 영어를 뜻합니다. 일상적인 대화는 물론, 신문, 잡지, 방송, 매뉴얼, 예약, 주문, 구매, 일반적인 상담 등이 모두 실용영어의 범주에 포함됩니다.

TEPS는 누구나 쉽게 접하는 상황에서 추출된 소재를 중심으로 문제를 구성하여, 범용적인 영어 능력을 평가합니다. 따라서 성별, 직업, 나이에 관계없이 일반 대중들의 영어 능력을 객관적으로 평가할 수 있는 시험입니다.

신속한 결과 통보, 학습 방향을 제시해주는 성적 진단

TEPS는 점수만 알려주고 끝나는 시험이 아닙니다. 청해, 문법, 어휘, 독해 등 영역별로 점수를 산출하고, 다시 각 영역을 기능, 소재, 문체별로 세분하여 18개 부문에서 항목별 성취도를 알려줍니다. 따라서 성적표를 통해 수험자의 강점, 약점은 물론 추후 학습 방향을 명확하게 제시합니다.

TEPS 출제 원칙

🦷 통합식 시험 (Integrative Test)

지엽적인 학습을 조장할 우려가 있는 분리식 시험(Discrete-Point Test) 유형을 배제하고 실제 의사소통 상황과 문맥 파악을 중시하는 통합식 시험(Integrative Test) 유형을 강조함으로써 수험자의 폭넓은 어학 능력을 평가할 수 있습니다.

🦷 국부 독립성 (Local Independence)

첨단 테스트 기술인 문항 반응 이론(IRT: Item Response Theory)을 활용하여 각 부분의 독립성을 보장합니다. 예를 들어 '1지문 1문항'의 원칙에 따라 다양한 내용의 지문을 수험생들이 접할 수 있게 하고, 동시에 어느 한 지문을 이해하지 못함으로써 몇 개의 문항을 연이어 틀리는 일이 없도록 했습니다. 국부 독립성에 따른 문항 반응 이론은 환상의 어학 능력 평가로 기대를 모으고 있는 컴퓨터 개별 적응 언어 평가(CALT: Computer Adaptive Language Test)의 핵심 요소이기도 합니다.

🦷 속도화 시험 (Speeded Test)

간접적인 의사소통 능력 평가로서 문법 및 어휘 시험에서는 속도 시험의 속성을 극대화하여 언어학적 지식(Learning)이 아닌 잠재적인 의사소통 능력(Acquisition)을 평가합니다.

🦷 진단 평가 (Diagnostic Test)

세부 영역별로 평가 결과를 제시하여 수험자 개인의 능력을 정확하게 진단합니다. 교육과 평가가 마치 실과 바늘처럼 서로 맞물려 발전해야 한다는 원칙에 따라 최대한 자세히 검정 결과를 분석해 수험생들의 향후 학습 방향을 알려줍니다.

TEPS 출제 경향

🍡 청해 (Listening Comprehension) – 60문항

정확한 청해 능력을 측정하기 위하여 문제와 보기 문항을 문제지에 인쇄하지 않고 들려줌으로써 자연스러운 의사소통의 인지 과정을 최대한 반영하였습니다. 다양한 의사소통 기능(Communicative Functions)의 대화와 다양한 상황(공고, 방송, 일상 생활, 업무 상황, 대학 교양 수준의 강의 등)을 이해하는 데 필요한 전반적인 청해력을 측정하기 위해 대화문(dialogue)과 담화문(monologue)의 소재를 균형 있게 다루었습니다.

🍡 문법 (Grammar) – 50문항

밑줄 친 부분 중 오류를 식별하는 유형 등의 단편적이며 기계적인 문법 지식 학습을 조장할 우려가 있는 분리식 시험 유형을 배제하고, 의미 있는 문맥을 근거로 오류를 식별하는 유형을 통하여 진정한 의사소통 능력의 바탕이 되는 살아 있는 문법, 어법 능력을 문어체와 구어체를 통하여 측정합니다.

🍡 어휘 (Vocabulary) – 50문항

문맥 없이 단순한 동의어 및 반의어를 선택하는 시험 유형을 배제하고 의미 있는 문맥을 근거로 가장 적절한 어휘를 선택하는 유형을 문어체와 구어체로 나누어 측정합니다.

🍡 독해 (Reading Comprehension) – 40문항

교양 있는 수준의 글(신문, 잡지, 대학 교양과목 개론 등)과 실용적인 글(서신, 광고, 홍보, 지시문, 설명문, 도표, 양식 등)을 이해하는 데 요구되는 총체적인 독해력을 측정하기 위해서 실용문 및 비전문적 학술문과 같은 독해 지문의 소재를 균형 있게 다루었습니다.

TEPS 영역별 유형

청해 (Listening Comprehension)-60문항

🌱 PART I (15문항)

영역 설명　Part I은 질의 응답 문제를 다루며 한 번만 들려줍니다. 내용 자체는 단순하고 기본적인 수준의 생활 영어 표현으로 구성되어 있지만 교과서적인 지식보다는 재빠른 상황 판단 능력을 요구합니다. 따라서 Part I에서는 속도 적응 능력뿐만 아니라 순발력 있는 상황 판단 능력이 요구됩니다.

Listen and choose the most appropriate response to the statement.

M　How shall I address you?

W　_____

(a) Just call me John.
(b) 39 Morrison Avenue.
(c) Don't send me a letter.
(d) I don't like making speeches.

정답 : (a)

🌱 PART II (15문항)

영역 설명　Part II는 짧은 대화 문제로서 두 사람이 A-B-A-B 순으로 보통 속도로 대화하는 형식이며, 소요 시간은 약 12초 전후로 짧게 구성되어 있습니다. Part I과 마찬가지로 한 번만 들려줍니다.

Listen and choose the most appropriate response to complete the conversation.

M　How long were you thinking of renting a car?

W　For ten days in September.

M　When exactly do you have in mind?

W　_____

(a) I thought of it last Monday.
(b) The end of September.
(c) I'm too young to rent one yet.
(d) Nothing is further from my mind.

정답 : (b)

🌱 PART III (15문항)

영역 설명　Part III는 앞의 두 파트에 비해 다소 긴 대화를 들려줍니다. 대신 대화 부분과 질문을 두 번씩 들려주기 때문에 길이가 긴 데 비해 많이 어렵다고 할 수는 없습니다.

Listen and choose the option that best answers the question.

W The conference is only two months away and we still don't have a venue.

M Maybe we should reserve the same hall we used last time.

W I think it might be too small this year.

M You're probably right. The company has really grown over the past year.

W How about looking into one of the rooms at the convention center?

M Sure. I heard they have connections with a good caterer, too.

Q What is the conversation mainly about?

(a) Hiring new employees
(b) Organizing an annual event
(c) Expanding an office building
(d) Catering a party in two months

정답 : (b)

🌱 PART IV (15문항)

영역 설명   Part IV는 담화문을 다룹니다. 영어권 국가에서 영어로 뉴스를 듣거나 강의를 들을 때와 비슷한 상황을 설정하여 얼마나 잘 이해하는지를 측정합니다. 이야기의 주제, 세부 사항, 사실 여부 및 이를 근거로 한 추론 등을 다룹니다. 직청 직해 실력, 즉 들으면서 곧바로 내용을 이해할 수 있는지를 평가합니다. 담화 부분과 질문을 두 번씩 들려줍니다.

Listen and choose the option that best answers the question.

Hello, everyone. We'll continue our discussion of American newspapers today. Does anyone care to guess what the most popular section of the paper is? Well, it's not the front page, the weather report, or even - sorry to disappoint you sports fans - the sports page. It's the comics. Now, my bet is that even those of you who rarely read the paper can't resist glancing at the comics. True?

Q According to the talk, what is the most popular section of the paper?

(a) The front page
(b) The weather report
(c) The sports page
(d) The comics

정답 : (d)

TEPS 등급표

등급	점수	영역	능력검정기준(Description)
1⁺급 Level 1⁺	901~990	전반	외국인으로서 최상급 수준의 의사소통 능력 : 교양 있는 원어민에 버금가는 정도로 의사소통이 가능하고 전문분야 업무에 대처할 수 있음. (Native Level of Communicative Competence)
1급 Level 1	801~900	전반	외국인으로서 거의 최상급 수준의 의사소통 능력 : 단기간 집중 교육을 받으면 대부분의 의사소통이 가능하고 전문분야 업무에 별 무리 없이 대처할 수 있음. (Near-Native Level of Communicative Competence)
2⁺급 Level 2⁺	701~800	전반	외국인으로서 상급 수준의 의사소통 능력 : 단기간 집중 교육을 받으면 일반분야 업무를 큰 어려움 없이 수행할 수 있음. (Advanced Level of Communicative Competence)
2급 Level 2	601~700	전반	외국인으로서 중상급 수준의 의사소통 능력 : 중장기간 집중 교육을 받으면 일반분야 업무를 큰 어려움 없이 수행할 수 있음. (High Intermediate Level of Communicative Competence)
3⁺급 Level 3⁺	501~600	전반	외국인으로서 중급 수준의 의사소통 능력 : 중장기간 집중 교육을 받으면 한정된 분야의 업무를 큰 어려움 없이 수행할 수 있음. (Mid Intermediate Level of Communicative Competence)
3급 Level 3	401~500	전반	외국인으로서 중하급 수준의 의사소통 능력 : 중장기간 집중 교육을 받으면 한정된 분야의 업무를 다소 미흡하지만 큰 지장은 없이 수행할 수 있음. (Low Intermediate Level of Communicative Competence)
4⁺급 Level 4	201~400	전반	외국인으로서 하급수준의 의사소통 능력 : 장기간의 집중 교육을 받으면 한정된 분야의 업무를 대체로 어렵게 수행할 수 있음. (Novice Level of Communicative Competence)
5⁺급 Level 5	10~200	전반	외국인으로서 최하급 수준의 의사소통 능력 : 단편적인 지식만을 갖추고 있어 의사소통이 거의 불가능함. (Near-Zero Level of Communicative Competence)

TEPS 성적표

TEPS Test of English Proficiency
developed by
Seoul National University

SCORE REPORT

NAME HONG GIL DONG	**REGISTRATION NO.** 0123456
DATE OF BIRTH JAN. 01. 1980	**TEST DATE** MAR. 02. 2008
GENDER MALE	**VALID UNTIL** MAR. 01. 2010

NO : RAAAA0000BBBB

TOTAL SCORE AND LEVEL

SCORE	LEVEL
768	**2+**

SECTION	SCORE	LEVEL	%	0% ————— 100%
Listening	307	2+	77/59	
Grammar	76	2+	76/52	
Vocabulary	65	2	65/56	
Reading	320	2+	80/61	

■ your percentage   ■ average

OVERALL COMMUNICATIVE COMPETENCE

768

89.89%

A score at this level typically indicates an advanced level of communicative competence for a non-native speaker. A test taker at this level is able to execute general tasks after a short-term training.

SECTION			PERFORMANCE EVALUATION
Listening	PART I	86%	A score at this level typically indicates that the test taker has a good grasp of the given situation and its context and can make relevant responses. Can understand main ideas in conversations and lectures when they are explicitly stated, understand a good deal of specific information and make inferences given explicit information.
	PART II	66%	
	PART III	86%	
	PART IV	66%	
Grammar	PART I	84%	A score at this level typically indicates that the test taker has a fair understanding of the rules of grammar and syntax and has internalized them to a degree enabling them to carry out meaningful communication.
	PART II	75%	
	PART III	99%	
	PART IV	21%	
Vocabulary	PART I	72%	A score at this level typically indicates that the test taker has a good command of vocabulary for use in everyday speech. Able to understand vocabulary used in written contexts of a more formal nature, yet may have difficulty using it appropriately.
	PART II	56%	
Reading	PART I	68%	A score at this level typically indicates that the test taker is at an advanced level of understanding written texts. Can abstract main ideas from a text, understand a good deal of specific information and draw basic inferences when given texts with clear structure and explicit information.
	PART II	90%	
	PART III	66%	

THE TEPS COUNCIL

TEPS-TOEIC-TOEFL 비교

등 급	TEPS	TOEIC	TOEFL (iBT)
시험명	Test of English Proficiency developed by Seoul National University	Test of English for International Communication	Test of English as a Foreign Language (Internet-Based Test)
개발기관	서울대학교 언어교육원	미국 ETS (Educational Testing Service)	미국 ETS (Educational Testing Service)
개발목적	한국인의 실용영어 능력 평가	비즈니스 커뮤니케이션 영어 능력 평가	미국 등 영어권 국가의 대학 또는 대학원에서 외국인의 영어 능력 평가
시행기관	TEPS 관리위원회	재단법인 국제교류진흥회	ETS
시험시간	2시간 20분	2시간	약 4시간
문항수	200문항	200문항	78~129문항
만점	990점	990점	120점
구성	청해: 60문항 / 55분 / 400점 문법: 50문항 / 25분 / 100점 어휘: 50문항 / 15분 / 100점 독해: 40문항 / 45분 / 400점	L/C: 100문항 / 45분 / 495점 R/C: 100문항 / 75분 / 495점	Reading: 36~70문항 / 60~100분 / 0~30점 Listening: 34~51문항 / 60~90분 / 0~30점 Speaking: 6문항 / 20분 / 0~30점 Writing: 2문항 / 50분 / 0~30점
검정 기준	Criterion-referenced Test (절대 평가)	Norm-referenced Test (상대 평가)	Norm-referenced Test (상대 평가)
시행방법	정기시험: 연 12회 특별시험: 수시	정기시험: 연 12회 특별시험: 수시	연 30~40회
성적통보	정기시험: 2주 특별시험: 5일	정기시험: 20일 특별시험: 10일 이내	15일
성적 유효기간	2년	2년	2년
응시료	36,000원	42,000원	$170

TEPS-TOEIC-TOEFL 점수 환산표

TEPS	TOEIC	TOEFL	TEPS	TOEIC	TOEFL	TEPS	TOEIC	TOEFL
953~	990	120	756~763	850	100	582~587	710	83
948~952	985	120	750~755	845	100	578~571	705	83
941~947	980	119	743~749	840	98	572~577	700	82
935~940	975	118	736~742	835	98	567~571	695	82
928~934	970	118	729~735	830	96	561~566	690	80
922~927	965	117	723~728	825	96	557~560	685	80
915~921	960	116	716~722	820	95	551~556	680	78
908~914	955	114	710~715	815	95	546~550	675	78
901~907	950	114	702~709	810	94	541~545	670	76
894~900	945	114	696~701	805	94	536~540	665	75
887~893	940	113	689~695	800	94	532~535	660	75
880~886	935	113	684~688	795	93	527~531	655	75
872~879	930	111	677~683	790	93	521~526	650	73
865~871	925	110	671~676	785	91	517~520	645	71
857~864	920	110	664~670	780	91	512~516	640	71
851~856	915	109	658~663	775	91	508~511	635	70
843~850	910	109	652~657	770	89	503~507	630	70
836~842	905	107	646~651	765	89	498~502	625	70
828~835	900	107	640~645	760	89	494~497	620	68
822~827	895	105	634~639	755	89	490~493	615	65
814~821	890	105	628~633	750	87	485~489	610	64
807~813	885	103	622~627	745	87	481~484	605	57
799~806	880	103	616~621	740	87	476~480	600	57
793~798	875	103	611~615	735	87	472~475	595	57
785~792	870	101	605~610	730	85	468~471	590	57
778~784	865	101	600~604	725	85	464~467	585	56
771~777	860	100	593~599	720	83	460~463	580	51
764~770	855	100	588~592	715	83	456~459	575	50

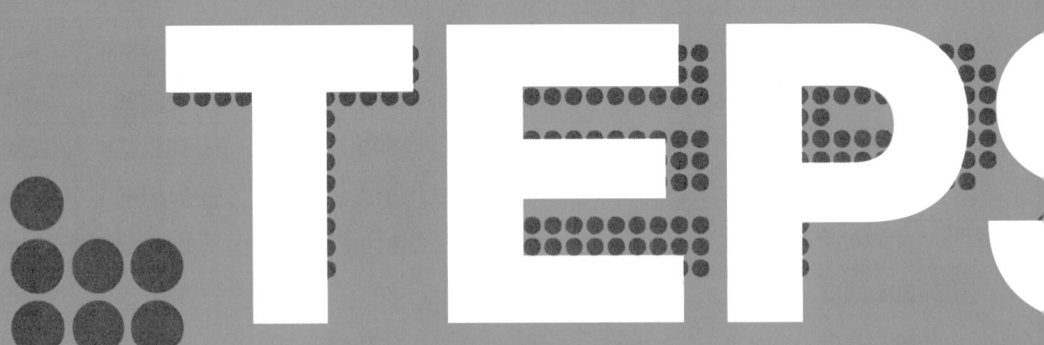

각 PART별
전략

PART I

A 앞부분을 집중해서 듣는다.

앞부분을 놓치면 문제의 의도를 놓쳐서 정답을 찾기 힘들다.

> ex I don't think I can finish this today. 부정문임을 알 수 있다.
>
> Can you come over to my place? 부탁 구문임을 알 수 있다.

B 동사, 형용사에 집중한다.

내용을 이해할 수 있다. 내용을 이해함으로써 혼동되는 보기 두 개를 확실히 구분할 수 있다.

> ex This food is heavenly, isn't it?
>
> I submitted the paper today.

C 답이 될 수 없는 보기를 찾는다.

정답을 들으려고 하면 더 안 들린다. 정답을 절대 미리 예상하지 말자. 정답은 항상 새로울 수 있으나 오답은 고정적이다. 다음과 같은 기호들을 이용해서(x, △, ?) 답이 될 수 없는 보기들을 지워 나가자.

D 번호에 집중한다.

번호에 집중하라는 말은 그 전 문제에 너무 연연하지 말고, 과감히 다음 문제로 넘어가서 더 잘 들을 준비를 하라는 것이다. 과감히 포기하는 것도 앞으로 풀 문제들의 정답을 맞출 수 있는 또 다른 전략임을 기억해야 한다.

E 두 개의 문장이 나오면, 뒤에 나오는 문장에 집중한다.

후반부 질문에 2~3문제가 두 개의 문장으로 나온다. 그러면 꼭 뒤에 나오는 문장, 또는 의문사가 있는 문장에 집중해야 한다.

F 문제 유형에 대한 집중

Keyword	상황별 이해	예문
의문문	의문사에 집중해야 한다.	How much are you asking for that car? 차 가격을 얼마에 드려야 하나요?
명령문, 권유문	동사에 집중해야 한다.	A: Clean up your room first. 먼저 방을 치워요. B: But I'm too tied up. 하지만 제가 바쁘거든요.
Are you~?	보어에 집중해야 한다. Yes/No로 답해야 한다.	Are you good at swimming? 수영을 잘 하세요?
Do you~?	습관 또는 객관적 사실을 묻는 질문 형태로, 동사에 집중해야 한다. Yes/No로 답해야 한다.	Do you work out? 운동하세요?
Have you~?	완료 또는 경험을 묻는 질문 형태로, 동사에 집중해야 한다. Yes/No로 답해야 한다.	Have you tried the new restaurant? 새로 개점한 음식점에 가 봤어요?
주어 + 긍정의 의미	답은 긍정적인 방향으로 흐른다.	A: I like your painting. 당신 그림이 마음에 들어요. B: Thanks. 고마워요.
주어 + 부정의 의미	답은 부정적인 방향으로 흐른다. 도움이나 조언을 제공한다,	A: I don't feel like eating out. 전 외식하고 싶지 않아요. B: It's a shame. 유감이군요.
주어 + 객관적 의미	난이도가 있는 문제로, 동사에 집중해야 한다.	A: The bus stops every station. 이 버스는 모든 역에 정차합니다. B: Then I should get off at the Seoul Station. 그러면 전 서울역에서 내려야겠어요.
Can I~?	허락을 받을 때 쓰는 표현이다.	Can I use your office tomorrow? 내일 당신 사무실을 사용해도 될까요?
Can[Could] you~?	부탁을 할 때 쓰는 표현이다.	Can you pick me up at the airport? 공항으로 저를 태우러 오실 수 있나요?
You could[would, might, should]	조언을 하는 내용으로, 조동사의 의미가 거의 비슷하다.	You could set aside some money for a rainy day. 만일을 위해서 돈을 비축해 둬야 해요.
Would you like to~?	초대, 권유를 할 때 쓰는 표현이다.	Would you like to make it to my party? 제 파티에 참석할 수 있어요?

PART II

A 세 번째 문장이 제일 중요하다.

W   Hello, This is Jane.
M   Hi, what's up?
W   Would you like to go out with me this Friday?
M   _____

답변은 세 번째 문장만으로도 충분히 알 수 있다.

B 두 번째 문장의 흐름이 제일 중요하다.

W   How was the party last night?
M   It was kind of disappointing.
W   What didn't you like about it?
M   _____

답변은 두 번째 문장의 흐름만으로도 충분히 알 수 있다. 실망했다(disappointing)고 말하고 있으므로 부정적인 답변이
정답이다. 두 번째 화자(M)의 느낌과 다른 내용이 절대 답으로 나올 수 없다.

C 전체 흐름이 중요하다.

W   Do you know a good dentist?
M   What's wrong with you?
W   Not me, but my son has a cavity and it seems really serious.
M   _____

첫 문장에서 말한 답변이 정답이다. 대화의 주제가 괜찮은 치과(a good dentist)를 찾는 내용이라는 것을 놓치면 정
답을 찾기 어렵다.

D 시간, 요일을 메모한다.

Part II 는 특히 시간이나 요일에 함정을 만드는 경우가 많다. 그러므로 꼼꼼히 메모를 해야 한다.

E 답이 될 수 없는 보기를 찾는다.

정답을 들으려고 하면 더 안 들린다. 정답을 절대 미리 예상하지 말자. 정답은 항상 새로울 수 있으나 오답은 고정적
이다. 다음과 같은 기호들을 이용해서(x, △, ?) 답이 될 수 없는 보기들을 지워 나가자.

F 번호에 집중한다.

번호에 집중하라는 말은 그 전 문제에 너무 연연하지 말고, 과감히 다음 문제로 넘어가서 더 잘 들을 준비를 하라는
것이다. 과감히 포기하는 것도 앞으로 풀 문제들의 정답을 맞출 수 있는 또 다른 전략임을 기억해야 한다.

G 어려운 숙어에 연연하지 않는다.

텝스 청해는 어려운 어휘를 이용해 정답을 유도하지 않는다. 거의 대부분 기본 어휘의 활용으로, 문장으로 이해해야
하는 경우이다. 그러므로 난이도가 높은 어휘들을 외우는 데 시간을 허비하지 말고 단순한 어휘들의 활용을 정확하
게 이해하고 암기하는 습관을 기르는 것이 청해를 향상시킬 수 있는 방법이다.

PART I과 PART II의 보기 오답 유형

오답의 종류	예문
주어의 오류	You should study harder next time. 오답: I'm sure you will do better. 물어보는 사람과 대답하는 사람이 동일 인물인 경우 답이 아니다.
목적어의 오류	Can you pick up some groceries? 오답: OK. I'll pick him up on the way. 동사를 들을 때, 목적어와 덩어리를 함께 듣는 훈련을 해야 한다. 목적어에 따라 동사의 의미가 변하는 경우가 많기 때문이다.
시제의 오류	When did you arrive here? 오답: I'll get here around 5. 질문은 과거시제인데, 미래시제로 답하고 있다. 특히, 의문사 when, how long에 주의해야 한다.
내용의 오류	Let's eat out tonight. 오답: OK. Let me fix you something. 동사의 내용이 잘못된 경우이다.
흐름의 오류	This food is great. 오답: Yes, it's awful. 긍정적인 표현에는 긍정적인 내용, 부정적인 표현에는 부정적인 내용이 답이 된다.
요일, 시간 반복의 오류	Can I use your car this Saturday? 오답: Sure. You can go there on Saturday. 요일, 시간이 반복되면 답이 될 수 없다.
중복되는 단어의 오류	Do you have a safe pocket for your passport? 오답: Yes. I have a passport with me. 일반 단어가 그대로 반복되면 답이 될 수 없는 경우가 많다.
Yes/No가 없는 답변의 오류	Did you order this? 오답: I'm waiting for the waiter. Yes/No 질문은 일반적으로 Yes나 No의 답변이 나와야 한다.

A 주제를 묻는 문제(31-37번)

1 앞부분을 집중해서 듣는다.

앞부분에 주제가 있기 때문에 맨 앞부분을 잘 들어야 한다.

2 메모한다.

집중하기 위한 하나의 방법으로 두 번째 들을 때, 메모를 해야 한다. 두 번째 들을 때, 메모가 없다면 집중력은 현저히 떨어질 것이다. 단, 주제를 고르는 문제에서는 두 번째 들을 때 메모한 내용을 바탕으로 들어야 한다.

B 세부 사항을 묻는 문제(38-42번)

1 메모한다.

반드시 많은 내용을 메모하되 남자, 여자의 생각이나 행동을 나누어 메모해야 한다. 그렇지 않을 경우, 주어를 혼동해서 오답을 고를 수 있다.

2 답이 될 수 없는 보기들을 지워 나간다.

- 내용과 반대되는 경우
- 전혀 언급되지 않은 경우
- 남자, 여자의 주어가 바뀐 경우
- 어구가 그대로 반복되는 경우

3 질문을 잘 듣는다.

특정 사항을 묻는 경우, 질문을 잘 들어야 한다. 의외로 쉽게 나오는 문제로, 특정 문장이 정답을 말해 준다.

4 Paraphrasing에 익숙해야 한다.

정답은 그대로 나오기보다는 다른 말로 바꾸어 이야기(paraphrasing)한다. 너무 많은 단어가 그대로 중복된다면 함정인 경우가 대부분이다.

C 유추 문제(43-45번)

1 특정 문장 유추

특정 문장 속에 숨어 있는 뜻을 찾아내야 한다.

ex M You look worried.

W I don't know what to do. I'm very forgetful.

M What happened? Don't tell me you forgot something again.

W You are right. I guess I'll be fired sooner or later.

M Did you forget to pick up your boss at the airport again?

W Yes. He was waiting for me for over an hour and he got so upset.

M Well, I hope you will be forgiven.

Q. What can be inferred from this conversation?

(a) The boss is very picky about the time.

(b) The man didn't know when his boss arrived at the airport.

(c) The man was reluctant to pick up his boss.

(d) The man has a habit of forgetting the time.

2 전체 내용 유추

전체 내용의 흐름을 파악해야 답을 고를 수 있는 문제가 있다. 단지 한두 문장을 듣고 답을 고를 수는 없다.

ex
W I don't like this Chinese restaurant. It's too dirty.

M OK. Let's go somewhere else. Where do you want to go?

W What about the pizza place?

M There's one just around the corner, but it's always too crowded.

W Forget it! Then let's try the Indian food today. I saw the Indian restaurant two blocks from here.

M Alright. We can have dinner there.

Q. What can be inferred from this conversation?

(a) The woman doesn't feel like having dinner.

(b) The woman doesn't like pizza very much.

(c) The man is annoyed by how picky the woman is.

(d) The man doesn't care what he eats for dinner.

3 미래를 묻는 질문

대화를 통해 앞으로의 행동을 유추해 내는 문제이다. 이 질문은 마지막 부분에 의해 답이 결정되므로 앞부분 내용에 너무 흔들리지 않도록 해야 한다.

ex
W You are not going out with this awful weather, are you?

M Why not? I'm sure it'll stop soon.

W But it's really slippery.

M Don't worry. I won't have any problem. Besides I'm just going to the market.

W Can't it wait till tomorrow? It's better safe than sorry.

M Alright, alright. If you say so.

Q. What will the man most likely do next?

(a) Give up going out to the market.

(b) Stick to his decision.

(c) Ask the woman to drive.

(d) Call the market to deliver the groceries.

A 주제를 고르는 문제

1 앞부분을 집중해서 듣는다.

앞부분에 주제가 있는 내용이 80%이다. 그러므로 앞부분을 집중해서 들어야 한다.

• However, But, Yet, On the contrary, Instead 다음에 주제가 있다.

• For example, 연도, 구체적인 사람 이름, 구체적인 나라 이름이 언급되면 그 앞부분에 주제가 있다.

• 주제가 마지막에 반복되는 경우가 있다.

ex As for the infectious disease outbreak after the earthquake, the government has to do something preventative. It is essential that a plan be affordable and effective. However, the plans the government revealed yesterday are neither feasible, nor affordable. They are just missing the point, resulting in wasting a lot of money. They seem to be aggravating people's fears. I wish someone had more foresight with something so critical as public health.

Q. What could be inferred about the government according to the talk?

(a) It has wasted a lot of money on clearing the destroyed scene.
(b) It said that the plans they implemented were successful.
(c) It failed to make the workable plan to protect the disease.
(d) It didn't make to-do lists to prevent the disease.

ex It was in the 1920s when boys had their hair slick back and wore bright jackets and very wide trousers, which were called the "Roaring Twenties." At that time, women used to wear dresses which came down to just above the knees. And they wore their hair short. Most of the youth used to be into the crazy dances like the Charleston.

Q. What is this talk about?

(a) How people used to think about music in the early twenties.
(b) Why people were into the trend of fashion in the 1920s.
(c) What people used to wear and listen to in the 1920s.
(d) Why people called the 1920s the roaring twenties.

2 반복되는 단어가 주제이다.

반복되는 단어를 잘 들어야 한다. 특히 청해가 약한 수험자들에게는 중요한 포인트가 될 수 있다.

3 동사, 수식어에 집중한다.

평소에 동사를 받아쓰는 훈련을 한다. 또한 수식어(형용사)도 내용을 좌우하므로 반드시 메모해 두어야 한다.

4 너무 막연한 보기를 고르지 않도록 한다.

5 틀린 보기는 아니나 특정 사항만을 언급한 보기는 주제가 아니다.

B 세부 내용을 고르는 문제

1 메모를 해야 한다.

메모를 함으로써 집중력을 끌어 올릴 수 있고, 오답을 쉽게 찾아낼 수 있다. 가능한 한 많은 내용을 메모해야 한다. 듣기가 어려운 수험자들은 잘 들리는 숫자부터 메모하고, 또 소리로도 메모하는 습관을 길러야 한다.

2 답이 될 수 없는 보기들을 지워 나간다.

Part IV는 정답을 듣는다는 것 자체가 매우 어려울 수 있다. 그러므로 답이 될 수 없는 보기들을 지워 나가는 것이 중요하다.

답이 될 수 없는 보기의 예

- 내용의 흐름과 반대되는 경우
- 전혀 언급되지 않은 내용이 나올 경우(메모를 참고해야 한다.)
- 많은 단어가 반복되는 경우(paraphrasing이 된다.)
- 상식적으로 틀린 보기

ex Welcome to City Bank's automated customer response menu. Please listen carefully. If you would like to check your account balance, press one. If you would like to speak to someone regarding credit card usage or other billing matters, press two. If you have questions about opening a new account, press three. For any other questions, please stay on the line, and our service representative will be with you shortly. Thank you for calling City Bank.

Q. What should callers do if they want to wire money?

(a) Press one.
(b) Press two.
(c) Press three.
(d) Stay on the line.

C 사실 확인을 묻는 문제

1 메모한다.

지문 전체의 내용을 묻는 문제와 특정 내용을 묻는 2가지 유형이 있다. 메모하는 것이 사실 확인 문제를 가장 쉽고 정확하게 풀 수 있는 방법이다. 반드시 날짜, 시간, 돈의 액수 등을 메모해야 한다.

ex Today, I'd like to remind you of this library policy. Since we are open from 9 a.m. to 5 p.m., Monday to Saturday, you can return your books via the return slot next to the main door after hours. Please note that all books must be returned by 10 p.m. on the due date. Overdue materials must be returned during business hours, or you will be billed. Our late charge is $1.50 per day.

Q. Which is correct according to the message?

(a) Overdue materials must be returned via the return slot.
(b) All books can be returned after hours.
(c) You must return late materials when it is open.
(d) The library's policy has been changed recently.

2 답이 될 수 없는 보기들을 지워 나간다.

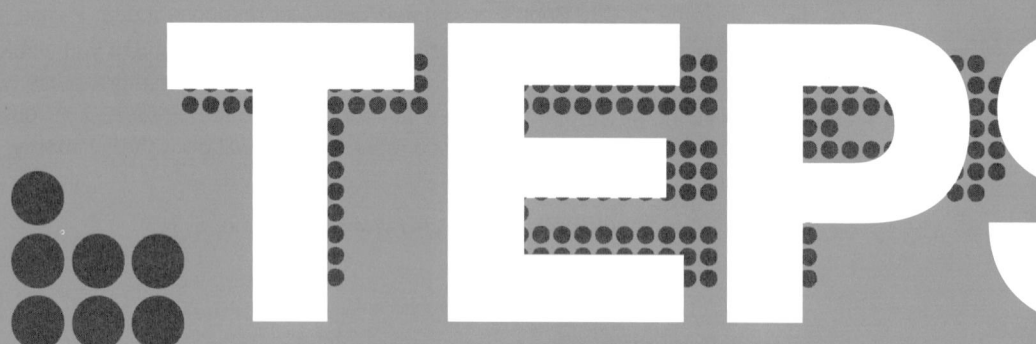

뉘앙스별
청해 필수 표현

평서문의 뉘앙스

Keyword	상황별 이해	예문
I don't know~	걱정을 하는 상황	I don't know how to handle this matter. 이 문제를 어떻게 해야 할지 모르겠어요.
I wish + 과거시제	유감, 후회를 의미	I wish I could make it there today. 오늘 거기에 가지 못해서 안타까워요.
I tried to~	하려고 했으나 못 했음을 의미	I tried to get hold of you all day. 하루 종일 당신에게 연락하려 했는데 못했어요.
I thought~	지금은 아님을 의미	I thought you were done with it. 당신이 끝낸 줄 알았어요.(아직 못 끝냈군요).
I didn't know~	새로운 사실을 알게 되는 것을 의미	I didn't know you are interested in music. 당신이 음악에 관심이 있는 줄은 몰랐어요.
I don't think~	부정적인 내용을 이끔	I don't think It will be warmer. 따뜻해지지 않을 거예요.
I'll try, but~	Yes를 의미	I'll try, but don't count on me. 해 볼게요. 하지만 너무 기대하지는 마세요.
That's what[why, where]~	상대방의 말에 동의	That's what I have in mind. 그게 제가 원하는 거예요. 당신 말에 동의해요.
You might~	조언을 하는 상황	You might get some good rest. 푹 쉬세요.
It's time~	조언을 하는 상황	It's time you got a job. 당신이 직장을 구해야 할 때예요.
Let me~	도움을 제공	Let me fix you something. 제가 먹을 것을 만들어 드릴게요.
I didn't mean to~	미안함을 의미	I didn't mean to offend you. 당신 기분을 상하게 할 의도는 없었어요.
I can't believe~	불만을 의미	I can't believe we have to work after hours. 야근을 해야 한다니 믿을 수가 없어요.
Could you not~?	상대방의 부정적인 행위에 대한 불만	Could you not talk with your mouth full? 음식이 입 안에 있을 때 말 좀 하지 마세요.
Didn't I tell you~?	상대방을 몰랐음을 의미	A: Didn't I tell you not to go skiing? 스키 타러 가지 말라고 했잖아요. B: I should have listened to your advice. 당신 말을 들었어야 했어요.

You are supposed to~	조언을 하는 상황	You are not supposed to go there without the permission. 허락 없이 거기에 가지 마세요.
Are you sure~?	긍정적인 답을 유도하는 상황	A: Are you sure you can get the work done by today? 정말 오늘까지 일을 끝낼 수 있는 거죠? B: You have my word. 약속할게요.
Would you like me to~?	도움을 제공	Would you like me to grab a cab? 택시를 잡아 드릴까요?
Do you want me to~?	도움을 제공	Do you want me to talk to her about the problem? 제가 그녀에게 그 문제에 대해서 얘기할까요?
I decided to~	미래의 행동을 의미	I decided to go to a movie with you. 당신과 영화 보러 갈 거예요.
Don't tell me you didn't~	상대방의 부정적인 행위를 비판	Don't tell me you didn't finish your homework. 숙제를 다하지 못했다고 말하는 건 아니죠?
I could use~	조언에 대한 동의	A: Why don't you take a walk? 산책하는 게 어때요? B: Well, I could use some exercise. 그래요. 운동을 해야겠어요.
I wonder~	부탁, 권유의 의미	• I wonder if + you could(부탁) I was wondering if you could lend me money. 돈 좀 빌려줄 수 있어요? • I wonder if + you'd like to(권유) I wonder if you'd like to join us for dinner. 저희와 함께 저녁 식사할래요?
consider[think, promise]	뒤에 나오는 목적어의 의미에 집중	I might consider buying a new house. 전 새 집을 살 거예요. I'm thinking of going out. 전 외출할 생각이에요. I promise to join you for dinner. 당신과 저녁을 먹을게요.
not + 비교급	최상의 긍정적인 표현	I couldn't agree with you more. 전적으로 동의해요. Couldn't be better. 아주 잘 지내요.
Come on	상대방에게 하지 말라고 설득하는 표현	A: I think I should give up studying. 공부하는 걸 포기해야겠어요. B: Come on, I know you can do it. 그러지 마세요. 당신은 잘 할 수 있잖아요.

의문사의 뉘앙스

Keyword	상황별 이해	예문
How come~?	부정적인 내용의 해명	A: How come you are so late? 왜 그렇게 늦었어요? B: Sorry. I was stuck in traffic. 미안해요. 교통 체증에 걸렸어요.
How could[dare] you~?	상대방을 질책하는 의미	A: How could you lose the game against Gilbert? 어떻게 길버트에게 질 수 있어요? B: Well, he's a good player. 글쎄요. 그는 잘하는 선수예요.
How many times do I~?	부정적인 행동의 질책	A: How many times do I have to tell to be on time? 시간을 지키라고 제가 얼마나 말했어요? B: Sorry. It won't happen again. 미안해요. 다시는 안 그럴게요.
What if~?	걱정을 하는 상황	A: What if I fail the test? 시험에 떨어지면 어떡하죠? B: Don't worry. You can do it. 걱정하지 마세요. 당신은 할 수 있어요.
What are you doing here?	뜻밖에 누군가를 만났을 때	A: What are you doing here so early? 이렇게 일찍 여기는 어쩐 일이세요? B: I'm here to see my boss. 상사를 만나러 왔어요.
Where[when] did you learn~?	칭찬의 의미	A: When did you learn to paint so well? 언제 그렇게 그림을 잘 배우셨어요? B: I was a member of painting club. 미술부 멤버였어요.
What do you mean?	더 자세히 말해 달라는 의미	A: What do you mean by that? 무슨 말이에요? 구체적으로 말해 주세요. B: I said that I haven't had the time. 제가 시간이 없다고요.
Really? Why?	부정적으로 반응	A: I'm moving into my parents' house. 부모님 집으로 이사 가요. B: Really? Why? 정말요? 왜요? (부정적 상황으로 인식)

부사의 뉘앙스

Keyword	상황별 이해	예문
already	상대방의 말에 대한 긍정	A: Did you get it sent to the main office? 그거 본사에 보냈어요? B: Yes. It's already been taken care of. 네. 이미 처리했어요.
at least	현실에 만족함을 의미	A: My car was wrecked. 제 차가 완전히 망가졌어요. B: At least you are alright. 그래도 당신은 괜찮잖아요.
actually[in fact]	상대방의 말에 대한 부정	A: Do you want to go to the concert? 그 콘서트 보러 갈까요? B: Actually, I don't feel like it. 사실 별로 보고 싶지 않아요.
yet	부정적인 내용	I haven't done it yet. 아직 그것을 끝내지 못했어요.
But I	상대방의 말에 대한 부정을 의미	A: Don't stay up too late. 너무 늦게까지 일하지 마세요. B: But I have to finish my project. 하지만 제 프로젝트를 끝내야 해요.
always	불평을 의미	You are always behind schedule. 당신은 항상 뒤처지고 있어요.
still	과거에도 같은 상황임을 암시	Are you still hanging out with those friends? 아직도 그 친구들과 어울리나요?
earlier	미리 하지 못함을 아쉬워하는 의미	A: We need to stop at the gas station. 주유소에 들러야만 해요. B: Why didn't you fill it up earlier? 왜 미리 주유를 하지 못 했나요?
maybe	조언의 말	Maybe you should stay off your feet. 발을 쓰지 않는 게 좋을 거예요.
just	쉽게 하라는 조언	Just take it easy. 그냥 쉬엄쉬엄 하세요.
only	숫자 앞에 붙여서 적음을 의미	I paid only 50 dollars for this TV. 이 TV를 50달러에 구입했어요.

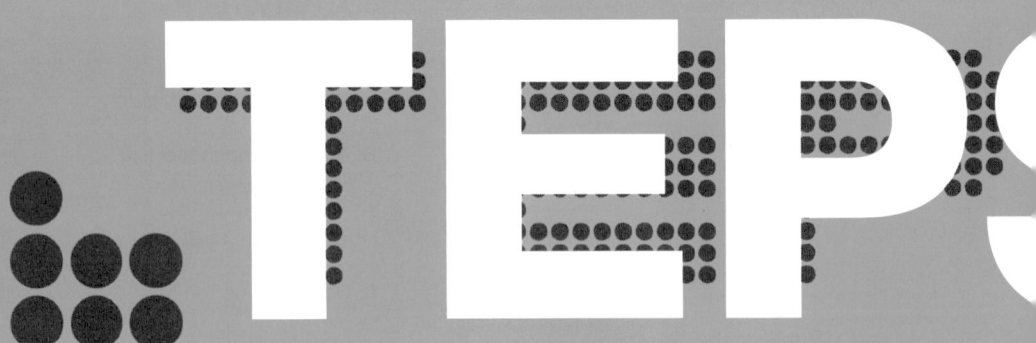

기본 실력 다지기

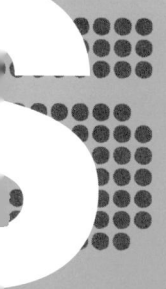

기본적인 표현

어떠한 상황에도 적용될 수 있는 기본적인 표현들이다. 텝스 청해를 시작하기 전에 반드시 알아야 할 필수 표현들이므로 잘 정리해서 외워두자.

1 인사

처음 만났을 때	Nice to meet you. 만나서 반가워요.	I haven't had the pleasure. 처음 뵙겠습니다. It's my pleasure to meet you. 만나서 제가 더 기뻐요. I'm glad you met face to face. 직접 만나서 반가워요. I heard so much about you. 당신에 관해 얘기 많이 들었어요.
오랜만의 만남	It's been ages. 오랜만이에요.	What have you been up to? 그동안 어떻게 지냈어요? Things have been keeping me busy. 바빴어요.
갑작스런 만남	What a nice surprise! 뜻밖에 만나서 기뻐요.	What a coincidence! 우연이네요. It's a small world. 세상 참 좁군요. What brings you here? 여기는 어쩐 일이세요? Fancy bumping into you here. 우연히 만나니 반갑네요.
작별	I've got to go now. Take care. 이제 가봐야 해요. 잘 지내요.	Thanks for coming. 와 줘서 고마워요. Look after yourself. 잘 지내세요. Have a nice day. 좋은 하루 보내세요. Give my regards to your family. 가족에게 안부 전해 주세요.
인사	How's it going? How are you doing? How's life treating you? 어떻게 지내세요?	Couldn't be better. 잘 지내요. Can't complain. 잘 지내요. Doing great. 아주 잘 지내요. Same as usual. 늘 똑같아요. Very well, and yourself? 잘 지내요. 당신은요?
	What's new? What's up? What are you up to? 어떻게 지내세요?	Not much. 별일 없어요. Nothing special. 별일 없어요. I'm getting transferred. 전근을 가요.(특별한 소식을 전함)

2 감사/사과

감사	Thank you. It's nice of you. 고마워요. I owe you one. 당신에게 빚졌네요.	No problem. 괜찮아요. What are friends for? 친구 좋다는 게 뭐예요? Think nothing of it. 아무것도 아니에요. It was the least I could do. 이건 아무것도 아니에요. **You are the one who should be thanked.** 제가 더 고마워요.
사과	I'm sorry. 미안해요. I didn't mean to. 그런 의도는 아니었어요. I owe you one. 당신에게 빚졌네요.	Don't worry about it. 걱정하지 마세요. You should've called earlier. 일찍 전화했어야 해요. **That's all right. Things happen.** 괜찮아요. 그럴 수 있어요. You should be careful next time. 다음부터는 조심하세요. **I hope it won't happen again.** 다시는 그런 일이 없도록 해요.

3. 긍정적/부정적인 반응

좋은 소식	I got an A. A를 받았어요.	Good for you! 기뻐요. Way to go(That's the way to go)! 잘했어요. That's the spirit. 바로 그렇게 하는 거예요. You deserve it. 그럴 만해요. I know you had it coming. 그럴 줄 알았어요.
나쁜 소식	I can't make it to the party. 파티에 갈 수 없을 것 같아요.	That's too bad. 안됐군요. That's a pity 안됐군요. What a shame! 안됐군요. I'm sorry to hear that. 안됐군요.
부정적 사실	I failed the test. 시험에 떨어졌어요.	Serves you right. 자업자득이야, 쌤통이다. You had it coming. 그럴 줄 알았어요. You asked for it. 당신이 자초한 거예요.
제안 수락	Why don't you go out with me? 같이 외출하는 게 어때요?	Sounds great to me. 좋아요. Why not? 좋아요. By all means. 물론이죠. I'd be glad to. 기꺼이 하죠.
제안 거절		Sorry, but I have plans. 약속이 있어요. But I got much to do. 할 일이 많아요. I'm afraid I can't. 유감스럽게도 안 돼요. **Actually, I'm tied up with my work.** 사실 일 때문에 바빠요. **I wish I could, but I have something to take care of.** 그러고 싶지만, 처리해야 할 일이 있어요.

듣기 어려운 발음

기본	예
t, d가 단어 중간에 들어간 단어 → '엘' 발음을 한다.	model, party, water, little, etc
자음으로 끝나는 단어 → 약하게 발음한다.	rent, lift, tank, went, told, etc
모음으로 시작하는 단어 → 거의 안 들린다.	attention, afford, assign, etc
'자음 끝＋모음'으로 시작하는 단어 → 연음 현상이 일어난다.	red ink, pick up, etc
스펠링 'o'는 '아'에 가깝게 발음한다.	model, Oscar, opera, body, etc
n 앞에 t, d가 오면 비음 처리된다.	button, cotton, written, etc
-ntly, -tely로 끝나는 단어 → t는 발음되지 않는다.	recently, currently, lately, promptly, badly, etc
대명사 → 아주 약하게 발음된다.	beat them, give him, etc

실전 받아쓰기 🎧

들려주는 내용을 듣고 받아써 보시오.

1 _____

2 _____

3 _____

4 _____

5 _____

6 _____

7 _____

8 _____

9 _____

10 _____

11 _____

12 _____

13 _____

14 _____

15 _____

16 _____

17 _____

18 _____

19 _____

20 _____

21 _____

22 _____

23 _____

24 _____

25 _____

26 _____

27 _____

28 _____

29 _____

30 _____

1 What will you do after the guests leave? 손님들이 떠나고 나면 뭐 할 거예요?	16 I would have avoid being out of shape. 살이 찌는 걸 피할 수도 있었는데.
2 Is that gift for me? 이 선물이 제 거예요?	17 How on earth could you afford to rent such a big place? 어떻게 그렇게 큰 집을 임대할 여력이 되죠?
3 It won't help to get our proposal accepted. 제안서를 승인받는 데 도움이 안 될 거예요.	18 You are allowed to take some days off. 당신은 며칠 휴가를 낼 수 있어요.
4 I got a ton of work to do. 해야 할 일이 많아요.	19 It's not as effective as you expect. 당신이 예상한 것만큼 효과적이지 않아요.
5 Don't get worked up about it. 너무 화내지 마세요.	20 I cleaned up the mess you made. 당신이 엉망으로 만든 것을 제가 치웠어요.
6 Are you on your way out? 나가는 길이에요?	21 Could you get the water out of the fridge? 냉장고에서 물 좀 꺼내 주세요.
7 What do I owe you? 얼마를 드리면 돼요?	22 I thought you would apply for several jobs. 당신이 여러 직장에 지원한 줄 알았어요.
8 Can I be frank with you? 솔직히 말해도 돼요?	23 You both haven't had a bite all day, have you? 두 분 다 하루 종일 아무것도 먹지 못했죠, 그렇죠?
9 I must have dozed off for a second. 잠깐 졸았나 봐요.	24 Forgive me my lack of manners. 무례함을 용서하세요.
10 I don't get why she's mad at me. 그녀가 제게 왜 화를 내는지 모르겠어요.	25 I want to be alert. 맑은 정신이 필요해요.
11 It's worth a try. 해 볼 만해요.	26 Please note that there should be a new method to implement in your research. 당신 조사에 실행할 새로운 방법을 포함해야 한다는 것을 명심하십시오.
12 We've run out of milk. 우유가 다 떨어졌어요.	27 There are some methods to avoid being obese. 살이 찌는 것을 피할 수 있는 몇 가지 방법들이 있다.
13 Did your daughter get admitted to the school? 당신 딸은 학교에 합격했나요?	28 He won't ask the bank to eliminate the existing aid. 그는 기존의 도움을 받지 말라고 은행에 요청하지 않을 것이다.
14 We can get rid of all those odds. 모든 자질구레한 것들을 버려요.	29 That allegation would create a stir. 그 말은 상황을 혼란스럽게 할 거예요.
15 I bought a lot of items for our outing. 아유회를 위해 물건을 많이 샀어요.	30 I assume that she set several standards in a modeling school. 저는 그녀가 모델 학교에 여러 가지 기준을 세웠다고 생각합니다.

생략된 어휘와 같이 쓰이는 표현

that, it, I, I am, Do you가 생략되거나 앞에서 미리 언급되었을 때, 생략해서 사용하는 표현에 익숙해져야 한다. 소리내서 따라 읽는 것이 듣는 것보다 훨씬 효과적이다.

1   (It) Looks like it. 그럴 것 같아요.

2   (Do you) Want to come? 올래요?

3   (I'm) Glad you like it. 마음에 든다니 기뻐요.

4   (I) Hope you enjoy it. 즐거운 시간을 보내세요.

5   (It will) Not after you scratched it twice. 당신이 두 번이나 스크래치를 낸 후는 아니에요.

6   (Do you) Need a lift? 차편이 필요하세요?

7   (Have you) Got a minute? 시간 있으세요?

8   (It) Can't be any better. 아주 좋아요.

9   (It is) Great to see that your flight made it on time. 비행기가 제시간에 도착해서 기뻐요.

10   (It is) Not as good as you expected? 예상했던 것보다 좋지 않으세요?

11   (Have you) Got any pre-interview jitters? 인터뷰 전에 긴장되세요?

12   (Do you/Would you) Mind if I stay late tonight at work? 늦게까지 일해도 될까요?

13   (It) Serves you right. 자업자득이야.

14   (Is there) Anything I can do to help? 제가 도와줄 수 있는 게 있나요?

15   (Do you) Care for a drink? 한잔 할래요?

16   (It) Runs in the family. 집안 내력이에요.

17   (It) Will do. 그거면 괜찮아요.

18   (Is there) Any occasion? 특별한 날이에요?

19   (It) Makes me think I should get started right away. 지금 바로 시작해야겠다는 생각이 드네요.

20   (I) Agreed. 동의해요.

알아둬야 할 문법 표현

1 수동태로 더 잘 쓰이는 표현

일반적으로 사람을 목적어로 취하는 동사는 수동태로 더 많이 쓰이며, 조동사처럼 쓰이는 수동태도 자주 등장한다. 특히 Part IV에 자주 등장한다.

be forced to	~하라고 듣다	They were forced to enter the room. 그들은 방에 들어가야만 했어요.
be assigned to	~해야 한다	All employees are assigned to work on the project. 모든 직원들은 그 프로젝트에 참여해야 합니다.
be required to	~해야 한다	They are required to pay in cash. 그들은 현금으로 지불해야 합니다.
be expected to	~하기로 예상한다	It is expected to rain soon. 곧 비가 올 것입니다.
be supposed to	~하기로 되어 있다	You are supposed to do it right away. 당신은 그것을 바로 해야 합니다.
be advised to	~하라고 하다	All residents are advised to stay home. 모든 지역 주민들은 집에 있기를 권고합니다.
be asked to	~을 요청받다	You are asked to turn in the paper on time. 시간에 맞춰 논문을 제출해야 합니다.
be told to	~하라고 듣다	I was told to stop by his office. 그의 사무실에 들르라고 들었어요.
be allowed to	~할 수 있다	You are allowed to take a few days off. 당신은 며칠 휴가를 낼 수 있어요.
be believed to	~라고 믿다	They are believed to be efficient. 그들은 효율적이라고 믿고 있어요.

2 항상 부정문으로 쓰이는 표현

항상 부정문으로 쓰이기 때문에 부정문 자체로 기억해야 한다.

I don't think it will be a problem.	괜찮을 거예요.
Why don't you try that new restaurant?	새로운 음식점에 한 번 가보지 그래요?
It won't hurt to ask.	물어봐도 돼요.
I don't think that's a great idea.	좋은 생각이 아닌 것 같아요.
I can't agree with you more.	동의해요.
I can't afford to buy it.	그것을 살 여력이 안 돼요.

I can't believe it.	믿을 수가 없어요.
I can't wait to see him.	그가 너무 보고 싶어요.
I can't make it there.	거기에 갈 수 없어요.
I'm not feeling well today.	오늘 몸이 안 좋아요.
I can't stand him.	그를 견딜 수가 없어요.
You can't miss it.	찾기 쉬워요.

3 그 외 표현

정답을 결정하는 데 아무런 의미가 없는 어구가 있다. 이 어구는 문장을 단순히 복잡하게 만들 뿐 아무런 단서가 되지 못한다.

기본	예
Do you think[Don't you think]~?	Do you think I should go there? 제가 거기에 가야 할까요?
I heard[Did you hear]~	I heard you got a traffic accident. 당신이 교통사고를 당했다고 들었어요.
I think~	I think it's easy to neglect such a situation. 그런 상황을 무시하기가 쉬워요.
while you are out of town(away)~?	Can you watch my sister while I'm out? 제가 외출할 동안 제 여동생을 돌보아 주시겠어요?
Can you tell me~?	Can you tell me where the post office is? 우체국이 어디에 있는지 알려주세요.
Do you know~?	Do you know when this school was built? 이 학교가 언제 설립됐는지 아세요?

선택의문문을 이해하자

선택의문문은 단순히 Yes/No로 대답할 수 없으며, 둘 중 하나만 그대로 선택하는 경우도 많지 않다. 다른 표현으로 바꾸어 이야기하는 답을 기억해야 한다.

1   A: Where can I find you this evening at home or at the office?
      오늘 저녁에 집 아니면 사무실에서 당신을 볼 수 있을까요?

    B: I won't be back home until 7. 7시까지는 집에 들어가지 않을 거예요.

2   A: Which do you like better, coffee or tea? 커피와 차 중 어떤 걸 좋아하세요?
    B: Either is fine with me. 아무거나 괜찮습니다.

3   A: Who should I take to the dance, Jane or Carett? 제인과 캐럿 중 누구와 춤추러 갈 거야?
    B: Whoever willing to go would be welcome. 누구와 가도 좋을 것 같아.

4   A: Should we have lunch now or later? 지금 점심 식사를 할까, 아니면 나중에 할까?
    B: I'm not hungry right now. 지금은 배가 고프지 않아.

5   A: What do you say, the bus or the train? 버스 아니면 기차는 어때?
    B: We could use some exercise. 우리는 운동을 해야 할 것 같아.

6   A: Is Jackson British or American? 잭슨이 영국인이야, 아니면 미국인이야?
    B: Neither. He's an Australian. 둘 다 아니야. 그는 호주 출신이야.

7   A: Which shoes look better, the flat ones or the shiny ones?
      낮은 신발이 괜찮아, 아니면 반짝거리는 신발이 괜찮아?

    B: I don't like either. 둘 다 아닌 것 같아.

8   A: Cash, check or charge? 현금으로 계산하시겠어요, 아니면 수표, 외상으로 하시겠어요?
    B: Do you take Master card? 마스터 카드도 받나요?

9   A: Would you like it here or to go? 여기에서 드실 건가요, 아니면 가지고 가실 건가요?
    B: I'd prefer a take-out. 포장해 주세요.

10 A: Will you be able to fill in for me or should I ask someone else?
      제 대신에 일해 주시겠어요, 아니면 다른 사람에게 물어볼까요?

    B: I'll be out of town until next week.
      다음 주까지는 저는 출장을 가요.

11 A: Would you like this package sent by surface mail or airmail?
      해상 우편과 항공 우편 중 어느 걸로 이 소포를 보내시겠어요?

    B: Whichever one is the quickest. 가장 빠른 걸로요.

가정법을 이해하자

가정법은 현실이나 과거에 불만, 유감, 후회를 나타내므로 부정적인 뉘앙스가 있음을 알아야 한다.

Keyword	상황별 이해	예문
I wish + 과거시제	할 수 없음을 나타냄	I wish I were a musician. 내가 음악가라면 좋을 텐데.
I wish + 과거완료	과거를 후회함	I wish I hadn't been busy yesterday. 어제 바쁘지 않았더라면 좋았을 텐데.
if I had only known	과거의 아쉬움	If I had only known earlier, I could have done better. 좀 더 일찍 알았더라면, 더 잘 할 수 있었을 텐데.
If + 과거시제	현재는 아님을 의미	If he helped me, I could do the work. 그가 나를 도와줬다면, 내가 그 일을 할 수 있었을 텐데. If I were familiar with this area, I wouldn't have made such a mistake. 이 지역을 잘 알았더라면, 그런 실수를 하지 않았을 텐데.
If + 과거완료	과거에 대한 유감, 아쉬움을 의미	If I had known her address, I could have written to her. 그녀의 주소를 알았더라면, 그녀에게 편지를 쓸 수 있었을 텐데. If you'd helped me to clean up, we would be at Tom's now. 당신이 청소를 도와줬더라면, 지금쯤 우리는 톰의 집에 있을 텐데.
should[could, would] + have p.p.	과거에 대한 유감, 아쉬움을 의미	Who would have guessed that Sue quit her work in such a short notice. 수가 갑작스레 통고하고 그만 둘 거라고 누가 예상이나 했겠어.

TEPS 청해 FAQ

1 공부를 어떻게 시작하나요?

Q 장신대 시험을 위해 텝스 청해 공부를 처음 시작하는 사람입니다. 영어 공부를 등한시 한 지 수십 년이 흘렀네요. 어떻게 해야 할지 전혀 감이 오질 않습니다. 어디서부터 무엇을 가지고 시작해야 할지 막막합니다. (작성자 laboryoon)

A 일단 실전문제를 푸는 것보다 상황별로 분리된 기본적인 표현들을 암기하는 것부터 시작하세요. 그리고 동시에 문제들을 받아쓰기해야 합니다. 한 달 동안 이렇게 매일 공부를 한다면, 청해 부분에 확실한 자신감이 생기고 문제를 풀 수 있는 기본이 형성됩니다.

2 문제를 많이 풀어도 점수가 안 올라요.

Q 저는 최근 6개월 동안 서점에 있는 거의 모든 텝스 청해 교재들을 사서 풀어 봤는데 점수의 변화가 거의 없었어요. 나름 시간도 많이 투자해서 많은 문제들을 풀었는데 왜 점수가 오르지 않을까요?

A 막연한 문제풀이는 큰 도움이 되지 않습니다. 텝스 청해에 나오는 내용을 상황별로 분류해서 공부하고 기본적인 표현들을 외워나가야 단기간에 효과를 볼 수 있습니다. 기본적인 표현들을 많이 외우고 있어야 풀었던 문제가 머리에 저장이 됩니다. 기본 표현들을 모르는 상태에서 문제를 받아들인다는 것은 손에 물을 붓는 것과 같이 남는 게 없습니다. 많은 문제를 풀기보다는 우선 자주 나오는 표현과 스크립트를 암기해야 합니다.

3 정답을 빨리 파악하기가 어려워요.

Q Part I, II의 정답을 정확하고, 빠르게 파악하기가 힘듭니다. 질문은 90% 이해하겠는데 선택지에서 항상 고민하다가 시간이 흘러가버리기 일쑤예요. 잠시 생각한다는 것이 다음 문제까지 영향을 주어 시험장에서 점수가 들쭉날쭉해집니다. (작성자 msdh5155)

A 누구나 하는 고민입니다. 그러나 초보와 프로와의 차이는 혼동되는 보기에서 본인의 직감을 믿고, 얼마나 과감성을 보이냐에 따라 달라집니다. 초보는 고민하다 다음 문제까지 놓치게 되고, 프로는 빨리 찍고 다음 문제를 기다립니다. 고민되는 보기는 나중에 스크립트를 보면서 확인해도 혼동되는 보기입니다. 두 개의 보기가 혼동되는 경우, 문제의 의도는 이해하는데 핵심어(동사, 형용사)나 상황을 정확하게 파악하지 못해서 오는 것입니다. 이는 훈련을 통해 극복할 수 있습니다.

4 Part IV 점수가 오르지 않아요.

Q 청해 Part IV는 독해 문제 같다는 생각도 들고, TEPS의 다른 Part(문법, 어휘, 독해)는 목표 점수도 도달했는데 청해만 290점대에 머무르고 있습니다. 청해가 절대 320점 이상이 안 나옵니다. 가장 힘든 점은 역시 Part IV이고 무엇을 가장 우선시해야 할지 궁금합니다. (작성자 오쎠니)

A Part IV가 부족한 것 같아 막연히 문제를 푸는 건 아무런 도움이 되지 않습니다. 일단 하루에 한 개의 지문을 외워야겠다는 목표를 세우고 하나씩 외워 나가야 합니다. 그리고 문제를 풀 때 너무 정답만 찾으려 하지 말고, 절대 답이 될 수 없는 보기 두 개를 확실히 지워야겠다는 생각으로 문제를 접하면 훨씬 더 자신감 있게 도전할 수 있습니다.

5 청해만 점수가 오르지 않아요.

Q 저는 청해 점수가 200점 정도밖에 나오질 않고 있어요. 다른 영역은 그래도 공부한 만큼 올라간 것 같은데 청해가 특히 Part Ⅳ가 너무 스트레스예요. Part Ⅳ를 풀 때면 들을 생각은 아예 포기하고 무엇을 찍을까 고민만 해요.

A 스스로 정말 Part Ⅳ 때문에 점수가 안 오르는 건지 점검을 해 봐야 합니다. Part Ⅰ, Ⅱ에서 각각 틀린 개수가 3개 이상 나온다면 그것은 Part Ⅳ의 문제만이 아닙니다. 300점을 받은 수험자도 Part Ⅳ의 정답률이 40%를 넘지 못하는 경우가 종종 있습니다. Part Ⅰ, Ⅱ의 문제들을 많이 암기하셔야 300점까지 도달할 수 있습니다. Part Ⅳ는 아주 기본적인 내용들만 공부하시되 8:2(Part Ⅰ, Ⅱ, Ⅲ : Part Ⅳ의 비중)로 공부하세요.

6 시험장에서 집중하기 힘들어요.

Q 그간 텝스를 독학하면서 시험을 세 차례 가량 봤습니다. 100% 들어야만 하는 시험이기에 집중력이 중요하다고 생각하는데 막상 시험장에서는 집중하기가 힘들어요. 특히 Part Ⅰ, Ⅱ에서 더 심해요. 옆에 있는 사람이 다리를 떨기라도 하면 정말 다 놓치는 기분이에요.

A 문제를 들을 때 앞부분을 집중하려고 노력하세요. 그리고 보기를 들을 때, 그냥 듣지 말고 X ? O 등의 표시를 하면서 들으면 문제의 실수를 잡을 수 있을 뿐 아니라 집중력도 향상됩니다.

7 긴 문장은 이해하기 어려워요.

Q 기본적인 표현은 그냥 이해가 되는데, 문장이 조금만 길어지면 집중력을 잃고 앞의 내용을 잊어버리기 일쑤예요. 문장 구조가 복잡하고 호흡이 긴 문장이 나오면 당황하여 내용을 이해하는 데 어려움이 있어요. (작성자 yeon868/)

A 긴 문장에 익숙하지 않기 때문에 그럴 수 있습니다. 평소에 긴 문장들을 많이 암기하는 게 도움이 됩니다. 그리고 문장이 아무리 길어져도 중요한 단어들은 꼭 앞에 몰려 있습니다. '주어 + 동사+ 형용사 + 목적어'만 잘 들으면 문장이 아무리 길어도 내용을 이해할 수 있습니다. 앞부분에 집중해서 듣는 훈련을 하세요.

8 발음에 익숙해질 수 없을까요?

Q 아는 표현인데도 안 들리는 경우가 허다해요. 'TO'가 '투' 발음이 아닌 '루' 발음으로 들리는 것처럼 방송 발음이 너무 자연스럽게 굴러가서 잘 안 들려요. 녹음된 소리를 듣고 혼자 따라하려니 녹음된 소리가 너무 빠르고, 그렇다고 속도를 늦춰서 들을 수도 없고... 발음에 익숙해질 수 있는 방법이 없을까요?

A 받아쓰기를 해 보세요. 같은 속도로 반복해서 들으면서 받아쓰기를 하면 안 들리는 부분, 혼동되는 부분들이 확실하게 잡힙니다. 그리고 따라 읽어보세요. 가능한 한 소리를 내면서 모방을 한다는 생각으로 따라 읽으시면 됩니다.

9 효과적인 받아쓰기 방법이 있나요?

Q 받아쓰기하면 쉽게 지쳐서 결국 그만 두게 됩니다. 받아쓰기는 어떻게 해야 효과적이고 언제까지 해야 할까요?

A 한 문장씩 끊어서 받아쓰기를 해야 하며, 짧은 문장은 세 번, 좀 어렵게 들리는 것은 다섯 번 정도 반복 청취를 하는 습관을 길러야 합니다. 만약 안 들리는 부분이 있다면 영어가 아닌 소리를 한글로라도 받아 적어 보세요. 그 표현은 나중에 확실히 들릴 겁니다. 바로 확인하지 말고 한 세트(약 15문제 정도)가 끝나고 나면 나중에 받아쓴 내용을 확인하면서 소리내어 따라 읽어 보세요. 한 달만 열심히 하셔도 확실히 효과가 있을 겁니다.

10 내용을 이해하기 어려워요.

Q 전 토플을 준비했던 적이 있는데 토플과 비교하자면, 토플은 지문이 상당히 길기 때문에 종합적으로 판단해야 하지만, 텝스 청해는 일상 생활 내용이 거의 대부분이라 익숙하지 않으면 무슨 내용인지 잘 모르겠어요. 숙어들이 많이 나오는 것 같아요. (작성자 트루콜링)

A 텝스는 실용 영어를 추구합니다. 한 장소에 국한해서 묻지 않습니다. 자주 접할 수 있는 장소별 표현들과 상황들을 잘 정리해서 공부하면 쉽게 익숙해질 수 있습니다. 전문성이 강하거나 아주 깊이 있는 내용은 나오지 않습니다. 다양한 표현들을 상황에 맞게 공부해 보세요.

11 기출 표현들을 암기하면 효과가 있나요?

Q 기출문제들을 많이 암기하고 Part II, III 지문을 외우라고 하는데 솔직히 외우면 어떻게 응용력이 나오는지 아직 확신이 안 서요. 실제 텝스는 정답이 똑같이 나오는 경우가 별로 없다고 들었거든요. 암기한 것이 응용 문제에서 어떻게 활용될 수 있는지 궁금해요.

A TEPS 시험에서 똑같은 문제의 똑같은 정답을 기대하기 어렵습니다. 그러나 확실한 건 문제로 나왔거나 정답이 되었던 표현들은 문제의 중요한 단서가 되거나, 정답이었던 내용은 문제가 되어 다시 출제됩니다. 또한 TEPS 청해 내용의 흐름을 이해하는 것이 영어 감각을 향상시키는 데 굉장히 중요합니다. 그 영어 감각은 순간적으로 혼동되는 상황에서 진가를 발휘합니다. 텝스는 텝스만의 고유 문체와 흐름이 있습니다. 이것을 익히는 가장 좋은 방법은 반복을 통한 암기입니다.

12 믿을 만한 학습 자료가 무엇인가요?

Q 자료는 여기저기 풍부한데 가장 효과적으로 한 가지 자료집만 파고 싶은데 가장 믿음직한 자료가 무엇인지 확실히 몰라 이걸 봐야 되나 저걸 봐야 되나 확신이 안 들고 좀 방황하고 있습니다. (작성자 imhis21)

A 무엇을 가지고 공부하냐보다 어떻게, 얼마나 공부하느냐가 더 중요합니다. 그리고 교재를 추천하자면 예전에 나왔던 기출문제 혹은 기출 변형 문제들입니다. 청해는 모의시험 2회분만 완전히 익혀놓고 스크립트 없이 들으면서 스스로 강의를 할 수 있을 정도면 300점 이상은 가능합니다. 가지고 있는 자료를 완전히 자기 것으로 만들어 보세요.

13 영어 뉴스 청취나 미드가 도움이 되나요?

Q TEPS 청해 점수를 향상시키는 데 영어 뉴스 청취나 미드를 보면 도움이 될까요? 흥미를 가지고 접근할 수 있어 영어와 빨리 친해질 수 있을 것 같은데요.

A 도움이 됩니다. 그러나 단기간 텝스 점수를 올려야 하는 것이라면 TEPS 청해 문제를 공부하는 게 가장 효과적입니다. 장기적으로 영어를 공부하는 목적에서는 아주 좋은 길잡이가 될 것입니다. 그러나 이제 막 텝스를 시작하고, 단기간 공부를 해야 한다면 텝스에만 몰입하셔야 합니다. 텝스는 영어이기 전에 시험입니다.

14 Part Ⅲ의 보기는 어떻게 직청직해 하나요?

Q Part Ⅲ의 내용은 정확하게 이해하겠는데 보기가 나오면 바로 바로 해석이 안 되어서인지 보기에서 많이 놓치게 돼요. Part Ⅲ 보기를 어떻게 직청직해 하는지 궁금해요.

A Part Ⅲ은 내용 이해 30%, 보기 이해 70%가 답을 결정한다고 생각하시면 됩니다. 그러니 보기를 따로 공부하셔야 합니다. 보기는 받아쓰기를 하거나 스크립트를 보지 않고, 자연스럽게 듣고 바로 따라 할 수 있을 정도가 되어야 직청직해가 됩니다. 그렇게 50가지 문장을 반복하고 나면 확실히 변화가 생길 것입니다.

15 Part Ⅰ, Ⅱ의 정답이 너무 다양해요.

Q 청해 Part Ⅰ, Ⅱ에서는 예상하고 있던 정답이 아닌 게 너무 많아 당황스러울 때가 많아요. 정답이 너무 다양해서 가능한 정답들을 다 외워야 해결될까요?

A 특히 Part Ⅰ, Ⅱ는 절대 정답을 예상하고 풀면 안 됩니다. 우리는 이미 문제를 들으면 답을 찾으려 노력하지만 그럴수록 더 함정에 빠지게 됩니다. 우선 절대로 답이 될 수 없는 보기들을 지워나가면서 정답이 스스로 떠오를 수 있게 해야 합니다. 절대 답이 될 수 없는 보기들은 변하지 않습니다. 그러나 정답은 항상 다양하게 출제된다는 것을 기억하세요.

16 반복 듣기 연습이 효과가 없어요.

Q 청해 테이프를 집중해서 반복 듣기를 연습하는데도 여전히 잘 들리지 않아 걱정입니다. 어떻게 해야 더욱 잘 들릴까요?

A 막연히 그냥 반복해서 듣는 것에 의존하지 마세요. 24시간 영어에 노출된 생활과 장기간 학습이 아니라면 '받아쓰기 + 소리내서 따라 읽기 + 외우기'를 병행해서 공부하셔야 합니다. 또한 반복해서 듣는다고 집중력을 간과해서는 안 됩니다.

TEPS 청해 후기

1 강희은(공무원)

제가 텝스 공부를 시작한 이유는 (그래도 문법, 어휘 독해는 어느 정도(?) 되는데) 청력(?)이 약해서 청해 점수가 400점 만점에 160점도 되지 않아 공무원 유학 시험 합격이 불가능할 것이라는 심각하고 슬픈 현실 때문이었습니다. 이런 제가 유니스 선생님의 열정적이고, 탁월한 강의에 힘입어 점수가 상당히 향상(지난 2월 청해 점수 218점)되었습니다(참고로 독해는 332점, 문법은 84점, 어휘는 87점 받았습니다). 막상 청해 점수를 받고 나니 기쁜 마음도 있었으나, 아직도 갈 길 (320점)이 너무 멀다는 생각이 들었습니다. 그래서 제 공부 방법을 선생님이 평소에 말씀하시는 공부 방법에 비추어 심각(?)하게 조명해 보았습니다. 그 결과 유니스 선생님 가라사대 "청해는 ① 기본 표현 암기 ② 문제 푼 후 정답 확인 전 받아쓰기 ③ 틀린 문제(찍어서 맞춘 것도 포함)에 대한 철저한 원인 분석 ④ 문제와 정답을 여러 번 따라 읽기니라"라는 사실이 생각났습니다. 그런데 사실 부끄럽게도 저는 지난 1월까지 수업만 열심히(?) 들었을 뿐 혼자서 받아쓰기, 따라 읽기 등을 거의 해 본 적이 없었습니다. 물론 몇 차례 시도는 해 보았으나 받아쓰기와 따라 읽기가 어찌나 힘들고, 귀찮은지 몰라 포기하고 편한 길(눈으로 보는 길)을 선택했습니다. 즉, 선생님께 효과적인 청해 공부 방법에 대해 귀에 못이 박히도록 들었으나 한 귀로 듣고 한 귀로 흘려보내면서 점수가 빨리 많이 올랐으면 하는 도둑(?) 심보를 가지고 있었던 것이죠. 생각이 여기에 미치자 이런 상황에서 점수가 오른 것이 신기하다는 생각이 들 정도였습니다. 이러한 반성을 바탕으로 현재는 다음과 같이 공부하고 있습니다. 즉, ① 새벽 청해 집중반 끝나고 사무실에 와서 근무하기 전에 잠시 짬을 내서 틀린 문제의 원인을 분석한 후, 모든 문제의 질문과 정답을 3번 정도 읽습니다. ② 저녁에 전철로 퇴근할 때는 유니스 선생님이 제공해 주시는 기본 표현 등을 반복하여 읽습니다. ③ 저녁에 집에 가서는 받아쓰기를 합니다. 이때에는 들리지 않는 부분을 3~5회 정도 들으면서 어떤 단어가 왜 안 들리는지를 고민하면서 찾아내려고 노력합니다. ④ 받아쓰기 후에는 3번 정도 따라 읽기를 합니다. 이때에는 원어민 발음과 제 발음을 비교하여 원어민 발음에 제 발음을 adjust하려고 노력합니다. ⑤ 새벽에 전철로 학원갈 때에는 다시 한 번 전날 푼 문제와 정답을 3번 정도 읽습니다. ⑥ 그리고 마지막으로 학원 도착해서 수업 시작 전 짜투리 시간에 다시 문제와 정답을 읽습니다(이렇게 공부하니 혼자 공부하는 시간이 매일 대략 4시간 정도(평일 기준) 됩니다). 그런데 신기한 것은 이렇게 공부한 지 별로 오래되지 않았는데도 과거보다 훨씬 영어가 잘 들린다는 사실입니다. 역시 실력을 향상시키기 위해서는 유니스 선생님과 히딩크 감독님의 말대로 기본에 충실해야 되는 것 같습니다.

지난 토요일에는 아침 9시부터 밤 12시까지, 지난 일요일에는 아침 8시부터 밤 10시까지 영어 공부만 했는데도 전혀 피곤하지 않았습니다. 아마 그 이유는 이러한 과정을 통해서 듣기 실력이 나날이 향상되니까 공부가 지겨운(fed up with) 것이 아니라 너무 재미있는(amusing) 것으로 바뀌는 것 같습니다. 제 아내 말로 옛날에는 그렇게 영어 공부 하라고 해도 비디오만 보고, 인터넷 서핑만 하더니 사람이 정말 많이 변했다(발전했다)고 하더군요. 처음에는 유학 시험이라는 특정한 목적을 위해 텝스 공부를 시작했지만 이제는 텝스를 사랑하는 마음으로 영어 공부를 하고 있습니다(아마 시험 합격이라는 결과는 부수적으로 따라오지 않을까 생각됩니다). 아직도 제 실력과 청해 점수가 많이 부족하지만 부족한 사람이 느끼는 바도 공유하면 서로 도움이 되지 않을까 싶어 부끄러움을 무릅쓰고 수업 후기를 한 번 써 보았습니다. 3월 시험 성적 받은 후에는 시험 후기를 써 볼 수 있는 영광스러운 기회가 올 것을 믿으면서 같이 텝스 공부하는 모든 분이 뜻을 정해서 열정적으로 노력함으로써 자신의 꿈을 이루어 나갈 수 있기를 소망합니다.

[출처] 뜻을 정하면(?)! 꿈은 이루어진다!(청해집중반 강희은 수업후기) ([TEPS] 유니스 정 – 이익훈어학원(종로)) |작성자 텝스사랑

2 서울대 대학원 준비생

수능 이후 영어 공부는 모두들 하는 토익을 잠깐 공부한 것 빼고는 없었습니다. 수능의 듣기는 단어를 많이 알고, 기출 문제를 많이 듣고 하면 어느 정도 잘 들리는 것 같습니다. 토익 같은 경우도 비슷하다고 생각합니다. 토익은 그림도 주어지기 때문에 TEPS만큼 어렵게 느껴지지 않았던 것 같습니다. TEPS는 눈으로 주어지는 것이 없는데다 구어체가 많기

때문에 과거의 영어 공부 방법으론 효율적이지 못하다는 것을 깨달았습니다. 다양한 관용 표현과 체계적인 기출 분석, 그리고 그 상황에 따른 정리가 필요한 것 같습니다. 제가 선생님의 수업에서 가장 효과를 많이 보았던 것은 상황별 공부였습니다. 상황별 공부는 모르는 어휘가 있다 하더라고 듣는 중 그 상황을 이해하는 것에 훈련되기 때문에, 이것이 익숙해지면 화자의 뉘앙스를 빨리 알게 되는 것 같습니다. 이는 긴장되는 시험장에서 다른 사람들보다 먼저 대화의 상황이 긍정적인 상황인지 부정적 상황인지 파악하게 되는 장점과 동시 그 상황에 어울리는 여러 보기의 답을 미리 준비할 수 있으니까 정답을 알려고 노력하기보다 정답이 될 수 없는 보기를 지워 나감으로써 정답을 찾을 수 있게 하는 능력을 길러 주는 것 같습니다.

3 공무원

시간의 제약이 많기 때문에 새벽반이나 주말 반을 이용하여 수업을 듣곤 했는데요. 이동할 때 편리하게 배려해준 미니 핸드아웃과 mp3, 음성 칼럼 등이 시간을 알차게 쓸 수 있도록 도와주었던 것 같아요. 신경 써 주셔서 감사했습니다.

4 장신대

늙어서 공부한다는 것이 쉽지 않더군요. 영어 공부를 너무 등한시하다 갑자기 시작하려니 막막했습니다. 딱딱한 암기식 수업보다는 상황을 적용시켜 공부하는 것이 부담도 덜 되고, 이해도 보다 쉽게 가더군요. 그렇게 상황별로 문제들을 풀고 외우니 5개월 이상 그냥 문제만 풀었던 시기보다 한 달간 공부한 지금 더 효과를 보는 것 같습니다. 예전에는 파트 1이나 2에서 15문제에서 7개 정도밖에 못 맞추었는데 한 달간 이렇게 공부를 하고 자신감을 얻어 문제를 푸니 조금 난이도 있게 나오는 모의 시험 문제도 항상 파트 1과 2는 11개 이상 맞고 있습니다. 저에게는 엄청난 성과지요.

5 cultfiles@naver.com

선생님께서 매일 강조하셨던 '파트 1, 2, 3만 잡아도 300'이 사실이란 걸 이번에 느꼈습니다. 수업 시간에 신생님이 주신 정기 시험 기출 스크립트로 맞춰보니까 파트 1 1~2개, 파트 2 2~3개 밖에 안 틀렸더라고요. 저는 이번에 못 봤다고 생각했거든요. 파트 3 마지막 3문제 전부 지시문 a번을 전부 못 듣고, 파트 4는 완전 안 들려서 마지막 5개를 그냥 포기할까도 생각했거든요. 일단 파트 1, 2를 잡고, 보기 받아쓰기를 통해서 파트 3을 잡으면 기본 300~320은 될 것 같아요. 2시간 정도 읽고 답하고, 어휘, 모르는 표현 정리. 그 다음 주에는 또 읽고 한 사람씩 역할 정해서 읽기, 역할 바꿔서 읽기, 그 다음 주에는 한 사람이 질문하면 다른 사람이 안 보고 답하기, 역시 또 역할 바꿔서 반복, 이러면 대략 4주가 걸리더라고요. 특히 몇 번 읽기가 아니고, 2시간 동안 읽을 수 있는 만큼 계속 읽으면 처음에는 몇 번 못하지만 3, 4주엔 질문하면 거의 80% 외워서 답할 수 있을 만큼 반복이 되더라고요. 저는 이렇게 해서 300점 넘었습니다.

6 포로리야(higheststh)

이틀에 한 회의 시험을 본다는 목표로 한 세트를 풀었습니다. 예전에는 어떤 문제를 풀어야 할지 몰랐는데 유니스 선생님께서 듣기 자료를 많이 제공해 주셔서 부족함 없이 풀어볼 수 있었습니다. 웹하느에 올려주신 자료를 피트별로 나누어 파트 1, 2는 되도록이면 많은 문제를 풀어보라고 하셔서 하루에 15문제씩 풀고 모르는 표현을 종이에 적어두고 수시로 보았고요. 어휘 파트에 나오는 일상 회화 표현(?)도 계획을 세워 풀고 자주 보려고 노력했습니다. 제공해 주신 자료에서 해설이나 답이 없는 경우도 있었기 때문에 네이버 쪽지로 선생님께 자주 여쭤봤고요(선생님께서 늘 명쾌하게 설명해 주셔서 정말 감사하는 마음으로, 한편으로는 죄송스러웠지만 또 질문하고 또 질문했어요). 질문한 건 절대 까먹지 않게 되어 도움이 많이 되었습니다. 교재 첫 부분에 나오는 듣기에 숨어있는 노하우라는 부분에 *actually*가 나오면 앞선 내용에 대한 반대다. 이런 점들을 수업 시간에 틈틈이 예를 들어 설명해 주셨는데 그럴 때마다 동그라미를 쳐 놓고 집에서 연습을 할 때마다 적용해 보려고 했습니다. 파트 3의 경우 특강과 수업 시간에 알려주신 방법–메모하는 습관–을 적극적으로 활용했습니다. 모르는 것은 스크립트 없이 3–4번을 따라 읽었던 것도 도움이 되지 않았나 생각합니다. 파트 4는 너무 어렵다는 생각이 지배적이었고 실제 시험장에서도 뭔 소리야~라는 생각을 많이 했었는데요. 꾸준한 연습만이 살 길이라고 생각을 하고 하루에 7문제를 풀고, 특히 주제문을 묻는 문제를 꼭 맞춰야 한다고 하셔서 제공해 주신 자료를 활용하여 더 풀었어요. 잘 들리지 않는 것은 모르기 때문에 못 듣는 것이니 많이 따라 읽으라고 하셔서 풀은 문제는 스크립트 보면서 들려주는 속도에 맞춰 5번씩 읽는 것으로 확인을 대신했습니다. 들려준 문장을 바꿔 답을 제시하므로 같은 단어가 들리면 답이 아니라는 비결도 문제를 풀 때 도움이 많이 되었습니다.

7 작성자 lovingboram

문장을 외우다 보니깐 문장 구조가 비슷한 게 많이 나오고 그래서 새로운 대화 문장에도 쉽게 적응할 수 있었던 점이 청해 능력을 향상시킬 수 있었던 것 같습니다. 그리고 텝스에는 예상치 못한 답변도 많은데 문제와 답을 연결해서 공부하다 보니깐 예상외의 답변에도 적응할 수 있었던 것 같아요. 또 매주 특강도 해주셔서 참 효과적으로 공부할 수 있었어요.

8 서울대 대학원에 지원한 김가희

저는 이제까지 수능 영어 빼고는 다른 영어 시험을 다뤄본 적이 없기 때문에 사실 텝스 시험 준비에 걱정이 많았습니다. 특히 다른 영역보다도 듣는 수능 영어랑 정말 많이 다르기 때문에 처음에 힘들더군요. 저는 수능 공부를 할 때 많이 듣는 연습을 했었는데 텝스는 막연히 듣기만 해서는 안 되니까요. 하지만 유니스 정 선생님께서 하라는 대로 암기하고, 받아쓰고, 따라 읽고 이런 연습을 계속 하니까 처음에는 굉장히 힘들었는데 하면 할수록 들리는 문장이 많아지고 제 실력이 늘어감을 느낄 수가 있더라고요. 선생님께서 말씀하신 아는 만큼 들린다! 정말 실감하고 있어요. 텝스를 처음 시작하는 만큼 어떤 식으로 공부해야 할지 난감했었는데 유니스 정 선생님 강의를 들으면서 단순히 텝스에 나올 만한 내용을 배우는 것뿐만 아니라 어떤 식으로 공부를 해야 할지 그 방법까지 알 수 있어서 좋았습니다. 두달간 좋은 강의 감사드리고요. 앞으로도 계속 좋은 강의 부탁드립니다.

9 김성환 – 국방대

2년 전에 텝스 시험을 마지막으로 보고 아예 손 놓고 있다가 이제 다시 시작하고자 마음먹고 다시 시작했습니다. 2년 전 청해 수준은 바닥이어서 아예 포기하고, 독해와 문법으로 근근이 버텼는데 지금도 청해에 대한 두려움으로 막막해 있던 차에 유니스 선생님께 몇 달간 수업을 받은 후배 2명으로부터 선생님 강의에 대한 강력 추천과 과거 저희 학교에서 강의하실 때의 명강의 명성을 듣고 수업을 듣게 되었습니다. 시간 부족과 게으름으로 비록 예습/복습은 자주 하지 못하고 수업에만 충실하고 있지만 "수강한 지 한 달이 지난 지금 무엇이 달라졌는가?"에 대해 생각해 보면 첫째, 문제를 해결하는 방법을 터득하게 되니 일단 두려움이 자신감으로 바뀌었습니다. 선생님께서 지도해 주신 대로 문제의 상황과 오답 골라내기 등을 염두에 두고 문제를 대하니 안 들려도 의도를 알게 되어 자신감이 생기더군요.

10 회사원

8월에 실전 새벽반을 들었던 학생입니다. 3월부터 LC 점수를 250–280 왔다갔다. 8월에 한달 내내 LC만 했지만 9월 시험, 10월 시험 계속 280을 받았습니다. 그래도 선생님께서 해 주신 얘기, 98번째 두드리고 있다는 말씀을 잊지 않고, 좌절하지 않고, 즐겁게 했습니다. 제가 회사 다니면서 다른 전공 공부도 하느라 텝스에 많은 시간을 투자하지 못했는데, 11월 시험 보기 일주일 전 LC 공부만 하루에 4시간을 했습니다. 어휘랑 문법은 아예 보지도 않고요. 학원 수업이랑 토요 특강 때 선생님한테 받은 자료들이랑 지난 1년간 텝스 기출 스크립트를 말하고 받아쓰고 듣고 그랬어요. 파트 4 스크립트 하나씩을 매일매일 외웠고요. 달력에 표시했었는데, 11월 시험 보기 전에 100개를 외웠더라고요. 오늘 문자 성적표를 받았는데 LC 점수 319점을 보고 눈물이 왈칵... 결국 목표 점수인 800점을 넘게 되었습니다. 내년에 스피킹 수업으로 찾아 뵙겠습니다.

11 작성자 ryunny63

9, 10월에 기본반 수강했던 학생입니다. 기억하실런지요? 10월말에 대학원 입시 준비 때문에 마지막에 인사도 못 드렸네요. 혼자서 한달 동안 책 사서 공부하다가 처음으로 본 텝스 점수가 510점이라 원서도 못 낼 것 같아 무작정 서울로 강의를 들으러 왔었답니다. 선생님이 가르쳐주신 유형별 공략, 소거법, 필기하는 습관, 문장 암기 등등... 덕분에 LC가 많이 올랐어요. 덕분에 서울대학교 대학원에 합격했습니다. 오늘부터 연구실에 첫 출근해서 이렇게 글 남깁니다. 선생님 감사합니다. 너무 늦게 인사드려서 죄송합니다. 항상 건강하시고 새해 복 많이 받으세요.

.Sëct

PART I, II, III

Unit 1

교통

출제 포인트

교통에 관한 문제는 거의 매달 출제되고 있다. 항상 나오는 내용으로 반드시 기본 표현, 상황들을 정확하게 알아야 정답을 고를 수 있는 비중이 큰 내용이다. 차와 관련된 상황도 여러 가지가 나오므로 정답을 찾는 훈련보다 절대 답이 될 수 없는 보기를 찾는 것에 익숙해져야 한다. 특히 자동차와 관련해 일어날 수 있는 다양한 상황들을 문답 형식으로 익혀두어야 한다. 길 안내, 대중교통 수단, 교통 체증, 교통사고, 차 수리, 태워주기, 새 차 구입 등의 표현은 종종 출제되는 표현들이므로 꼭 알아두자.

Key Expressions

★★☆ **1** **길 안내 관련**

I'm a stranger here. 여기가 처음이에요.

How do I get to the station? 역에 어떻게 가나요?

You can't miss it. 찾기 쉬워요.

It's a ten-minute walk. 걸어서 10분 거리예요.

★★☆ **2** **대중교통 수단 관련**

Is this bus for the Central Park? 이 버스는 센트럴 파크에 가나요?

How often does this bus run? 얼마나 자주 운행하나요?

Where to? 어디까지 가세요?

You'd better transfer to line number 3. 3호선으로 갈아타세요.

★★★ 3 **교통 체증 관련**

I was held[tied] up in traffic. 차가 꽉 막혔어요.

I was caught in traffic. 차가 막혀서 꼼짝할 수가 없었어요.

★★☆ 4 **교통사고 관련**

My car was rear-ended by another car. 다른 차가 제 차를 뒤에서 받았어요.

It was a hit and run. 뺑소니였어요.

★★☆ 5 **차 수리 관련**

Ask for a second opinion. 다른 곳을 찾아요.

Could you check the engine oil? 엔진 오일을 확인해 주시겠어요?

★★★ 6 **태워 주기 관련**

Could you give me a ride? 저 좀 태워 주시겠어요?

Please, pick me up. 저 좀 태워 주세요.

Drop me off here. 여기에 내려줘.

★☆☆ 7 **새 차 구입 관련**

How do you like your new car? 새로 산 차 어때요?

You need to take a good care of your new car. 새 차를 잘 관리하셔야 해요.

It's time you get a new car. 당신은 새 차를 사야겠어요.

8 **기타 단어**

body shop 수리 공장(= garage)	blinker (자동차의) 방향 지시등
estimate 견적서, 견적	flat tire 바람 빠진 타이어
hood (자동차의) 보닛(= bonnet)	muffler 머플러, 소음기(= silencer)
steering wheel (자동차의) 핸들	tune-up (엔진의) 조정
windshield (자동차의) 앞 유리	

Learning Dialogues

1   길 찾기

M   Jane, do you know where the post office is around here?

W   I'm a stranger here myself. Just pull over and ask for directions.

M   I thought you were familiar with this area.

W   No. Maybe we can find that out at the information center.

M   Good idea, since we're having trouble finding the place for over an hour.

W   We'd better hurry, or we might get caught in a rush-hour traffic.

M   제인, 이 근처에 우체국이 어디 있는지 아세요?

W   이 근처는 저도 잘 몰라요. 차를 한쪽에 세우고 방향을 물어보도록 하죠.

M   전 당신이 이곳을 잘 안다고 생각했어요.

W   아니에요. 아마 안내소에서 알아낼 수 있을 거예요.

M   좋은 생각이에요. 한 시간 이상 우체국을 찾으려고 헤맸으니까요.

W   서둘러야겠어요. 그렇지 않으면 교통 혼잡 시간의 체증에 걸리겠어요.

> **어 구**   pull over (차·배를) 한쪽에 대다   have trouble -ing ~하느라 애먹다, 힘들여 ~하다   rush-hour (출·퇴근 시의) 혼잡한 시간, 러시아워

2   교통사고

W   I was told your car is in the shop.

M   Yes, some guy rear-ended me the other day.

W   Was anybody injured?

M   No, but it was totally wrecked, and it wouldn't start.

W   So did you take it to the garage?

M   Yes, the repair estimate turned out to be a fortune.

W   Doesn't your insurance cover the cost?

M   I have no doubt it will, but it's still too much.

W   Anyway, let me give you a ride to the shop when it's ready to pick up.

W   당신 차가 정비소에 있다고 들었어요.

M   예. 며칠 전에 어떤 사람이 제 차를 뒤에서 받았어요.

W   다친 사람은 없었나요?

M   없었어요. 그런데 제 차가 완전히 파손돼서 시동이 걸리지 않아요.

W   그래서 차를 정비소에 가지고 갔나요?

M   네. 수리 견적이 상당히 많이 나왔어요.

W   보험으로 그 비용이 충당되진 않나요?

M   아마도 그럴 것 같지만, 그래도 여전히 상당한 금액이에요.

W   아무튼 가지러 갈 준비가 되면 제가 정비소까지 데려다 줄게요.

어구 injured 상처입은, 부상한   wreck 엉망으로 파괴하다   start (기계가) 움직이다   fortune (많은) 재산
cover 보상하다   have no doubt 의심치 않다, 확실하다   pick up 태우다, 마중 나가다

3 새 차 구입

W   I can't believe you bought a new sports car.
M   Yes. I spent a fortune on it.
W   How on earth could you afford that?
M   Well, I saved up for it, little by little.
W   You'd better take a good care of it.
M   Don't worry. I'm good at it.

W   당신이 스포츠카를 새로 구입했다니 믿을 수가 없어요.
M   예. 돈 좀 썼어요.
W   도대체 어떻게 그런 여유가 있는 거죠?
M   글쎄요. 차를 사려고 조금씩 저축을 했어요.
W   조심히 잘 타야겠네요.
M   걱정하지 마세요. 잘 다룰 줄 알아요.

어구 on earth 도대체, 대체   afford (경제적·시간적으로) 여유가 있다   save up 절약하다, 저축하다   little by
little 조금씩, 차츰

4 중고차 구입

W   I'm calling about the car you are selling.
M   Yes. What would you like to know?
W   What's the mileage of that car?
M   It's about fifty thousands.
W   Does it take a good gas mileage?
M   Of course. I also take a good care of it.
W   OK. I'd like to test-drive it. When would you be available?
M   Anything after 4 is fine with me.

W   당신이 파는 차에 관하여 전화했습니다.
M   네. 무엇을 알고 싶으세요?
W   차의 주행 거리는 얼마인가요?
M   약 5000입니다.
W   휘발유 연비는 좋은가요?
M   물론이죠. 제가 잘 관리했습니다.
W   알겠습니다. 제가 시운전을 하고 싶은데, 언제 시간이 되세요?
M   4시 이후면 언제든 괜찮습니다.

어구 mileage 주행 거리   test-drive 차를 시운전하다   available 만날 수 있는, 바쁘지 않은

Possible Answers

문제를 듣고 정답이 되는 보기 2개를 고르시오.

1　(a)　　(b)　　(c)　　(d)　　(e)

2　(a)　　(b)　　(c)　　(d)　　(e)

3　(a)　　(b)　　(c)　　(d)　　(e)

4　(a)　　(b)　　(c)　　(d)　　(e)

5　(a)　　(b)　　(c)　　(d)　　(e)

TIP

한 번에 잘 와 닿지 않는 어려운 숙어

- You know better than that. (그것을 할 정도로 어리석지 않잖아요) 안 돼요.
- I don't think I had the pleasure. (이제까지 당신을 만날 기쁨이 없었네요) 처음 뵙겠습니다.
- That makes two of us. (그게 우리 둘이 되네요) 맞아요.
- I can't wait. (기다릴 수 없을 정도로 원해요) 좋아요.
- It's great to be spoiled. (응석받이가 되었네요) 부모님이 다 해줘서 좋겠네요.

Script & Answers

1

M   Did you hear Sam got a traffic accident?

W   _____

(a) Yes. I ran into him yesterday.
(b) Yes, but I was lucky that my car didn't get much damage.
(c) Really? Was he badly injured?
(d) No, it's surprising to see that news.
(e) No, he was just stuck in traffic.

M   샘이 교통사고를 당했다는 소식 들었어요?

W   _____

(a) 예. 그는 어제 제 차에 부딪혔어요.
(b) 예. 제 차가 많이 손상되지 않아서 다행이었어요.
(c) 정말요? 많이 다쳤나요?
(d) 아니요. 그 소식을 보고 놀랐어요.
(e) 아니요. 그는 교통 체증에 걸려 꼼짝도 못 했어요.

[해 설] 사고 소식을 전하는 내용에서 b는 본인의 이야기를 하므로 답이 될 수 없고, d는 보는 내용이므로 답이 될 수 없다.

[어 구] run into ~와 충돌하다   badly 대단히, 몹시   stick ~을 꼼짝 못하게 하다, 움직이지 못하게 하다

[기타답변] I know. He called me the other days. 알아요. 그가 며칠 전에 전화했어요.
I just heard it. I hope he's OK. 저도 방금 들었어요. 그가 괜찮아야 할 텐데.

2

M   I can't find anywhere to park around here.

W   _____

(a) There's no park around here.
(b) Try one on the side street.
(c) Yeah, it seems that we have to go around again.
(d) We should try another place to shop.
(e) Oh, I found the parking meter here.

M   이 근처에 주차할 만한 곳을 못 찾겠어요.

W   _____

(a) 이 근처에는 주차할 곳이 없어요.
(b) 옆 골목을 확인해 보세요.
(c) 예. 다시 돌아봐야 할 것 같아요.
(d) 쇼핑할 다른 곳을 찾아봐야겠어요.
(e) 오. 주차권 자동 판매대를 찾았어요.

[해 설] 주차장과 관련된 내용으로 a는 발음의 혼동을 주고 있다. d는 shop이 동사로 쓰였으므로 답이 될 수 없다.

[어 구] park 주차시키다   shop ~의 상품을 보러 다니다, ~에서 물건을 사다   parking meter 주차 요금 징수기

[기타답변] I guess we have to give up going there. 거기에 가는 걸 포기해야겠어요.
We shouldn't have brought the car here. 차를 가져오지 말 걸 그랬어요.

3

M   I can't get my car started.

W   _____

(a) Really? Is anybody hurt?
(b) Go open the hood, and I'll take a look.
(c) Have it checked at the body shop.
(d) Let me show you how to do it.
(e) I'm sorry to hear that you can't go to work today.

M   차의 시동을 걸 수가 없어요.

W   _____

(a) 정말요? 다친 사람이 있나요?
(b) 보닛을 열면 제가 살펴볼게요.
(c) 정비소에서 점검해 보세요.
(d) 제가 어떻게 하는지 보여 드릴게요.
(e) 당신이 출근할 수 없다니, 유감이네요.

시동이 걸리지 않는 내용으로 a의 hurt(다치다)는 내용상 어색하며, e의 출근하는 것(go to work)까지 생각하기에는 근거가 없다.

어 구 take a look (at) ~을 훑어보다   go to work 일을 시작하다, 작동하기 시작하다

기타답변 It seems that your car breaks down so often. 당신 차는 자주 고장나는 것 같아요.
Call the mechanic. 정비사를 불러요.

4

M I wonder if you could give me a lift to the airport tomorrow.

W _____

(a) Sure, I'll pick you up at the airport.
(b) Sorry, it's in the shop.
(c) OK, what time should I come over to your place?
(d) Just tell me what time you arrive at the airport.
(e) I'm afraid I misplaced my ticket.

M 내일 공항까지 저를 태워다 주실 수 있는지 궁금해요.

W _____

(a) 물론이죠. 공항으로 태우러 갈게요.
(b) 미안하지만, 차가 정비소에 있어요.
(c) 좋아요. 언제 집으로 가면 될까요?
(d) 몇 시에 공항에 도착하는지 알려주세요.
(e) 아무래도 표를 잊어버린 것 같아요.

해 설 공항이 목적지가 되므로 a와 d는 답이 될 수 없다.

어 구 give one's a lift 남을 차에 태워주다   come over 오다, 찾아오다   misplace 잘못 두다, 둔 곳을 잊다

기타답변 I wish I could, but I'm going on a trip. 그러고 싶지만 제가 출장을 가요.
It depends on when you are leaving. 몇 시에 출발하느냐에 따라 달라요.

5

M Your car is in good condition.

W _____

(a) I'm trying to take a good care of it.
(b) Then I'd better walk you there.
(c) Of course. It's only a month old.
(d) I get a medical checkup every three months.
(e) It's hard to keep fit.

M 당신 차는 상태가 좋아요.

W _____

(a) 잘 관리하려고 노력해요.
(b) 그러면 제가 거기까지 바래다 줄게요.
(c) 물론이죠. (산 지) 한 달밖에 안 됐거든요.
(d) 3달마다 건강 검진을 받고 있어요.
(e) 건강을 유지하는 건 어려워요.

해 설 상대방 차를 칭찬하는 답변을 고르는 문제이다. 교통수단을 말하는 것이 아니므로 b는 답이 될 수 없고, d는 사람을 말하므로 답이 될 수 없다.

어 구 be in good condition (기계가) 상태가 좋다   walk (같이 걸어서) 바래다 주다   medical checkup 건강 진단
fit 건강한

기타답변 Thanks. My husband takes care of it regularly. 고마워요. 제 남편이 정기적으로 관리하거든요.
Thanks for your compliment. 칭찬해 주셔서 감사합니다.

Exercise

다음을 듣고 적절한 응답을 고르시오.

PART I

1 (a)   (b)   (c)   (d)

2 (a)   (b)   (c)   (d)

3 (a)   (b)   (c)   (d)

4 (a)   (b)   (c)   (d)

5 (a)   (b)   (c)   (d)

PART II

6 (a)   (b)   (c)   (d)

7 (a)   (b)   (c)   (d)

8 (a)   (b)   (c)   (d)

PART III

9 (a)   (b)   (c)   (d)

10 (a)   (b)   (c)   (d)

Dictation

▓ 다시 한 번 듣고 받아쓰기를 하시오.

1 M _____ lock the car door.

   W _____

   (a) I _____

   (b) OK, I'll drive.

   (c) _____

   (d) _____ It's a new car.

2 M _____ I need a new car?

   W _____

   (a) _____

   (b) _____ buy a new car?

   (c) You can't do without a car.

   (d) But _____ to raise a cash.

3 M Sorry, I'm late. I was _____ on the way here.

   W _____

   (a) _____ do that to me?

   (b) _____ I heard it on the radio.

   (c) Why didn't you _____ earlier?

   (d) That's OK. I _____ before coming here.

4　M　Is that your car outside? It's _____

　　　W　_____

　　　(a)　_____

　　　(b)　But I don't have any _____

　　　(c)　Oh, I didn't realize it was.

　　　(d)　Actually, I _____

5　M　I had _____ to park.

　　　W　_____

　　　(a)　I know, it's getting _____ these days.

　　　(b)　That _____

　　　(c)　Then _____ here?

　　　(d)　There are _____ around here.

TIP

사고 소식을 전할 때

1 인명 피해를 물어본다.

Was anybody injured? 누구 다친 사람 있어요?

Were you OK? 당신 괜찮아요?

2 파손에 대해 물어보거나 말한다.

My car was wrecked. 차가 완전히 망가졌어요.

How much did the repair cost turned out? 수리비가 얼마나 나왔어요?

차를 태워 줄 때

공항까지 태워 주기(give a ride to the airport)와 공항에서 태워 주기(pick one up at the airport)를 확실히 구분해야 한다.

1 Can you give me a lift to the airport? 공항까지 태워 줄래요?

Sure, I'll be your place in 20 minutes. 알겠어요. 20분 후에 당신 집에 갈게요.

2 Can you pick me up at the airport? 공항에서 저를 태워 줄래요?

Sure. I'll get to the airport before 5. 알겠어요. 5시 전에 공항에 도착할게요.

6   M   I'm sorry, _____

        W   What _____

        M   I _____ by another car on the way.

        W   _____

        (a) _____

        (b) I'm glad _____

        (c) You _____ there.

        (d) _____

7   M   I saw you _____ this morning.

        W   Yes, I didn't drive to work today.

        M   _____

        W   _____

        (a) I wanted to _____

        (b) I _____ my car _____

        (c) He wanted to _____

        (d) I don't know _____

8   M   _____ I got a new car.

        W   Your car _____ to buy a new one?

        M   Since I had the accident, _____

        W   _____

        (a) Then you might want to get there _____

        (b) _____ at the service center first.

        (c) _____ you wanted to buy a new car.

        (d) But I need to _____

9

M   You _____

W   Yes. Do you know _____

M   It's three blocks _____

W   Oh, thanks. And do you know _____

M   It'll be closing soon. _____

W   OK, thanks again.

M   _____

Q. What can be inferred from the dialogue?

(a)   The man is going to the post office.

(b)   The man is working near the post office.

(c)   The woman is going to take a taxi.

(d)   The woman wants to _____ something.

10

M   _____ you are so upset?

W   You wouldn't imagine _____

M   _____ I can't believe it. 700,000 won?

W   Yes. I'm _____ this old car.

M   Well, you'd better _____ who would _____ it.

W   What? Then _____

M   Use the subway. That's _____ and you can _____

W   I guess _____

Q. Which is correct according to the conversation?

(a)   The man _____

(b)   The man suggests that the woman _____

(c)   The man gives the woman _____

(d)   The woman didn't take the subway before.

Unit 2

비행기

출제 포인트

비행기와 관련된 내용은 항상 빠지지 않고 등장한다. 자주 나오는 내용은 비행기 좌석 예매 및 변경, 비행기 시간 변경 및 취소, 공항에서의 탑승 절차, 세관, 출입국 심사 및 수하물 관련 등이다. 출발지와 목적지, 시간 관련 질문은 비행기 관련 내용과 관련해 가장 중요한 부분이므로 메모하며 문제를 풀도록 하자. 비행기와 관련된 내용은 매번 출제되며, 기본적인 표현들만 기억하면 충분히 쉽게 풀 수 있는 내용이다. 특히 공항에서 일어나는 상황들을 꼭 기억해야 한다.

Key Expressions

★★☆ **1** **공항 수속 관련**

What time will we begin boarding? 언제 탑승하나요?

Let me check if I can get you on the next flight. 다음 비행기에 탑승하실 수 있는지 확인해 볼게요.

Your passport and declaration form, please. 여권과 세관 신고서를 주세요.

How long will you be staying with us? 얼마간 머무실 예정인가요?

May I ask what the purpose of your visit is? 방문 목적이 무엇인가요?

Do you want to check that bag in or carry it with you?
짐을 부칠 건가요, 아니면 가지고 타실 건가요?

I can't find my luggage. 제 수화물을 찾을 수가 없어요.

★★☆ **2** **비행기 예약 관련**

What should I do to cancel my flight? 비행기 예약을 취소하려면 어떻게 해야 하나요?

But there is a penalty charge for canceling the reservation.
하지만 예약 취소에 따른 위약금이 있습니다.

★★☆ 3 **비행기 좌석 관련**

Is there a morning flight available? 아침 비행기편에 좌석이 있나요?

Do you have any seating preference? 원하는 좌석이 있으세요?

Would you like to sit anywhere in particular? 특별히 원하는 좌석이 있으세요?

Anything with leg room will do. 다리를 뻗을 수 있는 좌석이라면 괜찮아요.

Let me check what we have available. 가능한 좌석이 있는지 확인해 볼게요.
How about Seat 20B? It's also a window seat. 20B 자리 어떠세요? 창가쪽 자리이기도 합니다.

★★☆ 4 **비행기 환승 관련**

I missed my connecting flight. 저는 환승 항공편을 놓쳤어요.

Can you put me on another flight? 다른 항공편에 태워 주실 수 있나요?

★★☆ 5 **공항 서류 작성 관련**

Could you help me fill out this customs form? 세관 심사 서류 작성하는 것을 도와주실 수 있나요?

Please write the flight number on your arrival card. 입국 신고서에 항공 편 번호를 적어 주세요.

★★☆ 6 **공항 세관 통과 관련**

Don't you have anything to declare? 이 물건들을 세관에 신고해야 하나요?

Are you sure you're not bringing in any valuables or dangerous items?
귀중품이나 위험한 물품을 들여오지 않은 것이 확실합니까?

Do I have to declare these items to customs? 이 물건들을 세관에 신고해야 하나요?

Can I go through your bag? 가방을 확인해도 될까요?

You cannot bring in any perishables. 음식물은 반입할 수 없습니다.

7 **기타 단어**

security checkpoint 보안 검색대   immigration 출입국 심사대

baggage claim area 짐 찾는 곳(= carousel)   check-in[ticket] counter 출국 수속 데스크

1 비행기 예약

M I'd like to book a flight to New York on June 1st.

W Let me check what we have available.

M Is there a morning flight available?

W Yes. Do you have a seating preference?

M Anything with leg room will do.

W If you want to cancel or delay the flight, there will be a penalty for it.

M I understand. What should I do to cancel the flight?

W Just call this number.

M Thanks.

M 6월 1일자 뉴욕행 비행기를 예약하고 싶은데요.

W 가능한 좌석이 있는 확인해 볼게요.

M 아침 비행기편이 있나요?

W 네. 원하시는 좌석이 있나요?

M 다리를 충분히 뻗을 수 있는 좌석이라면 괜찮아요.

W 항공편을 취소하거나 연기할 시에는 위약금이 있습니다.

M 네. 항공편을 취소하려면 어떻게 해야 하나요?

W 이 번호로 전화하세요

M 고맙습니다.

어구 book ~를 예약하다   available 이용할 수 있는, 입수할 수 있는   seating 착석(시키기). 좌석 배치   preference 선택, 편애   leg room 다리를 뻗을 공간   cancel 취소하다. 무효로 하다   delay 미루다. 연기하다   penalty 벌금, 위약금

2 공항 수속

W Hi. I'd like to check these two bags in, sir.

M Sure. Do you have anything for a carry-on?

W Yes, I'll carry the other with me.

M OK. Please place your two bags here.

W I have a connecting flight and I wonder how I can handle my luggage.

M They will directly transfer to your connecting flight, so don't worry about it.

W I'm relieved to hear that.

W 안녕하세요. 가방 두 개를 부치고 싶습니다.

M 네. 휴대용 가방은 있나요?

W 네, 나머지 하나는 기내에 들고 갈 겁니다.

M 알겠습니다. 가방 두 개를 이곳에 올려 주세요.

W 비행기를 갈아타는 데 가방을 어떻게 해야 하는지 궁금해요.

M 가방은 갈아타는 비행기에 바로 옮겨집니다. 그러니 걱정하지 마세요.

W 다행이군요. 고맙습니다.

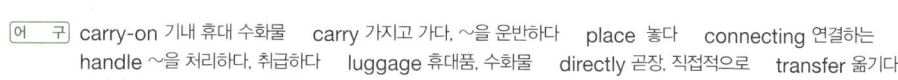

어구 carry-on 기내 휴대 수화물　carry 가지고 가다, ~을 운반하다　place 놓다　connecting 연결하는
handle ~을 처리하다, 취급하다　luggage 휴대품, 수화물　directly 곧장, 직접적으로　transfer 옮기다,
갈아타다　worry 걱정시키다　relieve ~을 안심시키다, 위안하다

3　항공편을 놓침

W　Excuse me, but did I miss the flight 202?
M　I'm afraid so.
W　What should I do now?
M　Would you like me to put you in the next flight?
W　Yes, please. I have to hurry back to New York.
M　You will be in the waiting list, though.
W　What are my chances of getting aboard?
M　I can't tell for sure, but you might get lucky.

W　실례합니다. 제가 202편을 놓쳤나요?
M　안타깝게도요.
W　제가 지금 뭘 해야 하죠?
M　다음 항공편에 탑승하실 수 있도록 해 드릴까요?
W　네, 그렇게 해 주세요. 뉴욕으로 급히 돌아가야 하거든요.
M　대기자 명단에 올려드렸어요.
W　탑승할 수 있는 확률이 얼마나 될까요?
M　확실히는 모르겠지만 타실 수 있을 거예요.

어구 miss 놓치다　waiting list 대기자 명단　for sure 분명히, 확실히

4　항공편의 연기

M　Hi. What are you here on vacation?
W　Actually, I'm making my connection to London.
M　Oh, I see. How long is your layover?
W　Since there was delay on my connecting flight, I guess about two hours.
M　It must be so boring waiting for that long.
W　I know, but I brought the novel I like, so I guess they will do to pass time.

M　안녕하세요. 여기에서 휴가를 보내시나요?
W　사실 런던행을 기다리고 있어요.
M　아, 그렇군요. 경유 시간이 얼마니 되세요?
W　연결편의 지연으로 인해 약 2시간 정도요.
M　기다리기 지루하시겠어요.
W　네. 하지만 제가 좋아하는 소설책을 가지고 와서 시간을 보낼 수 있을 것 같아요.

어구 connecting flight 연결편　pass time 시간을 보내다

Possible Answers

∷ 문제를 듣고 정답이 되는 보기 2개를 고르시오.

1   (a)   (b)   (c)   (d)   (e)

2   (a)   (b)   (c)   (d)   (e)

3   (a)   (b)   (c)   (d)   (e)

4   (a)   (b)   (c)   (d)   (e)

5   (a)   (b)   (c)   (d)   (e)

TIP

신체 부위를 나타내는 단어가 쓰인 숙어

- You have a green thumb. 화초를 잘 가꾸네요.
- I'm all ears. 경청하고 있어요.
- He turned a deaf ear to me. 그는 제 말을 무시했어요.
- Let's play it by ear. 즉흥적으로 합시다.
- We don't see eye to eye. 우리는 의견이 일치하지 않아요.
- It's on the tip of my tongue. 생각이 날 듯 말 듯한데.

1

M　I'd like to fly to Busan next Friday.

W　_____

(a)　Sorry, we are all booked.
(b)　When would you like to go?
(c)　Do you have any seating preference?
(d)　I think it's too far away.
(e)　Thursday is better for me.

M　다음 주 금요일에 부산에 가려고 합니다.
W　_____

(a)　죄송하지만 예약이 다 찼습니다.
(b)　언제 가실 건가요?
(c)　원하는 좌석이 있으세요?
(d)　너무 먼 것 같아요.
(e)　목요일이 더 좋아요.

[해 설] 비행기 좌석 예약과 관련된 내용이다. 이미 날짜는 말했으므로 b는 답이 될 수 없으며, d와 e는 예약과 관련 없는 내용이다.

[어 구] booked 예약된, 등록된　seating 착석　preference 선호, 선택

[기타답변] Let me check what we have available. 가능한 좌석이 있는지 확인해 보겠습니다.
Let me put you through to the ticketing office. 매표 담당 부서로 연결해 드리겠습니다.

2

M　Do you want to check that bag in?

W　_____

(a)　No, I'm taking it with me.
(b)　No, I'll send it over right away.
(c)　Yes. How much do I pay for this bag?
(d)　I don't think it's a requirement.
(ㅂ)　No, It's for a carry-on.

M　짐을 부치실 건가요?
W　_____

(a)　아니요, 가지고 탈 거예요.
(b)　아니요, 바로 발송할 거예요.
(c)　예. 짐 부치는 가격은 얼마인가요?
(d)　필수품은 아니에요.
(e)　아니요, 그건 기내 휴대 수하물입니다.

[해 설] 공항에서 짐을 부치는 내용이다. b는 공항이 아닌 우체국에서 들을 수 있는 말이며, c는 무게를 재기도 전에 가격을 묻고 있으므로 답이 아니다.

[어 구] right away 곧바로, 즉시　requirement 필수품, 필요 조건　carry-on 기내 휴대 수하물

[기타답변] Yes, and I have one more bag to check in. 네. 체크인 할 가방이 하나 더 있어요.
Actually, I'm bringing it with me. 사실 이건 제가 가지고 탈 겁니다.

3

M　Excuse me, but I missed my flight.

W　_____

(a)　Don't worry. I'll put you on the next flight.
(b)　That's exactly what I expected.
(c)　Let me check if there's a seat on the next flight.
(d)　I'm afraid you just missed it.
(e)　There's no way you can go there.

M　실례합니다만, 제가 비행기를 놓쳤어요.
W　_____

(a)　걱정하지 마세요. 다음 비행기에 타실 수 있도록 할게요.
(b)　그게 바로 제가 원했던 거예요.
(c)　다음 비행기에 좌석이 있는지 확인해 볼게요.
(d)　방금 놓쳤다니 안됐네요.
(e)　당신이 그곳에 갈 방법이 없네요.

해 설	비행기를 놓쳤을 때, 대부분 다음 항공편을 알아본다는 것을 기억하면 쉽게 정답을 찾을 수 있다.
어 구	miss ~를 놓치다 way 방법, 수단
기타답변	I'm afraid that's the last one for the day. 안타깝게도 오늘은 그게 마지막 항공편입니다.
	Let me check what we can do for you. 저희가 해 드릴 수 있는 일을 알아보겠습니다.

4

M	What's the purpose of your visit?	M	방문 목적이 무엇입니까?
W	_____	W	_____
(a)	I'm here on business.	(a)	업무차 왔습니다.
(b)	I visited this city yesterday.	(b)	어제 이 도시를 방문했어요.
(c)	I'm visiting my sister in London.	(c)	런던에 있는 여동생을 방문할 겁니다.
(d)	I'm staying here for 2 weeks.	(d)	2주 동안 여기서 머물 겁니다.
(e)	I'm not certain about that.	(e)	그것에 관해 확신이 없어요.

해 설	방문 목적을 묻는 질문으로, 의문사만 제대로 이해하면 풀 수 있는 문제이다. d와 e는 질문과 관련 없는 답변이다.
어 구	on business 볼일이 있어, 업무로 certain 틀림이 없는, 확신하는
기타답변	On pleasure. 여행이요.
	I'm supposed to attend the seminar here. 이곳에서 열리는 세미나에 참석할 겁니다.

5

M	Do you have anything to declare?	M	신고할 물품이 있습니까?
W	_____	W	_____
(a)	Nothing. Just some souvenirs.	(a)	몇 개의 기념품 외에는 없어요.
(b)	No. I'm just taking my computer.	(b)	아니요. 컴퓨터만 가지고 있어요.
(c)	No. I bought a laptop and a camera.	(c)	아니요. 노트북 한 대와 카메라 한 대를 샀어요.
(d)	I don't know how much I should pay for it.	(d)	얼마를 지불해야 할지 모르겠어요.
(e)	I shouldn't have brought this plant from there.	(e)	그곳에서 이 식물을 가지고 오지 말았어야 했는데.

해 설	세관에 신고할 물건을 묻고 있다. c는 no라는 답변만 없으면 정답으로 가능하다. e는 세관을 통과한 후에 할 수 있는 말이다.
어 구	declare ~을 신고하다 souvenir 기념품 laptop 휴대용 컴퓨터 pay for 대금을 지불하다, 빚을 갚다
기타답변	Can I take this flower? 이 꽃을 가져가도 될까요?
	No. I just have my old camera. 아니요. 오래된 카메라만 가지고 있어요.

◑ 해설집 P 6

Exercise

다음을 듣고 적절한 응답을 고르시오.

PART I

1 (a)   (b)   (c)   (d)
2 (a)   (b)   (c)   (d)
3 (a)   (b)   (c)   (d)
4 (a)   (b)   (c)   (d)
5 (a)   (b)   (c)   (d)

PART II

6 (a)   (b)   (c)   (d)
7 (a)   (b)   (c)   (d)
8 (a)   (b)   (c)   (d)

PART III

9   (a)   (b)   (c)   (d)
10 (a)   (b)   (c)   (d)

Dictation

다시 한 번 듣고 받아쓰기를 하시오.

1 M I wonder if there is transportation _____ to the airport.

    W _____

    (a) We offer _____

    (b) There is transportation available from the airport.

    (c) I wish I _____ here.

    (d) Let me give you a ride.

2 M Can you tell me _____ on the next flight?

    W _____

    (a) I'm afraid not, but I can _____

    (b) Sure, you can _____ for next week.

    (c) I don't know _____ that.

    (d) But why didn't you _____

3 M _____ about canceling my plane ticket?

    W _____

    (a) _____

    (b) _____ to go there.

    (c) Sorry, I can't help you with that.

    (d) I don't understand _____

4   M   Excuse me, but I _____

   W   _____

   (a)   My flight was _____

   (b)   _____

   (c)   I didn't realize you were coming too.

   (d)   I'm afraid _____

5   M   I'd like to _____ Chicago on June 25th.

   W   _____

   (a)   Sure, you can _____

   (b)   Let me check _____

   (c)   I'm afraid _____ there.

   (d)   Yes. You can change to the one earlier.

TIP

비행기를 놓쳤을 때 나오는 대화의 순서 :
비행기를 놓침 → 다음 비행기 알아보기 → 대기자 명단에 올리고 기다리기

W   I missed my flight. 비행기를 놓쳤어요.

M   Let me see if there is a seat on the next flight. 다음 비행기에 좌석이 있는지 알아볼게요.

W   Thanks. 감사합니다.

M   Sorry. All seats are booked up, so I should ask you to be on the waiting list.
      죄송합니다. 모든 좌석이 꽉 찼어요. 대기자 명단에 올려 드릴게요.

6
M It might be better to _____

W I don't think they require it.

M Well, I _____ you to do it anyway.

W _____

(a) _____

(b) It should always _____

(c) But it _____ last time.

(d) _____ Airplanes are safe.

7
M What's _____ on luggage?

W You can check in only 10 kilos per bag.

M _____ this might be over the limit.

W _____

(a) Please go ask _____ it.

(b) There won't be enough leg room.

(c) I'm afraid you have to check that.

(d) _____ here first.

8
W Do you want _____

M _____ Why?

W I prefer a window seat. _____

M _____

(a) _____

(b) Tell me _____

(c) Sorry, I don't like a window seat.

(d) Then take _____

9   **M**   Hello, Jack _____

      W   Hi, Jack. This is Linda. What are you doing now?

      M   Sleeping. I _____

      W   Oh, I'm sorry. I thought you _____

      M   No, I _____ and _____

      W   Well, _____ I'll call you again tomorrow. Bye!

Q. **Why was the man sleeping when the woman called?**

(a) His plane _____

(b) She called him late at night.

(c) He is _____

(d) He _____

10   **M**   LA Travel. How can I help you?

      W   Hi. I'd like to _____ to New York, please.

      M   On what day?

      W   May 22. I need _____

      M   Well, would you like _____ for $959?

      W   I don't think I _____ Anything cheaper?

      M   If you're willing to _____ in Tokyo, there's a flight for $659.

      W   That's better for me. I wouldn't _____

Q. **What is correct according to the conversation?**

(a) The woman wants to go to L.A.

(b) The man wants to _____ to New York.

(c) The man thinks that _____

(d) The woman wants to _____

Unit 3

약속

약속과 관련된 내용은 Part II와 III에서 매달 출제되고 있다. 반드시 요일과 시간을 메모해야 하며, 언급된 시간을 고수하기보다는 다른 시간대를 제안하는 경우가 많다. 특히 Part II에서는 두 번째 화자의 반응과 같은 어조가 정답이 되므로 두 번째 화자의 반응에 집중해야 한다.

Key Expressions

★★★ **1** **약속 정하기 관련**

Will 8 suit you? 8시는 어때요?

How does 7 sound? 7시는 어때요?

What if we meet at five? 5시에 만나면 어떨까요?

Where will I find you? 어디서 만날까요?

What if we meet at your place? 당신 집에서 만나는 게 어떨까요?

Do you mind if I drop by later? 제가 이따 들러도 될까요?

Let's set the date. 만날 날짜를 정합시다.

You name the time and the place. 당신이 시간과 장소를 정하세요.

When would you it be convenience for you? 언제가 편하세요?

Tell me what day suits you best. 언제가 가장 적당한지 제게 말씀해 주세요.

I'll fit into your schedule. 당신 시간에 맞출게요.

Let's get together sometime. 다음에 한번 만나요.

★☆☆　2　약속 변경하기 관련

Make it at 6:30. 6시 30분으로 약속해요.

6 is too early, so make it at 6:30. 6시는 너무 이르니 6시 30분으로 해요.

Can you reschedule my appointment? 약속을 변경할 수 있나요?

Can I postpone our meeting? 회의를 연기할 수 있나요?

Can you move the meeting forward by an hour? 한 시간만 회의를 앞당길 수 있을까요?

Could you put off going to the movies? 영화 보러 가는 것을 연기할 수 있을까요?

★★☆　3　초대 거절하기 관련

I'm afraid I can't make it. 안 될 것 같네요.

I'm sorry I can't make it. 죄송하지만 도저히 못 갈 것 같아요.

I'm afraid I don't feel like it. 미안하지만 별로 내키지 않네요.

I have a prior engagement. 선약이 있어요.

I'm tied up at work. 일 때문에 바빠요.

I think I'll have to beg off. 거절해야 할 것 같아요.

I'd like a rain check. 다음 기회에 합시다.

Can I take a rain check on that? 다음 기회에 합시다.

　4　기타 표현

I've taken up a lot of time. 시간을 너무 많이 뺏었네요.

He's on time. 그는 시간을 잘 지켜요.

He's punctual. 그는 시간을 잘 지켜요(= prompt)

1 약속 정하기

M What are you in the mood for tonight?
W I feel like going to a movie. How about you?
M I'd like that. We haven't done that in ages.
W You name the time and the place.
M OK. Can you come to my office after work?
W No problem. What if I come and pick you up at 7?
M It's a bit late. Make it at 6. We have to allow for traffic.
W Right. Last time we went downtown, we were thirty minutes late.

M 오늘 저녁에 뭘 하고 싶어요?
W 영화를 보고 싶은데, 당신은 어때요?
M 저도 그러고 싶어요. 우리 영화 안 본 지 오래 됐어요.
W 당신이 시간과 장소를 정해요.
M 알았어요. 퇴근 후에 제 사무실로 올 수 있어요?
W 문제 없어요. 7시에 데리러 가는 건 어때요?
M 약간 늦을 것 같아요. 6시로 약속해요. 교통 체증을 생각해야죠.
W 좋아요. 지난번에 시내 갔을 때 30분이나 늦었잖아요.

어구 in the mood for ~에 마음이 내켜서, ~할 기분이 되어   go to a movie 영화 보러 가다   name ~를 지정하다   what if ~하면 어때?   pick up 도중에서 태우다, 마중 나가다   make it (장소에) 이르다, 나타나다, 출석하다   allow for ~를 고려하다

2 약속에 대한 거절

W I was just wondering if you would like to go out this Friday.
M I'm afraid I have a prior engagement.
W Then why don't we try a new Indian restaurant for brunch this weekend?
M I wish I could, but I already made an arrangement to go fishing with my brother that morning.
W Too bad. I was looking forward to going there with you.
M Maybe some other time.
W OK. I guess I'll have to give you a rain check on that.
M Sorry about that, but I'll definitely squeeze that into my schedule next week.
W I hope you keep your word on that.

W 이번 주 금요일에 외출할 수 있는지 궁금해요.
M 미안하지만 선약이 있어요.
W 그러면 이번 주말에 인도 레스토랑에서 아침 겸 점심을 먹는 건 어때요?
M 저도 그러고 싶지만, 주말 아침에 남동생과 낚시를 가기로 약속을 했어요.

W 안됐네요. 당신과 그 레스토랑에 가기를 기대했는데.
M 나중에 시간이 되면 가요.
W 네. 다음 기회로 미뤄야 할 것 같네요.
M 미안해요. 하지만 다음 주 제 일정에 꼭 넣을게요.
W 약속을 꼭 지켜요.

어구 prior engagement 선약   brunch 늦은 아침 식사   make an arrangement ~을 결정짓다   look forward to ~을 고대하다, 기대하다   some other time 다시 언젠가   rain check 후일의 약속, 초대 연기   definitely 명확히   squeeze 밀어넣다, 쑤셔넣다   keep one's word 약속을 지키다

3 약속 정하기 II

W What time are you supposed to meet at the club tonight?
M As my memory serves right, we will get there at 7.
W But I have to work overtime until 8.
M Don't worry. We don't usually start on time.
W Then is it OK if I'd be a little late?
M By all means. You could just meet us there.

W 오늘 밤 몇 시에 클럽에서 만나기로 되어 있지?
M 내 기억이 맞다면, 7시까지 만나기로 했어.
W 난 오늘 8시까지 야근을 해야 해.
M 걱정하지 마. 우리는 대개 시간 맞춰서 시작하지 않거든.
W 그러면 내가 약간 늦어도 괜찮을까?
M 그럼. 거기에서 우리를 만날 수 있을 거야.

어구 as memory serves 기억나는 대로   by all means 좋다 뿐인가, 그럼요

4 영화 약속하기

M Are you interested in seeing a movie with me this Friday night?
W Well, that depends on the time.
M How about 7:30?
W I'm afraid I have a tennis lesson till 8.
M If it is too early, 8:30 can be fine with me.
W I guess it will work for me.

M 이번 금요일 저녁에 나랑 영화 보러 갈래?
W 글쎄. 시간에 따라 달라.
M 7시 30분은 어때?
W 8시까지 테니스 수업이 있어서 안 돼.
M 만약 시간이 너무 이르면, 8시 30분도 괜찮아.
W 그 시간이 좋을 것 같아.

어구 see a movie 영화를 보다

Possible Answers

1	(a)	(b)	(c)	(d)	(e)
2	(a)	(b)	(c)	(d)	(e)
3	(a)	(b)	(c)	(d)	(e)
4	(a)	(b)	(c)	(d)	(e)
5	(a)	(b)	(c)	(d)	(e)

 TIP

get의 다양한 의미

get은 텝스에서 가장 많이 나오는 동사 중 하나이다. 그 의미도 다양하고 자주 쓰이므로 확실하게 알아두자.

- I couldn't get there on time. 제시간에 그곳에 도착할 수 없었어요.
- Where did you get it? 어디서 그걸 구입했어요?
- I'm getting Peter a bike. 피터에게 자전거를 사 줄 거예요.
- I don't get how you do it. 당신이 그걸 어떻게 하는지 이해가 안 돼요.
- What are you trying to get at? 무슨 말을 하고 싶은 거예요?
- I should get going. 그만 가 봐야 해요.
- Can you get the door? 문 좀 열어 줄래요?
- You'll get used to it. 익숙해질 거예요.
- I can't get my car started. 시동이 안 걸려요.

1

M Should we have lunch now or later?

W _____

(a) OK, that sounds a great idea.
(b) I'm not hungry right now.
(c) Why don't we ask Tom to come along?
(d) I'm afraid I've already had it.
(e) My stomach is growling now.

M 지금 점심 식사 할까요, 아니면 나중에 할까요?

W _____

(a) 좋아요. 좋은 생각이에요.
(b) 전 지금 배 고프지 않아요.
(c) 톰에게 같이 가자고 하는 건 어때요?
(d) 전 이미 먹었어요.
(e) 지금 배에서 꼬르륵 소리가 나요.

해 설 선택의문문에서는 무엇을 선택하는가를 집중해서 들어야 한다. 시간적인 의미이므로 메모를 하면 훨씬 도움이 된다.

어 구 come along 함께 가다   growl 으르렁거리는, 딱딱거리는

기타답변 It's up to you to decide. 당신이 결정하세요.
Either is fine with me. 어느 쪽이든 괜찮아요.
I'd prefer later. 나중에 먹을래요.

2

M I wish Tina could make it to the meeting today.

W _____

(a) I hope she will be there soon.
(b) Tina didn't say anything about the agenda.
(c) It's the third time this month.
(d) I was looking forward to seeing her, but It's out of the question.
(e) I know. She's always punctual as far as I know.

M 티나가 오늘 회의에 참석하기를 바랐는데.

W _____

(a) 그녀는 곧 올 거예요.
(b) 티나는 의제에 관해 어떤 말도 하지 않았어요.
(c) 이 달 들어 세 번째예요.
(d) 그녀를 만나길 기대했지만, 불가능한 일이네요.
(e) 알아요. 제가 알고 있는 한 그녀는 항상 시간을 지켜요.

해 설 티나가 못 온다는 사실에 대한 유감을 나타내는 내용으로, b는 내용과 전혀 상관이 없는 보기이다. a는 올 것이라고 긍정적으로 말하고 있으므로 어색하다.

어 구 make it to (시간에) 대다   agenda 의제, 의사 일정   out of the question 불가능한   punctual 시간을 지키는   as far as I know 내가 알기에는, 틀림없이

기타답변 It's a shame that she can't come. 그녀가 올 수 없다니 유감이에요.
I know. It's so disappointing. 알아요. 정말 실망스러워요.
I'm afraid she might be in trouble not attending it later.
유감스럽게도 그녀는 참석하지 않았기 때문에 나중에 곤란하게 될 거예요.

3

M I will be a little late at the club since I have to get my work done this evening.

W _____

(a) Don't worry. You could just meet us there.

(b) I thought you would have come.

(c) Please call me when you are late.

(d) Don't forget to call me when you are coming for sure.

(e) Again? I always end up waiting for you.

M 오늘 저녁에 일을 끝내야 하기 때문에 클럽에 조금 늦을 거예요.

W _____

(a) 걱정하지 마세요. 거기서 우리를 만날 수 있어요.

(b) 당신이 올 거라고 생각했어요.

(c) 늦으면 전화하세요.

(d) 오게 되면 전화하는 거 잊지 마세요.

(e) 또요? 전 항상 당신을 기다리다가 끝나네요.

[해설] b는 과거를 말하고, e는 지각을 할 것이라는 말이므로 늦을 거라는 남자의 말에 대한 답변으로 적절하지 못하다. c는 중복되므로 답이 될 수 없다.

[어구] for sure 분명히, 확실히   end up 종료하다, 끝나다, 결국 ~이 되다

[기타답변] Just give us a call when you arrive. 도착하면 우리에게 전화해요.
I'm afraid you will miss some of the interesting music playing there.
아쉽지만 당신은 굉장히 재미있는 연주를 놓치게 될 것 같아요.

4

M Isn't Sam supposed to show up by now?

W _____

(a) I don't know. I haven't seen him lately.

(b) But many people will show up.

(c) Maybe he must be held up in traffic.

(d) Let us wait and see when it gets done.

(e) He called me he'd be a bit late.

M 샘이 지금쯤 오기로 하지 않았나요?

W _____

(a) 잘 모르겠어요. 최근에 그를 본 적이 없어요.

(b) 하지만 많은 사람들이 올 거예요.

(c) 틀림없이 그는 교통 체증에 걸렸을 거예요.

(d) 끝날 때까지 기다렸다가 지켜봐요.

(e) 약간 늦을 거라고 저한테 전화했어요.

[해설] a는 대화와 상관이 없는 내용이다. 샘은 한 명이므로 b처럼 많은 사람들(many people)이라고 말할 수 없으며, d는 일을 끝내는 말이 된다.

[어구] be supposed to ~하기로 되어 있다   show up 나타나다   by now 지금쯤은 이미, 이제   hold up 길을 막다, 방해하다   wait and see 서두르지 않고 지켜보다

[기타답변] That's what I've heard too. 저도 그렇게 들었어요.
Yes, let's wait for a few more minutes. 네, 몇 분만 더 기다려 보죠.

5

M	Would you like to have lunch with Robert today?
W	_____

(a) Robert can cook lunch tomorrow.

(b) I don't feel like it.

(c) You should cancel the date then.

(d) I'd love it. Let me call if he's available tomorrow.

(e) I might, but he seems to be busy working on the project.

M	오늘 로버트와 점심 식사를 할 거예요?
W	_____

(a) 로버트는 내일 점심을 요리할 수 있어요.

(b) 그러고 싶지 않아요.

(c) 그러면 당신은 그 약속을 취소해야만 해요.

(d) 그러고 싶어요. 그가 내일 시간이 되면 제가 전화할게요.

(e) 그럴 거지만, 그는 프로젝트 준비로 바쁜 것 같아요.

해 설   초대하는 내용에서 시간을 언급했다면 반드시 함정이 있을 수 있으니 시간을 메모해야 한다. d는 내일이 아닌 오늘이다. c는 내용과 상관없는 상황에 혼동을 주고 있다.

어 구   date 만날 약속   available 만날 수 있는, 바쁘지 않은   be busy -ing ~하느라 바쁘다

기타답변   I'd be glad to. 기꺼이 그러죠.

I wish I could, but I have a prior engagement. 그러고 싶지만 선약이 있어요.

Exercise

다음을 듣고 적절한 응답을 고르시오.

PART I

1	(a)	(b)	(c)	(d)
2	(a)	(b)	(c)	(d)
3	(a)	(b)	(c)	(d)
4	(a)	(b)	(c)	(d)
5	(a)	(b)	(c)	(d)
6	(a)	(b)	(c)	(d)
7	(a)	(b)	(c)	(d)
8	(a)	(b)	(c)	(d)
9	(a)	(b)	(c)	(d)
10	(a)	(b)	(c)	(d)

PART II

11	(a)	(b)	(c)	(d)
12	(a)	(b)	(c)	(d)
13	(a)	(b)	(c)	(d)
14	(a)	(b)	(c)	(d)
15	(a)	(b)	(c)	(d)

PART III

16	(a)	(b)	(c)	(d)
17	(a)	(b)	(c)	(d)
18	(a)	(b)	(c)	(d)

Dictation

다시 한 번 듣고 받아쓰기를 하시오.

1 M _____ to see you at 7 tomorrow.

    W _____

    (a) _____

    (b) _____ see you tomorrow then?

    (c) I can't _____

    (d) _____ tomorrow.

2 M When would you like to _____

    W _____

    (a) How about my place with Sue and Michael?

    (b) Great idea. I'll be there at 7.

    (c) Any time _____ you.

    (d) _____

3 M _____ going to the city museum this Saturday?

    W _____

    (a) _____ that?

    (b) Maybe they don't _____

    (c) Great. Let me _____ of the city then.

    (d) How did you know I wanted to _____

4 M I want to know if it'd be OK to _____

    W _____

    (a) That's a great idea. _____

    (b) I guess I'll have to _____ that.

    (c) _____ I have another meeting at 4.

    (d) We _____

5   M   _____ the sales meeting with ABC Company at 3?

       W   _____

       (a)   They told me they'll be on time.

       (b)   _____

       (c)   _____, they want to meet us soon.

       (d)   _____, it looks like it.

6   W   I _____ I can't make it there at 6.

       M   _____

       (a)   I know, but it _____

       (b)   Don't worry. We don't usually _____

       (c)   Then make it 6 _____

       (d)   I understand _____

7   M   If I _____ with your work, will you _____

       W   _____

       (a)   _____

       (b)   But I don't like sandwiches.

       (c)   Great. I _____

       (d)   Sorry, I _____

8   W   I thought _____

       M   _____

       (a)   Yes. She promised me to _____

       (b)   I didn't know she was here at around 5.

       (c)   _____

       (d)   Right. I didn't want _____

9   **M**   _____

      W   _____

      (a)   Alright. I'll be home by 8.

      (b)   I think I saw you before.

      (c)   OK. I'll _____

      (d)   _____ so we will have time for dinner.

10   **M**   _____ at the meeting?

      W   _____

      (a)   She said she _____ the conference room.

      (b)   _____

      (c)   I think her _____

      (d)   I thought she was here at the meeting.

11   **W**   _____ I can't join you for dinner tonight.

      M   But I _____ to it. Why not?

      W   _____ that I _____

      M   _____ _____

      (a)   _____ after dinner.

      (b)   I guess we should _____ then.

      (c)   _____ to dinner, is that fair enough?

      (d)   _____

12   **M**   Hi. _____

      W   I wanted to _____ to try some cakes I made.

      M   Thanks, but I can't. I'm _____

      W   _____

      (a)   Don't worry. You can _____ your kids, too.

      (b)   _____

      (c)   Then why don't I bring them to your place?

      (d)   Maybe you _____ later.

13 W   _____ Adam and me for lunch tomorrow.

     M   Sure. _____

     W   How about 11 at the lobby?

     M   _____

     (a)   _____

     (b)   _____

     (c)   I'm afraid I _____

     (d)   I think lunch will start at around 11:30.

14 W   _____

     M   Sorry, but I _____

     W   I thought Tom was with you. Where's he?

     M   _____

     (a)   He decided to _____

     (b)   I'm afraid I can't stay for a long time.

     (c)   He said _____

     (d)   I won't think so. You should _____

15 W   I don't think we can _____

     M   Maybe we _____ next time.

     W   _____, we _____ now.

     M   _____

     (a)   _____ I didn't promise to be on time?

     (b)   _____

     (c)   _____ We should grab a cab.

     (d)   Yes. Jane didn't _____

16 M   Would you like to _____ tonight?

     W   Well, I'll have to _____ my friend.

     M   What do you mean? Did you already _____

     W   Yes. We _____

     M   Then, why not _____

     W   Good idea. _____

Q. What is correct according to the conversation?

(a) The woman doesn't seem to like the man.

(b) The man _____ the woman to _____

(c) The man and woman will _____ tomorrow.

(d) The woman _____

17 M Kathy, I really wanted to stay a little longer, but _____ now.

    W _____

    M Sorry, but I have a lunch meeting with my boss at 1.

    W OK, I understand. You should hurry then. Wait! You got only 10 minutes.

       _____

    M _____ I'd better leave now.

Q. What can be inferred from this conversation?

(a) The man and woman _____

(b) The man doesn't want to stay with the woman.

(c) The man will _____

(d) The woman will probably _____

18 M Hello, I'm _____ Mr. Timson. I'm his attorney.

    W I'm sorry, but he's _____

    M But I need to _____

    W I understand, sir, but he _____

    M Then _____

    W Perhaps _____

    M OK, I think I _____

Q. What can be inferred from this conversation?

(a) The attorney _____

(b) Mr. Timson ____ _____

(c) Mr. Timson's Company's meeting _____

(d) The attorney _____

Unit 4

전화

출제 포인트

전화 통화는 Part I, II, III에서 골고루 출제된다. 전화 영어에서 쓰이는 표현들을 제대로 이해하는지가 핵심이므로 전화 관련 기본 표현들만 잘 알고 있으면 비교적 쉽게 접근할 수 있다. 통화 요청하기, 메시지 남기기, 전화 연결하기, 전화 목적, 통화 상태 문제 등과 관련된 빈출 표현들을 미리 알아두자. 전화 영어는 상황보다는 얼마나 많은 표현들을 알고 있는가를 측정하므로 표현에 우선 익숙해져야 한다. 전화 관련 내용은 통화할 사람 연결하기, 전화 목적, 전화 메시지 등 나오는 내용이 한정적이다.

Key Expressions ————————

★★☆ **1** **전화 연결 관련**

This is. 전데요.

Speaking. 저예요.

Who do you wish[want] to speak to? 어느 분을 바꿔 드릴까요?

Let me put you through. 바꿔 드릴게요.

I'll switch you over to him. 그를 바꿔 드릴게요.

I'll connect you to him. 그를 바꿔 드릴게요.

★☆☆ **2** **전화 목적 관련**

What's this regarding? 무슨 일이시죠?

What's the nature of your call? 어떤 일 때문에 전화를 하셨나요?

May I ask what this is about? 어떤 일 때문에 전화를 하셨나요?

I'm calling to make an appointment. 예약을 하려고 전화했어요.

Is he expecting your call? 그가 당신 전화를 기다리고 있나요?

★★★ 3 부재중 관련

He's not in at the moment. 그는 자리에 없어요.

He's gone for the day. 그는 퇴근했어요.

You just missed him. 그는 방금 나갔어요.

He's just stepped out. 그는 방금 나갔어요.

He's not available right now. 지금 안 계세요.

He's on another line. 그는 통화 중이에요.

When do you expect him back? 그는 언제쯤 돌아올까요?

★★★ 4 전화 메시지 관련

Will you leave a message? 메시지를 남기시겠어요?

May I take your message? 메시지를 남기시겠어요?

Have him call me back. 제게 전화해 달라고 전해 주세요.

I'm returning his call. 저는 회답 전화를 하는 겁니다.

★☆☆ 5 전화산외 문제 관련

The line is bad. 연결 상태가 좋지 않아요.

The phone was off the hook. 전화기가 잘못 놓였어요.

It was disconnected. 전화 연결이 끊겼어요.

6 기타 표현

You have the wrong number. 전화를 잘못 거셨어요.

There's no one here by that name. 여기엔 그런 분이 안 계세요.

I'll see if he's in. 그가 자리에 있는지 확인해 볼게요.

I couldn't get hold of you all day today. 오늘 하루 종일 당신과 통화할 수 없었어요.

I'd like to have a phone installed. 전화를 설치하려고 합니다.

I'd like to place a collect call. 수신자 부담 전화를 하고 싶은데요.

Directory assistance, may I help you? 전화 번호 안내입니다. 무엇을 도와 드릴까요?

The connection is bad. 연결 상태가 좋지 않아요.

1 부재중 메시지

M   Hello, may I speak to director Johnson, please?

W   May I ask what it's about?

M   I want to make an appointment about launching a new device.

W   Hold on while I connect your call to him.

M   Thanks.

W   (in a few second) I'm sorry, sir. He's on another line. Would you like to hold?

M   I'm kind of in a hurry, I'm afraid. I guess I'd better call him back.

W   Would you like me to tell him to call you back?

M   That'd be great. Please have him call me around 5 this afternoon.

W   Does he have your number?

M   I think so. But just in case let me leave mine.

M   안녕하세요. 존슨 이사님과 통화할 수 있나요?

W   무슨 일 때문에 그러시죠?

M   새로운 장치 출시에 관한 약속을 잡으려고요.

W   제가 연결하는 동안 기다려 주세요.

M   감사합니다.

W   (잠시 후) 죄송하지만 지금 통화 중이세요. 기다리시겠어요?

M   안타깝게도 제가 좀 바빠서요. 다시 전화를 하는 게 나을 것 같네요.

W   당신께 전화를 하라고 존슨 씨께 말씀드릴까요?

M   그게 좋겠네요. 오늘 오후 5시쯤 전화하라고 해 주세요.

W   존슨 씨가 당신 번호를 알고 있나요?

M   아마 그럴 거예요. 혹시 모르니 제 번호를 남길게요.

2 전화 요청

W   Hello, is Todd there?

M   He just stepped out.

W   When do you expect him back?

M   He didn't say anything, but he's supposed to meet his friend here at 1.

W   Then can you tell him Susan called?

M   Sure. And would you like me to have him call you?

W   Yes, please. My number is 332-5761.

M   OK. I'll make sure he gets the message.

W   여보세요. 토드 있나요?

M   그는 금방 나갔어요.

W 언제쯤 돌아오나요?
M 말을 하지는 않았지만 이곳에서 1시에 친구를 만나기로 되어 있어요.
W 그러면 수잔에게 전화 왔었다고 전해주시겠어요?
M 물론이죠. 그리고 당신께 전화하라고 할까요?
W 네. 부탁합니다. 제 번호는 332–5761입니다.
M 알았어요. 꼭 전해 드릴게요.

3 아파트 임대에 관해 물어보기

W Hello, I'm calling about the studio you are selling.
M Yes, what would you like to know?
W What is the deposit?
M It's 500 dollars and the monthly rent is 600.
W Does it include utilities?
M Of course, and it's fully furnished.
W That seems to be what I'm looking for.

W 당신이 내놓은 원룸 아파트에 관해 전화했습니다.
M 네. 무엇을 알고 싶으세요?
W 전셋돈을 얼마인가요?
M 500달러이고, 월세는 600달러입니다.
W 공과금도 포함된 건가요?
M 물론이죠. 가구도 갖춰져 있어요.
W 제가 찾던 아파트같네요.

4 초대에 답변하기

M Hello, Maggie. This is Brad.
W Oh, hi. What's up?
M I got your invitation to your party and I will definitely make it.
W Oh, good. Can your wife come along?
M She said yes, but don't count on it. She usually works until late.
W I hope you both will come.
M I'll try. I'm looking forward to it.
W So am I. See you then.

M 안녕. 메기. 브래드야.
W 어, 안녕. 무슨 일이야?
M 네 파티 초대장을 받았어. 시간 맞춰 가도록 할게.
W 좋아. 네 아내도 같이 오는 거야?
M 참석할 거라고 말했지만 기대하지는 마. 요즘 아내가 늦게까지 일하거든.
W 둘이 같이 왔으면 좋겠다.
M 노력해 볼게. 네 파티가 기대되는데.
W 나도 그래. 그럼 그때 보자.

Possible Answers

 문제를 듣고 정답이 되는 보기 2개를 고르시오.

1	(a)	(b)	(c)	(d)	(e)
2	(a)	(b)	(c)	(d)	(e)
3	(a)	(b)	(c)	(d)	(e)
4	(a)	(b)	(c)	(d)	(e)
5	(a)	(b)	(c)	(d)	(e)

TIP

make up의 다양한 의미

makeup은 '화장'으로 알려져 있으나 원래 '부족한 부분을 채우다'란 의미이다.

- You can make up the class you failed. 당신이 낙제한 수업을 보충할 수 있어요.
- How can I make it up to you? 당신의 기분을 어떻게 풀어 줄까요?
- We should help them make up. 그들을 화해시켜야 해요.
- He must have made up the story. 그가 지어낸 이야기임에 틀림없어요.

Script & Answers

1

M   I'd like to speak to Benjamin Park.

W   _____

(a) Please wait until I transfer your place.
(b) He just stepped out.
(c) He went for the day.
(d) Don't ask me about that.
(e) Just a second. I'll be right back.

M 벤자민 박과 통화하고 싶습니다.

W _____

(a) 자리를 바꾸어 드리는 동안 기다려 주세요.
(b) 그는 방금 전에 나갔어요.
(c) 그는 퇴근했어요.
(d) 그것에 대해 제게 묻지 마세요.
(e) 잠시만요. 곧 돌아올게요.

해설 a는 자리를 바꿔주는 것이므로 답이 아니다. e는 본인이 돌아오겠다는 말이므로 답이 될 수 없다.

어구 transfer ~을 옮기다, 움직이다   step out 나오다, 비우다   go for the day 퇴근하다

기타답변 Hold on while I transfer your call. 바꿔드릴 테니 기다리세요.
You just missed him. 그는 방금 나갔어요.

2

M   Would you like to leave a message?

W   _____

(a) Yes. Have him call me back.
(b) I'm returning his call.
(c) I don't think that's a great idea. I won't go.
(d) I think it's better to call you back.
(e) Please tell him to leave it.

M 메시지를 남기시겠어요?

W _____

(a) 네. 제게 전화해 달라고 전해 주세요.
(b) 전 회답 전화를 하는 겁니다.
(c) 좋은 생각 같지 않아요. 전 가지 않겠어요.
(d) 당신에게 다시 전화를 하는 게 좋을 것 같아요.
(e) 그에게 그것을 두고 가라고 말해 주세요.

해설 정답은 메시지를 남기는 사람의 말로, 다시 전화해 달라(Have him call me back)는 a이다. 청해에 종종 나오는 표현이니 외워두자.

어구 leave a message 메시지를 남기다

기타답변 Can you tell him I called? 제가 전화했다고 전해 주시겠어요?
I guess I'd better call back later. 제가 나중에 다시 전화하는 게 나을 것 같아요.

3

M   I'm sorry, but Dixon is on another line.

W   _____

(a) Put me through then, please.
(b) I'm afraid he left home.
(c) Then, I'll get back to him later.
(d) I'll hold until he finishes his call.
(e) Maybe you can try next time.

M 죄송하지만, 딕슨 씨는 통화 중입니다.

W _____

(a) 그러면 연결해 주세요.
(b) 그가 집에서 떠난 것 같아요.
(c) 그러면 나중에 다시 전화할게요.
(d) 그가 통화를 끝낼 때까지 끊지 않고 기다릴게요.
(e) 다음 번에는 시도할 수 있을 거예요.

해   설 통화하고자 하는 사람이 통화 중일 때, 전화를 연결해 달라고(put me through) 말하는 a는 적절하지 않다. e는 입장
이 바뀐 상황이다.

어   구 put through ~을 연결하다

기타답변 Can you connect me as soon as he's done? 그가 통화를 끝내면 제게 바로 연결해 주시겠어요?
When do you think he'll be with me? 언제쯤 그와 통화할 수 있을까요?

4

M	This line is not clear enough to hear your voice.	M	당신 목소리를 듣기 힘들 정도로 통화 음질이 좋지 않아요.
W	_____	W	_____
(a)	I guess I should ask for a better condition.	(a)	더 나은 조건을 요구해야 할 것 같아요.
(b)	Why don't I call you back?	(b)	제가 다시 전화를 하는 건 어떨까요?
(c)	But mine is OK.	(c)	그런데 제 쪽은 괜찮아요.
(d)	You should speak a little louder.	(d)	좀 더 크게 말해야 합니다.
(e)	I think we'd better hire someone to install the line.	(e)	누군가를 고용해서 전화선을 설치하는 게 좋을 것 같아요.

해   설 전화상의 문제를 이야기하고 있다. a는 전화상에서는 어색한 표현이며, d는 입장이 바뀌었다. e는 install의 선택이 잘
못된 내용이다.

어   구 ask for ~을 요구하다   install ~를 설치하다, 비치하다

기타답변 I think there's something wrong with your cell phone. 당신 핸드폰에 문제가 있는 것 같아요.
Then, let me speak a little louder. 그러면 제가 크게 말할게요.

5

M	I couldn't get hold of Jack last night.	M	어젯밤에 잭과 연락할 수가 없었어요.
W	_____	W	_____
(a)	He must have left home.	(a)	그는 틀림없이 집에서 떠났을 거예요.
(b)	Probably he didn't hear the phone ringing.	(b)	아마도 그는 전화 벨소리를 못 들었을 거예요.
(c)	He lost his wallet. Didn't you know?	(c)	그는 지갑을 분실했어요. 몰랐어요?
(d)	I think your phone was off the hook.	(d)	당신 전화기가 잘못 놓였을 거예요.
(e)	He told me that he left his phone at home.	(e)	그가 핸드폰을 집에 두고 왔다고 제게 말했어요.

해   설 제3자와 연락할 수 없다는 말에 대한 답변을 찾는 문제로, a는 특정 장소(home)를 언급해서 답이 될 수 없고, c는 지갑
(wallet)이 아니라 핸드폰(cell phone)이라면 가능하다.

어   구 get hold of 연락을 취하다   off the hook (수화기가) 제자리에 안 놓여

기타답변 But I talked to him on the phone yesterday. 어제 그와 통화했어요.
Neither could I. I wonder what happened to him. 저도 못 했어요. 그에게 무슨 일이 있는지 궁금해요.

Exercise

 다음을 듣고 적절한 응답을 고르시오.

PART I

1 (a)   (b)   (c)   (d)
2 (a)   (b)   (c)   (d)
3 (a)   (b)   (c)   (d)
4 (a)   (b)   (c)   (d)
5 (a)   (b)   (c)   (d)

PART II

6 (a)   (b)   (c)   (d)
7 (a)   (b)   (c)   (d)
8 (a)   (b)   (c)   (d)

PART III

9   (a)   (b)   (c)   (d)
10 (a)   (b)   (c)   (d)

Dictation

※ 다시 한 번 듣고 받아쓰기를 하시오.

1   M   Hello, Dr. Hans Clinic.

    W   _____

    (a) Sorry, he's _____

    (b) I'm afraid _____

    (c) Hello. My name is Jane Brown.

    (d) _____

2   M   I'm _____ Susan Park.

    W   _____

    (a) I don't _____ her.

    (b) She's not in, but I can _____ for her.

    (c) Susan _____, didn't she?

    (d) Can I _____

3   M   Is this the Brown's _____

    W   _____

    (a) _____

    (b) This is he.

    (c) Yes, _____

    (d) _____

4 **W** Michael, I can't _____

      M _____

(a) _____ him, then.

(b) Then, I'll _____

(c) Really? I didn't know about it.

(d) Why don't you _____

5 **M** I think we'd better call Jack about _____

      W _____

(a) I'm sure he knows how to _____

(b) I don't think so. He _____

(c) OK. Let's _____ this project.

(d) _____ tell him when he gets home.

TIP

전화 목적은 항상 같은 내용이다.

- I'm calling about the car you are selling. 중고차 때문에 전화했습니다.
- I'm calling about the order I placed. 주문한 물건 때문에 전화했습니다.
- I'm calling about the studio you advertised in the paper. 신문에 광고 내신 원룸 아파트 때문에 전화했습니다.
- I'm calling about the opening in the paper. 신문에 난 구인 광고 때문에 전화했습니다.

6   M   Hello. _____ Mr. Parker?

        W   I'm afraid _____

        M   _____

        W   _____

        (a)   _____

        (b)   No, but he _____ here.

        (c)   Just a second. _____

        (d)   When do you want to see him?

7   M   _____

        W   I just got back from the meeting.

        M   _____ I tried to _____

        W   _____

        (a)   I'm sorry. _____

        (b)   _____

        (c)   You have to buy a new battery.

        (d)   I also _____

8   M   Is Mrs. Miniver _____

        W   _____

        M   This is Ted Mark. I'm _____ Are you still interested?

        W   _____

        (a)   Sorry, I'm _____

        (b)   What _____

        (c)   But I need _____

        (d)   Well, I _____

9

W Hello, isn't this Paul?

M Hi, Kerry. _____

W I've been _____ And yourself?

M I was busy, too. _____

W Anyway, let's get together sometime.

M Sure. I'll _____

W OK, I _____

Q. What are they doing?

(a) Hanging around

(b) _____

(c) Asking how busy they are

(d) _____ their family

10

W Hello, _____ Andy Carl, please?

M Sorry, he's _____ May I _____

W I met him _____ yesterday, and he told me to _____

M _____, please?

W Yes, it's 554-7732. _____

M I'll make sure he _____

Q. What is the woman calling Andy for?

(a) To have lunch with him

(b) To _____ with him

(c) To _____

(d) To _____

Unit 5

학교

출제 포인트

학교와 관련된 내용들은 주로 수업, 보고서, 시험, 도서관, 졸업 등을 들 수 있으며, 이와 같은 주제 안에서 주로 출제된다. 학교와 관련된 내용은 항상 비슷한 내용이 매월 출제되므로 상황만 잘 이해하면 훨씬 수월하게 문제를 풀 수 있다. 기본적으로 많이 나오는 내용에 필요한 기본 표현들을 먼저 이해하는 것이 중요하다.

Key Expressions

★★★ **1** **시험 관련**

I flunked my test. 시험에 낙제했어요.

I'm worried about my finals tomorrow. 내일 있을 기말시험이 걱정돼요.

How did you do on the exam? 시험은 어땠어요?

What will be on the test? 시험에 뭐가 나올까요?

I put so much effort into the finals but it didn't pay off.
기말고사에 최선을 다했지만 결과가 좋지 않았어요.

★★★ **2** **수업 관련**

How's your physics class? 물리 수업은 어때요?

I'm enrolled in the math class. 수학 수업에 등록했어요.

What should I sign up for? 무엇을 등록해야 할까요?

You are making a real progress in biology. 당신은 생물학 성적이 많이 향상되고 있어요.

★★☆ **3 숙제 관련**

I should ask for an extension for my paper. 논문 기한을 연장해 달라고 요청해야 해요.

It's too hard to figure it out. 이해하기가 쉽지 않아요.

I stayed up all night finishing the report. 보고서를 마치느라 밤을 샜어요.

I'm afraid you made some careless mistake in your report.
당신은 보고서에 경솔한 실수를 한 것 같아요.

★☆☆ **4 학교 생활 관련**

I can't stand my roommate any more. 전 더 이상 제 룸메이트를 견딜 수가 없어요.

What's your campus life like? 대학 생활은 어때요?

I'm not used to it yet. 아직 적응이 안 돼요.

I can't afford all the books, so I decided to buy them at the used bookstore.
모든 책을 살 형편이 안 돼요. 그래서 헌책방에서 사기로 결정했어요.

★★☆ **5 도서관 관련**

Can I check out this book? 이 책을 대출할 수 있나요?

Do you have your student ID? 학생증을 가지고 있나요?

You should pay the late fee. 연체료를 내셔야 합니다.

Books are sorted by author's name. 작가의 이름으로 분류되어 있어요.

★☆☆ **6 졸업 후의 만남 관련**

It's been ages since we met each other. 우리 만난 지 정말 오래됐네요.

You haven't changed a bit. 당신은 조금도 안 변했네요.

★☆☆ **7 학교 지원 관련**

I worried about applying for the school. 그 학교에 지원하는 것이 걱정돼요.

It looks like another reject letter here. 또 다른 불합격 통지서인 것 같아요.

Would it possible to use you as a reference? 당신을 신원 보증인으로 세우는 게 가능할까요?

8 기타 단어

transcript 성적 증명서	coed 남녀 공학	dorm room 기숙사 방
honored student 우등생	year book 학년 앨범	tuition (fee) 수업료
pop quiz 쪽지 시험	alumni 동창생	dean (principal) 학장

1 수업 신청

W I don't know what courses I should register for this semester.

M I guess you could take either physics or chemistry.

W Well, I heard there is a prerequisite for them.

M Also a friend of mine told me physics class was so hard that he messed up the finals.

W Right, I forgot about it.

M Another way is to ask the professor to audit his class.

W I did, but it didn't work out.

M I want to take Biology 101, but I think it's hard for me to stand the professor though.

W I need to sleep on it.

M Remember, you dropped one class last year?

W But there was no way to make up for the class I missed.

M I wish you had studied harder in that class.

W 이번 학기에 어떤 과목을 신청해야 할지 모르겠어.

M 너는 물리학이나 화학을 수강할 수 있을 것 같은데.

W 글쎄, 그 과목들은 선수 과목이 있다고 들었어.

M 내 친구 중 한 명이 물리학이 너무 어려워서 기말시험을 완전히 망쳤다고 했어.

W 맞아. 내가 그걸 잊었네.

M 또 다른 방법은 교수에게 청강해도 되는지 물어보는 거야.

W 물어봤지만 소용없었어.

M 생물학 개론을 수강하고 싶지만, 나로서는 그 교수님을 견뎌내는 게 어려울 것 같아.

W 곰곰이 생각해 봐야겠어.

M 작년에 한 과목 낙제한 거 기억나?

W 하지만 낙제했던 과목을 만회할 방법이 없어.

M 넌 그 과목을 더 열심히 공부했어야만 했어.

어구 register 등록하다, 수강 신청하다 semester 학기 take (수업을) 신청하여 듣다 physics 물리학 chemistry 화학 prerequisite 선결 요건, 필수 과목 mess up (시험을) 망치다 finals 기말시험 audit 청강하다 Biology 101 생물학 개론 *cf.* 101은 개론 등의 기본 과목을 의미 stand 참다, 견디다 sleep on (하룻밤 자면서) 곰곰이 생각해 보다 drop 수강에서 제외하다, 포기하다, 빼다 make up for 보충하다

2 시험

> W I wonder if you could lend me your math notebook. I need to cram for the test next week.
> M I would, but I need to brush up on it too.
> W But I have no idea what will be on the test, and I skipped the classes, you know.
> M It won't hurt to ask someone else to lend you one.
> W I have a better idea. What if we study together and share information on the test?
> M I don't see why not.
> W We'd better stay up all night to prepare for that.
> M I know. I hope it will pay off.

W 네 수학 공책을 빌려줄 수 있는지 궁금해. 다음 주 시험에 벼락 공부를 해야 하거든.
M 빌려주고 싶지만, 나도 복습을 해야 해.
W 그런데 어떤 게 시험에 나올지 모르겠어. 알다시피 난 수업도 빠졌거든.
M 다른 사람 노트를 빌려도 그리 나쁘지 않을 거야.
W 더 좋은 생각이 있어. 같이 공부하고, 시험에 관한 정보를 공유하는 게 어때?
M 안 될 이유가 어딨어.
W 시험에 대비해서 밤새 공부하는 게 좋을 것 같아.
M 알았어. 도움이 될 거라고 믿어.

> **어 구** lend 빌려주다 *cf.* borrow 빌리다   cram 벼락 공부를 하다   brush up ~의 공부를 다시 하다, ~의 기억을 새로이 하다   skip (수업을) 결석하다   what if ~하면 어때?   stay up 밤을 꼬박 새다, 자지 않고 있다   pay off 소기의 성과가 나다, 잘 되어가다

3 시험 공부

> W I'm worried about the test next Monday.
> M No need. You have a whole weekend to cram for it.
> W But I have no one to mind my kid. My baby-sitter is on vacation.
> M I see. Then what if I watch them for you so that you can study?
> W Do you really mean it?
> M Yes. I love kids, you know.

W 월요일에 있을 시험이 걱정 돼.
M 걱정하지 마. 일주일 동안 벼락 공부할 시간이 있잖아.
W 하지만 아이를 돌봐 줄 사람이 없어. 아기 봐주는 사람도 휴가 중이거든.
M 그렇구나. 네가 공부할 수 있도록 내가 아이를 돌봐 주는 건 어떨까?
W 정말이야?
M 그럼. 네가 알다시피 내가 아이들을 좋아하잖아.

> **어 구** mind ~을 돌보다, 보살피다   so that ~하기 위하여

Possible Answers

문제를 듣고 정답이 되는 보기 2개를 고르시오.

1   (a)   (b)   (c)   (d)   (e)

2   (a)   (b)   (c)   (d)   (e)

3   (a)   (b)   (c)   (d)   (e)

4   (a)   (b)   (c)   (d)   (e)

5   (a)   (b)   (c)   (d)   (e)

TIP

run과 관련된 숙어

run은 단순히 '달리다'는 의미 외에 다양한 의미로 쓰인다.

- He'll run for the election. 그는 대선에 출마할 거예요.
- It runs in the family. 집안 내력이에요.
- I ran into Meggy yesterday. 어제 우연히 메기를 만났어요.
- We've just run out of it. 방금 막 그게 떨어졌어요.
- The bus runs three times a day. 버스는 하루에 세 번 운행합니다.
- I'm running late. 저는 늦었어요.

Script & Answers

1

W	Guess what! I got accepted to the Law school.
M	_____

(a) I'm thrilled for you.
(b) It's a shame you did such a thing.
(c) So, did you decide to cancel it?
(d) Way to go.
(e) It happens to everyone once in a while.

W	있잖아. 나 법과 대학원에 합격했어.
M	_____

(a) 기뻐.
(b) 네가 그런 일을 했다니 부끄럽다.
(c) 그래서 그걸 취소하기로 결정했어?
(d) 바로 그거야.
(e) 때때로 누구에게나 일어나는 일이야.

해 설 좋은 소식에 대한 반응으로 긍정의 답변이 와야 한다. 좋은 소식에 대한 숙어를 많이 알고 있으면 쉽게 풀 수 있는 문제이다. e는 실수나 잘못에 대한 답변으로 적절하다.

어 구 get accepted to (입학을) 허가받다, 합격하다   thrill ~을 감동(감격)시키다   way to go 잘했어, 바로 그거야   happen to 우연히 ~하게 되다   once in a while 때때로, 이따금

기타답변 You surely deserve it. 너는 확실히 그럴 만해.
Good for you. Years of hard work finally paid off. 잘됐다. 열심히 공부한 보람이 있네.

2

M	You're making a real progress in biology. Keep up the good work!
W	_____

(a) It won't happen again.
(b) I couldn't have done it without your help.
(c) You'd do the same for me.
(d) Well, I need to teach more details.
(e) It's so nice of you to say that.

M	네 생물학 성적이 많이 향상되고 있어. 앞으로도 잘해.
W	_____

(a) 다시는 그런 일이 없을 거야.
(b) 네 도움이 없었다면, 해내지 못했을 거야.
(c) 너라도 똑같이 했을 거야.
(d) 글쎄. 더 자세히 가르쳐야 할 것 같아.
(e) 그런 말을 해 주다니, 너무 고마워.

해 설 칭찬에 대한 답변으로는 일반적으로 고마움을 전하는 말이 답이 된다. a는 잘못에 대한 반성이 되고, c는 도움에 대한 답변이 된다.

어 구 progress 발달, 향상   biology 생물학   keep up 지속하다, 유지하다   work 성과, 성적, 결과   detail 세부 사항

기타답변 Thanks. I worked hard on it. 고마워. 열심히 했어.
I didn't expect you to say such a compliment. 네가 칭찬할 줄은 몰랐어.

3

W	I can't believe you flunked math test. You studied hard for it, didn't you?	W	네가 수학 시험에 낙제점을 받다니 믿을 수가 없어. 열심히 공부했잖아, 그렇지?
M	_____	M	_____

(a) Sorry to give you a hard time.
(b) I understand you did your best.
(c) That's why I'm so upset about it.
(d) Cheer up. There's another chance, I'm sure.
(e) I thought so, but I guess I have to study more.

(a) 너를 곤란하게 해서 미안해.
(b) 네가 최선을 다했다는 걸 알아.
(c) 그게 바로 내가 화나는 이유야.
(d) 힘을 내. 분명 또 다른 기회가 있을 거야.
(e) 나도 그렇게 생각했지만, 좀 더 열심히 공부해야 할 것 같아.

해 설 부정적인 상황에 대한 답변은 쉽게 찾을 수 있는 경우가 많다. a. b와 d는 서로의 입장이 바뀐 경우이다. 주어를 잘 들어야 풀 수 있는 문제이다.

어 구 flunk 시험을 망치다, 실패하다   give one's a hard time 남에게 폐를 끼치다   cheer up 기운을 내다

기타답변 I did considering the time spent. 공부한 시간을 생각하면 그렇지.
Yes. I don't know why I failed it. 맞아. 내가 왜 낙제했는지 모르겠어.

4

W	Have you decided how many courses you are going to take this year?	W	올해 몇 과목을 수강할지 결정했어?
M	_____	M	_____

(a) I'm still reviewing my options.
(b) Not yet. I need advice on that.
(c) You might want to take two courses so that you can concentrate on your major.
(d) Why don't you go instead of me? You know very well what to choose in the store.
(e) I still don't know whether I should take it now or next year.

(a) 아직 선택 과목을 검토 중이야.
(b) 아직. 그것에 관한 조언이 필요해.
(c) 넌 두 과목을 수강하는 게 좋을 것 같아. 그러면 네 전공에 집중할 수 있잖아.
(d) 나 대신 가는 건 어때? 넌 상점에서 무엇을 골라야 할지 잘 알잖아.
(e) 올해 수강해야 할지, 아니면 내년에 수강해야 할지 아직 모르겠어.

해 설 decide 뒤에 오는 목적어를 집중해서 들어야 한다. c는 how many와 연결될 수 없다. 수업을 들어야 하는 결정에 대한 질문으로 d는 동사의 선택이 잘못되었다.

어 구 course 과목, 강좌   review 재검토하다   option 선택 과목   concentrate on ~에 집중하다, 몰두하다
instead of ~대신에   whether ~일지 어떨지, ~일지 아니면 ~일지

기타답변 I haven't made up my mind yet. 아직 결정하지 못했어.
I guess I have to take at least more than 5 to meet the graduate requirement.
졸업 조건을 갖추려면 적어도 5과목 이상은 수강해야 해.

5

M   Ethan is going to the States to study for his major next month.

W   _____

(a)   Is he? He must be happy to get admitted to the job offer.
(b)   I think it will be a good chance for him to enhance his study.
(c)   I'm glad he decided to go with us to the excursion.
(d)   That's what he's been wanting to do it.
(e)   I don't know whether I should go or not.

M   에단은 다음 달에 전공 공부를 위해 미국으로 갈 거야.

W   _____

(a)   그가? 그는 취업 제의에 합격해서 분명히 기쁠 거야.
(b)   공부에 몰두하는 게 그에게는 좋은 기회가 될 거라고 생각해.
(c)   그가 우리와 함께 여행을 가기로 결정했다니 기뻐.
(d)   그게 바로 그가 하고 싶었던 거야.
(e)   난 가야 할지 말아야 할지 모르겠어.

해설   제3자에 대한 소식으로 대화하는 사람과는 아무 관계가 없으므로, c는 답이 될 수 없다. e는 본인의 이야기가 아니므로 적절하지 못하다. 친구에 대한 정보 전달은 약간 난이도 있는 문제이다.

어구   major 전공   get admitted to 합격하다   enhance 향상시키다   excursion 소풍, 여행

기타답변   I thought he gave it up years ago. 난 그가 몇 년 전에 포기한 줄 알았어.
I wish I had a chance, too. 나도 그런 기회가 있었으면 좋겠어.

● 해설집 P 21

Exercise

다음을 듣고 적절한 응답을 고르시오.

PART I

1 (a)   (b)   (c)   (d)

2 (a)   (b)   (c)   (d)

3 (a)   (b)   (c)   (d)

4 (a)   (b)   (c)   (d)

5 (a)   (b)   (c)   (d)

6 (a)   (b)   (c)   (d)

7 (a)   (b)   (c)   (d)

8 (a)   (b)   (c)   (d)

9 (a)   (b)   (c)   (d)

10 (a)   (b)   (c)   (d)

PART II

11 (a)   (b)   (c)   (d)

12 (a)   (b)   (c)   (d)

13 (a)   (b)   (c)   (d)

14 (a)   (b)   (c)   (d)

15 (a)   (b)   (c)   (d)

PART III

16 (a)   (b)   (c)   (d)

17 (a)   (b)   (c)   (d)

18 (a)   (b)   (c)   (d)

Dictation

🔲 다시 한 번 듣고 받아쓰기를 하시오.

1 M I _____ test.

W _____

   (a) I presume it was.

   (b) You _____ this semester.

   (c) Well, I didn't _____

   (d) Relax. _____

2 M Are there _____ for this course?

W _____

   (a) There's no need to _____ _____

   (b) Really? I thought _____

   (c) _____ your parents about it first?

   (d) You need to _____ _____

3 M I hope Sera will like her new school.

W _____

   (a) Don't worry. She _____

   (b) I'm sure she _____

   (c) Yes, she's enjoying it there very much.

   (d) _____ She's happy to move to a new school.

4 M I can't _____ that James _____

W _____

   (a) I _____

   (b) At least he's doing better than me.

   (c) Maybe I should _____ again.

   (d) _____

5 M I'm afraid I have to _____

   W _____

   (a) I hope it won't happen again.

   (b) You _____ there.

   (c) Is there _____ it?

   (d) I know, but _____ here.

6 M I thought _____

   W _____

   (a) _____

   (b) _____

   (c) _____

   (d) _____

7 M _____ will be on the test?

   W _____

   (a) _____

   (b) I didn't tell anything about it.

   (c) _____

   (d) I guess _____

8 M You _____, didn't you?

   W _____

   (a) _____

   (b) I can't promise I _____

   (c) I wish _____

   (d) _____

9 M I'm sorry, but you _____

W _____

(a) Oh, I didn't know. Then, where should I go?

(b) But I waited long enough to _____

(c) I think I should go to another place _____

(d) OK, I guess you can _____ it, right?

10 M I thought we _____ at 7 today.

W _____

(a) Yes, but I was so busy _____

(b) I guess we have to _____

(c) Didn't you know the professor _____

(d) _____ until tomorrow.

11 M My mom will _____ when she sees my report card.

W But she _____

M Which means?

W _____ — _____

(a) You _____ next time.

(b) You _____

(c) She will understand _____

(d) She knows you _____

12 M I need _____

W It was _____ , except one small thing.

M What did I miss?

W _____

(a) Well, you _____ about that.

(b) I _____ again.

(c) Well, you _____

(d) You didn't _____

13 M Did you see the syllabus for Professor Brown's archaeology class?

W Yeah, I _____ 4 textbooks.

M I don't think I _____

W _____

(a) It is _____

(b) I can _____, then.

(c) But I understand _____

(d) Perhaps we might _____

14 M _____ forget to bring my book?

W Sorry. I didn't know _____

M Didn't you _____

W _____

(a) Yes, I forgot to _____

(b) Yes, I did. _____

(c) Don't _____ about it.

(d) I was so busy _____

15 M Come on in. _____

W I'm debating _____

M Perhaps you could _____ first.

W _____

(a) I want to _____

(b) But I forgot to _____ with me.

(c) I think it _____

(d) I _____ for two semesters.

16 W Is this where I _____

M Yes. _____

W _____

M Sorry. You're going to have to _____ before you can check out another book.

W What do you mean?

M Some books _____ and it is five days late. _____ is two thousand won a day.

W Ouch! _____

Q. What is correct according to the conversation?

(a) The woman didn't want to _____

(b) The woman can't check out books _____

(c) The woman does not have money to buy the books.

(d) The woman is _____

17 M You look worried. _____

W I have an important test that I _____

M You still _____

W I know, but I have to _____ because my mom has to _____

_____

M Don't worry. _____

W Really? _____

M It won't _____ I like kids, you know.

Q. What is correct according to the conversation?

(a) The woman is _____ this weekend.

(b) The woman is _____ this weekend.

(c) The woman is helping the man _____ his brother this weekend.

(d) The woman _____ _____ with the man this weekend.

18 M I wonder _____

W Sorry, but I have to study for the final myself.

M Then, can I photocopy them?

W All right. But _____, you haven't missed any classes.

You have your own notes, don't you?

M I'm not _____ Besides, I sometimes _____

W Then my notes _____

Why don't you ask Tom to lend you one?

M _____ Last time I did, he didn't allow me to borrow his.

Q. What can be inferred from this conversation?

(a) The woman will _____

(b) The man didn't _____

(c) The man _____

(d) The woman _____

Unit 6

회사

출제 포인트

회사와 관련된 내용으로는 일자리, 좋은 소식, 출장, 발표, 근무 환경, 승진, 해고 등이 있다. 회사와 관련된 문제는 상당히 많은 비중을 차지하며, 어느 정도 난이도가 있으므로 다소 생소한 관련 표현들은 미리 익혀두는 것이 좋다. 가장 난이도 있게 나오는 부분이므로 철저히 기본부터 잘 다져야 한다.

Key Expressions

★★★ **1** **일자리 구하기 관련**

I'm between jobs. 전 실직 상태예요.

I'm weighing several companies. 전 몇몇 회사를 재고 있어요.

I'm calling about the job opening. 일자리 때문에 전화했습니다.

I'm nervous about tomorrow's interview. 내일 면접 때문에 긴장돼요.

How did your interview go? 면접은 어땠어요?

What fields did you work in? 어느 분야에서 일하셨어요?

Do you have work experience? 경력은 있으신가요?

Do you have any special qualification? 어떤 자격증이 있나요?

★★☆ **2** **좋은 소식 관련**

He got promoted. 그는 승진했어요.

I got a raise. 급여 인상을 받았어요.

I'm transferring to New York branch. 뉴욕 지사로 전근가요.

Our proposal got approved by the boss. 우리 제안서가 사장님께 승인받았어요.

★★☆ **3　마감일 지키기 관련**

I don't think I can meet the deadline. 마감일을 못 맞출 것 같아요.

The boss wants the file ready by today. 사장님이 오늘까지 자료를 원하세요.

★☆☆ **4　인간관계 관련**

I can't stand our boss. 사장님을 견딜 수가 없어요.

I can't get along well with him. 저는 그와 잘 지낼 수가 없어요.

The boss is peeved with John. 사장님은 존에게 화가 나 있어요.

★★★ **5　근무 환경 관련**

I have too much work to do. 해야 할 일이 너무 많아요.

The fringe benefits are competitive. 복리 후생이 매우 좋아요.

They reduced our hours. 회사에서 근무 시간을 줄였어요.

We should ask for an extra holiday. 우리는 추가 휴가를 요청해야 해요.

Do you have the day care? 탁아소가 있나요?

★☆☆ **6　출장, 발표하기 관련**

I will be out of town for a business trip. 저는 출장으로 여기에 없을 거예요.

I'm here to give my presentation. 저는 발표하려고 왔습니다.

7　기타 표현

He's the right man for the job. 그는 그 일에 적임자예요.

He's cut out for that position. 그는 그 자리에 적임자예요.

He has a head for business. 그는 사업 수완이 좋아요.

Can we postpone our meeting till next week? 다음 주까지 회의를 미룰 수 있을까요?

Where do I go to have the office expenses reimbursed?
사무실 지출 비용을 상환 받으려면 어디로 가야 하죠?

There's no strings attached. 부수적인 조건은 없습니다.

I'm swamped with responsibilities. 저는 책임져야 할 일 때문에 바빠요.

Learning Dialogues

1 일자리

M How's your new job search going?

W Tough. Good jobs are hard to come by these days.

M I hope you'll get offered a great position.

W That's what I was hoping for.

M It's been a while since you had an interview.

W I know. Everytime I called about the openings in the paper, they were already filled.

M 취업 준비는 잘 돼요?

W 힘들어요. 요즘 좋은 직장을 구하는 게 쉽지 않아요.

M 좋은 일자리를 제안받길 바라요.

W 제가 바라던 바예요.

M 당신은 면접본 지 오래됐군요.

W 알고 있어요. 신문에 난 일자리 공고를 보고 전화할 때마다 이미 찼다고 하더군요.

> 어 구 job search 직업 탐색   tough 어려운, 거친, 힘든   come by ~을 얻다(= obtain)   interview 면접
> openings 결원, 공석   fill 채우다, 메우다

2 회사에 대한 불만

W I can't stand our new boss any more.

M Tell me about it. He doesn't seem to get along well with others.

W And something should be done with work conditions.

M What do you mean?

W We are unlikely to get a raise or advancement since we had a merger with ABC Company.

M Right. We have not much incentive to work any longer.

W It's about time we considered getting a new job.

W 새로 온 상사를 더 이상은 못 견디겠어요.

M 저도 그래요. 그는 다른 사람들과 잘 어울리지 못하는 것 같아요.

W 직장 근무 여건과 관련해 조치가 취해져야 해요.

M 무슨 뜻이죠?

W ABC 사와 합병된 이후로 월급 인상이나 승진이 없는 것 같아요.

M 맞아요. 우리는 더 이상 일에 대한 의욕이 없어요.

W 새로운 직장을 고려해야 할 때예요.

> 어 구 stand 참다, 견디다   get along well 잘 지내다   work conditions 근로 여건   get a raise 급여
> 인상을 받다   advancement 승진   merger 합병. cf. M&A 인수. 합병(merger and acquisition)
> incentive 장려금, 격려금

3　업무 분량

> M　It seems that you are working too hard these days.
> I wish your job were less demanding.
> W　But my boss wants the files ready by next week. I'm pressed for time.
> M　What are the chances of getting it done by then?
> W　Very slim. I guess I have to ask Tom to help me with it.
> M　I think he would. You deserve a break when it's all over.
> W　I really could use a vacation.

M　요즘 너무 열심히 일하시는 것 같아요. 당신 일이 덜 힘들었으면 좋겠어요.
W　하지만 사장님이 다음 주까지 서류가 준비되길 원하세요. 그래서 저는 시간에 쫓기고 있어요.
M　그때까지 일을 끝낼 가능성은 있어요?
W　아주 희박해요. 톰에게 도와달라고 부탁해야 할 것 같아요.
M　그 사람이라면 도와줄 것 같아요. 일이 다 끝나면 당신은 쉬어야 해요.
W　정말로 휴가를 얻었으면 좋겠어요.

어구 **demanding** 큰 노력을 요하는, 지나치게 요구사항이 많은　**pressed** 바쁜, 쫓기는　**slim** 얼마 안 되는, 적은　**deserve** ~할 만하다, ~할 자격이 충분하다　**all over** 완전히 끝나서, 지나서　**vacation** 휴가, 방학

4　해고

> W　Did you hear Robert got the sack?
> M　That can't be true.
> W　Yes. They let him go after he failed to close the biggest deal.
> M　No wonder he's not been around. I thought he got transferred to another branch.
> W　It's a shame to see such a thing happen.
> M　You read my mind. But someone must be held responsible for it.
> W　I hope it doesn't affect us.

W　로버트가 해고당했다는 거 들었어요?
M　그럴 리가 없어요.
W　정말이에요. 그가 가장 큰 거래를 성사시키지 못하자 그를 해고했어요.
M　그가 안 보였던 게 당연하네요. 저는 그가 다른 시설으로 전근을 갔다고 생각했어요.
W　그런 일이 일어나다니 심하네요.
M　저랑 같은 생각이네요. 그러나 누구라도 그 일에 대해 책임을 져야만 해요.
W　그 일이 우리에게 영향을 끼치지 않았으면 좋겠어요.

어구 **sack** ~을 해고하다　**close a deal** 협상을 마무리하다　**transfer** ~을 전근시키다　**branch** 지점, 지사　**read one's mind** 남의 마음을 읽다　**affect** ~에 영향을 미치다

Possible Answers

문제를 듣고 정답이 되는 보기 2개를 고르시오.

1   (a)   (b)   (c)   (d)   (e)

2   (a)   (b)   (c)   (d)   (e)

3   (a)   (b)   (c)   (d)   (e)

4   (a)   (b)   (c)   (d)   (e)

5   (a)   (b)   (c)   (d)   (e)

TIP

fill 동사의 다양한 의미

• Can you fill me in? 자세히 설명해 주세요.

• Fill it up, please. 가득 채워 주세요.

• I'll fill in for you. 제가 대신 일할게요.

• That position has been filled. 그 자리는 이미 충원됐어요.

• I'm here to have this filled. 약을 조제하러 왔는데요.

• Fill out the form. 이 양식을 작성해 주세요.

• It's hard to fill this order. 이 주문은 이행하기가 어려워요.

Script & Answers

1

W	Who should I speak to about the job opening?
M	_____

(a) Sorry, but that position has been filled.
(b) I'm not employed at the moment.
(c) Let me see what we have available.
(d) Please hold while I go get someone in charge.
(e) I think there is a position available now.

W	일자리 공고에 대해 누구에게 얘기해야 하죠?
M	_____

(a) 죄송하지만 그 자리는 이미 충원됐어요.
(b) 전 지금 백수예요.
(c) 가능한 것이 무엇인지 봅시다.
(d) 담당자를 바꿔드릴 때까지 끊지 말고 기다리세요.
(e) 지금 공석이 있는 것 같아요.

해 설 일자리 관련 내용은 가장 많이 출제되는 문제로, 다양한 답변에 익숙해져야 한다. Who라는 의문사만으로는 답을 찾기 어렵다. e는 문제에서 말한 내용을 그대로 반복했기 때문에 답이 될 수 없다. b는 개인적인 이야기이다.

어 구 fill 채우다, 메우다   in charge (of) ~을 맡은, 담당인   available 공석인, 가능한

기타답변 I'm in charge of it. What would you like to know? 제가 담당자인데, 무엇을 알고 싶으신가요?
I'm afraid the person responsible for it is out at the moment. 죄송하지만 담당자가 지금 나가셨는데요.
Let me put you through to the person in personnel department. 인사과의 담당자에게 연결해 주세요.

2

M	Guess what! I got a raise.
W	_____

(a) Good for you. Years of hard work really paid off.
(b) Poor you! We should work harder.
(c) I couldn't have done it without your help.
(d) Think nothing of it. You'd do the same for me.
(e) I'm thrilled for you. I know you had it coming.

M	있잖아! 나 봉급이 올랐어.
W	_____

(a) 잘 됐네. 열심히 일한 보람이 있네.
(b) 안됐다! 우린 더 열심히 일해야 해.
(c) 네 도움이 없었다면 그 일을 해내지 못했을 거야.
(d) 괜찮아. 너라도 내게 똑같이 했을 거야.
(e) 기뻐. 자업자득이라고 생각해.

해 설 회사원에게 있어 기쁜 소식 중 하나는 급여 인상이다. 발음에 유의해서 들어야 한다. 좋은 소식에 대한 반응을 잘 기억하자. c와 d는 고맙다는 말에 대한 답변이 된다.

어 구 raise 급여 인상   pay off 소기의 성과가 나다, 잘 되어가다   thrill ~을 감동(감격)시키다   You had it coming. 자업자득이야.

기타답변 You should've got it earlier. 너는 더 일찍 받았어야 했어.
Way to go! You deserve it. 잘됐다! 넌 받을 만해.

3

W I don't think I can meet the deadline for the proposal.

M _____

(a) Why not ask your supervisor to cancel the meeting?
(b) Do you want me to help you with anything?
(c) Maybe you might work overtime to finish it on time.
(d) I know. People are hard to keep up with the times these days.
(e) Then why don't we go out and get some rest?

W 전 그 제안의 기한을 맞추지 못할 것 같아요.

M _____

(a) 상사에게 회의를 취소해 달라고 요청하는 건 어때요?
(b) 뭐라도 좀 도와드릴까요?
(c) 당신이 제시간에 그 일을 마치려면 야근을 해야 될지도 모르겠어요.
(d) 알아요. 사람들은 요즘 시대에 뒤처지지 않으려고 애쓰고 있어요.
(e) 그러면 나가서 휴식을 취하는 건 어때요?

[해설] 개인적인 문제를 이야기할 때, 도움을 주는 내용이나 조언을 하는 내용이 답이 된다. e는 많은 일을 했을 때의 답변이 된다. d와 같은 예외적인 답변도 알아두자.

[어구] meet the deadline 최종 기한을 맞추다   proposal 제안, 제안서   supervisor 감독자, 상관   work overtime 야근하다   on time 정각에, 제시간에   keep up with the times 시대에 뒤떨어지지 않게 하다

[기타답변] Why don't you ask for an extension? 기한 연장을 요청해 보는 건 어때요?
You will be in trouble if you don't. 그렇게 하지 않으면 곤란해질 거예요.
I thought you already had it done. 당신이 이미 그 일을 끝냈을 거라고 생각했어요.

4

M Could you postpone our meeting until next week?

W _____

(a) Sorry, I can't make it to the meeting today.
(b) OK, I'll fill in for you next week.
(c) I'm afraid that's out of the question.
(d) Did something important come up?
(e) Are you saying you want to have a meeting as soon as possible?

M 다음 주까지 회의를 연기해 주실 수 있나요?

W _____

(a) 죄송하지만 오늘은 회의에 참석할 수 없습니다.
(b) 좋아요. 다음 주에 제가 당신 일을 대신 할게요.
(c) 그것은 불가능할 것 같아요.
(d) 갑자기 중요한 일이 생겼어요?
(e) 가능한 한 빨리 회의를 하고 싶다는 말인가요?

[해설] 회의를 연기하자는 내용은 약속과 관련된 내용으로, 쉽게 부탁을 들어 주지 않는 경우가 많다. b는 회의의 연기와 상관없이 대신 일을 해 주는 것(fill in for you)이다. e는 질문과 반대되는 답변이다.

[어구] fill in for ~을 대신(대리)하다   out of the question 불가능한   come up (일이) 생기다   as soon as possible 가능한 한 빨리

[기타답변] I don't see why not. What day would you prefer? 그럼요. 안 될 이유가 어딨어요. 며칠이 좋으세요?
I'm not the right person to ask. 제게 물어볼 게 아닌 것 같아요.
I'll talk to Linda about it today. 오늘 그 일에 대해 린다에게 말할게요.

5

W	**There aren't any decent jobs out there these days.**
M	_____

(a) That's because of the economy downturns.
(b) Right. The government should do something about it.
(c) I don't think I agree. It's that people become more choosy.
(d) People are so picky when they search a new place to live.
(e) That's true. Our company should consider offering more fringe benefits.

W 요즘 괜찮은 일자리가 없어요.
M _____

(a) 경기 침체 때문이에요.
(b) 맞아요. 정부는 그 일에 대해 조치를 취해야만 해요.
(c) 전 동의하지 않아요. 사람들이 점점 까다로워지기 때문이죠.
(d) 사람들은 새로 이사 갈 곳을 찾을 때 아주 까다로워요.
(e) 맞아요. 저희 회사는 복리 후생을 고려해야만 합니다.

해 설 사회적인 문제를 이야기하고 있으며 대부분 동의하는 것이 답이 된다. decent는 텝스에서 자주 나오는 단어로 '훌륭한, 좋은'이라는 의미이다.

어 구 economy downturn 경기 침체, 경기 하락   choosy 까다로운   fringe benefits 부가 급부 *cf.* fringe 술 장식, 부수적인 것

기타답변 I know good jobs are hard to come by. 좋은 직장을 얻는 게 쉽지 않다는 걸 알아요.
You took the words right out of my mouth. 제 말이 그 말이에요.

Exercise

다음을 듣고 적절한 응답을 고르시오.

PART I

1 (a)   (b)   (c)   (d)

2 (a)   (b)   (c)   (d)

3 (a)   (b)   (c)   (d)

4 (a)   (b)   (c)   (d)

5 (a)   (b)   (c)   (d)

6 (a)   (b)   (c)   (d)

7 (a)   (b)   (c)   (d)

8 (a)   (b)   (c)   (d)

9 (a)   (b)   (c)   (d)

10 (a)   (b)   (c)   (d)

PART II

11 (a)   (b)   (c)   (d)

12 (a)   (b)   (c)   (d)

13 (a)   (b)   (c)   (d)

14 (a)   (b)   (c)   (d)

15 (a)   (b)   (c)   (d)

PART III

16 (a)   (b)   (c)   (d)

17 (a)   (b)   (c)   (d)

18 (a)   (b)   (c)   (d)

Dictation

다시 한 번 듣고 받아쓰기를 하시오.

1 M I heard Chairman Roders is coming to _____

   W _____

   (a) I'm afraid it _____

   (b) Really? I thought _____

   (c) I'm certain it will help us _____

   (d) He must _____

2 M It was so nice of you to _____ last Friday.

   W _____

   (a) I'm glad you _____

   (b) You are welcome to be with us.

   (c) _____

   (d) _____ since I had enough money.

3 M Grace always seems to _____

   W _____

   (a) Maybe she _____

   (b) I bet _____

   (c) _____ before the boss finds out.

   (d) I guess she is not connecting with the boss.

4 M _____

   W _____

   (a) He _____

   (b) I _____ him.

   (c) He _____

   (d) Don't worry. _____

5   **M**   I'm afraid I _____

        W   _____

        (a) Don't worry about it. _____

        (b) I'm sure _____

        (c) _____

        (d) I hope you will _____

6   **M**   I could _____, right?

        W   _____

        (a) We actually want _____

        (b) I'm afraid _____

        (c) _____

        (d) _____

7   **M**   Don't you think we should _____

        W   _____

        (a) But we don't have _____

        (b) I'll _____

        (c) We _____

        (d) _____, it's a bit early to give them _____

8   **M**   I wonder _____

        W   _____

        (a) We _____ from the boss.

        (b) I'm afraid _____

        (c) We're still _____ a new firm.

        (d) The interview time is _____

9 M _____ you have to work on Saturday.

  W _____

  (a) I wish _____

  (b) _____ on Saturday.

  (c) I know. _____ when people fail to do it.

  (d) Thank you for _____

10 M How are we supposed to _____ after Tyler leaves the company?

  W _____

  (a) I guess we will have to _____

  (b) I didn't know _____

  (c) It's about time _____ another office.

  (d) I know _____ him.

11 W _____ the Texas report for the meeting?

  M I did, but is there a problem?

  W _____ I just wanted to _____

  M _____

  (a) Oh, thanks. I'm glad you _____

  (b) Oh, you _____

  (c) Thank you. It _____ Texas report.

  (d) Actually, I didn't do it. I _____

12 W _____ about our bonus?

  M I heard that they might _____

  W What?

  M _____ _____

  (a) It doesn't _____ Did they give a reason?

  (b) They said there would be no bonus because of _____

  (c) We _____

  (d) Then we should _____

13   M   I can't believe _____ these days.

      W   I wish _____

      M   _____ about it?

      W   _____

      (a)   No, _____ to him first.

      (b)   Then _____ It'll _____

      (c)   My manager is _____

      (d)   Someone has to _____

14   M   _____

      W   I'm still working on it. _____

      M   _____

      W   _____

      (a)   _____

      (b)   I've already done it and _____

      (c)   I'm trying to finish it by that time.

      (d)   I'm _____

15   M   I saw you talking with the boss. What did he see you about?

      W   The Jacob account that I _____

      M   _____ about that.

      W   _____

      (a)   In fact, he _____ this time.

      (b)   Don't worry about it. I _____

      (c)   He didn't want me to _____

      (d)   He _____

16   W   _____

      M   I'm sorry. I'll _____

      W   This is the second time you delay it. _____ this time?

      M   Actually, my wife _____ and _____

      W   _____ last week.

      M   Yes, but she _____ this time.

      W   OK, you _____ this time. I hope it _____

Q. What is correct according to this conversation?

(a) The woman is _____ with the report.

(b) The man often _____ on his report.

(c) The man will not be able to _____ tomorrow.

(d) The man _____

17 M   Did you hear that Andrew _____

     W   Really? But he was just hired three months ago.

     M   That's true. _____ he _____ so quickly?

     W   I think he _____

     M   Who knows?

     W   _____ his uncle is _____ in this company.

     M   Now that explains it.

Q. What are the man and woman talking about?

(a) Why they didn't _____

(b) Who pushed Andrew _____

(c) How Andrew _____

(d) Why Andrew _____

18 W   _____ at the company?

     M   Well, he's _____

     W   _____

     M   He _____, but he's _____

     W   _____

     M   He won't listen to other staff when we have a meeting.

     W   _____

Q. What can be inferred from this conversation?

(a) The man's previous manager was   _____

(b) The man's manager doesn't know his work.

(c) The woman _____

(d) The man and his manager _____

Unit 7

가정

가정과 관련된 문제로는 집안일, 집 단장, 이사, 부모와 아이들의 대화, 음식 준비 등이 있다. 난이도가 높은 추론 문제 형태로 많이 출제되며, 세부 사항을 완벽하게 들어야 답을 고를 수 있는 경우가 많다. 가정에서 이루어지는 내용은 매달 비중 있게 출제되며 범위도 가장 광범위하다. 여러 가지 다양한 상황과 그 상황마다의 대화법에 익숙해지지 않으면 가장 어렵게 느껴지는 문제들이다. 상황 설정을 정확하게 이해해야 정답을 고르기 쉽다.

Key Expressions

★★★ **1** **집안일 & 집단장 하기 관련**

I do house chores. 집안일을 해요.

We hire someone to fix the tap. 수도꼭지를 고치려고 사람을 고용해요.

Can you give me a hand with the dishes? 설거지하는 걸 도와 줄래요?

It needs redecorating. 재단장이 필요해요.

I'm busy working around the house this weekend. 이번 주말엔 집 주변을 손 보느라 바빠요.

★★★ **2** **이사 하기 관련**

I'm moving out. 저는 이사 가요.

Can you help me move? 이사하는 걸 도와 줄래요?

What's your new house like? 새 집은 어때요?

Does it include utilities? 임대료에 공과금이 포함되나요?

It's furnished. 가구가 잘 갖춰져 있어요.

What's the security deposit? 보증금은 얼마예요?

★★☆ **3** **부모와 아이들의 대화 관련**

Be sure to be home by 7. 7시까지는 꼭 집에 오렴.

Wash your hands first. 손을 먼저 씻어라.

It's time to go to bed. 잠자리에 들 시간이란다.

Please pick up your stuff on the floor. 바닥에 있는 네 물건 좀 치우렴.

★☆☆ **4** **식사 관련**

Can you get some food out of the fridge? 냉장고에서 음식 좀 꺼내 줄래요?

I might cook some noodle for dinner. 저녁 식사로 국수를 끓이려고 해요.

Let's eat out. 외식하자.

Would you say grace? 식전 기도를 할까요?

5 **기타 표현**

It requires a lot of yard work. 정원 일이 많아요.

The toilet doesn't flush. 변기 물이 내려가지 않아요.

The drain is clogged. 하수도가 막혔어요.

We need more trees in the yard for our privacy. 사생활을 위해 마당에 더 많은 나무가 필요해요.

I removed the frames to polish them. 액자를 닦으려고 치웠어요.

It's great to be spoiled. 응석받이가 되기에 딱 좋겠군요.

There's a yard sale on Brooks Avenue. 브룩스 가에서 중고 염가 세일을 해요.

6 **기타 단어**

real estate agent 부동산 중개인(= realtor)   movers 이사 대행업체

landlord 집주인   tenant 세입자

security deposit 보증금(= down payment)   rent 임대료

utilities 공과금   studio 원룸 아파트(= single)

1   **이사 가기**

W   I heard you are moving closer to your mother's house.

M   Yes. I thought it would be good for both of us, and I don't have to cook for myself.

W   It's good to be spoiled. How do you like the studio you are going to move?

M   The rent is reasonable since it doesn't include the utilities. It's $600 a month.

W   That's good. Would you like me to help you move?

M   Thanks, but I already hired someone to take care of everything.

W   OK, just call me if you need some help.

W   어머니 댁 근처로 이사 간다고 들었어요.

M   네, 우리 둘 모두에게 좋을 것 같아서요. 그리고 제가 직접 요리하지 않아도 되거든요.

W   응석받이가 되기에 좋겠네요. 당신이 이사할 원룸 아파트는 어때요?

M   공과금이 포함되어 있지 않아서 임대료는 저렴해요. 한 달에 600달러예요.

W   괜찮네요. 이사하는 걸 도와드릴까요?

M   고맙지만 모든 걸 처리해 줄 사람을 고용했어요.

W   알겠어요. 도움이 필요하면 전화하세요.

어구 move to ~로 이사하다, 전근하다, 옮기다   spoil 망치다 *cf.* Spare the rod and spoil the child. 매를 아끼면, 아이 버릇이 나빠진다   studio 원룸(아파트), 스튜디오   rent 집세, 임대료   reasonable 합리적인, 가격이 비싸지 않고 적당한   include 포함하다   utilities (수도·전기) 사용 요금   take care of ~을 처리하다, 수습하다

2 집안일

W If you don't pick up your clothes on your room right now, you won't get any allowance.

M That's not fair, mom. I'm trying to help you do around the house all the time.

W Only seldom as I remember. I'm sick and tired of cleaning your room.

M Sorry. I promise I'll do my best to help you.

W One more thing. How many times do I have to tell you not to go to bed too late?

M But I have a lot of material to read for my class.

W I know. But you are almost always way past in bed time.

M I'll make sure I keep to time enough to be up early in the morning.

W I'm going out to get a new light bulb in our bathroom in a minute.

M Make sure to take the old one for comparison.

W 지금 당장 네 방에 있는 옷들을 치우지 않으면 용돈을 주지 않을 거란다.

M 엄마, 그건 불공평해요. 전 항상 집안일을 도우려고 노력하잖아요.

W 내 기억으로는 거의 없단다. 난 네 방을 청소하는 게 너무 싫구나.

M 죄송해요. 앞으로는 최선을 다해서 엄마를 돕겠다고 약속할게요.

W 한 가지 더. 너무 늦게 자지 말라고 내가 몇 번을 말해야 하니?

M 그런데 수업 때문에 읽어야 할 자료가 너무 많아요.

W 알고 있단다. 하지만 넌 항상 너무 늦게 잠자리에 들잖니.

M 아침에 일찍 일어나도록 시간을 잘 지킬게요.

W 난 지금 화장실 전등을 사러 나갈 거란다.

M 비교할 수 있게끔 기존의 것을 꼭 가져 가세요.

어구 pick up ~을 정돈하다   allowance 용돈   do around the house 집안일 하다(= do chores, do housework)   all the time 항상(= always)   seldom 거의 ~ 않다 *cf.* often 종종 ~하다   sick and tired of ~ 하는 데 질리다   do one's best 최선을 다하다   material 교재, 물질   almost always 대개, 거의 언제나   past (시간이) 지난, 과거의   keep to (약속 · 계획 등) 잘 지키다   in a minute 즉각, 당장   comparison 비교 *cf.* compare 비교하다

Possible Answers

문제를 듣고 정답이 되는 보기 2개를 고르시오.

1 (a) (b) (c) (d) (e)

2 (a) (b) (c) (d) (e)

3 (a) (b) (c) (d) (e)

4 (a) (b) (c) (d) (e)

5 (a) (b) (c) (d) (e)

 TIP

전치사로 의미가 강한 표현

- I'm not into movies these days. 요즘 영화에 관심이 없어요.
- I'm off for a lunch break. 점심 시간이에요.
- I'm against them. 저는 반대합니다.
- I'm all for it. 저는 찬성합니다.
- It's up to you. 당신에게 달렸어요.
- It's beyond me. 이해가 안 돼요.

Script & Answers

1

M	I can't believe you didn't iron my shirt. It's still wrinkled.
W	_____

(a) Why don't you wear something else then?
(b) Sorry, I'll wash it right away.
(c) I was going to, but I was too tied up.
(d) I'm sorry that we have wrinkles on your forehead.
(e) I thought you liked it that way.

M	당신이 내 셔츠를 다리지 않았다니 믿을 수가 없어요. 여전히 주름이 있잖아요.
W	_____

(a) 그러면 다른 걸 입는 게 어때요?
(b) 미안해요, 지금 당장 세탁할게요.
(c) 하려고 했는데 너무 바빴어요.
(d) 우리가 당신 이마에 주름이 생기게 해서 미안해요.
(e) 전 당신이 그런 식으로 좋아하는 줄 알았어요.

해 설 불평하는 내용임을 이해하고 접근해야 한다. 그리고 iron과 b의 wash는 연결되지 않으며, d는 얼굴을 의미하므로 답이 되지 않는다.

어 구 iron 다림질하다　wrinkle 주름지다, 구겨지다　be tied up ~으로 바쁘다　forehead 이마

기타답변 Don't be too picky about what you wear. 입는 것 가지고 까다롭게 굴지 마세요.
Just do it yourself. I'm tired of doing ironing for you all the time.
스스로 하세요. 전 항상 당신을 위해 다림질하는 게 지겨워요.

2

M	I was wondering if you could help me move this Saturday.
W	_____

(a) No problem. Let me move these files first.
(b) Sure. I'd love to go out with you.
(c) OK. It's easy to rearrange the furniture.
(d) I'd be glad to. What time shall I come over?
(e) Anytime. I'm available this weekend.

M	이번 주 토요일에 제가 이사하는 것을 도와주실 수 있는지 궁금해요.
W	_____

(a) 물론이죠. 우선 이 파일들을 옮길게요.
(b) 물론이죠. 당신과 외출하고 싶어요.
(c) 좋아요. 가구를 재배치하는 것은 쉬운 일이에요.
(d) 기꺼이 그렇게 하죠. 몇 시에 가면 될까요?
(e) 언제든지요. 이번 주에 시간이 있어요.

해 설 이사한다는 move 동사를 듣고 내용을 이해하면 b의 데이트하다(go out)는 답이 될 수 없다. 그리고 c의 rearrange 가 '가구를 재배치하다'란 뜻이므로 답이 될 수 없다.

어 구 rearrange 다시 배열하다　available 만날 수 있는, 바쁘지 않은

기타답변 Let me get my schedule first. 먼저 일정을 확인해 볼게요.
I'm afraid I can't. I have to work then. 죄송하지만 안 돼요. 그때 일을 해야 하거든요.

3

W   Isn't this apartment so expensive compared to the last one we saw?

M   _____

(a) Yes, but it has a big living room.
(b) I suppose. The last one was steeper.
(c) Yes. Let's take a good look more carefully.
(d) I guess we might go back to the last one again.
(e) I agree, but it's far from our office.

W   우리가 지난번에 봤던 것과 비교해서 이 아파트는 비싸지 않나요?

M   _____

(a) 예. 하지만 이건 큰 거실이 있어요.
(b) 맞아요. 지난번에 봤던 아파트가 더 비쌌어요.
(c) 예. 더 자세히 살펴봅시다.
(d) 우리는 다시 지난번 걸로 되돌아 가야 할 것 같아요.
(e) 동의해요. 하지만 우리 회사에서 너무 멀어요.

해 설	비싸다고 불평하는 내용에서 더 살펴보자(take a good look more carefully)는 c는 적절하지 못하며, e는 불평에 대한 답변이 아니다. 비싸다는 말에 대한 답변으로 지난번에 본 것을 언급하는 a와 d가 정답이 된다.
어 구	compared to ~와 비교해서 steep 터무니없는, 엄청난
기타답변	But it has a bigger living room. That's why. 그렇지만 거실이 더 크잖아요. You are right. I think this is not suitable for us either. 맞아요. 이건 우리에게 적합하지 않은 것 같아요.

4

M   I can't wait to have our new table delivered.

W   _____

(a) That makes two of us. Let's do it right away.
(b) Right. Where should we put it?
(c) Let's just wait a few more minutes.
(d) I don't think we can afford it.
(e) Me neither. It will definitely look better when the table is in our living room.

M   새로운 식탁이 빨리 배달됐으면 좋겠어요.

W   _____

(a) 맞아요. 지금 바로 그걸 배달해요.
(b) 맞아요. 그걸 어디에 놓을까요?
(c) 조금만 더 기다립시다.
(d) 우리는 그걸 살 여유가 없는 것 같아요.
(e) 저도 그래요. 거실에 그 식탁이 있으면 분명 더 좋아 보일 거예요.

해 설	빨리 식탁이 배달되었으면 좋겠다고 기대하는 내용에 대한 답변으로 보기 d의 비싸다는 말은 적절하지 못하다. 보기 c의 몇 분 더 기다리자(just wait a few more minutes)는 내용도 문제와 연결되지 않는다.
어 구	deliver 배달하다, 아이를 낳다, 약속을 지키다 That makes two of us 그건 나도 마찬가지다, 나도 그렇게 생각한다 right away 곧바로, 즉시 definitely 명확히, 확실히 afford ~할 수 있는 경제적 여유가 있다
기타답변	But I don't think it will fit in our living room. 하지만 우리 거실에는 안 어울릴 것 같아요. That makes two of us. 그건 저도 마찬가지예요.

5

W   I'm locked out of my apartment.

M   _____

(a)   There's a spare key in the mailbox.
(b)   Why don't you call the landlord if he has the key?
(c)   Sorry, I forgot to lock the apartment.
(d)   Don't worry. I always make sure to lock the house.
(e)   You should've been more careful to lock the door.

W   아파트에 열쇠를 두고 잠갔어요.

M   _____

(a)   우편함에 여분의 열쇠가 있어요.
(b)   집주인이 열쇠를 갖고 있다면 그를 부르는 게 어떨까요?
(c)   미안해요. 아파트 문을 잠그는 걸 잊었어요.
(d)   걱정하지 마세요. 전 항상 집을 잠갔는지 확인해요.
(e)   당신은 문을 잠그는 걸 좀 더 조심했어야 했어요.

해설   be locked라는 표현을 꼭 기억해야 한다. 문을 열 수 없을 때 나오는 답은 항상 전형적인 것이므로 정답이 되는 보기들을 암기해야 한다. 단순히 문을 잠근다(lock the house)는 의미의 d는 답이 될 수 없다.

어구   lock 잠그다   spare 여분의, 따로 떼어 둔   landlord 집주인, 지주   make sure 반드시 ~하다, 확인하다

기타답변   Call the maintenance man to help you. 관리인에게 전화해서 도와달라고 하세요.
I guess we have to call the locksmith. 열쇠 수리공을 불러야겠어요.
Just wait a few minutes. I'm on my way there. 잠시만 기다리세요. 제가 그리로 가는 길이에요.

Exercise

다음을 듣고 적절한 응답을 고르시오.

PART I

1 (a)   (b)   (c)   (d)
2 (a)   (b)   (c)   (d)
3 (a)   (b)   (c)   (d)
4 (a)   (b)   (c)   (d)
5 (a)   (b)   (c)   (d)
6 (a)   (b)   (c)   (d)
7 (a)   (b)   (c)   (d)
8 (a)   (b)   (c)   (d)
9 (a)   (b)   (c)   (d)
10 (a)   (b)   (c)   (d)

PART II

11 (a)   (b)   (c)   (d)
12 (a)   (b)   (c)   (d)
13 (a)   (b)   (c)   (d)
14 (a)   (b)   (c)   (d)
15 (a)   (b)   (c)   (d)

PART III

16 (a)   (b)   (c)   (d)
17 (a)   (b)   (c)   (d)
18 (a)   (b)   (c)   (d)

Dictation

다시 한 번 듣고 받아쓰기를 하시오.

1 M _____ we put new carpeting in our house.

   W _____

   (a) It _____

   (b) Yes. We could _____

   (c) Well, your carpet looks _____

   (d) _____

2 M _____ for rent in New York?

   W _____

   (a) Yes. I bought a big car.

   (b) No, I'll _____

   (c) _____ to New York this weekend.

   (d) I guess _____

3 M _____ her landlord?

   W _____

   (a) I _____

   (b) I guess he _____

   (c) He's _____

   (d) I heard _____ last month.

4 M I guess you _____

   W _____

   (a) Right. He _____

   (b) I _____

   (c) I will. _____

   (d) OK. I think _____

5   M   _____

         W   _____

         (a)   _____

         (b)   Sorry, I will cook right away.

         (c)   I hope _____

         (d)   _____ I forgot.

6   M   _____ Can you _____ now?

         W   _____

         (a)   Wait. I _____ with me.

         (b)   Oh, no. _____

         (c)   When did that happen?

         (d)   _____

7   M   _____ this morning when I asked?

         W   _____

         (a)   It _____

         (b)   _____

         (c)   I _____

         (d)   I _____ this morning.

8   M   Please _____

         W   _____

         (a)   I already _____

         (b)   _____

         (c)   Just a moment, _____

         (d)   I'm sorry, _____

9 M I decided to stay with my parents.

W _____

(a) _____

(b) Really? I thought you loved to be with your family.

(c) _____

(d) I think _____

10 W _____ you stayed home tonight.

M _____

(a) But I _____ Tina.

(b) OK, I will _____

(c) Thanks. _____

(d) _____ to watch tonight.

11 W Dad, _____
M _____
W I have a study club meeting till 9.
M _____

(a) OK, see you tomorrow.

(b) Then I'll call your sister about it.

(c) I see, _____

(d) _____

12 W I think you are _____
M In what way?
W _____
M _____ _____

(a) _____

(b) But I think education is really important.

(c) Come on. _____

(d) They didn't watch it last night.

13 W _____ you've done with your house.

  M Thanks. Actually, my friend is an interior designer and helped redecorating.

  W Oh, she's great. Your place looks fantastic.

  M _____

  (a) Thanks. I _____

  (b) _____

  (c) _____

  (d) _____

14 W Thanks for _____

  M _____ In fact, it's very interesting.

  W Yes. She never wants to _____

  M _____

  (a) That's why _____

  (b) _____

  (c) _____ these days.

  (d) Really? _____

15 W _____ these days.

  M Why don't you spend less then?

  W Well, _____

  M _____

  (a) I guess I should stop buying some clothes.

  (b) But _____

  (c) _____

  (d) _____, sorry.

16 M Honey, _____ for the last two months?

  W I know, but we had to put Linda in the summer school.

  M OK, well, I guess _____

  W Fine. But _____

  M First, we _____

  W _____ I have to spend more time cooking.

Q. What did they decide to do?

(a) _____

(b) Avoid buying some food.

(c) _____

(d) _____

17 M Your spaghetti was great.

W Thanks. Actually I learned it from my mom.

M I guess she _____

W Yes. Besides she _____ in her hometown.

M Really? _____

W Would you like to _____

M I'd love to. _____

Q. What can you infer from this conversation?

(a) The recipe _____

(b) The woman _____

(c) The man loves _____

(d) The man wants to go to the restaurant _____

18 W We should send Dennis to the summer camp again.

M I thought he _____

W Well, he told me that he _____

M As I remember he was so lonely last time.

W Maybe he feels _____ this time.

M OK, _____

Q. What can be inferred from the conversation?

(a) Dennis _____ at the summer camp.

(b) Dennis _____

(c) Dennis _____ at the last camp.

(d) Dennis _____

Unit 8

인간관계

출제 포인트

주위에서 흔히 들을 수 있는 일반적인 대화 내용이 출제된다. 관련 대화 내용으로는 친구 사이, 연인 관계, 직장 동료간, 친구 소개 등이 있다. 여러 상황에서 인간관계는 빠질 수 없는 부분이므로 항상 출제되는 경향이 있는데, 특히 친구 사이, 연인 사이, 그리고 직장에서의 인간관계는 기본적인 표현들을 바탕으로 자주 나오는 내용에 익숙해 있어야 한다. 일반적으로 좋은 사이보다는 안 좋은 관계에서 문제점을 지적하는 내용이 더 많이 출제된다.

Key Expressions

★★☆ **1 친구 사이 관련**

I haven't seen him for a while. 한동안 그를 보지 못했어요.

We are not on good terms these days. 요즘 우리는 사이가 안 좋아요.

I often hang around with my friends. 저는 종종 친구들과 어울려 돌아다녀요.

★☆☆ **2 직장 동료간 관련**

Tom is a weird person. 톰은 이상한 사람이에요.

Sam is hard to work with. 샘과 일하는 건 힘들어요.

He's like a square peg in the round hole. 그는 부적임자 같아요.

He's always bossing me around. 그는 항상 제게 이래라저래라 해요.

I can't take his attitude any more. 전 그의 태도를 더 이상 참을 수가 없어요.

★★★ 3 연인 관계 관련

I broke up with Sam two weeks ago. 2주 전에 샘과 헤어졌어요.

Tom had a crush on her. 톰이 그녀에게 반했어요.

Sue is into Tom these days. 요즘 수는 톰에게 빠져 있어요.

He asked her out on a date. 그가 그녀에게 데이트 신청을 했어요.

I had an argument with Tom last night. 어젯밤에 톰과 말다툼을 했어요.

We're through. 우리는 끝났어요.

We broke up. 우리는 끝났어요(= split up).

They finally tied the knot. 그들은 마침내 결혼했어요.

★☆☆ 4 친구 소개 관련

Can I introduce one of my friends? 제 친구 한 명을 소개해 줄까요?

Can you set me up with Andy? 제게 앤디를 소개시켜 줄래요?

5 기타 표현

Are you seeing anyone these days? 요즘 만나는 사람 있어요?

He's hard to please. 그는 성미가 까다로워요.

He's fun to be with. 그와 함께 있으면 재미있어요.

He easily loses his temper. 그는 화를 잘 내요.

He's kind of arrogant. 그는 조금 건방져요.

He turned the deaf ear to me. 그는 내 말을 들으려 하지 않았어요.

We should help them make up. 우리는 그들이 화해하도록 도와줘야 합니다.

1   남자친구와의 관계

M   How are things going with you and John?

W   I'd rather not talk about it.

M   I thought you both were getting along well.

W   We were before I saw him getting attention to another girl.

M   Too bad. So what did he say?

W   Not that I care. We are on bad terms since then.

M   You must have got him wrong, I presume. Why don't you confront him about it?

W   I guess I have no other choice.

M   존과는 어떻게 지내?

W   얘기하고 싶지 않아.

M   너희 둘 다 잘 지낼 거라고 생각했어.

W   그가 다른 여자애에게 눈길 주는 것을 내가 보기 전까지는 그랬어.

M   그것 참 안됐다. 그래서 그가 뭐래?

W   상관 안 해. 그때부터 우리 관계가 좋지 않아.

M   내 생각에는 네가 오해한 것 같은데. 네가 봤다고 그에게 직접 말하는 게 어때?

W   나한테 다른 대안이 없는 것 같네.

> 어구   get along well 마음이 맞다, 잘 지내다   attention 주의   care 마음을 쓰다, 유의하다   term 교제 관계, 사이   presume 가정하다, 생각하다   confront 직면하다   have no choice 선택의 여지가 없다, 그렇게 하지 않을 수 없다

2   상사와의 관계

W   I don't know what to do with my boss at work.

M   He must be too demanding, right?

W   Yes. I can't stand him any more.

M   It's a shame that he's giving you a hard time.

W   What's more, he always says to others that I'm a square peg in the round hole.

M   Really? I think it's time you searched another job.

W   I'm seriously considering about it. I think I'm fed up with him bossing me around.

W   직장에서 내 상사와의 관계를 어떻게 해야 할지 모르겠어.

M   그가 너무 많은 것을 요구하지, 그렇지?

W   맞아. 더 이상 그를 견딜 수가 없어.

M   그가 너를 힘들게 하다니 유감이다.

W   게다가 내가 부적응자라고 항상 다른 사람들에게 얘기한다는 거야.

M   정말이니? 다른 직장을 알아볼 때가 된 것 같다.

W   나도 신중히 고려하고 있어. 그가 나한테 이래라저래라 하는 것도 지쳤어.

어 구 demanding 너무 많은 것을 요구하는   stand 참다. 견디다   shame 수치, 창피, 부끄러움   give one's a hard time ~을 혼내다, ~에게 누를 끼치다   what's more 더구나, 게다가   a square peg in the round hole 부적임자   seriously 심각하게   be fed up with 싫증나다. 물리다   boss 쥐고 흔들다, 부려먹다

3   친구와의 관계

W   I can't stand Elly any more.

M   What's wrong with her?

W   She borrowed my digital camera, but never returned it until I asked her to.

M   Just give her a break this time.

W   That's not all. She always borrows a little things like coins, pencils and so on.

M   Well, you might be better not to lend her anything from now on.

W   엘리를 견딜 수가 없어.

M   그녀에게 무슨 문제가 있어?

W   내 디지털 카메라를 돌려달라고 하기 전까지는 절대 주지 않잖아.

M   이번 한 번만 봐줘.

W   그게 전부가 아니야. 그녀는 항상 동전, 연필 등 작은 것들을 빌려가.

M   글쎄, 지금부터 그녀에게 아무것도 빌려주지 않는 게 나을 것 같아.

어 구 give her a break 그녀를 한 번만 봐 주어라   and so on ~등, ~따위

4   친구간의 다툼

M   What do you think of Jack and Mary's argument last night?

W   I think he was too rude to her. He shouldn't have shouted at her.

M   But he was waiting for her for over two hours and she never called him.

W   I know, but that still doesn't justify his rude behavior.

M   Then do you think we should help them make up?

W   I don't think so. Just give them a little more time.

M   어젯밤 잭과 메리의 다툼에 대해 어떻게 생각해?

W   잭이 메리에게 너무 무례한 것 같아. 그렇게 소리치면 안 되는데.

M   하지만 잭은 2시간이나 메리를 기다렸잖아. 메리는 연락도 없고 말이야.

W   알아. 하지만 그걸로 잭의 무례한 행동이 정당화되는 건 아니야.

M   그렇다면 그들이 화해하도록 우리가 도와줘야 할까?

W   그건 아닌 것 같아. 그냥 그들에게 좀 더 시간을 주자.

어 구 rude 무례한   shout 소리지르다   justify 정당화하다. ~의 정당한 이유가 되다   make up 화해하다

Possible Answers

문제를 듣고 정답이 되는 보기 2개를 고르시오.

1   (a)   (b)   (c)   (d)   (e)

2   (a)   (b)   (c)   (d)   (e)

3   (a)   (b)   (c)   (d)   (e)

4   (a)   (b)   (c)   (d)   (e)

5   (a)   (b)   (c)   (d)   (e)

 TIP

무언가에 대한 불만을 나타내는 표현

- It is a hassle[a pain in the neck, a headache]. 그건 골칫거리예요.
- It's killing me. 저를 아주 못살게 해요.
- I can't stand it any more. 더 이상은 못 참겠어요.
- It's getting to me. 저를 괴롭혀요.
- I have trouble with it. 문제가 생겼어요.

Script & Answers

1

M	I can't stand Michael any more.		M	더 이상은 마이클을 견딜 수가 없어요.

W _____

(a) I don't get how he does it.
(b) I think it's about time he changed his rude behavior.
(c) It's better to stand by him.
(d) You shouldn't have done it to him.
(e) I agree. He gets on my nerves at work.

W _____

(a) 그가 어떻게 그랬는지 이해가 안 가요.
(b) 그가 버릇없는 행동을 고칠 때라고 생각해요.
(c) 그를 지지하는 게 더 나아요.
(d) 그에게 그렇게 해서는 안 되는 거였어요.
(e) 저도 동감이에요. 일할 때 그는 제 신경을 건드려요.

해 설 사람에 대한 불평은 대부분 동의하는 정답이 많이 나온다. a는 특정한 행동을 의미하므로 답이 될 수 없고, d는 상대방에 대한 내용이므로 답이 될 수 없다.

어 구 stand 참다, 견디다   rude 무례한, 버릇없는   stand by 곁에 있다, ~을 지지하다   get on one's nerves 남의 신경을 건드리다, 남을 초조하게 하다   at work 집무 중에, 직장에

기타답변 What did he do wrong? 그가 뭘 잘못했나요?
I know. He's hard to work with. 알아요. 그와 같이 일하는 건 힘들어요.

2

M How come you know Jim Robinson so well?

W _____

(a) He and I are related.
(b) It's because he didn't move to another state.
(c) He used to take care of my house when I was away.
(d) He's so considerate to others.
(e) We went to the same high school.

M 어떻게 짐 로빈슨 씨를 그렇게 잘 알게 되셨어요?

W _____

(a) 그와 저는 친척이에요.
(b) 왜냐하면 그가 다른 주로 이사 가지 않았거든요.
(c) 제가 집을 비울 때, 그가 제 집을 관리해 주곤 했어요.
(d) 그는 다른 사람들에게 이해심이 많아요.
(e) 저희는 같은 고등학교를 다녔거든요.

해 설 How come~?과 동사 'know+사람'을 이해해야 한다. b의 이사갔다(move to another states)는 답이 될 수 없고, 사람을 잘 알고 있는 것과 집을 봐 준 것과는 연결될 수 없다. d는 how come에 대한 답변이 될 수 없다.

어 구 related 친척의, 혈연 관계가 있는   take care of ~을 돌보다, 관리하다   considerate 이해심 있는, 친절한

기타답변 He's a friend of my brothers. 그는 제 오빠 친구예요.
We got to know each other when we were in the chess club. 우리는 체스 클럽에서 알게 됐어요.

3

M Have you met my friend Sam?

W _____

(a) No, I haven't had the pleasure.
(b) Actually, we introduced each other in your party last summer.
(c) Let me set you up with him.
(d) I know you have known him for ages.
(e) I didn't have a chance to meet you.

M 내 친구 샘을 본 적이 있니?

W _____

(a) 아니. 처음 뵙겠습니다.
(b) 사실 작년에 네가 열었던 파티에서 서로 소개한 적이 있어.
(c) 그를 소개시켜 줄까?
(d) 네가 그를 오랫동안 알고 지냈다는 걸 알아.
(e) 너를 만날 기회가 없었어.

해 설 have로 묻는 완료형은 '동사+목적어'를 꼭 들어야 내용을 이해할 수 있다. 사람을 소개할 때 사용하는 말로 상황을 제대로 이해해야 한다. c는 소개를 받는 입장에서 말할 수 없다. e는 you를 him으로 바꾸면 답이 될 수 있다.

어 구 have the pleasure 기뻐하다, 만족하게 여기다   set someone up (사람을) 배치하다   have a chance 가망이 있다

기타답변 No. It'd be great to be introduced. 아니. 소개받으면 좋을 것 같아.
No, I haven't. 아니. 본 적이 없어.

4

M I think Monica is very generous to everyone.

W _____

(a) Really? I thought she was so kind.
(b) That's why I don't hang out with her.
(c) You said that. She always treats others.
(d) It's that she tries to help others all the time.
(e) Yes. She knows what she's doing.

M 모니카는 모두에게 아주 관대한 것 같아.

W _____

(a) 정말? 난 그녀가 매우 착하다고 생각했는데.
(b) 그게 바로 내가 그녀랑 사귀지 않는 이유야.
(c) 내 말이 그 말이야. 그녀는 항상 다른 사람들에게 대접해.
(d) 그녀는 항상 다른 사람들을 도우려고 애쓴다니까.
(e) 맞아. 그녀도 자신이 뭘 하고 있는지 알고 있어.

해 설 제3자에 대한 평가의 내용은 일반적으로 동의를 한다. b는 내용과 반대되며, e는 관대하다는 말과 어울릴 수 없다.

어 구 generous 관대한, 너그러운   hang out with 교제하다   treat 대접하다, ~에게 한턱내다   all the time 언제나, 쉬지 않고

기타답변 That's what I like about her. 그게 바로 내가 그녀를 좋아하는 점이야.
I know. She hardly ever refuse anything. 알아. 그녀는 거의 거절을 하지 않아.

5

M	I would get along well with Jerry if I were you.
W	_____

(a) I'm glad to hear that you are a good friend of his.
(b) I hear that he's not working hard these days.
(c) But he's always complaining about everything I do.
(d) He's hard to please, but I'll try.
(e) I think you'd better spend more time with him.

M	내가 너라면 제리와 잘 지냈을 텐데.
W	_____

(a) 네가 그의 좋은 친구라는 말을 들으니 기뻐.
(b) 그가 요즘엔 열심히 일하지 않는다고 들었어.
(c) 하지만 그는 내가 하는 일마다 불평을 늘어놓고 있어.
(d) 그는 성미가 까다롭지만 그래도 나는 노력해 볼 거야.
(e) 내 생각엔 네가 그와 좀 더 많은 시간을 보내는 게 나을 것 같아.

[해 설] 조언에 대한 답변으로, 거절하는 c와 받아드리는 d로 두 가지 답변을 모두 예상해야 한다. a와 b는 사이좋게 지내라는 조언에 대한 답변이 될 수 없다.

[어 구] get along well 잘 지내다. 죽이 잘 맞다   complain 불평하다   please 남의 마음에 들다. 좋아하다   spend 시간을 보내다. 돈을 쓰다

[기타답변] That's easier said than done. 말처럼 쉽지 않아요.
Actually, we made up a few days ago. 사실 며칠 전에 화해했어.

Exercise

다음을 듣고 적절한 응답을 고르시오.

PART I

1 (a)   (b)   (c)   (d)

2 (a)   (b)   (c)   (d)

3 (a)   (b)   (c)   (d)

4 (a)   (b)   (c)   (d)

5 (a)   (b)   (c)   (d)

6 (a)   (b)   (c)   (d)

7 (a)   (b)   (c)   (d)

8 (a)   (b)   (c)   (d)

9 (a)   (b)   (c)   (d)

10 (a)   (b)   (c)   (d)

PART II

11 (a)   (b)   (c)   (d)

12 (a)   (b)   (c)   (d)

13 (a)   (b)   (c)   (d)

14 (a)   (b)   (c)   (d)

15 (a)   (b)   (c)   (d)

PART III

16 (a)   (b)   (c)   (d)

17 (a)   (b)   (c)   (d)

18 (a)   (b)   (c)   (d)

Dictation

::: 다시 한 번 듣고 받아쓰기를 하시오.

1 M Have you seen Olivia around?

　　W _____

　　(a) _____ , _____

　　(b) I'll go and ask her.

　　(c) No, I _____

　　(d) Actually she wanted to see you.

2 M _____ with a man I know?

　　W _____

　　(a) I _____

　　(b) But I didn't like _____

　　(c) Alright, _____

　　(d) OK. _____

3 W I _____ Matthew at the reception, but he _____ me.

　　M _____

　　(a) You _____

　　(b) _____ You _____

　　(c) I _____

　　(d) _____ there.

4 W A friend of mine from high school called me _____ yesterday.

　　M _____

　　(a) _____

　　(b) Yes, I said _____

　　(c) _____

　　(d) I think _____

5   M   _____ such things to Susan last night?

    W   _____

    (a)   I _____

    (b)   _____

    (c)   Susan told me _____

    (d)   _____

6   W   I heard that you _____ these days.

    M   _____

    (a)   Yes. We _____ since last month.

    (b)   _____

    (c)   You're right. I have to _____

    (d)   Maybe I _____ with her.

7   W   Let me introduce my sister Lora when she comes here.

    M   _____

    (a)   _____

    (b)   I _____

    (c)   Actually I haven't seen her before.

    (d)   _____ when she was here.

8   W   Sam _____

    M   _____

    (a)   I suggest _____

    (b)   _____

    (c)   _____

    (d)   Don't worry. He _____

9   W   Some people say that _____ between Jack and Danie.

       M   _____

       (a)   I think _____

       (b)   I didn't know _____

       (c)   I guess _____

       (d)   _____

10   W   I hear that you _____ these days.

       M   _____

       (a)   Yes. I _____

       (b)   What kind of car do you prefer?

       (c)   No, but I _____ and _____

       (d)   I'd like to _____

11   W   Did you hear Joe is _____

       M   How did he find his future wife?

       W   _____ for him.

       M   _____

       (a)   It _____

       (b)   _____ hire a matchmaker to get married.

       (c)   _____ sounds interesting.

       (d)   That's why he _____

12   W   I think Monica is _____

       M   _____ I think she's really _____

       W   How so? She doesn't seem to _____

       M   _____ _____

       (a)   She's always _____

       (b)   I think she _____

       (c)   _____ someone else how she is doing.

       (d)   _____

13　W　You _____

　　　 M　Thank you, but I know _____

　　　 W　Don't worry about it. I'm sure that they _____

　　　 M　_____

　　　 (a)　_____ for them.

　　　 (b)　_____

　　　 (c)　_____ instead of it?

　　　 (d)　I didn't know _____ are listening to that.

14　W　Did you know Rick _____

　　　 M　No, but that doesn't surprise me.

　　　 W　Really? I thought you two were good friends.

　　　 M　_____

　　　 (a)　We were, but we _____

　　　 (b)　We _____

　　　 (c)　_____

　　　 (d)　_____

15　M　_____

　　　 W　_____ It's so sudden _____

　　　 M　I know. She _____

　　　 W　_____

　　　 (a)　_____

　　　 (b)　She'd better find a new one.

　　　 (c)　I think _____

　　　 (d)　_____ for a long time.

16　M　So, you _____

　　　 W　No, I'm so afraid that he _____

　　　 M　Don't worry. I'm sure he'll like you.

　　　 W　Then _____ that?

　　　 M　Just ask him to _____

　　　 W　_____

　　　 M　I heard he _____

Q. What is the man doing in the conversation?

(a) _____ the woman _____

(b) _____ the woman _____

(c) _____ the woman some information about the movies

(d) _____ the woman _____

17

W Bill, _____

M It's been quite a while. _____

W _____ my new job. How about you?

M _____ study music.

W Really? _____

M _____ I guess we have lots of things to talk about.

W Sounds like a great idea.

Q. What are they going to do next?

(a) _____ about their school.

(b) _____

(c) _____

(d) _____   _____ _____

18

W _____ with Johnson and Kate. _____ between them.

M Why? _____

W Johnson _____

M But he wanted to _____ on that.

W I know, but _____

M _____

Q. What can be inferred about Johnson and Kate?

(a) They are _____

(b) They _____ these days.

(c) They _____ at the meeting.

(d) Kate didn't like _____

Unit 9

음식점

출제 포인트

먹는 것이나 음식점과 관련된 문제도 종종 출제된다. 주로 식사를 주문하는 문제가 출제되며, 그 외에 음식점 예약, 음식 평가, 계산 등의 내용이 나오기도 한다. 주문하거나 지불과 관련된 다양한 표현들을 알아두면 관련 문제를 비교적 쉽게 풀 수 있다. 음식점과 관련된 내용은 매달 나오며 상황만 제대로 이해하면 어렵지 않은 부분이다.

Key Expressions

★☆☆ **1** **음식점 선택 관련**

Let's try a new restaurant. 새로운 레스토랑에 가요.

They offer a buffet during lunch. 점심 시간에 뷔페를 제공해요.

★☆☆ **2** **음식점 예약 관련**

Can I have a table for 3? 세 명 자리가 있나요?

How many in your party? 일행이 몇 명이시죠?

I'd like to reserve a table for two tonight. 오늘 밤 2명을 예약하고 싶어요.

★★★ **3** **음식 주문 관련**

Can I take your order? 주문을 받아도 될까요?

Are you ready to order? 주문하실 준비가 되셨나요?

Have you decided on? 메뉴를 정하셨나요?

What will it be? 무엇으로 하시겠어요?

How about special of the day? 오늘의 요리는 어떠세요?

Do you have any recommendations? 추천해 주시겠어요?

★★★ **4 음식 평가 관련**

How was the dish? 음식은 어땠어요?

Have you tried that dish? 그 음식을 먹어 봤어요?

The food here is great. 여기 음식이 좋아요.

★☆☆ **5 음식 불평 관련**

This coffee is cold. 이 커피는 차가워요.

How come my order is not ready yet? 제 주문이 왜 아직도 준비가 안 된 거죠?

★★☆ **6 계산 관련**

It's on me. 제가 낼게요.

Let me pick up the tap since you bought last time. 지난번엔 당신이 냈으니 이번엔 제가 낼게요.

I'll treat (you to dinner). 저녁은 제가 살게요.

Let's share the bill. 각자 냅시다.

How about going Dutch? 각자 내는 게 어때요?

Let's go fifty fifty. 반반씩 냅시다(= Let's go halves.)

Let's split the bill. 나눠 냅시다.

★☆☆ **7 남은 음식 포장 관련**

Can you wrap this up for me? 남은 음식을 좀 포장해 주세요.

Can I have a doggy bag? 남은 음식을 포장해 줄 수 있나요?

I'll wrap up the leftovers. 남은 음식을 포장해 갈게요.

Learning Dialogues

1 음식점 평가

> W Have you tried that Italian restaurant that just opened last week?
>
> M No. I haven't but I might this weekend. Have you?
>
> W I went there yesterday during lunch time, and they offer a variety of food in buffet.
>
> M It must be expensive?
>
> W Not at all. It was only $15 per person and every dishes were out of this world.
>
> M How about the atmosphere?
>
> W Superb! The decoration of the place was just second to none.
>
> M I guess I must go for it for sure.
>
> W You'd better reserve a table in advance, since it's so popular.
>
> M You bet.

W 지난주에 개점한 이탈리안 레스토랑에 가 봤어?

M 아니. 못 가 봤지만 이번 주말에 갈 것 같아. 너는 가 봤어?

W 난 어제 점심 시간에 갔었어. 다양한 음식을 뷔페로 제공하더라고.

M 그러면 비싸겠네?

W 아니, 전혀. 1인당 15달러고, 모든 음식이 정말 맛있었어.

M 분위기는 어때?

W 최고야. 레스토랑 실내 장식도 그 어디에 뒤떨어지지 않아.

M 확인해 볼 겸 나도 꼭 가 봐야겠다.

W 미리 자리를 예약하는 게 좋을 거야. 사람들이 많이 오거든.

M 당연하지.

> 어구 a variety of ~이 다양한, 가지각색의   out of this world 월등히 좋은, 훌륭한, 아주 멋진   atmosphere 분위기, 공기   superb 최고의, 아주 훌륭한   be second to none 아무에게도 뒤지지 않다   for sure 분명히, 확실히   in advance 미리

2 음식점 예약

> M Hello. I'm calling to make a reservation this Friday night.
>
> W How many in your party, sir?
>
> M There'll be a group of 4.
>
> W Let me check what we have available in that day.
>
> M Please see to it that the table is spick and span by the window.
>
> W I'm sorry, sir. The table we have on that day is only by the booth. Is that OK?

M   Well, I guess I have no other choice.

W   What name would you like it under?

M   Under the name James Park.

W   OK. Everything is settled. We're looking forward to serving you soon.

M   안녕하세요. 이번 금요일 저녁에 예약을 하려고 전화드렸습니다.

W   일행이 몇 분이시죠?

M   4명입니다.

W   그날 자리가 있는지 확인해 보겠습니다.

M   창가에 있는 깔끔한 자리로 부탁드립니다.

W   죄송합니다. 그날 가능한 자리는 부스 옆밖에 없는데요. 괜찮으세요?

M   글쎄요. 다른 방법이 없는 것 같네요.

W   어떤 분 이름으로 예약해 드릴까요?

M   제임스 박으로 예약해 주세요.

W   알겠습니다. 다 되었습니다. 곧 뵙기를 바라겠습니다.

어구 party 일행, 단체   see to 돌보다, ~을 준비하다   spick and span 산뜻한, 말쑥한   have no choice 선택의 여지가 없다, 대안이 없다   settle ~를 정하다, 처리하다   look forward to ~을 고대하다, 기대하다

3   음식 불평

W   Excuse me, but are you the manager of this restaurant?

M   Yes, what can I do for you?

W   I hate to complain, but I can't take this kind of poor service here.

M   What seems to be the problem?

W   The food I ordered came 30 minutes later, and it was totally uncooked.

M   I'm sorry, we'll get another one right away.

W   One more thing. You need to train your staff to be more courteous.

W   실례하지만 당신이 이 식당의 매니저인가요?

M   네, 무엇을 도와드릴까요?

W   불평하고 싶지는 않지만 이런 형편없는 서비스는 받을 수가 없어요.

M   무엇이 마음에 안 드세요?

W   제가 주문한 음식이 30분이나 늦게 나왔을 뿐 아니라 제대로 익지도 않았어요.

M   죄송합니다. 즉시 다른 음식으로 가져다 드리겠습니다.

W   한 가지 더 말하자면, 직원들에게 예의 교육을 가르치세요.

어구 uncooked 요리하지 않은, 날것의   courteous 예절 바른

Possible Answers

	문제를 듣고 정답이 되는 보기 2개를 고르시오.				

1   (a)   (b)   (c)   (d)   (e)

2   (a)   (b)   (c)   (d)   (e)

3   (a)   (b)   (c)   (d)   (e)

4   (a)   (b)   (c)   (d)   (e)

5   (a)   (b)   (c)   (d)   (e)

 TIP

받아쓰기 요령

1 문장을 3~5번까지 끊어서 반복해서 듣는다. 5번을 들어도 들리지 않으면 넘어간다.

2 앞부분부터 듣고, 쓰려고 노력한다.

3 안 들리는 단어는 그냥 넘어가지 말고, 소리 나는 대로 써 보는 습관을 기른다.

4 20문장씩 쓰고, 쓴 내용을 확인한다.

5 입으로 소리내면서 받아쓰기를 한다.

Script & Answers

1

M	Have this chocolate cake I bought.
W	_____

(a) No thanks. I'm watching my weight.
(b) Why not? Let's try that place tomorrow.
(c) No problem. Just put it back to the bookshelf.
(d) Great. I was about to grab something on my way out.
(e) But I can't afford it.

M	내가 산 초콜릿 케이크 좀 먹어 봐.
W	_____

(a) 괜찮아. 요즘 체중 관리 중이거든.
(b) 좋아. 내일 가 보자.
(c) 괜찮아. 책장에 다시 꽂아 놓기만 해.
(d) **좋아. 나도 외출하기 전에 간단하게 먹으려던 참이었어.**
(e) 하지만 난 그걸 살 여유가 없어.

해 설   음식을 권할 때 b처럼 장소를 말할 수는 없으며, c는 책과 관련된 내용이므로 혼동하지 말아야 한다. 무언가를 살 때 비싸다는 의미의 e도 답이 될 수 없다.

어 구   watch one's weight 체중에 신경 쓰다. 관리하다   bookshelf 서가, 책꽂이   grab something (to eat) 간단히 먹다   afford ~할 수 있다, ~할 여유가 있다

기타답변   I'm stuffed, but thanks. 고맙지만 배가 불러.
I'd love to, thanks. 좋아. 고마워.

2

M	How do you take your coffee?
W	_____

(a) She likes it black.
(b) Sugar and cream.
(c) I prefer tea.
(d) I take it with sweetener.
(e) I don't like caffeine.

M	커피는 어떻게 드세요?
W	_____

(a) 그녀는 블랙 커피를 좋아해요.
(b) **설탕하고 크림을 넣어주세요.**
(c) 전 차가 너 좋아요.
(d) **감미료를 넣어요.**
(e) 저는 카페인을 좋아하지 않아요.

해 설   커피를 타는 것에 대해 상대방의 선호를 묻고 있다. a는 주어가 잘못되었으며, c는 차를 말하므로 답이 될 수 없다.

어 구   take 먹다, 마시다   sweetener 감미료

기타답변   I take it black. 블랙으로 주세요.
Actually, I don't drink coffee. 사실 전 커피를 마시지 않아요.

3

M	I feel like some soup for dinner. How about you?
W	_____

(a) I feel bad about it.
(b) I don't like eating out today.
(c) I would do that, too.
(d) Great idea. Let me fix it for you.
(e) But we had it yesterday.

M	저녁으로 수프를 먹었으면 좋겠는데. 당신은 어때요?
W	_____

(a) 그 말 들으니 기분이 별로네요.
(b) 오늘은 외식하고 싶지 않아요.
(c) 저도 그렇게 할게요.
(d) 좋은 생각이에요. 제가 고쳐드리죠.
(e) 하지만 어제도 먹었잖아요.

해 설 feel like은 '~을 원한다'는 의미로 자신의 생각을 말하고, 상대방을 의견을 묻고 있다. c의 나도 그렇게 할 것(I would do that)이란 말은 개인 생각에 대한 답이 될 수 없다.

어 구 feel like ~하고 싶다   eat out 외식하다

기타답변 Then, you should go to the store for the ingredients. 그러면 당신이 재료를 사러 가게에 가야만 해요.

But it's not what I want to have today. 하지만 그건 오늘 제가 먹고 싶은 게 아닌데요.

4

M Let's go out and have dinner at a nice restaurant.

W _____

(a) No way. I feel like eating out.
(b) Again? I thought you didn't like cooking.
(c) OK. I'll pick up something on my way home.
(d) Where did you have in mind?
(e) But this is the third time in a row.

M 우리 나가서 근사한 식당에서 저녁 식사를 합시다.

W _____

(a) 말도 안 돼요. 전 외식하고 싶단 말이에요.
(b) 또요? 전 당신이 요리하는 걸 싫어하는 줄 알았어요.
(c) 좋아요. 집으로 오는 길에 먹을 걸 좀 사 올게요.
(d) 어디 생각한 곳이라도 있어요?
(e) 하지만 이번이 연속 3일째잖아요.

해 설 외식을 하자고 제안을 하고 있다. a는 반대되는 보기이며, b번 또한 요리하다(cooking)는 의미이다. c는 사 가지고 오는(pick up) 동사를 썼으므로 답이 될 수 없다.

어 구 no way 싫어, 천만에   have in mind ~에 관해 생각하고 있다. ~을 계획하다   in a row 연속으로, 잇달아

기타답변 Only if you treat me this time. 이번에 당신이 사면 외식할게요.

But I'm too tired to go out. 하지만 너무 피곤해서 외출할 수가 없어요.

5

M I think this soup is so cold.

W _____

(a) We'd better tell the waiter about it.
(b) I hate getting the cold, too.
(c) Yeah. I can't stand this kind poor service.
(d) Why don't you cook for yourself?
(e) I hope you are not making this soup too spicy.

M 이 수프는 너무 차가운 것 같아요.

W _____

(a) 웨이터를 불러서 말하는 게 나을 것 같아요.
(b) 저도 추운 게 싫어요.
(c) 맞아요. 이런 형편없는 서비스는 참을 수 없어요.
(d) 직접 요리하는 게 어떠세요?
(e) 당신이 이 수프를 너무 맵게 만들지 않았으면 해요.

해 설 음식점에서 음식을 불평하는 내용이다. 음식과 관련된 내용이므로 b는 답이 될 수 없다. 수프가 식었다는 말에 e처럼 맵다(too spicy)는 말은 어색하다.

어 구 had better ~하는 것이 낫다   stand 참다   for oneself 남에게 의지하지 않고, 스스로   spicy 맛이 강렬한

기타답변 But mine is OK. 제 것은 괜찮아요.

Let's have the waiter heat it up again. 웨이터에게 다시 데워 달라고 하죠.

◯ 해설집 P 51

Exercise

 다음을 듣고 적절한 응답을 고르시오.

PART I

1 (a)   (b)   (c)   (d)

2 (a)   (b)   (c)   (d)

3 (a)   (b)   (c)   (d)

4 (a)   (b)   (c)   (d)

5 (a)   (b)   (c)   (d)

PART II

6 (a)   (b)   (c)   (d)

7 (a)   (b)   (c)   (d)

8 (a)   (b)   (c)   (d)

PART III

9 (a)   (b)   (c)   (d)

10 (a)   (b)   (c)   (d)

Dictation

다시 한 번 듣고 받아쓰기를 하시오.

1   M   _____

    W   _____

    (a)   _____ here.

    (b)   _____

    (c)   _____

    (d)   Right. We should tell the waiter about it.

2   W   I really love the music in the restaurant.

    M   _____

    (a)   Yes, but the food is good.

    (b)   _____ It _____

    (c)   I don't think you _____

    (d)   _____

3   M   This fruit smells _____

    W   _____

    (a)   _____

    (b)   _____

    (c)   But it tastes good.

    (d)   I like all kinds of fruit.

4 W Have you tried the burger in that new restaurant?

  M _____

  (a) No, but I might this afternoon.

  (b) Yes. I went there to _____

  (c) It seemed so expensive, _____

  (d) Yes, but _____

5 W _____, coffee or tea?

  M _____

  (a) _____ I'm not hungry now.

  (b) _____

  (c) _____, please.

  (d) _____

TIP

동의를 나타내는 표현

W This food is heavenly, isn't it? 이 음식 정말 맛있어요, 그렇지 않아요?

M That makes two of us. 맞아요(정말 맛있네요).

= You can say that again. = Tell me about it. = You took the words right out of my mouth.

= You read my mind. = It goes without saying. = You said that. = I couldn't agree with you more.

6　W　It was a great dinner, wasn't it?

　　M　I knew you would like it. _____

　　W　Want some coffee? I know a good coffee shop _____

　　M　_____

　　(a)　OK, _____

　　(b)　Maybe we can go there after dinner.

　　(c)　But I _____

　　(d)　_____

7　M　Did you have a good dinner with Dave?

　　W　Yes, we _____

　　M　_____

　　W　_____

　　(a)　_____

　　(b)　_____

　　(c)　The smoked salmon.

　　(d)　I prepared something for him.

8　W　How may I help you, sir?

　　M　I _____ a medium rare steak, but this is well-done.

　　W　I'm very sorry. _____

　　M　_____

　　(a)　That's OK. It tastes great.

　　(b)　Yes, please. _____

　　(c)　Please tell the chef that _____

　　(d)　_____ It won't happen again.

9   W   It's _____

M   Well, I'll have spaghetti.

W   Sounds good.

M   _____ seafood here? It _____

W   OK, I'll have seafood.

M   Actually, _____

W   Then let's _____

Q. What is the conversation about?

(a)   Choosing a good place to eat.

(b)   _____

(c)   _____

(d)   _____

10   M   Excuse me. May I see the manager?

W   Yes, _____

M   Well, _____

W   Really?

M   Yes, it's _____ and chicken in here _ _____

W   I'm sorry, sir. _____

Q. Which is correct according to the conversation?

(a)   The salad _____

(b)   The man did not _____

(c)   The man is _____

(d)   The woman _____

Unit 10

가게(상점)

출제 포인트

가게와 관련된 내용으로는 물건을 고르거나, 가격 흥정, 환불, 교환, 배달 등과 관련된 문제가 자주 출제된다. 늘 비슷한 표현들이 출제되기 때문에 기본적인 표현들만 익혀두면 비교적 쉽게 문제를 풀 수 있다. 특정 가게에서 이루어지는 대화는 항상 같은 대화의 흐름을 가지고 있다는 것도 기억해 두자. 물건 고르기, 가격 관련, 물건 환불 등은 항상 나오는 상황이니 꼭 기억하자. 또 손님과 점원의 표현의 차이를 잘 알아두자.

Key Expressions

★★★ **1** **물건 고르기/찾기 관련**

I'm looking for a scarf. 스카프를 찾고 있어요.

What do you have in mind? 원하는 게 있으신가요?

★★★ **2** **물건 환불/교환 관련**

Can I get a refund? 환불받을 수 있나요?

I'm here to return this frozen pizza. 냉동 피자를 반품하려고 하는데요.

Do you have a receipt? 영수증을 가지고 있으세요?

May I ask what the problem is? 뭐가 문제인지 물어봐도 될까요?

★★☆ **3** **가격 비교/흥정 관련**

Can you come down a little? 조금 깎아 주시겠어요?

Can you give me a discount? 조금 깎아 주시겠어요?

It's beyond my budget. 제가 생각한 가격대가 아니에요.

That's way out of my price range. 그건 제가 생각한 가격대를 훨씬 넘었어요.

That's the best price we can offer. 저희가 해 드릴 수 있는 최상의 가격입니다.

What's your price range? 생각하는 가격대가 어떻게 되시나요?

It's already marked down. 이미 할인이 됐어요.

It's 30% off the normal price. 정상가에서 30% 할인입니다.

I can't take a penny off the price. 더 이상은 못 깎아 드려요.

It's a good buy. 싸게 잘 샀어요(= a good deal).

I got ripped off. 바가지썼어요(= got overcharged).

★☆☆ 4 **지불 관련**

How much do I owe you? 모두 얼마인가요?

Could you ring this up? 계산 좀 해 주시겠어요?

Can I put this purchase on a three-month payment plan?
이 물건을 3개월 할부로 살 수 있을까요?

Charge it to my credit card. 신용카드로 계산할게요.

Do you take personal checks? 가게 수표도 받으시나요?

★☆☆ 5 **물건 배달 관련**

I'd like to have it delivered. 배달시키고 싶은데요.

Can you deliver it before 4? 4시 전에 배달해 주실 수 있나요?

6 **기타 단어**

home appliances 가전제품   office supplies 사무용품

giftware 선물용품   kitchenware 부엌용품

hardware (store) 철물점   grocery store 식료품점

clearance sale 재고 정리 세일   moving sale 이전 세일

one-price sale 균일가 세일   catch of the day 반짝 세일

going-out-of business sale 폐업 세일

buy-one-get-one-free sale 하나 사면 하나 더 주는 세일

1 물건 환불/교환

M Hi. I'm here to return this jacket.

W May I ask what the problem is?

M The person I bought this for thinks it's a bit loud.

W Would you like to exchange it for another one?

M I'm afraid not. I just want money back.

W OK. Do you have a receipt with you?

M I forgot to bring it, but I just bought it yesterday.

W Sorry, sir. We can't give you a refund without a receipt. It's our policy.

M That's ridiculous. I'd rather talk to the manager in this store then.

M 안녕하세요. 이 재킷을 반품하려고 왔는데요.

W 뭐가 문제인지 물어봐도 될까요?

M 이 옷을 선물한 사람이 조금 화려하다고 해서요.

W 다른 상품으로 교환하기를 원하시나요?

M 죄송하지만 아닙니다. 그냥 환불받고 싶어요.

W 알겠습니다. 영수증을 가지고 있으세요?

M 가져오는 것을 깜박했네요. 하지만 바로 어제 샀어요.

W 죄송합니다, 손님. 영수증 없이는 환불이 되지 않습니다. 저희 방침이라서요.

M 그건 좀 이상하군요. 그렇다면 매장 관리자와 얘기를 해야겠군요.

어구 loud 화려한   exchange 교환하다   receipt 영수증   refund 환불하다, 반환(금)   policy 방침, 정책
ridiculous 우스운, 터무니없는

2 물건 고르기/찾기

M Hello, are you being helped?

W No. I'm looking for a shirt.

M Who are you buying it for?

W It's for my cousin. He's in his early twenties.

M Do you have any particular style in mind?

W No. What would you recommend?

M May I interest you in this shirt? It's selling like hot cakes these days.

W I think it looks good. How much is it?

M Its regular price is 100 dollars, but it's 20% marked down.

W It's outrageous. How come it's so pricey?

M   It's made of delicate fabric, and it's worth the price. You won't regret it.
W   Well, I'd better browse more.

M   안녕하세요. 제가 좀 도와 드릴까요?
W   아니에요. 셔츠를 찾고 있어요.
M   어느 분이 입으실 건가요?
W   제 사촌이요. 나이는 20대 초반이에요.
M   생각해 두신 특정 스타일이 있으신가요?
W   아니요. 추천 좀 해 주세요.
M   이 셔츠는 어떠세요? 요즘 가장 잘 나가는 상품입니다.
W   좋아 보이네요. 얼마인가요?
M   정가는 100달러인데, 20% 할인 중입니다.
W   비싸네요. 왜 이렇게 비싼 거죠?
M   고급 섬유로 만들어졌어요. 그리고 그만큼의 가치가 있어요. 후회하지 않으실 거예요.
W   글쎄요. 조금 더 둘러볼게요.

어구 have in mind ~에 관해 생각하고 있다, ~을 계획하다   sell like hot cakes 불티나게 팔리다, 날개 돋친 듯이 팔리다   regular price 정가   mark down 가격 인하하다   outrageous 터무니없는   pricey 값비싼   delicate 섬세한, 우아한   fabric 직물, (직물의) 짜임새   worth ~할 가치가 있는   browse ~을 이리저리 뒤지다, 상품을 훑어보다

3   가격 흥정하기

M   Are you interested in purchasing that car?
W   I wish I could, but it's out of my price range.
M   The price is negotiable.
W   Then do you think I can afford it?
M   Let's see what we can work out.
W   I would definitely take it if you gave me a further discount.

M   차를 구입하실 의향이 있으세요?
W   네. 하지만 제가 생각한 가격대를 넘었어요.
M   가격은 흥정 가능합니다.
W   그러면 제가 구입할 수 있을까?
M   가격을 정할 수 있는지 한 번 봅시다.
W   좀 더 깎아주시면 확실히 구입할 수 있어요.

어구 range 범위, 한도   negotiable 협정할 수 있는   work out 잘되어 가다, 산출하다   definitely 명확히, 확실히   further 그 이상으로

Possible Answers

 문제를 듣고 정답이 되는 보기 2개를 고르시오.

1   (a)   (b)   (c)   (d)   (e)

2   (a)   (b)   (c)   (d)   (e)

3   (a)   (b)   (c)   (d)   (e)

4   (a)   (b)   (c)   (d)   (e)

5   (a)   (b)   (c)   (d)   (e)

TIP

받아쓰기의 장점

1 듣기를 할 때, 집중력을 높일 수 있다.

2 음소, 연음, 억양, 축약, 리듬 등에 대한 식별력을 강화시킨다.

3 문장의 문법 구조를 파악하는 데 유리하다.

4 학습자 스스로 청취상의 오류를 깨달아 즉시 교정할 수 있다.

5 듣기 능력의 객관적인 평가가 가능하다.

6 듣기에서 고질적으로 드러나는 자신의 약점을 정확하게 진단할 수 있다.

Script & Answers

1

M	Do you have this in other colors?
W	_____

(a) No, we don't carry it.
(b) Yes. We have many different ones.
(c) Sorry, blue is the only color.
(d) I don't know what color to choose.
(e) Why don't you call if they are still in stock?

M	이거 다른 색깔도 있나요?
W	_____

(a) 아니요. 저희는 그 상품을 취급하지 않습니다.
(b) 네. 다양한 색깔이 있습니다.
(c) 죄송하지만 파란색만 있습니다.
(d) 무슨 색을 골라야 할지 모르겠어요.
(e) 재고가 있는지 전화해 보는 건 어떠세요?

해설 다른 색깔을 물을 때, 특정한 물건을 취급하지 않는다는 a는 답이 될 수 없다. e는 점원의 말이 될 수 없으며, d는 골라야 할 색깔이 아니므로 답이 아니다.

어구 carry 휴대하다, 소지하다   in stock 비축되어, 재고로

기타답변 Let me check in the back. 뒤쪽에서 확인해 보겠습니다.
Actually, it also comes in with black and white. 사실 검정과 흰색도 있습니다.

2

M	Cash, check, or charge?
W	_____

(a) Do you take Visa card?
(b) It's already on the bill.
(c) I'll put it on my credit card.
(d) You only have a traveler's check.
(e) Let me sleep on it.

M	현금으로 하시겠어요, 수표로 하시겠어요, 아니면 외상으로 하시겠어요?
W	_____

(a) 비자 카드를 받나요?
(b) 이미 계산서에 포함됐습니다.
(c) 신용카드로 할게요.
(d) 당신은 여행자 수표밖에 없는데요.
(e) 좀 더 생각해 볼게요.

해설 지불 수단에 대한 내용의 정답은 거의 비슷하므로 쉽게 고를 수 있다. e의 곰곰이 생각해 보겠다(let me sleep on it)는 말은 답이 될 수 없다. d는 I가 아닌 you로 말하고 있으므로 답이 아니다.

어구 check 수표   charge 외상으로 달아 놓다. 외상으로 구입하다   traveler's check 여행자 수표   sleep on 밤새 곰곰이 생각해 보다

기타답변 Will my traveler's check do? 여행자 수표도 가능한가요?
I'll pay it with my check. 수표로 계산할게요.

3

| M | May I ask why you want to return this jacket? |
| W | _____ |

(a) There is a scratch on it.
(b) It looked really great on my mom.
(c) But I misplaced the receipt.
(d) I don't know exactly, but it's probably my brother's.
(e) The person I bought it for didn't like it.

| M | 이 재킷을 환불하는 이유를 물어봐도 될까요? |
| W | _____ |

(a) 표면에 긁힌 자국이 있어요.
(b) 저희 엄마에게 무척 잘 어울렸어요.
(c) 하지만 제가 영수증을 둔 곳을 잊어버렸어요.
(d) 정확히는 모르지만 아마 제 남동생의 것일 거예요.
(e) 제가 사 주려고 했던 사람이 좋아하지 않아서요.

해 설 │ 물건을 환불할 때 하는 질문은 거의 비슷하다. b는 반납의 이유가 될 수 없고, c는 이유에 대한 답으로 적절하지 못하다. d는 소유를 말하고 있으므로 답이 아니다.

어 구 │ look great[good] on ~에게 잘 어울리다 misplace 엉뚱한 곳에 두다, 둔 곳을 잊다

기타답변 │ I didn't like the style of it. 재킷 스타일이 마음에 안 들었어요.
It's too small for me. 저한테는 너무 작아요.

4

| M | I will know better to go to that store again. They were so rude. |
| W | _____ |

(a) But we admit they are smart enough.
(b) You're right. They don't seem to know who they are.
(c) I know. Every time I go there, they treat me well.
(d) That's why I stopped going there a long time ago.
(e) I guess you need to train your staff to be more courteous.

| M | 다시는 그 상점에 가지 말아야겠어. 그 사람들은 너무 무례해. |
| W | _____ |

(a) 하지만 그들이 꽤 똑똑하다는 건 우리도 인정하잖아.
(b) 네 말이 맞아. 그들은 자신들이 누구인 줄도 모르는 것 같아.
(c) 나도 알아. 그 상점에 갈 때마다 그들은 내게 잘 대해줘.
(d) 그래서 나는 오래 전부터 거기에 가지 않아.
(e) 너희 직원들을 좀 더 예의 바르도록 교육시켜야 할 것 같아.

해 설 │ 상점 서비스에 대한 불평의 내용이다. 수정 표현 know better는 '다시는 ~하지 않는다'는 의미이다. e는 상대방이라는 주어가 적절하지 못하다.

어 구 │ know better 그렇지 않다는 것을 알고 있다, ~할 만큼 어리석지 않다 admit ~을 인정하다, 승인하다 train 훈련시키다, 가르치다 staff (집합명사) 종업원, 직원 courteous 예절 바른

기타답변 │ It's about time they did something for rude clerks. 무례한 점원에 대해 조치를 취해야 할 때예요.
I know what you mean. 당신이 무슨 말을 하는지 알아요.

5

M   I'm sorry, but the novel you were looking for is out of stock at the moment.

W   _____

(a) No, I saw it in aisle number 3.
(b) **When do you expect to have some?**
(c) **I think I'd better go to another store.**
(d) I didn't know it is out of print.
(e) Then can you wrap it up for me?

M   죄송합니다만 찾고 계신 소설책은 지금 재고가 없습니다.

W   _____

(a) 아뇨, 제가 3번 통로에서 봤어요.
(b) **언제쯤 다시 입고될 예정인가요?**
(c) **다른 가게에 가 보는 게 좋겠어요.**
(d) 절판된 줄은 몰랐어요.
(e) 그러면 그 책을 포장해 주실 수 있나요?

> **해 설** 찾는 물건이 없을 때 점원이 하는 말을 찾아야 한다. d의 절판된(out of print) 것과 out of order는 다른 뜻이다. e 는 선물 포장을 의미하므로 답으로 적절하지 못하다.
>
> **어 구** out of stock 재고가 없는, 바닥 난   out of print 절판된   wrap up ~을 싸다
>
> **기타답변** Then, is it possible to order it now? 그러면 지금 주문을 해도 될까요?
> But you told me it would come in today. 하지만 오늘 그게 들어온다고 말했잖아요.

◐ 해설집 P 55

Exercise

 다음을 듣고 적절한 응답을 고르시오.

PART I

1 (a)   (b)   (c)   (d)

2 (a)   (b)   (c)   (d)

3 (a)   (b)   (c)   (d)

4 (a)   (b)   (c)   (d)

5 (a)   (b)   (c)   (d)

PART II

6 (a)   (b)   (c)   (d)

7 (a)   (b)   (c)   (d)

8 (a)   (b)   (c)   (d)

PART III

9 (a)   (b)   (c)   (d)

10 (a)   (b)   (c)   (d)

Dictation

 다시 한 번 듣고 받아쓰기를 하시오.

1　M　_____ of trousers?

　　W　_____

　　(a)　I'm afraid _____

　　(b)　No, that design _____

　　(c)　No. There _____

　　(d)　No. _____

2　M　Your new computer was finally delivered today.

　　W　_____

　　(a)　_____ you bought a new one.

　　(b)　Really? I didn't know you ordered it for me.

　　(c)　I can't believe _____

　　(d)　_____ it's been ordered.

3　M　_____

　　W　_____

　　(a)　Let me ask my manager about it later.

　　(b)　_____

　　(c)　But _____

　　(d)　_____, you lent me 50 dollars.

4　M　I don't think I can trust the salespeople in that clothing store.

　　W　_____

　　(a)　I know. They are _____

　　(b)　Then, _____

　　(c)　Right. We might complain the manager to _____

　　(d)　_____

5 M You know what? I paid only 30 dollars for this camera.

W _____

(a) You did? That's too bad.

(b) _____

(c) That's where I bought it last week.

(d) I guess _____

6 W Excuse me, I think _____ I'm looking for Tony's store.
M _____
W Thanks. Is it still open?
M _____

(a) Well, _____ this afternoon.

(b) But Tony is not there.

(c) Yes, but I don't work there.

(d) _____

7 M I don't think I can afford this car.
W _____
M Well, I _____
W _____

(a) I'm afraid _____

(b) But the car is _____

(c) _____

(d) Is it possible to _____

8 M I'd like to _____
W _____
M I _____ after I used this.
W _____

(a) Sure. I guess _____

(b) _____

(c) You should _____

(d) _____

9   W I'm sorry sir, but we are _____

     M What do you mean? _____

     W But we are only open till 6 on Saturday.

     M I thought I had enough time to _____

     W _____

     M Then I guess I'll have to _____

Q. What is correct according to the conversation?

(a) The man decides _____

(b) The woman finishes work at 6.

(c) The store closes at 6 every Saturday.

(d) The man is _____

10 M Hello. _____

     W I'm looking for a tie for my father.

     M _____ these days.

     W It's good, but it's _____

     M How about this brown one?

     W _____

     M _____

     W Actually, this is the first time to buy a tie for someone. I guess I _____
         Thanks anyway.

Q. What can be inferred from the conversation?

(a) The woman will buy the tie _____

(b) The woman usually _____

(c) The woman will _____ to get her father's gift.

(d) The woman will ask her father about the tie.

Unit 11

기타 장소 (은행, 세탁소, 우체국, 미용실)

출제 포인트

여러 다른 장소에서 일어나는 대화는 무엇보다도 대화가 일어나고 있는 장소가 머릿속에 그려져야 한다. 그리고 각각의 장소에서 들을 수 있는 표현들을 익혀두면, 대화를 들으면서 나올 만한 표현들을 미리 예측할 수 있어서 정답을 고르기 용이하다. 은행과 관련해서는 인출, 수표를 현금으로 교환, 계좌의 잔고 여부 등의 표현이 자주 나오며, 세탁물을 맡기는 세탁소 상황 또는 우체국이나 미용실처럼 장소와 관련된 내용의 문제들도 흔하게 출제된다.

Key Expressions

★★☆ **1** 은행 관련

Do you have an account with us? 저희 은행 계좌를 가지고 계신가요?

Fill out this form. 이 양식을 작성해 주세요.

How would you like it? 어떻게 드릴까요?

I'd like to cash this check. 이 수표를 현금으로 바꾸고 싶습니다.

Can you break a 100? 100달러를 잔돈으로 바꿔주시겠어요?

Can you endorse the check? 이서해 주시겠어요?

I want to make a deposit. 입금하고 싶습니다.

I want to make a withdrawal. 출금하고 싶습니다.

I'd like to withdraw money. 출금하고 싶습니다.

I'd like to get a cash advance. 현금 서비스를 받고 싶습니다.

I'd like to apply for a loan. 융자를 신청하고 싶습니다.

I want to mortgage my house. 집을 담보로 하겠습니다.

What's the exchange rate today? 오늘 환율이 얼마인가요?

★ ★ ☆ 2 **세탁소 관련**

I'd like to have my jacket cleaned. 재킷을 세탁해 주세요.

Do you do the alteration? 수선도 하나요?

If you pay an extra charge. 추가 금액을 지불하시면요.

★ ★ ☆ 3 **우체국 관련**

How would you like to send it? 어떻게 보내실 겁니까?

I'd like a registered mail, please. 등기 우편으로 해 주세요.

Can it get there tomorrow? 내일까지 도착할 수 있을까요?

We can deliver overnight. 익일 배송이 가능합니다.

★ ☆ ☆ 4 **미용실 관련**

How would you like your hair done? 머리를 어떻게 해드릴까요?

How much do you want to take off? 얼마나 잘라 드릴까요?

Just a trim, please. 다듬어 주기만 하세요.

I'd like to permanent[perm]. 파마해 주세요.

5 **기타 단어**

teller 은행 창구 직원	ATM 은행 자동화 기기(= Automated Teller Machine)
savings account 자유 저축 예금	checking account 당좌 예금
bankbook 통장	bankbook statement 입출금 내역서
returned[bounced] check 부도 수표	rubber[bad] check 부도 수표
collateral 담보물	express mail 속달 우편
priority mail 빠른 우편	airmail 항공 우편

1 은행에서 계좌 개설하기

W   I'd like to open a new account here.

M   Sure. Are you currently a member of this bank?

W   No, this is my first time.

M   Then, fill out this form first, please.

W   OK. I wonder if there are any special deals?

M   Well, we will eliminate your monthly management fee if you maintain the balance of 50 dollars a month. But you should keep that in mind that you shouldn't have any dishonored checks.

W   I see. Anything else?

M   If you keep a good credit rating, you are allowed to take out a loan with no interest. There will be also no fees associated with wiring money to another account.

W   새 예금 계좌를 개설하고 싶은데요.

M   알겠습니다. 현재 저희 은행 고객이십니까?

W   아니요. 이번이 처음입니다.

M   그렇다면 우선 이 양식을 작성해 주세요.

W   그럴게요. 특별한 혜택이 있는지 궁금합니다.

M   음, 매월 50달러 이상의 잔고를 유지하실 경우, 월별 계좌 관리비를 무료로 해 드립니다. 하지만 어음을 부도내지 않는다는 조건임을 염두에 두셔야 합니다.

W   알겠습니다. 다른 것은 없나요?

M   신용 등급을 잘 유지하신다면, 무이자로 대출을 받으실 수 있습니다. 또한 다른 계좌로 송금하실 때 수수료를 면제해 드립니다.

어구   open an account 거래를 시작하다, (은행에) 계좌를 개설하다   fill out ~에 기입하다   eliminate ~를 제거하다, 삭제하다   balance 잔고   dishonored check 부도 수표   credit rating 신용 등급   take out a loan 대출을 받다   interest 이자   associated 연합된, 관련된   wire ~를 전보로 보내다, 전송하다

2 우체국에서 소포 보내기

W	I'm here to send this parcel to Japan.
M	How do you want it sent?
W	Is there any fastest way?
M	We have an express service delivering overnight.
W	How much will that be?
M	You can pay an extra five dollars in surface mail.
W	That's reasonable. And I'd like to send it by registered mail.

W	이 소포를 일본으로 보내고 싶습니다.
M	어떻게 보내드릴까요?
W	가장 빠른 방법이 있을까요?
M	익일 배송이라는 특급 서비스가 있습니다.
W	얼마인가요?
M	보통 우편 요금에 5달러를 추가로 내시면 됩니다.
W	그 정도라면 비싸지 않군요. 그리고 이 소포를 등기 우편으로 보내고 싶습니다.

어 구 parcel 소포, 소화물　overnight 밤새도록, 하룻밤 동안　surface mail 육상 우편(물)　reasonable (가격이) 비싸지 않은　registered mail 등기 우편

3 세탁소에 세탁물 맡기기

W	I'm here to have my dress dry-cleaned.
M	OK. When would you like to be ready?
W	I have to wear it tomorrow.
M	There is an extra charge for express service.
W	How much will that be?
M	It's 5 dollars.
W	I guess I have no other choice.

W	이 드레스를 드라이클리닝 맡기려고 하는데요.
M	네. 언제까지 해 드리면 될까요?
W	제가 내일 이 옷을 입어야 하거든요.
M	빠른 서비스에는 추가 요금이 붙습니다.
W	얼마나요?
M	5달러입니다.
W	다른 선택의 여지가 없네요.

어 구 express service 급속 서비스　have no choice 선택의 여지가 없다, 대안이 없다

Possible Answers

 문제를 듣고 정답이 되는 보기 2개를 고르시오.

1   (a)   (b)   (c)   (d)   (e)

2   (a)   (b)   (c)   (d)   (e)

3   (a)   (b)   (c)   (d)   (e)

4   (a)   (b)   (c)   (d)   (e)

5   (a)   (b)   (c)   (d)   (e)

TIP

pick up의 다양한 의미

pick up을 단순히 '줍다'라고 이해하면 안 된다. 텝스 청해에 자주 나오는 다른 여러 가지 의미를 익혀보자.

• Can you pick Tom up at 5? 5시에 톰을 태워 줄 수 있어요?

• Did you pick up some milk on your way home? 집에 오는 길에 우유를 샀어요?

• Things are picking up. 상황이 좋아지고 있어요.

• He easily picks up the lecture. 그는 쉽게 강의를 이해해요.

• Please pick up your clothes on the couch. 소파 위에 있는 네 옷들을 좀 치워라.

Script & Answers

1

M	I'm here to cash this check.
W	_____

(a) How much would you like to withdraw?
(b) Only if you have an account with us.
(c) How would you like it?
(d) I should take my ID with me.
(e) Let me check if you have a balance in your account.

M	이 수표를 현금으로 바꾸고 싶은데요.
W	_____

(a) 얼마를 인출하실 건가요?
(b) 저희 은행 계좌를 가지고 계신 경우에만 가능합니다.
(c) 어떻게 해드릴까요?
(d) 신분증을 가지고 가야만 해.
(e) 계좌에 잔고가 있는지 확인해 드릴게요.

해 설 cash가 동사로 쓰일 경우, 수표를 목적어로 취한다. 미국에서 사용하는 개인 수표로, 일반적으로 은행 계좌가 있어야 현금으로 교환할 수 있다.

어 구 cash 현금으로 바꾸다   check 수표   withdraw (계좌에서) 인출하다   account 계좌   ID 신분증 (= identification)   balance 잔액, 잔고   account (예금) 계좌

기타답변 Are you currently a member in this bank? 현재 저희 은행 고객이십니까?
I'm afraid that this wasn't issued in this bank. We can't do it here.
이 수표는 저희 은행에서 발행한 것이 아니기 때문에 교환해 드릴 수 없습니다.

2

M	I'd like to have my jacket cleaned by this evening.
W	_____

(a) Sure. You can pick it up by then.
(b) That's out of the question. We are behind in our work.
(c) Sure. What name is it under?
(d) It's better to have it ironed.
(e) I'll have to look into it this evening.

M	오늘 저녁까지 이 재킷을 세탁하고 싶은데요.
W	_____

(a) 가능합니다. 그때까지 찾으실 수 있어요.
(b) 그건 불가능합니다. 저희는 일거리가 밀려 있어요.
(c) 가능합니다. 누구 이름으로 해드리면 되죠?
(d) 다림질을 하는 게 좋을 것 같아요.
(e) 오늘 저녁에 들여다 볼게요.

해 설 시간을 언급했다면 반드시 메모를 해야 한다. 세탁소에서 빠른 서비스를 받기 위해서는 추가 요금이 붙기도 한다. c는 예약 이름을 묻고 있으며, e의 look into는 문제가 생겼을 때 '조사하다'는 의미로 쓰였다.

어 구 out of the question 불가능한   behind in work 일거리가 밀린   iron 다림질하다

기타답변 Only if you pay an extra charge for express service. 특급 서비스에 대한 추가 요금을 내시면 가능합니다.
OK. I think we can do it by then. 좋아요. 그때까지 할 수 있습니다.

3

M Can I send this parcel to Japan?

W _____

(a) Please place it here.

(b) How would you like it send?

(c) Let me open it for you.

(d) I already sent it there.

(e) Don't worry. I always do it later.

M 이 소포를 일본으로 부치고 싶은데요.

W _____

(a) 여기에 올려주세요.

(b) 어떻게 보내 드릴까요?

(c) 제가 열어드릴게요.

(d) 저는 벌써 그곳으로 보냈어요.

(e) 걱정하지 마세요. 전 항상 그걸 나중에 하니까요.

해 설 우체국에서 보내는 소포는 등급이 다르다. c는 우체국에서 들을 수 있는 말이 아니며, e는 직원의 답변이 아니다. 소포의 속도에 따라 가격이 다르다는 것을 기억하자.

어 구 parcel 소포, 꾸러미 place 두다, 놓다

기타답변 OK. What's in the package? 소포 안에는 무엇이 들어 있나요?

I'm afraid you have to go to Window 5 to do it. 죄송하지만 5번 창구로 가서 처리하셔야 합니다.

4

M Is it possible to get this spot out of this dress?

W _____

(a) It looks like grease stain.

(b) I'll try, but I'm not sure.

(c) Let me see what I can do for it.

(d) How long have you had this attire?

(e) It's hard to point out the right spot.

M 드레스에 있는 얼룩을 제거할 수 있을까요?

W _____

(a) 기름때 같은데요.

(b) 해보겠지만, 가능한지는 모르겠어요.

(c) 제가 할 수 있을지 한 번 봅시다.

(d) 이 옷을 얼마나 입으셨나요?

(e) 정확한 지점을 집어내기는 어렵습니다.

해 설 얼룩을 제거할 수 있냐는 말에 대한 답변으로 기름때(grease stain)인 것 같다는 a의 답변은 적절하지 못하다. d는 얼마나 오랫동안 옷을 가지고 있었냐는 '기간'을 물은 것이므로 답이 아니며, e는 얼룩(spot)이 아닌 장소의 의미로 쓰여 답이 될 수 없다.

어 구 spot 얼룩, 때 get out of ~에게서 (꺼)내다, 제거하다 grease 기름 stain 얼룩, 때 attire 의복

point out ~을 가리키다, 지적하다

기타답변 I have to take a look at it first. 우선 봐야겠어요.

I'm not sure. Can I get back to you on that? 잘 모르겠네요. 다시 연락드리면 안 될까요?

5

M I'm here to have my hair done.

W _____

(a) Can I interest you in a perm?
(b) How would you like it?
(c) Where do you have in mind?
(d) Sorry, I'm not the right person to ask.
(e) Well, you might go to another store.

M 머리를 하고 싶은데요.

W _____

(a) 파마는 어떠세요?
(b) 어떻게 해드릴까요?
(c) 어디를 생각하고 있나요?
(d) 죄송하지만 저는 담당자가 아닙니다.
(e) 글쎄요, 다른 가게로 가는 게 좋을 것 같아요.

해 설 미용실에서 들을 수 있는 내용으로, 장소를 묻고 있는 c는 답이 아니며, d는 물어보는 것이 아니므로 답이 될 수 없다.

어 구 have one's hair done 머리를 하다   perm 파마

기타답변 Do you have an appointment? 예약하셨어요?

I'm afraid you have to wait for an hour or so. 한 시간 정도 기다리셔야 할 것 같아요.

◉ 해설집 P 60

Exercise

다음을 듣고 적절한 응답을 고르시오.

PART I

1	(a)	(b)	(c)	(d)
2	(a)	(b)	(c)	(d)
3	(a)	(b)	(c)	(d)
4	(a)	(b)	(c)	(d)
5	(a)	(b)	(c)	(d)

PART II

6	(a)	(b)	(c)	(d)
7	(a)	(b)	(c)	(d)
8	(a)	(b)	(c)	(d)

PART III

9	(a)	(b)	(c)	(d)
10	(a)	(b)	(c)	(d)

Dictation

 다시 한 번 듣고 받아쓰기를 하시오.

1 M   Can you _____ before 5?

    W   _____

    (a)   We will get there after 6.

    (b)   I'm sorry, but _____

    (c)   _____

    (d)   But _____

2 M   I think the fabric of this jacket is _____

    W   _____

    (a)   _____ with the washing machine.

    (b)   It's better to _____

    (c)   I _____

    (d)   I think you _____

3 M   How would you like to _____

    W   _____

    (a)   I need to _____, first.

    (b)   I'm afraid _____

    (c)   There are several books in the box.

    (d)   _____

4 M   I'm _____, but you are _____

    W   _____

    (a)   _____

    (b)   But I can't decide _____

    (c)   It's too heavy for me to hold.

    (d)   _____

5   M   How much are you _____

     W   _____

     (a) I guess it's too expensive.

     (b) _____

     (c) Can you _____

     (d) _____

6   W   I'd like to _____, please.
     M   How would you like it?
     W   Sorry?
     M   _____

     (a) I mean we don't have it.

     (b) _____

     (c) We can't do it _____

     (d) Would you like it _____

7   W   I wonder if I can _____
     M   Do you _____
     W   No, but I _____
     M   _____

     (a) I can't lend you any money. _____

     (b) I'm afraid _____

     (c) _____ to give you some money?

     (d) I tried, but it _____

8   M   _____
     W   I'd like to _____
     M   Do you _____
     W   _____

     (a) _____

     (b) _____ light brown, please.

(c) _____

(d) Yellow one is very popular among young people these days.

9 M I'm here to _____

W Sure. You can _____ tomorrow afternoon.

M But I really want to wear it tonight. _____

W There is _____

M _____ it's done quickly.

W Then please _____ for that.

M OK. _____

W Thanks. _____

Q. What is correct about this conversation?

(a) The man _____ the service the woman offers.

(b) The man _____

(c) The woman _____ by today.

(d) The woman _____

10 W _____ _____ to grow plants.

M We __ _____ What do you have in mind?

W Well, I _____

M Then I recommend cactus. It _____ once a month.

W But I heard orchid blooms beautiful flowers.

M That's correct, but _____

Q. What is correct according to the conversation?

(a) The woman is trying to buy some plants _____

(b) The woman is _____

(c) The man recommends the woman to _____

(d) The woman thinks the orchid is more beautiful than cactus.

Unit 12

건강

출제 포인트

건강과 관련된 문제 유형은 각 Part별로 자주 출제된다. 대부분 건강상의 문제를 언급하고 그에 대해 조언해 주는 내용으로 연결되는데, 그러한 대화의 흐름을 파악해야 한다. 건강관 관련된 내용으로 가장 많이 나오는 것은 아프다는 이야기이다. 기본적인 병명뿐 아니라 아프다는 이야기에 대한 여러 가지 답변을 기억해야 한다. 병원관 관련된 내용도 나오므로 상황을 제대로 이해해야 한다.

Key Expressions

★★★ **1** **건강 관리 관련**

You look fit. 당신은 건강해 보여요.

You look in shape. 당신은 건강해 보여요.

I'm out of shape these days. 저는 요즘 몸이 좋지 않아요.

I work out. 저는 운동을 하고 있어요.

I'm on a diet. 지금 다이어트 중이에요.

I'm watching my weight. 저는 체중을 조절하고 있어요.

★★★ **2** **아픈 것과 관련**

I'm feeling under the weather. 몸이 좋지 않아요.

I'm not feeling myself today. 오늘은 몸이 좋지 않아요.

I'm coming down with something. 몸이 아프려나 봐요.

It looks worse than it actually is. 보기보다 심하진 않아요.

I feel much better now. 오늘은 좀 나은 것 같아요.

Have you taken anything for it? 약은 먹었어요?

You should go see a doctor. 당신은 진찰을 받아야만 해요.

You have to take[run] a few tests. 당신은 검사를 받으셔야만 해요.

I hope you will be back on your feet soon. 당신이 빨리 회복되길 바랄게요.

★★☆ **3** **병원 관련**

He's in the hospital. 그는 입원 중이에요.

I'll be discharged next week. 저는 다음 주에 퇴원해요.

He was released from the hospital. 그는 퇴원했어요.

I was laid up in the hospital for two months. 저는 두 달 동안 병원에 누워 있었어요.

★★★ **4** **수술 관련**

The surgery was successful. 수술은 잘 됐어요.

We'll have to monitor her progress. 그녀의 경과를 지켜봐야 해요.

It is a straightforward procedure. 간단한 시술이에요.

It all depends on how the operation goes. 수술이 어떻게 되느냐에 달라요.

5 **기타 표현**

I have[catch] a cold. 감기에 걸렸어요.

I cut my finger. 손가락을 베였어요.

I have a broken arm. 팔이 부러졌어요.

I'm allergic to pollen. 꽃가루 알레르기가 있어요.

6 **기타 단어**

prescription drug 처방전이 필요한 약

over-the-counter drug 처방전 없이 살 수 있는 약

antibiotics 항생제

referral 의사의 소견서

inpatient 입원 환자

outpatient 외래 환자

general checkup 종합 검진

regular checkup 정기 검진

alternative medicine 대체 의학

Learning Dialogues

1 수술 후 경과

W Hi. How are you feeling?

M I'm feeling much better, thanks. I think it will take a while to fully recover.

W How was the operation you took yesterday?

M I was told the prognosis appears to be positive, but they have to wait and see a little longer.

W I hope you feel like yourself again.

M That's what I'm hoping for. So, when do you think you can get back to work?

W I'm not sure, but the doctor told me it won't be another two weeks until I can be discharged.

M OK. Don't worry about the work at the office. Sally is covering for you.

W 안녕하세요. 기분은 좀 어때요?

M 훨씬 나아진 것 같아요. 완전히 회복하려면 시간이 좀 걸릴 것 같아요.

W 어제 받으신 수술은 어땠어요?

M 수술 예후가 긍정적이지만 경과를 좀 더 지켜봐야 한대요.

W 다시 예전의 건강한 상태로 돌아가길 바랍니다.

M 저도 바라는 바예요. 당신은 언제쯤 직장에 복귀할 수 있을 것 같아요?

W 잘 모르겠어요. 하지만 의사는 퇴원하려면 앞으로 2주는 더 있어야 한다고 말했어요.

M 그렇군요. 사무실은 걱정하지 마세요. 샐리가 당신 업무를 대신하고 있어요.

어구 fully 충분히   recover 회복하다, 낫다   operation 수술   prognosis 예후   feel like oneself 기분이 좋다, 심신의 상태가 최적이다   discharge 퇴원시키다   cover ~을 떠맡다, 책임지다

2 친구의 건강

W　Did you hear about Gilbert?

M　What happened? Did he get sick or something?

W　Well, he sprained his ankle playing tennis last weekend.

M　Oh, no. Is he in the hospital?

W　No, he just had his leg plastered. Now, he's on crutches.

M　He must be worn out. Did he say when he can get the cast out of his leg?

W　No, but I think it usually takes about three weeks.

M　I think I should call him to ask how he's doing.

W　길버트 얘기 들었니?

M　무슨 일인데? 그가 아프기라도 한 거야?

W　그게 지난 주말에 테니스를 치다가 발목을 삐었대.

M　어, 이런. 그래서 길버트는 지금 병원에 있어?

W　아니. 얼마 전에 다리에 깁스를 했고, 지금은 목다리를 짚고 다녀.

M　잘 견뎌내야 할 텐데. 언제쯤 깁스한 다리를 풀 거라고 길버트가 얘기했어?

W　아니. 하지만 내 생각엔 보통 3주 정도 걸리는 것 같아.

M　어떻게 지내고 있는지 전화해서 물어봐야겠어.

[어 구] get sick 병이 들다　sprain ~를 삐다　plaster ~을 깁스로 고정하다　on crutches 목발을 짚고 wear out 견디어 내다, 견디다　cast 깁스(붕대)

3 건강 유지

W　You are looking fit. Have you been on a diet or something?

M　Not at all.

W　Then how do you manage to keep your body in shape?

M　Well, I go to the gym at least five times a week.

W　No wonder. Makes me think that I should start working out too.

M　It would do you good for sure.

W　당신은 건강해 보여요. 다이어트했어요, 아님 다른 거라도?

M　전혀 아니에요.

W　그러면 어떻게 몸매 관리를 했어요?

M　일주일에 적어도 5번은 체육관에 가요.

W　그러면 그렇지. 저도 운동을 시작해야 할 것 같아요.

M　확실히 당신 건강에 좋을 거예요.

[어 구] fit 좋은 건강 상태인　or something ~인지 무엇인지　in shape (몸이) 호조로

Possible Answers

문제를 듣고 정답이 되는 보기 2개를 고르시오.

1 (a) (b) (c) (d) (e)

2 (a) (b) (c) (d) (e)

3 (a) (b) (c) (d) (e)

4 (a) (b) (c) (d) (e)

5 (a) (b) (c) (d) (e)

TIP

실전 문제들을 풀고 난 후 무엇을 해야 하는가?

1 틀린 문제를 확인하고 본인이 왜 틀린 보기를 선택했는지를 분석한 후 오답 노트를 만든다.
  오답 노트는 시험 바로 직전에 활용하기 가장 좋은 자료이다.

2 답이 되지 않는 보기들은 중요한 숙어가 아니라면 그냥 넘어 간다.

3 마지막으로 스크립트 없이 다시 들으면서 한 문장씩 따라 해본다. 한 번 확인한 내용이라도 청해에서 잘
  안 들리는 문장이 반드시 있다.

Script & Answers

1

M I think I'm coming down with something today.

W _____

(a) How long have you had this pain?
(b) Have you taken anything for it?
(c) You look after yourself.
(d) What's wrong with you?
(e) Don't worry. I'll come along with you.

M 오늘 몸이 좋지 않은 것 같아.

W _____

(a) 언제부터 통증이 있었어?
(b) 약은 먹었어?
(c) 스스로 건강을 돌봐야 해.
(d) 무슨 문제가 있어?
(e) 걱정하지 마. 내가 같이 갈게.

[해 설] '아프다'는 말에 대한 답변은 굉장히 다양하다. a는 특정 부위가 아프다는 말이 아니므로 답이 될 수 없다. e는 같은 동사 (come)의 다른 의미를 보여주는 보기이다.

[어 구] come down with 병에 걸리다　take 약을 복용하다　look after 돌보다(= take care of)　come along with 함께 가다

[기타답변] I hope you feel better soon. 곧 회복되길 바랍니다.
You should take a rest. 당신은 좀 쉬어야 해요.
You should see a doctor. 진찰을 받으세요.

2

M Do you know why Mark walks on crutches these days?

W _____

(a) Really? What happened to you?
(b) I think it will take a while for him to recover.
(c) I heard he hurt his knee playing tennis.
(d) He played soccer so hard and won the game.
(e) He sprained his ankle.

M 요즘 마크가 왜 목발을 짚고 다니는지 알아?

W _____

(a) 정말이야? 무슨 일이 일어난 거야?
(b) 그가 회복하려면 시간이 좀 걸릴 것 같아.
(c) 그가 테니스를 치다가 무릎을 다쳤다고 들었어.
(d) 그는 축구를 열심히 해서 경기에서 승리했어.
(e) 그는 발목을 삐었대.

[해 설] a는 'you'의 선택이 잘못되었으며, 목발을 짚고 다니는 이유에 대한 답변으로 b는 내용상 적절하지 않다. d는 경기 결과를 말하는 보기이다.

[어 구] crutch 목발　while (짧은) 동안, 잠깐　recover 회복하다, 낫다　sprain (발목을) 삐다

[기타답변] I don't know. Let me get in touch with him. 잘 모르겠어. 연락해 볼게.
I didn't know he hurt his leg. 난 그가 다리를 다쳤는지도 몰랐어.

3

M　What's wrong with you? You look pale.

W　_____

(a) I didn't enjoy the party last night.
(b) I don't feel anything like that.
(c) I'm perfectly fine with that.
(d) I think I feel out of sorts.
(e) I woke up on the wrong side of the bed today.

M　무슨 일 있어? 얼굴이 창백해 보여.

W　_____

(a) 어젯밤에 파티를 즐기지 못했어.
(b) 전혀 그런 기분이 들지 않아.
(c) 난 정말 괜찮아.
(d) 나 오늘 저기압이야.
(e) 오늘은 아침부터 꿈자리가 좋지 않더라고.

해 설 ‘아파 보인다’는 말에는 대부분 구체적으로 답변을 하며, 부정하는 경우는 거의 없다. 그러므로 b와 c는 답이 될 수 없다.

어 구 out of sorts 풀죽은, 기분이 언짢은 　wake up on the wrong side of the bed 아침부터 기운이 사납다, 꿈자리가 좋지 않다

기타답변 I'm not feeling well today. 오늘 몸이 좋지 않아.
I think I caught a cold. 감기에 걸린 것 같아.
My stomachache is killing me. 배가 아파 죽을 것 같아.

4

M　You should see a doctor, or your wound will get worse.

W　_____

(a) I think I might this afternoon.
(b) I burned my finger while I was making the soup this morning.
(c) I know it's dangerous to get wounded.
(d) I think so. I have been delaying it long enough.
(e) You should call and see if your physician is available today.

M　너는 의사에게 진찰을 받아야 해. 그렇지 않으면 상처가 더 심해질 거야.

W　_____

(a) 오늘 오후에 진찰을 받을 거야.
(b) 오늘 아침에 수프를 만들다가 손가락을 데었어.
(c) 나도 다치는 게 위험하다는 거 알아.
(d) 나도 그렇게 생각해. 충분히 오랫동안 미뤄왔던 것 같아.
(e) 전화해서 의사 선생님이 오늘 진료하실 수 있는지 확인해 봐.

해 설 조언을 해 주는 내용이다. b는 손을 다친 이유를 말하고 있으며, e는 질문에 대한 추가 내용이므로 답이 될 수 없다. c는 다치기 전에 말할 수 있는 내용이다.

어 구 see a doctor 진찰받다　wound (큰) 상처, 부상　physician 의사, 내과 의사　available 시간이 있는, 여유가 있는

기타답변 That's what I was about to do. Thanks. 마침 그러려고 했어. 고마워.
But I'm scared if it might hurt to treat. 하지만 난 치료하는 데 아플까 봐 무서워.

5

M	How is your sister doing? Getting better?
W	_____

(a) Not at all. She's perfectly fine now.
(b) Yes, she is getting much better.
(c) She's recovering fast. She'll be discharged tomorrow.
(d) There's no need to know about that matter.
(e) What happened to her? Was she hurt or something?

M 여동생은 어때요? 나아지고 있어요?
W _____

(a) 전혀요. 그녀는 지금 매우 건강해요.
(b) 네. 그녀는 훨씬 나아졌어요.
(c) 그녀는 빨리 회복되고 있어요. 내일이면 퇴원할 수 있을 거예요.
(d) 그 문제에 대해 알 필요가 전혀 없어요.
(e) 그녀에게 무슨 일이 생긴 거야? 다치기라도 한 거야?

해 설 상대방 동생에 대한 내용으로 a는 대답과 뒤에 나오는 내용이 일치하지 않는다. 많이 회복되었냐는 질문의 답변으로 e는 어색하다. d는 회복 상태를 물었을 때 답으로 쓰이지 않는다.

어 구 recover 회복하다, 복구하다   discharge 퇴원시키다   or something ~인지 무엇인지

기타답변 She's still suffering from her back pain. 그녀는 아직도 요통에 시달리고 있어요.
I'm afraid not. I guess it'll take a while for her to recover. 아니요. 그녀는 회복하는 데 시간이 걸릴 거예요.

◑ 해설집 P 65

Exercise

 다음을 듣고 적절한 응답을 고르시오.

PART I

1 (a)   (b)   (c)   (d)

2 (a)   (b)   (c)   (d)

3 (a)   (b)   (c)   (d)

4 (a)   (b)   (c)   (d)

5 (a)   (b)   (c)   (d)

PART II

6 (a)   (b)   (c)   (d)

7 (a)   (b)   (c)   (d)

8 (a)   (b)   (c)   (d)

PART III

9 (a)   (b)   (c)   (d)

10 (a)   (b)   (c)   (d)

Dictation

다시 한 번 듣고 받아쓰기를 하시오.

1   M   It's too bad that Bill _____ He'll _____

       W   _____

       (a)   He _____

       (b)   You're right. He was _____

       (c)   Yes. _____

       (d)   I know. He did his best to _____

2   M   I hope you _____

       W   _____

       (a)   Yes. I _____

       (b)   Thanks. _____ next week.

       (c)   _____

       (d)   _____ to offer me such a thing.

3   M   _____ as you promised you would?

       W   _____

       (a)   No, I _____ so soon.

       (b)   I'm sure I'll _____

       (c)   I learned that it was hard to _____

       (d)   Yes, I _____ near my office.

4   M   I _____ I _____

       W   _____

       (a)   The doctor told me I was lucky _____

       (b)   _____ you are OK.

(c) I hope you _____

(d) _____ about the surgery.

5   M   I'm trying to _____, but he _____ it.

    W   _____

    (a) It'll take time to _____

    (b) _____ he is working now.

    (c) I know. _____

    (d) He'd better. _____

6   M   You _____ What's wrong with you?

    W   I _____ today.

    M   _____

    W   _____

    (a) Maybe I should _____

    (b) I _____ at home.

    (c) No, _____

    (d) Thanks for your help.

7   M   Have you seen Ella today? _____

    W   _____ She's _____

    M   Oh, no. What's wrong with her?

    W   _____

    (a) I don't know. I _____

    (b) I _____

    (c) She was _____

    (d) She told me that she _____ last week.

8   M   I heard Curt has to _____

    W   That's too bad. Do you think _____

    M   Yes. Normally, it's _____

    W   _____

(a) _____

(b) That sounds _____

(c) _____ you were in hospital.

(d) I guess he'll _____

---

9   W   Now that _____, I'm _____ exercise again.

   M   You shouldn't rush things. It _____

   W   But my leg feels fine.

   M   I don't think so. When I broke my leg, it took over five weeks to recover.

   W   _____

   M   _____ for a broken bone to heal.

   W   Well, I guess I should _____

Q. What can be inferred about the woman?

(a) Her leg is _____

(b) She will not _____

(c) _____ while exercising.

(d) She will _____ about her leg.

---

10   W   Did you hear about Larry?

   M   No, what happened to him?

   W   He has to _____ again.

   M   Again? Didn't he just _____

   W   He did, and normally it's _____

   M   But _____

   W   There were _____ And now they have to operate again.

   M   _____ I hope _____ now.

Q. What is the conversation mainly about?

(a) A friend's _____

(b) _____ in plastic surgery

(c) A friend's _____

(d) _____

Unit 13

여행

출제 포인트

여행과 관련된 내용으로는 여행 계획이나 제안, 여행 후의 소감, 여행을 위한 조언 등이 있다. 여행은 절대 빠질 수 없는 토픽으로, 주말에 잠깐 교외로 나가는 것을 포함해 다양하게 출제되고 있다. 여행 계획, 여행지에서, 여행 후의 소감 등이 골고루 출제되고 있다. 특히 대화에서는 누가 여행을 갔고, 누가 듣는 사람인지를 명확히 파악해야 한다.

Key Expressions

★★★ **1**   **여행 계획/준비 관련**

What are you planning to do? 무엇을 할 계획이에요?

Everything is planned out. 모든 계획이 끝났어요.

I'll have to pack warm clothes. 두툼한 옷을 싸야겠어요.

We are counting the days until I leave. 저희는 떠날 날을 손꼽아 기다리고 있어요.

Make sure to bring your ID. 신분증을 꼭 가져가세요.

Can you watch my pet? 제 애완동물을 돌봐줄 수 있나요?

I need someone to water my plants. 화초에 물을 줄 사람이 필요해요.

★★★ **2**   **여행 소감 관련**

How was the trip? 여행은 어땠어요?

It wasn't as good as I expected. 제가 예상했던 것보다 별로였어요.

I wish I hadn't come back. 돌아오고 싶지 않았어요.

The food there wasn't that good. 그곳 음식은 별로였어요.

★★☆ **3** **예약 관련**

I'd like to make a reservation for a room. 방 한 개를 예약하고 싶습니다.

It's better to arrange everything through a travel agency.
여행사를 통해서 모든 것을 준비하는 게 좋을 거예요.

4 **기타 단어**

itinerary 여행 일정	travel agency 여행사
off-season 비수기	peak-season 성수기
one-way[single] ticket 편도 티켓	round-trip[return] ticket 왕복 티켓
direct flight 직행 비행편	red-eye 야간 비행편
stopover 중간 기착지(= layover)	jet lag 시차에 의한 피로
airsickness 비행기 멀미	safety instructions 안전 지침
cruise ship 유람선	guided tour 가이드가 인솔하는 여행
tourist attractions 관광 명소	accommodation 숙박(설비)
reconfirm 재확인하다	via ~을 경유하여, ~에 의하여
local time 현지 시간	international date line 날짜 변경선

customs declaration card[form] 여행자 물품 신고서

overhead compartment[rack, bin] (머리 위) 짐칸

Learning Dialogues

1 여행 상품

> W World travel. How can I help you?
>
> M Hello. I'm interested in some of your top-selling tour packages to Europe.
>
> W Sure. What price range do you have in mind?
>
> M I haven't decided it yet, but I'm planning to get away for four days with my wife.
>
> W We have a special deal on the couple tour next month, ranging from 500 dollars to 1000.
>
> M But that's over our budget. It's a bit steep.
>
> W How about a three day package with only 300 dollars? It also offers a free rental car service.
>
> M That sounds reasonable. I'd like to know more about it.

W 월드 여행사입니다. 무엇을 도와 드릴까요?

M 안녕하세요. 귀사에서 가장 인기 있는 유럽 여행 패키지 상품에 관심이 있어서요.

W 그러세요? 어느 정도 가격대를 생각하고 계신가요?

M 아직 결정하지는 못했지만, 제 아내와 4일 동안 여행할 계획입니다.

W 다음 달에 여행할 커플들을 위한 특별 혜택 상품이 있습니다. 가격대는 500에서 1000달러 사이에요.

M 하지만 그 가격도 저희 예산을 넘네요. 약간 비싸요.

W 3일에 300달러짜리 패키지 상품은 어떠세요? 무료 렌터카 서비스도 제공됩니다.

M 괜찮을 것 같아요. 자세히 알려주세요.

어구 top selling 가장 잘 팔리는   range 범위, 한계, 범위를 정하다   have in mind ~에 관해 생각하고 있다, ~을 계획하다   get away (여행을) 나서다, ~에서 떠나다   budget 예산   steep 터무니없는, 엄청난   reasonable (가격이) 비싸지 않은

2 여행 소감

> W Thank you so much for taking care of my plants and dog.
>
> M Think nothing of it. Anyway how was your trip to France?
>
> W It was one of the great trips I've ever had in my life.
>
> M You must have enjoyed it a lot. What did you like best about it?
>
> W Whenever I did sightseeing, I got carried away on how beautiful there was.
>
> M I wish I had been there, too.
>
> W And we had such a nice itinerary that we were able to see almost everything around Paris.
>
> M Next time I go on a trip, I should definitely try the travel agency you used.

216

W 내 화초와 강아지를 돌봐주어서 정말 고마워.

M 별 거 아니야. 그건 그렇고 프랑스 여행은 어땠어?

W 내가 한 여행 중에서 거의 최고였어.

M 정말 즐거웠나 봐. 여행 중에 가장 좋았던 건 뭐야?

W 여행할 때마다 그곳이 얼마나 아름다운지 넋을 잃었어.

M 나도 거기에 갔으면 좋았을걸.

W 그리고 여행 일정이 좋아서 파리 주변에 있는 거의 모든 곳을 구경할 수 있었어.

M 다음에 내가 여행을 가면, 꼭 네가 이용한 여행사를 통해서 알아봐야겠어.

어구 take care of ～을 돌보다   think nothing of ～을 아무렇지도 않게 생각하다, 경시하다   sightseeing 관광, 유람, 구경   carry away ～에 넋을 잃게 하다, 흥분시키다   see 구경(관광)하다   go on a trip 여행을 떠나다   definitely 명확히, 확실히

3 안 좋은 여행 추억

W I heard that you just got back from vacation.

M Yes. I went to Italy.

W You must have been invigorated.

M Actually, I wish I hadn't gone there.

W What happened?

M The food there didn't really agree with me.

W Too bad.

M And my bag was stolen on the way to hotel. It was frustrating.

W 막 휴기에서 돌아왔다고 들었어요.

M 네. 이탈리아에 다녀왔어요.

W 당신은 분명히 신났을 거예요.

M 사실 거기에 간 걸 후회했어요.

W 무슨 일이 있었어요?

M 그곳 음식이 저와 맞지 않았거든요.

W 안됐네요.

M 그리고 호텔로 돌아오는 길에 가방도 도둑맞았어요. 좌절되었어요.

어구 invigorate 기운나게 하나   frustrate 솨설시키다

Possible Answers

문제를 듣고 정답이 되는 보기 2개를 고르시오.

1   (a)   (b)   (c)   (d)   (e)

2   (a)   (b)   (c)   (d)   (e)

3   (a)   (b)   (c)   (d)   (e)

4   (a)   (b)   (c)   (d)   (e)

5   (a)   (b)   (c)   (d)   (e)

TIP

Yes의 의미로 쓰이는 표현

Yes와 같이 쓰거나 단독으로 쓰이는 표현에 익숙하지 않은 경우가 많다. 기본적인 내용이기 때문에 반복해서 익숙해지도록 하자.

Q Are you sure you can go? 당신은 확실히 갈 수 있나요?

A I am. 네.

Q Have you finished reading? 다 읽었어요?

A I have. 네.

Q Did you find the book? 책을 찾았어요?

A I did. 네.

Q Don't forget to bring your book. 책 가져오는 것을 잊지 마세요.

A I won't. 네. 잊지 않을게요.

Q Is he strict? 그는 엄격해요?

A He might be. 아마 그럴 거예요.

1

M	Let's go to North Europe for a winter vacation.
W	_____

(a) I can work a night shift this winter.
(b) I thought you didn't like winter.
(c) It's difficult to go on a trip these days.
(d) I don't think I can't afford it.
(e) I was waiting for you to say that.

M	겨울 방학 때 북유럽으로 가자.
W	_____

(a) 이번 겨울에는 야간 근무로 일할 수 있어.
(b) 네가 겨울을 싫어하는 줄 알았는데.
(c) 요즘에는 여행 가는 게 쉽지 않아.
(d) **여행을 갈만큼의 경제적 여유가 내 겐 없어.**
(e) **네가 그 말 하기를 기다렸어.**

해 설 | 여행을 가자는 제안에 대한 답변을 찾아야 한다. b는 계절을 말하고 있으며, a는 일하는 내용만을 언급하고 있다. c는 제안의 답변이 될 수 없다.

어 구 | night shift 야간 근무 can't afford (경제적으로) ~할 여유가 없다

기타답변 | But wouldn't that be too expensive for us? 너무 비싸지 않을까?
Great idea. I'll call a travel agency to find out a good package.
좋은 생각이야. 내가 여행사에 전화해서 괜찮은 패키지 상품이 있는지 알아볼게.
I'm afraid I have to have a part-time job to pay off my debt.
안타깝게도 난 빚을 갚으려면 파트타임을 구해야만 해.

2

M	How was your trip to Australia?
W	_____

(a) It was terrible. I got sick while on a trip.
(b) I wish I hadn't come back.
(c) I was so busy that I lost track of time.
(d) Australia is a good place to do sightseeing.
(e) I went there by plane.

M	호주 여행은 어땠어?
W	_____

(a) **끔찍했어. 여행 중에 아팠거든.**
(b) **돌아오고 싶지 않았어.**
(c) 너무 바빠서 시간 가는 줄도 몰랐어.
(d) 호주는 관광하기 좋은 곳이야.
(e) 비행기를 타고 갔어.

해 설 | 여행에 대한 소감을 묻는 질문으로 긍정적, 또는 부정적으로 답할 수 있다. I wish가 이끄는 문장은 반대로 해석하며, 여기서 오고 싶지 않을 정도로 좋았다(I wish I hadn't come back.)는 말을 하고 있다. c, d와 e는 소감을 말하는 보기가 아니므로 답이 될 수 없다.

어 구 | I wish ~가 아니라서 유감이야 lose track of ~을 놓치다, 잊다 sightseeing 관광

기타답변 | Actually, I didn't end up going. Something came up. 사실 못 갔어. 일이 생겼거든.
I enjoyed sightseeing there. 그곳에서의 관광은 너무 좋았어.

3

M	I had trouble traveling with my little brother.
W	_____

(a) I guess he's too young to help you prepare for it.
(b) Sorry to hear that.
(c) It sounds like he ruined your trip.
(d) Traveling requires a good itinerary.
(e) Sometimes, it's better to play it by ear when you go out with your brother.

M	남동생과 여행하면서 마찰이 좀 있었어.
W	_____

(a) 여행 준비를 돕기에는 동생이 너무 어린 것 같아.
(b) 그랬다니 유감이야.
(c) 동생이 네 여행을 망친 것 같아.
(d) 여행에는 좋은 일정이 필요해.
(e) 남동생과 여행할 때는 가끔 임기응변으로 대처하는 게 나을 때가 있어.

해설 여행에 대한 어려움을 말하고 있다. a는 여행 준비를 말하고 있으므로 답이 아니며, d는 일반적 여행에 대한 조언을 하는 내용이며, e는 여행 계획과 관련된 내용이다.

어구 have trouble -ing ~하느라 고생하다   ruin 망치다   play it by ear 임기응변으로 처리하다

기타답변 I told you he'd be too young to travel. 그는 여행하기에 너무 어리다고 내가 말했잖아.
At least you had a lot of experience from the trip. 그래도 여행을 하면서 많은 경험을 했잖아.
What on earth happened? Did he do something wrong? 도대체 무슨 일이야? 그가 뭘 잘못했어?

4

M	I heard Tom is going to New York for this summer vacation.
W	_____

(a) Yes, he's moving there for his job.
(b) I can't. I have to get a summer job.
(c) Yes, he's visiting his sister there.
(d) He is. His wife talked him into seeing his brother there.
(e) Not this summer. Winter is better.

M	톰이 여름 방학 때 뉴욕에 간다고 들었어.
W	_____

(a) 맞아. 그는 직업 때문에 이사하는 거야.
(b) 난 안 돼. 여름 일자리를 구해야 하거든.
(c) 응. 그는 그곳에 있는 여동생을 방문할 거야.
(d) 맞아. 아내가 그를 설득해서 그곳에 있는 형을 만나러 간 거래.
(e) 이번 여름은 안 돼. 겨울이 좋을 것 같아.

해설 제3자에 대한 정보를 말하고 있다. d의 talk into는 '설득하다'는 뜻이다. e는 시간을 선택할 때 답이 될 수 있다.

어구 talk into ~을 설득하여 ~시키다

기타답변 Really? He must be exciting. 정말? 그는 너무 흥분되겠다.
I thought he gave up going there. 나는 그가 거기 가는 걸 포기한 줄 알았어.

5

M	Is this your first trip to Africa?
W	_____

(a) Actually, I've been there to volunteer at the Peace corps.
(b) Yes, and I was looking forward to it all year.
(c) No, I don't feel like going there.
(d) I agree. It won't be easy to travel such a hot country.
(e) Yes, I'm sure you won't regret it.

M 아프리카 여행은 이번이 처음이세요?
W _____

(a) 사실 평화 봉사단에서 자원봉사를 할 때 거기에 갔었어요.
(b) 네. 일 년 동안 이 여행을 기다렸어요.
(c) 아니요. 그곳에 가고 싶지 않아요.
(d) 맞아요. 더운 나라를 여행하는 건 쉽지 않을 거예요.
(e) 네. 당신이 후회하지 않을 거라고 확신해요.

해 설   여행 경험을 묻고 있는 질문이다. 객관적인 사실을 묻는 질문이므로 c처럼 답변할 수 없다. 또한 d와 e도 여행 경험에 대한 답변이 될 수 없다.

어 구   volunteer 자진하여 하다, 지원하다   look forward to ~하는 것을 기대하다   feel like ~하고 싶다   regret 후회하다, 유감으로 생각하다

기타답변   No. I'm been here couple of times. 아니요. 거기에 몇 번 갔어요.
Yes. That's why I'm so excited. 네. 그래서 더 흥분돼요.

◉ 해설집 P 70

Exercise

▚ 다음을 듣고 적절한 응답을 고르시오.

PART I

1	(a)	(b)	(c)	(d)
2	(a)	(b)	(c)	(d)
3	(a)	(b)	(c)	(d)
4	(a)	(b)	(c)	(d)
5	(a)	(b)	(c)	(d)

PART II

6	(a)	(b)	(c)	(d)
7	(a)	(b)	(c)	(d)
8	(a)	(b)	(c)	(d)

PART III

| 9 | (a) | (b) | (c) | (d) |
| 10 | (a) | (b) | (c) | (d) |

Dictation

다시 한 번 듣고 받아쓰기를 하시오.

1   M   _____ about your trip to Hong Kong?

    W   _____

    (a)   I _____ a lot of people.

    (b)   _____

    (c)   Everything was cheaper than here.

    (d)   It was great _____ the plane.

2   M   _____ New York with my family for the holidays.

    W   _____

    (a)   Great. You must _____

    (b)   How did you like it?

    (c)   Now York is very beautiful, isn't it?

    (d)   _____ this month.

3   M   I just saw the sign outside. _____, right?

    W   _____

    (a)   Yes, _____

    (b)   I hope you have a nice room.

    (c)   Right, _____

    (d)   Yes, _____

4   M   My vacation plans _____

    W   _____

    (a)   _____

    (b)   Why didn't you _____ it?

(c) Maybe I'll _____ that.

(d) _____

5 M I had to _____ on one of those hard seats in the train.

   W _____

   (a) Too bad. _____

   (b) _____ your train ticket.

   (c) Sometimes, it's better to _____

   (d) Too bad you didn't _____

6 W You _____, aren't you?

   M Yes, but I have one thing to _____

   W Anything I can do to help?

   M _____

   (a) Let me watch your dogs then.

   (b) I think _____ someone.

   (c) I don't have enough money to _____

   (d) I need someone to _____

7 W Are you going anywhere this summer?

   M Yes, I'm going to Jeju Island.

   W _____ there?

   M _____

   (a) _____

   (b) In fact, _____

   (c) No, I'm not going there.

   (d) _____ to go there.

8 W Dream Travel. How can I help you?

   M I'm calling to _____

   W Yes, we do. _____

   M _____

(a) Too many people, I'm afraid.

(b) Why do you have to know about it?

(c) _____

(d) _____

9   W   Hello, Seoul Tourist Bureau.

M   Yes, I just arrived from New York. I'd like to _____

W   Most of the hotels _____

M   Yes, Plaza Hotel.

W   The shuttle bus _____ You can catch it at the North entrance.

M   _____

W   _____, but it usually takes about 40 minutes.

M   Thank you.

Q.   What is correct according to the conversation?

(a) The man is _____ to the downtown.

(b) The man knows much about the hotels in Seoul.

(c) The man is _____

(d) The man will _____   _____ for 30 minutes.

10   M   _____

W   Sorry, I called around many agencies and asked about prices, but they were

_____

M   A friend of mine told me that he _____ Ace Travel. Why don't we try that agency?

W   Ace Travel? _____

M   It's located on Greenwood Street. _____ go and ask about our trip.

W   OK. _____ this afternoon.

Q.   What can be inferred from the conversation?

(a) The man will go to Europe with his friend.

(b) They _____ Europe.

(c) The man's friend works for Ace Travel.

(d) They are _____ Europe.

Unit 14

오락

여가를 즐기는 것에 있어 영화, 공연, 스포츠 등의 내용이 자주 등장한다. 그것에 대해 누군가에게 묻고, 서로 의견을 나누는 내용이 대부분이다. 상대방이 개인적인 의견을 말했을 때 동의하는 내용이 가장 많이 나오므로 동의할 때 사용하는 여러 표현들을 알아둬야 한다. 영화와 관련된 내용은 개인적 취향이 강하게 드러나며, 영화 평을 주로 이야기한다. 줄거리, 연기, 무대 장치, 음악 등을 언급하며 서로 다른 의견일 경우가 많다. 스포츠도 영화 이야기만큼 자주 등장하고 있으며, 기본 스포츠 표현들을 익히면 훨씬 쉽게 이해할 수 있다.

Key Expressions

★★☆ **1** **영화 고르기 관련**

What kind of movie are you into these days? 요즘 어떤 영화를 좋아하세요?

It's not my kind of thing. 제가 좋아하는 영화가 아니에요.

Let's go for a new movie. 새로 개봉한 영화를 보자.

★★★ **2** **영화 평 관련**

I found the movie dull. 그 영화는 너무 지루해요.

The plot was too predictable. 줄거리가 너무 뻔해요.

The acting was quite good. 연기가 좋았어요.

It got a great review. 그 영화는 호평을 받았어요.

The movie has been underrated. 그 영화는 혹평을 받았어요.

The play writer deserves a credit. 극작가가 공로를 받을 만해요.

★★☆ 3 **스포츠 관련**

I can't believe our team lost. 우리 팀이 지다니 믿을 수가 없어요.

It's too bad to see our home team lose the game. 홈 팀이 져서 안타까워요.

I wish we had won the game. 우리가 그 경기에서 이기길 바랐는데.

It's a shame they didn't make the finals. 그들이 결승전에 진출하지 못해서 유감이에요.

They were not at their best. 그들은 잘하지 못했어요.

Our team is unbeatable! 우리 팀은 천하무적이잖아요.

We came from behind and beat them. 우리 팀이 역전승으로 이겼어요.

We're still in the running. 승산이 있어요.

There's always next season. 항상 다음 시즌이 있잖아요.

It was a tie[draw]. 무승부였어요.

4 **기타 단어**

box-office 매표소

moviegoer 영화 광(= movie buff)

trilogy 3부작

critic 비평가, 평론가

genre 장르

referee 심판

neck-and-neck 막상막하

losing streak 연패

box-office movie 흥행작

sequel 속편

admission 입장료

critique 비평, 평론

protagonist 주인공

best player 주전 선수

winner streak 연승

1 영화 평

M	I didn't think much about the movie I saw last night.
W	What was it about?
M	It was about the guy who survived in the war. It was just a typical Hollywood movie.
W	I heard about it, too, but it got a great review, though.
M	I know, but it's too predictable. Even the preschoolers can guess how the end turns out to be.
W	But I think we'd better give credit for acting.
M	Still, any predictable plots don't lure moviegoers.
W	Well, I'm not a movie buff, so I'll give it a try.

M	어젯밤에 본 영화 별로였어.
W	무슨 내용이었는데?
M	전쟁에서 살아남은 한 남자에 대한 이야기야. 전형적인 할리우드 영화였어.
W	그건 나도 들었어. 하지만 그 영화는 호평을 받았어.
M	나도 아는데, 그 영화는 너무 뻔했어. 심지어 유치원생들도 어떻게 끝날지 알아맞힐 정도였으니까.
W	하지만 연기는 좋았던 것 같아.
M	그래도 줄거리가 예측 가능하면 영화광들을 끌 수는 없어.
W	글쎄. 나는 영화광이 아니니깐 한 번 볼래.

2 스포츠 평

W	Did you see that soccer game last night?
M	In fact I went to see that game.
W	It must have been exciting since our team did a great job.
M	It goes without saying. I loved the way they handled the game so aggressively.
W	Yeah, they were different from the beginning.
M	Looking back to the last season, it was a disaster.
W	I know. I think they gave a lot of efforts into it.
M	I hope they will make the finals.
W	That's for sure.

W	어젯밤에 축구 경기 봤어?
M	사실 직접 보러 갔었어.
W	우리 팀이 정말 잘했으니 흥미진진했겠다.
M	당연하지. 선수들이 경기를 그렇게 공격적으로 이끌어가는 게 마음에 들었어.
W	응. 선수들은 시작부터 달랐어.
M	지난 시즌을 떠올려 보면, 정말 끔찍했어.

W   맞아. 그들은 정말 많은 노력을 했을 거야.
M   그들이 결승전까지 올라가면 좋겠어.
W   물론이지.

3   영화 평 ‖

M   Have you seen the movie *Singing along*?
W   No, but I might this weekend.
M   I saw it yesterday, and I found it great.
W   I thought you hated that kind of romantic movies.
M   Yes, but this one was totally different. The main actress was fascinating.
W   That's why she was nominated to the Academic award.
M   She deserves that much. I'm sure you won't be disappointed.

M   *Singing along*이란 영화 봤어?
W   아니. 하지만 이번 주말에 볼 예정이야.
M   난 어제 그 영화를 봤거든. 정말 재미있어.
W   난 네가 로맨틱 영화를 싫어하는 줄 알았는데.
M   맞아. 하지만 이번 영화는 달라. 여주인공이 매력적이거든.
W   그래서 그 여주인공이 Academic 시상식에 지명된 거였구나.
M   그녀는 그럴 만해. 너도 분명히 실망하지 않을 거야.

4   스포츠 평 ‖

W   Did you see the soccer game last night?
M   Unfortunately, no. How did it go?
W   Our home team couldn't make it to the finals.
M   I knew they had it coming.
W   What makes you think so?
M   The new couch they brought in last year didn't seem to do well, compared to the last one.
W   Too bad. Could be time for another switch, I hope.

W   어젯밤에 열린 축구 게임 봤어?
M   불행히도 못 봤어. 어떻게 됐어?
W   홈 팀은 결승전에 못 올라갔어.
M   그럴 줄 알았다니깐.
W   왜 그렇게 생각해?
M   이전 코치에 비하면 작년에 새로 온 코치가 잘 할 것 같지 않잖아.
W   유감이네. 다른 코치로 교체할 때인 것 같네.

Possible Answers

문제를 듣고 정답이 되는 보기 2개를 고르시오.

1	(a)	(b)	(c)	(d)	(e)
2	(a)	(b)	(c)	(d)	(e)
3	(a)	(b)	(c)	(d)	(e)
4	(a)	(b)	(c)	(d)	(e)
5	(a)	(b)	(c)	(d)	(e)

TIP

여러 가지 의외의 답변 찾기

단순히 모르거나 정답을 바로 말해 줄 수 없을 때 쓸 수 있는 표현들을 외워 두면 보기를 이해하기가 쉽다.

- I can't help you with that. 제가 몰라서요.
- I'm not the right person to ask. 제가 몰라서요.
- I wish I knew. 제가 몰라서요.
- I won't know until I check it out. 제가 확인해야 알 수 있어요.
- Can I get back to you on that? 그 문제에 대해 다시 연락을 드려도 될까요?
- Let me see what I can do. 제가 할 수 있는지 볼게요.

Script & Answers

1

M	This movie is terrific, isn't it?
W	_____

(a) You can say that again.
(b) Not that I remember.
(c) We should come here again.
(d) I'd like to recommend it to my friends.
(e) I found it interesting, but it's too far.

M	이 영화 정말 재밌다. 그렇지 않니?
W	_____

(a) 내 말이 그 말이야.
(b) 내가 기억하기로는 아닌데.
(c) 우린 이곳에 다시 와야 해.
(d) 내 친구들에게 추천하고 싶어.
(e) 재미있을 거라고 생각했는데 아닌 것 같아.

해 설 영화에 대한 평을 말하는 내용의 답변은 개인적인 생각이 들어가야 하므로 b와 c는 답이 될 수 없다. d의 추천해 주고 싶다(recommend it to my friends)는 말은 긍정적인 평가이므로 답이 된다.

어 구 You can say that again 동의해요　find it interesting 재미있다고 생각하다

기타답변 Right. I specially liked the acting. 맞아. 특히 연기가 좋았던 것 같아.
Well, for me it was kind of disappointing. 글쎄. 난 조금 실망했어.

2

M	I wish I could go see our team's final.
W	_____

(a) Why don't we go there with Sam?
(b) We have no choice but to watch it at home.
(c) Is there any reason to give it up?
(d) So do I. I can't wait to see it.
(e) Just let bygones be bygones.

M	우리 팀 결승전을 보러 가고 싶었는데.
W	_____

(a) 샘과 같이 가는 게 어때?
(b) 어쩔 수 없이 집에서 봐야겠네.
(c) 볼 수 없는 이유가 있어?
(d) 나도 가고 싶었는데. 너무 보고 싶어.
(e) 지나간 일은 묻지 말자.

해 설 wish가 이끄는 문장은 아쉬움을 나타내므로 거기에 맞는 적절한 답변을 찾아야 한다. 개인적인 부정적 사실의 답변으로 긍정적인 표현의 d는 답이 될 수 없다.

어 구 have no choice but to+동사원형 ~하지 않을 수 없다　can't wait to ~을 너무 하고 싶다　let bygones be bygones 과거사는 흘려 보내자

기타답변 I know you have a ton of work to do at the moment. 네가 지금 해야 할 일이 많다는 걸 알아.
It's a shame you can't watch it. 볼 수 없다니 유감이네.

3

M	Try channel 5. There's a great movie on it.
W	_____
(a)	But I'm watching an important soccer game at the moment.
(b)	Really? What's it about?
(c)	Well, I'm not into that kind of movies these days.
(d)	Don't worry. I've already saw them yesterday.
(e)	Sounds great. Let's go out to the movies.

M 5번 채널로 돌려 봐. 재밌는 영화가 하거든.

W _____

(a) 난 지금 중요한 경기를 보고 있어.
(b) 그래? 어떤 내용인데?
(c) 요즘 그런 종류의 영화에 관심이 없어.
(d) 걱정하지 마. 어제 다 봤어.
(e) 좋아. 영화관에 가자.

해 설 영화에 대한 정보를 주고 있는 내용에서 상대방의 반응이 긍정적으로 나오는 게 일반적이다. 특정한 영화를 밝히지 않았으므로 c와 d는 답이 될 수 없다. e는 TV를 언급하는 것이 아니므로 답이 될 수 없다.

어 구 be about ~에 관한   be into ~에 빠져있는

기타답변 Really? I'm dying to see it. 정말? 너무 보고 싶어.
No thanks. I'm about to leave now. 아니. 됐어. 지금 가려고 했어.

4

M	Did you see the soccer game last night?
W	_____
(a)	Unfortunately, no. I was swamped with my work in the office.
(b)	Yes, but I wish I hadn't seen it.
(c)	I would, but I watched it from the beginning.
(d)	Yes. I saw so many celebrities attending the party there.
(e)	But soccer is not what I have a passion for.

M 어젯밤에 축구 경기 봤어?

W _____

(a) 안타깝게도 못 봤어. 일이 몰려서 정신없었거든.
(b) 응. 하지만 괜히 본 것 같아.
(c) 그러려고 했는데 처음부터 다시 봤어.
(d) 어제 참석한 파티에서 많은 유명 인사들을 봤어.
(e) 난 축구에 관심이 없어.

해 설 객관적 정보 전달인 경우, 동사를 확인해야 한다. d는 파티 이야기이므로 답이 될 수 없고, e는 개인의 취향을 말하고 있다.

어 구 be swamped with ~에 밀려들다. 쇄도하다   celebrity 유명 인사   have a passion for ~을 좋아하다

기타답변 I sure did. It was better than expected. 확실히 예상보다 좋았어.
No, but I taped it. 아니. 하지만 녹화했어.
Yes. It was the worst game ever. 이제까지 본 경기 중에 가장 형편없었어.

5

M	Why don't we go see a movie tonight?
W	_____

(a) I'm all for it.

(b) Great! I really wanted to see it.

(c) I wish I could, but I have a prior engagement.

(d) There aren't any good movies these days.

(e) Let me sleep on it.

M 오늘 밤 영화 보러 갈까?

W _____

(a) 좋아.

(b) 좋아. 정말 보고 싶었거든.

(c) 그러고 싶지만 선약이 있어.

(d) 요즘 재미있는 영화가 없어.

(e) 곰곰이 생각해 볼게.

해 설 영화를 보러 가자는 제안에 여러 가지 답변이 있을 수 있다. d는 승낙이나 거절의 의미 없이 단독으로 쓰여서 답이 될 수 없다. e의 곰곰이 생각하다(sleep on)는 내용상 적절하지 않다.

어 구 all for ~에 대찬성인   prior engagement 선약   sleep on 하룻밤 자며 신중히 생각하다

기타답변 Great. What do you have in mind? 좋아. 뭘 보고 싶은데?

Sorry, I'm expecting a guest. 미안하지만 오늘은 오기로 한 손님이 있어.

OK. Let me check the Net if there are any good ones these days.

알았어. 요즘 재밌는 영화가 있는지 인터넷으로 알아볼게.

● 해설집 P 75

Exercise

다음을 듣고 적절한 응답을 고르시오.

PART I

1   (a)   (b)   (c)   (d)
2   (a)   (b)   (c)   (d)
3   (a)   (b)   (c)   (d)
4   (a)   (b)   (c)   (d)
5   (a)   (b)   (c)   (d)

PART II

6   (a)   (b)   (c)   (d)
7   (a)   (b)   (c)   (d)
8   (a)   (b)   (c)   (d)

PART III

9   (a)   (b)   (c)   (d)
10 (a)   (b)   (c)   (d)

Dictation

다시 한 번 듣고 받아쓰기를 하시오.

1 W _____ TJ team?

M _____

(a) _____

(b) You are right about that. _____

(c) But it was _____

(d) Well, they were good players.

2 M _____ a game of tennis?

W _____

(a) Well, _____

(b) _____

(c) Let's go out now and find one.

(d) I'm afraid _____   _____

3 W _____, but there's always another chance.

M _____

(a) I thought they _____

(b) I can't believe it _____

(c) But _____

(d) I guess _____

4 M I wouldn't go to Philips Snow Show _____

W _____

(a) I _____

(b) _____

(c) I was about to call you.

(d) It wasn't _____

5   W   This song was originally recorded by someone else, but _____

       M   _____

       (a)   _____

       (b)   I thought he liked music.

       (c)   I really want this recorded by tomorrow.

       (d)   _____ then.

6   M   _____ Park will make a good player.

       W   But Tom _____

       M   Yes, but Park practiced a lot and he's doing better.

       W   _____

       (a)   Then, let's go out and play a game of tennis.

       (b)   I didn't know _____

       (c)   I think Tom is not _____ Park these days.

       (d)   Still, Tom is the best player _____

7   M   _____ these days?

       W   I like comedies a lot.

       M   Well, I have one. _____

       W   _____

       (a)   I'd love to. What time does it start?

       (b)   Let me check _____

       (c)   Sure. _____

       (d)   Of course. I _____

8   W   I _____

       M   _____

       W   My sister lost the game today.

       M   _____

       (a)   There _____

       (b)   Poor you! _____

(c) _____

(d) I didn't know you were interested in school life.

9 W I think golf is a great way to _____

M Well, it needs a lot of money to _____

W But it's fun and there are good chances to make a new friend.

M I hear _____, though.

W That's true, but _____, you _____

M I don't like that kind of sport. _____

Q. What are the man and the woman talking about?

(a) What sports _____

(b) Why golf is hard to learn.

(c) How the woman _____

(d) _____

10 W What did you think of the movie we saw last night?

M I thought _____

W Yeah, _____ I wish it _____

M Right. I didn't expect _____

W At least the scene the guy was saved by other people was good.

M _____ The other scenes _____

Q. What is correct about this conversation?

(a) They thought the movie _____

(b) The movie _____

(c) They _____

(d) They disliked the acting in the movie.

Unit 15

파티

출제 포인트

파티에 관련된 내용은 항상 출제되는 내용이므로 상황을 잘 이해해야 적절한 답을 찾을 수 있다. 파티 관련 내용은 파티의 초대, 파티의 참석 여부, 준비, 소감, 파티에서의 만남 등 다양한 장소와 내용이 나온다. 초대한 사람과 손님과의 혼동을 주기도 하므로 흐름을 잘 파악해야 한다.

Key Expressions

★★★ **1** **파티 계획 관련**

Can you make it to the party? 파티에 올 수 있어요?

Let's throw a surprise. 깜짝 파티를 열자.

We're supposed to throw a reception party. 환영 파티를 열 계획이에요.

How much can you chip in for Linda's party? 린다 파티를 위해 얼마를 낼 수 있어요?

★★★ **2** **파티 소감 관련**

I'm glad you made it. 와 줘서 고마워요.

Thanks for inviting me. 초대해 줘서 고마워요.

I had a ball. 너무나 즐거운 시간을 보냈어요.

I had the time of my life. 너무나 즐거운 시간을 보냈어요.

It's good to see many old friends of mine. 오래된 친구들을 많이 만나서 기뻐요.

It wouldn't have been possible with catering service.
출장 요리 서비스가 없었더라면 불가능했을 거예요.

I won the raffle at the party. 파티에서 경품에 당첨됐어요.

★☆☆ 3 파티 초대 관련

Just bring yourself. 그냥 몸만 오세요.

Should I bring anything? 뭘 가져가야 할까요?

Who should we invite to the party? 파티에 누구를 초대할까요?

Could you ask Jim to come to my party? 짐에게 파티에 올 수 있냐고 물어봐 줄 수 있어요?

Will you come over to my place this weekend? 이번 주말 저희 집에 오실래요?

★☆☆ 4 파티 복장 관련

Dress casually. 편한 복장으로 입고 오세요.

Dress formally. 정장으로 입고 오세요.

Wear formal attire. 정장으로 입고 오세요.

5 기타 단어

dress code 복장 규정

end-of-semester party 종강 파티

cocktail party 칵테일 파티

Regrets only. 못 올 사람만 연락 바람

RSVP (파티 참석 여부를) 회신 바람(= Répondez s'il vous plaît. = Please reply.)

BYOB party 각자 술 지참 파티(= Bring Your Own Bottle party)

costume party 복장 파티

farewell party 송별회

bridal party 예비 신부를 위해 열어주는 파티

Learning Dialogues

1   파티 계획

> W   I'm thinking of throwing a baby shower for Jane.
>
> M   That sounds great. Who should we invite to the party?
>
> W   Whoever is willing to come would be welcome.
>
> M   Great. Is there anything I should prepare for that?
>
> W   Just bring yourself. Actually, everything is already taken care of. I called for catering service.
>
> M   Good idea. How much do you think we should ask friends to chip in for a gift?
>
> W   I didn't give it a thought yet.

W   제인을 위한 임신 축하 파티를 열려고 해.

M   좋은 생각이야. 파티에 누구누구를 초대할 거야?

W   오고 싶어하는 사람은 누구든지 환영이야.

M   좋아. 내가 뭐 준비할 거 있어?

W   그냥 오기만 해. 사실 벌써 모든 게 준비 중이야. 출장 요리 서비스에도 연락했어.

M   좋은 생각이야. 선물을 사려면 친구들한테 얼마쯤 걷어야 할까?

W   그건 아직 생각해 보지 않았는데.

> 어구   baby shower 임신 축하 선물 파티   Just bring yourself 몸만(빈손으로) 오시오   catering service 출장 연회 서비스   chip in 돈을 추렴하다, 제 몫을 내다, 기부하다   give a thought (to) ~을 한 번 생각해 보다

2   파티 정리

> W   Thanks for a delicious dinner.
>
> M   Thanks for coming. I was worried you were too tied up to make it.
>
> W   I was looking forward to this dinner.
>
> M   And thanks for this nice lamp. You have a great eye for art.
>
> W   I'm glad you like it. If you excuse me, I must get going.
>
> M   Is this the time already? Time flies when we are having fun.
>
> W   You can say that again.
>
> M   I hope to see you soon. Don't be a stranger.

W   저녁 맛있게 잘 먹었어.

M   와 줘서 고마워. 네가 너무 바빠서 못 올까 봐 걱정했어.

W   오늘 저녁을 몹시 기대하고 있었는걸.

M   그리고 이 멋진 램프도 고마워. 예술에 대한 안목이 있구나.

W   네가 좋아하니 나도 기뻐. 미안하지만 지금 가봐야 할 것 같아.

M   시간이 벌써 이렇게 됐어? 즐거울 땐 시간이 정말 빨리 간다.

W 그러게.
M 조만간에 또 보자. 연락해.

어구 be tied up ~으로 바쁘다　make it 제시간에 도착하다　have an eye for ~에 대한 안목이 있다 excuse ~을 용서하다, 너그러이 봐주다　have fun 즐겁게 놀다, 흥겨워하다　stranger 낯선 사람, 모르는 사람

3 파티 준비

M Are you ready to go out?
W Wait. I don't have a nice dress for the reception.
M Come on. Why don't you wear that black one?
W I don't like the style of that, and it a semi-formal party.
M I think it will look perfect on you. Just go for it.
W I don't want to look dull in that party.
M We'd better hurry through, or we won't make it there on time.

M 외출할 준비됐어?
W 잠깐만. 환영회에 입고 갈 괜찮은 옷이 없어.
M 자, 저 검정색 옷은 어때?
W 저 옷 스타일은 마음에 들지 않아. 반 세미 정장 파티거든.
M 내 생각에는 네게 잘 어울릴 것 같은데. 한 번 입어봐.
W 난 파티에서 누추해 보이고 싶지 않아.
M 우리는 서두르는 게 좋겠어. 그렇지 않으면 제시간에 도착하지 못할 거야.

어구 reception 환영회　go for it 한번 시도해 봐　dull 산뜻하지 않은　hurry through 서둘러 ~을 마치다

4 파티 소감

M So, how was the party last night?
W I'd rather not talk about it.
M What happened? Did something terrible come up?
W I met my ex-boyfriend there. I wish I hadn't gone there.
M Poor you, but you can't avoid him forever.
W I know, but, what's worse, he was so rude to me that he ruined my party.

M 어젯밤 파티는 어땠어?
W 말하지 않는 게 좋을 것 같아.
M 무슨 일이 있었어? 안 좋은 일이라고 생긴 거야?
W 거기에서 전 남자친구를 만났어. 난 거기 가지 말았어야 했어.
M 가엾어라. 하지만 영원히 그를 피할 수는 없잖아.
W 알아. 하지만 더 안 좋은 상황은 그의 무례한 행동 때문에 내 파티가 별로였다는 거야.

Possible Answers

:::: 문제를 듣고 정답이 되는 보기 2개를 고르시오.

1   (a)   (b)   (c)   (d)   (e)

2   (a)   (b)   (c)   (d)   (e)

3   (a)   (b)   (c)   (d)   (e)

4   (a)   (b)   (c)   (d)   (e)

5   (a)   (b)   (c)   (d)   (e)

TIP

메모를 위한 단축키

집중해서 긴 지문의 청해 문제를 듣기란 한계가 있으므로, 핵심 단어만을 쏙쏙 골라 효과적으로 메모해 두는 습관을 기르는 것이 중요하다. 도움이 될 만한 주요 단어들의 키워드는 꼭 알아두자.

you → y	they → th	she → s	he → h
tomorrow → tw	today → to	tonight → tn	yesterday → yd

Script & Answers

1

M	How did you like the party last night?
W	_____

(a) I wish I had spent more time there.
(b) I didn't see you there.
(c) It was wonderful. I got to know a lot of celebrities.
(d) My friend gave me a ride there.
(e) It was a potluck party, so I didn't spend much.

M	어젯밤 파티는 어땠어?
W	_____

(a) 거기서 좀 더 시간을 보냈으면 좋았을 텐데.
(b) 거기서 너를 보지 못했어.
(c) 좋았어. 많은 유명 인사를 알게 됐거든.
(d) 친구가 거기까지 태워줬어.
(e) 각자 먹을 것을 준비하는 파티여서, 돈이 많이 들지는 않았어.

[해 설] 파티에 대한 소감을 묻는 질문이다. wish는 소감을 나타내거나 실제 느끼는 생각과 반대 상황을 소망할 때 쓴다. d와 e는 소감에 대한 how의 답이 될 수 없다.

[어 구] get to know 알게 되다   potluck 각자 음식을 조금씩 마련해 가지고 오는 파티

[기타답변] I found it great. 너무 훌륭했어.
I enjoyed it a lot. 너무 즐거웠어.
It was kind of dull, so I got home early. 지루해서 집에 일찍 왔어.

2

M	Would you like to come to my party this Saturday?
W	_____

(a) Sure. Is there anything I should bring?
(b) Sorry, I have to work on night shift then.
(c) There's no need to prepare anything for the party.
(d) Thanks, I'm glad I made it.
(e) I guess I'm not much of a party person.

M	이번 주 토요일에 파티를 열건데 올래?
W	_____

(a) 물론이지. 뭘 좀 가져갈까?
(b) 미안한데, 토요일에 야간 근무를 해야해.
(c) 파티를 위해 준비할 건 아무것도 없어.
(d) 고마워. 올 수 있어서 기뻐.
(e) 나는 파티를 좋아하는 사람이 아니야.

[해 설] 초대에 대한 내용은 흔히 나오는 질문이다. c는 초대와 관련이 없으며, d는 파티에 참석했을 경우에 나올 수 있는 답변이다. e는 승낙하거나 거절하는 내용이 아니므로 답이 될 수 없다.

[어 구] night shift 야간 근무   make it 제시간에 도착하다   not much of 대단한 ~은 아니다

[기타답변] I wish I could, but I have to mind my kids all weekend. 가고 싶지만 주말 내내 아이들을 돌봐야 해.
Sure. I'm looking forward to it. 물론이야. 기대되는걸.

3

M Who would have guessed Bill come to the party?	**M** 빌이 파티에 올 거라고 누가 예상했 겠어?
W _____	**W** _____
(a) I didn't know you made it to the party.	(a) 네가 파티에 올 줄은 몰랐어.
(b) He had such a nerve to invite himself.	(b) 그는 뻔뻔스럽게도 파티에 왔어.
(c) Yeah, I never thought it to see him again since he changed to another company.	(c) 맞아. 그가 다른 회사로 옮긴 뒤로 다시 볼 거라고는 전혀 생각하지 못 했어.
(d) Right, we expected him to be on time.	(d) 맞아. 우리는 그가 정각에 나타날 거 라고 예상했었어.
(e) I know he is really generous person to hold many charity party for the poor.	(e) 가난한 사람들을 위해 여러 차례 자 선 파티를 열다니, 그는 정말 관대한 사람이야.

[해 설] 앞부분을 이해하는 것이 중요한 문제로, 놀라운 사실에 대한 반응으로 답을 찾아야 한다. d는 내용과 반대되는 것이며, a 는 문제의 상황에 적절하지 않다. e는 부정적 상황에 맞지 않는 보기이므로 답이 될 수 없다.

[어 구] who would have guessed 누가 추측할 수 있겠느냐   have a nerve to 뻔뻔스럽게도 ~하다, ~할 용기가 있 다   on time 정각에   generous 관대한, 아량 있는   charity 자선회

[기타답변] You are right about that. 네 말이 맞아.
I thought he was the last person I could see there.
그는 거기에서 가장 볼 수 없을 거라고 생각했던 사람이야.

4

M It's important to be aware of the dress code before getting ready for a party.	**M** 파티에 갈 준비를 하기 전에 복장 규 정을 아는 건 중요해.
W _____	**W** _____
(a) Right. I'll get ready soon.	(a) 알았어. 곧 준비할게.
(b) You could say that.	(b) 그럴 수도 있겠네.
(c) I don't have the code with me. I'll get back to you on that.	(c) 코드가 없는데. 곧 가지고 올게.
(d) I agree. Last time I was embarrassed when I wore the jeans for a formal party.	(d) 맞아. 지난 파티 때 정장을 입어야 하는데 청바지를 입어서 얼마나 창 피했다고.
(e) I know, but I'm not authorized to give you the code.	(e) 알지만 네게 부호를 줄 권한이 내겐 없어.

[해 설] '~해야 한다'는 조언 또는 개인 의견에 대한 글로, 동의하는 내용이 답이 된다. c와 e는 코드(code)의 의미가 다르며, a 는 내용과 무관하다.

[어 구] be aware of ~을 알아채다, 알다   dress code 복장 규정   embarrassed 난처한, 거북한   formal 격식 차린   authorized 권한을 부여받은

[기타답변] Then we'd better call Tom to ask about it. 그렇다면 톰에게 전화해서 물어봐야겠어.
As far as I know, it's semi-formal party. 내가 알기로는 반 정장 파티야.

5

M   I'd be glad to come to your party. Anything I should bring?

W   _____

(a) Don't worry. It's not necessary to bring it.

(b) I think we shouldn't go empty handed.

(c) No, it's on me today.

(d) No, Sue's got everything taken care of, so just bring yourself.

(e) Some cookies will do if you say so.

M   네 파티에 참석하게 되어 기뻐. 내가 뭘 가져가야 할까?

W   _____

(a) 걱정하지 마. 반드시 가져와야 할 필요는 없어.

(b) 내 생각에 빈손으로 가서는 안 될 것 같아.

(c) 아니야. 오늘은 내가 낼게.

(d) **아니야. 수가 모든 걸 준비하고 있으니 빈손으로 와.**

(e) 그렇게 말한다면, 쿠키로 충분해.

해설 anything은 의문사 what과 같다. 파티에 필요한 것을 묻고 있는 질문이지 특정한 것을 말하는 것이 아니므로 a는 답이 될 수 없다. c는 계산과 관련된 내용이며, b는 파티를 여는 주최자가 할 수 있는 답변이 아니다.

어구 go empty handed 빈손으로 가다   be taken care of 처리되는   bring yourself 몸만(빈손으로) 오시오

기타답변 Just bring yourself. Everything is taken care of. 그냥 빈손으로 와. 모든 게 다 준비됐어.
Well, it would be great if you bring a bottle of wine. 네가 와인 한 병만 가지고 오면 아주 좋을 것 같아.

● 해설집 P 80

Exercise

▥ 다음을 듣고 적절한 응답을 고르시오.

PART I

1 (a)　　(b)　　(c)　　(d)
2 (a)　　(b)　　(c)　　(d)
3 (a)　　(b)　　(c)　　(d)
4 (a)　　(b)　　(c)　　(d)
5 (a)　　(b)　　(c)　　(d)

PART II

6 (a)　　(b)　　(c)　　(d)
7 (a)　　(b)　　(c)　　(d)
8 (a)　　(b)　　(c)　　(d)

PART III

9 (a)　　(b)　　(c)　　(d)
10 (a)　　(b)　　(c)　　(d)

Dictation

⠿ 다시 한 번 듣고 받아쓰기를 하시오.

1　W　_____ this Saturday?

　　　M　_____

　　　(a)　_____

　　　(b)　_____

　　　(c)　That name _____ now.

　　　(d)　I'll try, but he's been busy lately.

2　M　_____, Mary or Sue?

　　　W　_____

　　　(a)　_____

　　　(b)　You must ask them first.

　　　(c)　Sue is too picky and not my type.

　　　(d)　_____, they won't listen.

3　M　_____ Halloween party?

　　　W　_____

　　　(a)　_____

　　　(b)　It's just _____

　　　(c)　Teachers will _____ it.

　　　(d)　I'm prepared for mixed candies.

4　W　Andrew, have you _____ for Mark's present yet?

　　　M　_____

　　　(a)　Yes, I'm getting him a bike.

　　　(b)　No, tomorrow will be OK.

(c) Not yet, _____

(d) Everyone in the office is _____ 10 dollars.

5   M   Thanks for coming. I _____

    W   _____

    (a) _____

    (b) _____

    (c) _____, I'm afraid.

    (d) No, but I _____

6   M   This is a bottle of wine from Chile. I was saving it _____

    W   Wow, great. Do we drink it now?

    M   OK. Let's just open it now. I'll _____

    W   _____

    (a) _____ I guess _____

    (b) Actually, I don't drink, thanks.

    (c) When are we drinking that wine?

    (d) I'll get some cheese _____

7   M   _____ office party.

    W   _____

    M   You _____, have you?

    W   _____

    (a) No, it's _____ There's time.

    (b) No, but I _____

    (c) _____

    (d) Do you want me to _____

8   M   Emma's birthday is coming.

    W   Yeah, I _____

    M   I want to get her something nice to surprise her.

    W   _____

(a) _____ She loves reading.

(b) We'd better ask her about her favorite food.

(c) A lot of children's books _____

(d) I gave her something unique.

9 W I'm afraid we'll have to cancel the barbecue party this Sunday.

M _____ I'm _____ that.

W _____ this weekend.

M Don't worry about it. We can _____

W But it's going to _____ I don't think it _____

M I'm sure _____

W You don't _____

Q. What can be inferred about the man from this conversation?

(a) He doesn't want to be bothered by the woman.

(b) He seems to _____

(c) He bets that _____

(d) He thinks what she said doesn't _____

10 M _____

W I might stay home tonight.

M But _____

W I'm too tired. I've been _____

M _____

W Just tell him I _____

Q. What will likely take place after the conversation?

(a) The man will _____ the woman to _____

(b) The woman will not _____

(c) The man will call to tell the woman _____

(d) The man and the woman will go somewhere else.

Unit 16

컴퓨터, 사회, 경제

출제 포인트

주변에서 일어나는 일상에 관한 표현들을 말한다. 동의나 유감을 표하는 대답들이 자주 나오므로 관련 표현들을 미리 익혀두어 익숙해지자. 항상 나오는 경제 침체, 대중교통 요금 인상, 유가 상승, 주식 하락 등에 관련된 기본 어휘들을 알아야 상황을 제대로 이해할 수 있다. 난이도가 조금 높은 편이므로 반드시 여러 번 반복해서 익혀야 할 내용들이다. 또한 컴퓨터 이용과 관련된 내용들이 점점 늘어나고 있다.

Key Expressions

★★★ **1**　**컴퓨터 관련**

My computer has crashed. 제 컴퓨터가 고장났어요.

I need to have my computer upgraded. 컴퓨터를 업그레이드해야 해요.

This computer is infected by a virus. 컴퓨터가 바이러스에 걸렸어요.

It's hard to have an access to the Net. 인터넷에 접속하기 힘들어요.

You'd better save all your computer work on a disk.
컴퓨터로 작업한 것을 디스크에 저장하는 게 좋을 거예요.

★★☆ **2**　**사회, 경제 관련**

The economy is picking up[= looking up, catching up]. 경기가 좋아지고 있어요.

The economy will turn around sooner or later. 경기는 조만간 좋아질 거예요.

Smoking is not allowed here. 여기는 금연입니다.

The stock won't go up. 주식은 오르지 않을 거예요.

Is it dangerous to exercise the park at night? 밤에 공원에서 운동하는 건 위험한가요?

I heard that many parks will be refurbished to attract more travellers.
더 많은 관광객들을 유치하기 위해서 많은 공원이 새롭게 바뀐다고 들었어요.

This type of business is not much affected by recessions.
이런 사업은 경기 침체에 많은 영향을 받지 않아요.

People are more concerned about what they eat these days.
최근에 사람들은 음식에 신경을 쓰고 있어요.

Over two hundred workers were let go during the recession.
200명 이상의 노동자들이 경기 침체 동안 해고되었어요.

3 기타 단어

hiring freeze 고용 동결

job opening[vacancy] 일자리

flex time 근무 시간 자유 선택 제도

fringe benefit 후생 복지 급여

severance pay 퇴직금

tax hike[increase] 세금 인상

job cuts 감원

leave of absence 휴가

Help Wanted 구인

employment equity 고용 평등

perk 복지혜택

tax return 소득 신고

Learning Dialogues

1   온라인 구매

W   Where did you get that nice trousers?

M   I got them on the Internet.

W   I've never tried that way. Do you think it's safe to order online?

M   I don't think it triggers any problems.

W   I'm worried that I might give my personal information to them.

M   I heard the security systems have been updated, so there's no need to worry about it.

W   I still can't bring myself to do it.

W   이렇게 멋진 바지는 어디서 샀어?

M   인터넷으로 샀어.

W   난 한 번도 인터넷으로 사 본 적이 없어. 네 생각에 온라인으로 주문하는 건 안전한 것 같아?

M   어떤 문제를 일으킨다고 생각하진 않아.

W   나는 내 개인 정보를 알려주는 게 좀 걱정돼.

M   보안 시스템이 개선되어서 걱정할 필요가 없다고 들었어.

W   하지만 난 여전히 내키지가 않네.

> **어구** trouser 바지   trigger ~를 일으키다, 유발하다   security system 보안 시스템   update 갱신하다

2   자원봉사 활동

W   I decided to participate in volunteering.

M   Good for you. I think it's really rewarding and gives a perspective to your life.

W   That's what I thought. I can't wait for it.

M   Last time I went to help the disabled, I thought about my life again.

W   I didn't know you were interested in this kind of social work.

M   I am. In fact, I'm a board member of the community center.

W   Maybe I might learn from you about this kind of work.

W   자원봉사에 참가하기로 결심했어.

M   잘됐구나. 자원봉사는 정말 보람 있고, 네 인생을 돌아볼 기회를 줄 거야.

W   나도 그렇게 생각해. 얼른 자원봉사 날이 되었으면 좋겠어.

M   지난번에 장애우들을 도우러 갔을 때, 나도 내 인생에 대해 다시 생각해 보았어.

W   네가 이런 종류의 사회 활동에 관심이 있는 줄은 몰랐어.

M   관심이 있어. 사실 지역 사회 센터 정회원이야.

W   나도 이런 일에 대해 네게 좀 배워야겠어.

> **어구** participate in ~에 참가하다   volunteer 자원봉사하다, 지원하다   rewarding 가치가 있는, 보람이 있는
> perspective 시점, 시각   disabled 지체 부자유한, 신체 장애의   community 공동체, 지역 사회

3 경기 침체

> W How's your business going?
>
> M I'm afraid I can't see things picking up these days.
>
> W I know. Most of businesses are going through this economic hardship.
>
> M We are about to go out of business.
>
> W Hang in there. The government should do something about this recession.
>
> M You hit the nail on the head. I might take out another loan.
>
> W I hope this will get you a second wind.

W 사업은 어떠세요?

M 요즘 경기가 회복될 기미가 보이지 않아 걱정입니다.

W 알겠군요. 대다수의 기업들이 이번 경기 침체기를 겪고 있어요.

M 우리 회사도 파산 직전이에요.

W 잘 버텨내세요. 정부가 이번 경기 침체에 대해 무슨 조치를 취해야만 합니다.

M 바로 맞히셨네요. 저는 또 다시 대출을 받아야 할 것 같아요.

W 추가 대출로 경영 여건이 회복되길 바랍니다.

[어 구] pick up ~를 되찾다, 회복하다   go through ~를 경험하다, ~에 견디다   hardship 고난, 고생   out of business 파산하여   hang in there 버티다, 견디다   hit the nail on the head 요점을 찌르다, 바로 맞히다   take out 대출하다   second wind 원기 회복

4 모금 운동

> M How is your fundraising going this year?
>
> W Not so good, considering the amount of money we got so far.
>
> M You mean fewer donors than last year?
>
> W Yes. People don't seem to care about others any more.
>
> M I guess it's because of the economic recession.
>
> W I hope we will get over it soon enough.

M 올해 모금 운동은 어때?

W 이제껏 마련한 양에 비하면 그리 많지 않아.

M 작년보다 기증자가 적다는 말이야?

W 응. 사람들이 더 이상 다른 사람들에게 관심을 갖지 않는 것 같아.

M 경기 침체 때문에 그런 것 같아.

W 머지않아 경기 침체를 벗어났으면 좋겠어.

[어 구] fundraising 모금   so far 지금까지   donor 기증자   get over 극복하다, 넘다

Possible Answers

문제를 듣고 정답이 되는 보기 2개를 고르시오.

1	(a)	(b)	(c)	(d)	(e)
2	(a)	(b)	(c)	(d)	(e)
3	(a)	(b)	(c)	(d)	(e)
4	(a)	(b)	(c)	(d)	(e)
5	(a)	(b)	(c)	(d)	(e)

TIP

모음으로 시작되는 동사 중 잘 안 들리는 동사들을 따라 읽어 보자.

avoid 피하다	adjust 적응시키다	accept 받아들이다
enroll 등록하다	admit 받아들이다	allow 허락하다
arrange 준비하다	oppose 반대하다	eliminate 없애다
affect 영향을 주다	advocate 옹호하다	admire 존경하다

Script & Answers

1

| M | I don't think I can spare time for volunteering. | M | 자원봉사할 시간적인 여유가 없는 것 같아요. |
| W | _____ | W | _____ |

(a) Too bad you can't help out.
(b) Let me help you then.
(c) Volunteering requires a lot of time.
(d) I know someone who can participate in the community.
(e) It's a shame. It's really rewarding and meaningful.

(a) 도울 수 없다니 안됐군요.
(b) 그렇다면 제가 도울게요.
(c) 자원봉사는 많은 시간을 필요로 해요.
(d) 지역 사회에 참여할 수 있는 사람을 알고 있어요.
(e) 부끄럽군요. 자원봉사는 정말 보람 있고 의미 있는 일이에요.

해 설 자원봉사를 하지 못한다는 부정적인 말에 대한 답변으로, d의 자원봉사에 참여할 만한 사람을 안다는 말은 답이 될 수 없다. b는 상대방을 도와준다는 표현으로, 내용상 어색하다.

어 구 community 지역 사회   rewarding 보람 있는   meaningful 의미 있는, 의미심장한

기타답변 You can always do it later. 후에도 할 수 있어요.
I know you are tied up these days. 요즘 당신이 바쁜 걸 알아요.

2

| M | This computer has been down since last night. | M | 어젯밤부터 컴퓨터가 다운됐어. |
| W | _____ | W | _____ |

(a) Why don't you use upstairs?
(b) I know. It's been acting up lately.
(c) Try using a new software.
(d) It's better to return it to the store.
(e) I'm sorry. I was out last night.

(a) 위층에 가서 쓰지 그래?
(b) 나도 알아. 최근에 기능이 나빠졌어.
(c) 새로운 소프트웨어를 사용해 봐.
(d) 상점에 반품하는 게 낫겠어.
(e) 미안해. 어젯밤에 외출했어.

해 설 컴퓨터에 관한 문제를 말하고 있다. 컴퓨터가 다운되었을 때 소프트웨어는 해결책이 될 수 없으며, 바로 새로 산 물건인지도 알 수 없으므로 d 또한 답이 될 수 없다.

어 구 upstairs 위층으로(에)   act up 기능이 나빠지다   be out 나가 있는

기타답변 Why don't we replace a new one? 새로 구입하는 게 어때?
Do you want me to call the repair person? 수리공을 부를까?

3

M You did a great job with the charity bazaar.

W _____

(a) It wouldn't have been possible without ABC Company's aid.

(b) I'm glad you made it on time.

(c) But I didn't do all the work. I can't take any credit for it.

(d) Chances are that we all get a raise sooner or later.

(e) Everyone coming to the event really enjoyed what you've done.

M 자선 바자회에서 일을 너무 잘하셨어요.

W _____

(a) ABC사의 도움이 없었다면 불가능했을 거예요.

(b) 당신이 제때에 오셔서 기뻐요.

(c) 그렇지만 제가 모든 일을 한 건 아니에요. 전 어떤 공로도 받을 수가 없어요.

(d) 우리 모두 조만간 급여 인상을 받을 겁니다.

(e) 행사에 왔던 모든 사람들이 당신이 만든 음식을 맛있게 먹었어요.

해설 일을 잘했다는 칭찬에 대한 답변을 찾는다. b는 동사의 선택이 잘못되었다. d는 가능성을 말하므로 답이 될 수 없다. e는 상대방과 입장이 바뀌었다.

어구 charity bazaar 자선 바자회　take credit for ~의 공적을 인정받다, ~의 명성을 얻다　raise 급여 인상　sooner or later 조만간

기타답변 I'm glad it all went well. 다 잘 돼서 저도 기뻐요.
Thanks. I worked hard for it. 고마워요. 열심히 했어요.

4

M Good jobs are hard to come by these days.

W _____

(a) I wish there were enough decent jobs for young people.

(b) I agree. People are becoming into gambling.

(c) It's about time the government considered creating more jobs.

(d) I thought you liked your new job.

(e) Tell me about it. It's too difficult to come by his place.

M 요즘 좋은 직업을 구하기가 쉽지 않아요.

W _____

(a) 젊은이들을 위한 버젓한 일자리가 충분히 있기를 바랍니다.

(b) 맞아요. 사람들이 점점 도박에 빠져들고 있어요.

(c) 정부가 보다 많은 일자리를 창출할 방법을 모색할 때입니다.

(d) 저는 당신이 현 직업을 좋아하는 줄 알았어요.

(e) 제 말이 그 말입니다. 그의 자리를 차지하기란 상당히 어려워요.

해설 일자리를 구하기 힘들다는 부정적 사실에 부정적으로 답변하는 것이 답이다. wish를 사용해 현실에 대한 부정적 내용을 담고 있는 a와 해결책을 제시한 c가 가장 적절한 답이다.

어구 come by ~을 얻다, 입수하다　decent 괜찮은, 훌륭한　tell me about it 동의하다

기타답변 What do you mean by good jobs? 좋은 직장이란 게 뭘 말하는 겁니까?
I know. I haven't even find one for a long time. 저도 알아요. 오랫동안 한 군데의 직장도 찾지 못했어요.

5

M	I hear that people will be fined unless inline skaters wear helmets.
W	_____
(a)	It's good to hear. It will be more safe for them.
(b)	It'll be fun to do it.
(c)	That's something should've been done earlier.
(d)	But I don't know how to ride it.
(e)	Nothing you said didn't make any sense to me.

M	인라인 스케이트를 타는 사람들이 헬멧을 쓰지 않으면 벌금을 물린다고 들었어요.
W	_____
(a)	잘됐네요. 그들에게도 더 안전할 거예요.
(b)	해보면 재미있을 거예요.
(c)	진작 시행했어야 하는 일이에요.
(d)	하지만 저는 탈 줄 몰라요.
(e)	당신이 하는 말을 이해할 수가 없어요.

해 설   새로운 정부 규정에 대한 답변을 찾아야 하는 문제로, fine이 '벌금을 부과하다'는 뜻이라는 걸 알고 있어야 한다. b의 fun은 발음상의 혼동을 주는 함정이다.

어 구   fine 벌금을 부과하다   unless 만약 ~이 아니라면   should have p.p. ~했어야 하는데(후회)   make sense 이치에 닿다, 뜻이 통하다

기타답변   Do you know how much it will be? 가격이 얼마일지 아세요?
It must be annoying, but many people will feel safe. 귀찮긴 하겠지만 많은 사람들이 안전하게 느끼겠네요.

Exercise

다음을 듣고 적절한 응답을 고르시오.

PART I

1 (a) (b) (c) (d)
2 (a) (b) (c) (d)
3 (a) (b) (c) (d)
4 (a) (b) (c) (d)
5 (a) (b) (c) (d)

PART II

6 (a) (b) (c) (d)
7 (a) (b) (c) (d)
8 (a) (b) (c) (d)

PART III

9 (a) (b) (c) (d)
10 (a) (b) (c) (d)

Dictation

▦ 다시 한 번 듣고 받아쓰기를 하시오.

1 M I think some people _____

W _____

(a) I know. They should _____

(b) Something should be done to _____

(c) I wish they were not _____

(d) I think they are _____

2 W How is your _____

M _____

(a) I'm afraid _____

(b) It's _____

(c) I bought a lot of stuff in the charity party.

(d) _____ always needs a lot of money.

3 M The government needs to create programs that will _____

W _____

(a) There are some problems to create _____

(b) I agree, but we should assist people to get a job.

(c) I know. _____ these days, and it might help people get one.

(d) _____ is more important than any other in our society.

4 W _____ young people think and act these days. They are too much.

M _____

(a) Maybe you should _____

(b) I never saw them acting like that.

(c) You _____

(d) _____ that they were gone like that?

5   W _____ the computer upgrade I _____

    M _____

    (a) I thought I _____ from you.

    (b) Getting a new computer is _____

    (c) Yes, but I don't think _____

    (d) _____ You _____ to buy one.

6   W My stock _____

    M We may _____

    W Then what should I do with my stock?

    M _____

    (a) You'd better _____

    (b) Let me check _____

    (c) _____

    (d) _____ will take place a real recovery.

7   W _____ some common _____

    M _____ they _____

    W _____ It may not _____

    M _____

    (a) Well, I've eaten some of them, but I'm perfectly fine.

    (b) Most women are more _____ nowadays.

    (c) I hope the problem will _____

    (d) Maybe I might _____

8   W Did you hear about _____

    M What? It is the second time this year.

    W I can't believe _____ these days.

    M _____

(a) I understand that the government is planning to _____

(b) I'm glad that we finally _____

(c) I think _____ then.

(d) _____ we changed our old car to a new one.

9

W Jack, _____

M I'm sorry, Ms. Fink. My computer _____ yesterday.

W _____ you lost your homework?

M I'm afraid so. _____

W Didn't I tell you to _____

M Yes. I'll _____

W Please have your homework ready by this afternoon.

Q. What can be inferred from this conversation?

(a) Ms. Fink has told Jack to save his work before.

(b) Jack _____ many things Ms. Fink does.

(c) Ms. Fink _____ for late assignment.

(d) Jack doesn't know much about computers.

10

W So, how are you going to get a new computer for our little Billy?

M Don't worry about it. We can _____

W But _____ We've never done it to buy _____

M It's _____ and also we can _____ among many different sites _____ there.

W _____

M There is always the security system to protect individual personal information.

W Well, I guess we _____ since Billy's birthday is near.

M I'll _____ it, so stop worrying about it.

Q. What can be inferred from this conversation?

(a) They _____

(b) They _____

(c) They _____

(d) They _____

Unit 17

날씨

출제 포인트

일기 예보에서 자주 등장하는 눈사태, 돌풍, 홍수, 폭염, 호우, 천둥과 번개를 동반한 폭풍우 등의 날씨 표현을 익혀 두자. 또한 온난화 현상과 자연 재해 등 정보를 전달하는 표현들도 알아두자. 날씨는 두 달에 한 번 정도 나오는 내용이지만 출제되면 거의 비슷한 유형이다. 하지만 익숙하지 않은 수험자들에게는 틀리기 쉬운 내용이 될 수 있으므로 철저하게 익혀둘 필요가 있다. 특히 겨울이 그렇게 춥지 않다는 온난화와 관련된 내용도 꼭 알아둬야 한다.

Key Expressions

★★☆ **1** **일기 예보 관련**

What's the forecast like today? 오늘 날씨가 어때요?

There is a good chance of snow. 눈이 올 가능성이 커요.

Winter is as good as over. 겨울은 거의 지나갔어요.

I wonder when it will let up. 언제쯤 비가 그칠지 궁금해요.

It's supposed to drop below freezing tonight. 오늘 밤 기온이 영하로 떨어질 것입니다.

I hope it lets up soon. 곧 날씨가 좋아지길 바랍니다.

Don't forget to take an umbrella. 우산 가져가는 거 잊지 마세요.

You are shivering. 당신은 떨고 있어요.

262

★★☆ **2**　**온난화 현상 관련**

It's due to the global warming. 지구 온난화 때문이에요.

A winter's getting warmer. 겨울이 점점 따뜻해지고 있어요.

It feels like a spring. 봄처럼 따뜻해요.

★☆☆ **3**　**자연 재해**

earthquake 지진	storm 폭풍우
flood 홍수	drought 가뭄, 한발
heat wave 폭염	heavy rain 폭우
downpour 호우	heavy snow 폭설
thunderstorm 폭풍우	lightning 번개
tornado 격렬한 회오리 바람	avalanche 눈사태
property damage 재산상의 피해	victim 희생자, 피해자
catastrophe 대참사, 재앙	disaster 참사, 큰 불행

4　**기타 단어**

National Weather Bureau 국립기상청	weather forecast 일기 예보
Fahrenheit 화씨(의)	Centigrade 섭씨
windy 바람이 많이 부는	bleak 차가운, 살을 에는 듯한
chilly 쌀쌀힌, 사가운, 으슬으슬한	damp 습기가 있는, 축축한
humid 습기가 많은	moist 습기가 있는, 촉촉한
muggy 무더운, 후덥지근한	scorching 몹시 더운
inclement 혹독한	overcast 잔뜩 흐린, 우중충한
partly cloudy 부분적으로 구름 낀	shower 소나기
drizzle 보슬비	sprinkle 이슬비
sleet 진눈깨비	blizzard 눈보라
hail 우박	cold front 한랭 전선
breeze 산들바람, 미풍	cold wave 혹서

Learning Dialogues

1   지구 온난화 현상

W   It's warm for a winter's day.

M   Tell me about it.

W   How come it is getting warmer year by year?

M   I guess it's because of the global warming.

W   You got a point there. By the way what's the forecast like this weekend?

M   There will be a good chance of shower. It will be pouring as much as last week.

W   I was looking forward to a beautiful day for an outing.

M   We'd better cancel our barbecue party.

W   I guess we should.

W   겨울치고는 날씨가 따뜻하다.

M   나도 그렇게 생각해.

W   어째서 해가 갈수록 겨울이 따뜻해지는 거지?

M   내 생각엔 지구 온난화 때문인 것 같아.

W   일리가 있어. 그런데 이번 주말 날씨는 어때?

M   소나기가 내릴 가능성이 높아. 지난주만큼이나 많은 비가 내릴 거라고 했어.

W   외출하기에 좋은 날이길 기대했었는데.

M   우리 바비큐 파티는 취소하는 게 낫겠다.

W   그래야 할 것 같아.

어구 year by year 해마다   global warming 지구 온난화   by the way 그런데   pour 쏟다, 붓다

2   일기 예보

M   I'm on my way out to get my new shoes replaced downtown.

W   In this snow? Why don't you postpone it until it lets up?

M   It won't take long. Instead I'm driving my car.

W   The road is being too icy. It's way too dangerous to drive in this weather.

M   Don't worry. I'm really good at driving.

W   Even a good driver can get in an accident.

M   I'm sure it'll clear up soon, so I won't have any problem.

W   But the forecast says there will be another chance of snowstorm later this evening.

M   교환한 신발을 가지러 시내로 나가는 길이야.

W   이 눈 속에? 눈이 그칠 때까지 미루는 게 어때?

M   차 타고 가면 오래 걸리지 않을 거야.

W 길이 꽤 미끄러워. 이런 날씨에 운전하는 건 너무 위험해.
M 걱정하지 마. 나는 운전을 잘 하거든.
W 아무리 운전을 잘 해도 사고가 날 수 있어.
M 확신컨대 곧 있으면 날씨가 좋아질 거야. 나한테는 아무 일도 없을 거고.
W 그렇지만 일기 예보에 따르면 오늘 저녁 늦게 다시 한 번 눈보라가 칠 가능성이 있다고 했어.

어 구 postpone 연기하다, 미루다   let up 약해지다, 멎다   icy 미끄러지는   clear up (날씨가) 개다

3   밴쿠버의 겨울 날씨

W I heard that you are moving to Vancouver.
M Yes. I'm getting transferred to the branch office there.
W You'd better pack a lot of warm clothes. It's too cold this time of year.
M Really? I didn't even think about that.
W I couldn't stand the harsh winter there.
M You are pulling my leg, aren't you?
W I'm serious. I wouldn't even think of moving there if I were you.

W 밴쿠버로 이사할 거라는 소식을 들었어요.
M 네. 거기에 있는 지점으로 전근을 가요.
W 두툼한 옷을 챙겨가는 게 좋을 거예요. 이맘때쯤이면 꽤 춥거든요.
M 정말요? 그건 생각하지도 못 했어요.
W 전 그곳의 혹독한 겨울을 못 견디겠어요.
M 저를 놀리는 거죠, 그렇죠?
W 농담하는 거 아니에요. 제가 당신이라면 그곳으로 이사하는 건 생각하지도 못 해요.

어 구 branch 지사, 지점   pack 짐을 꾸리다, 싸다   stand 참다, 견디다   harsh 가혹한, 엄격한   pull one's leg 남을 놀리다, 조롱하다

Possible Answers

문제를 듣고 정답이 되는 보기 2개를 고르시오.

1 (a)   (b)   (c)   (d)   (e)

2 (a)   (b)   (c)   (d)   (e)

3 (a)   (b)   (c)   (d)   (e)

4 (a)   (b)   (c)   (d)   (e)

5 (a)   (b)   (c)   (d)   (e)

TIP

청해 공부를 방해하는 요소들

흔히 우리가 공부하는 학습법이 청해 공부에 역효과를 가져 올 수 있다는 사실!

1 음질 좋은 헤드폰: 정작 이어폰으로 공부하다가 실제 시험을 학교 스피커로 들으면 적응을 못 하는 경우가 많다. 그러므로 가끔은 스피커를 이용해서 청취 공부를 해 보는 것이 좋다.

2 출·퇴근길에 짬짬이 듣는 청취: 꾸준히 청취를 한다면 아예 안 듣는 것보다는 도움이 되지만 단순히 자기 만족에 빠져 따로 공부할 시간을 할애하지 않는 경우가 많다.

3 조용한 도서관: 너무 조용한 곳에서 듣게 되면 실제 시험에 적응하기가 힘들다. 그리고 소리 내어 따라 읽기를 할 수 없기 때문에 도서관은 청해 공부를 하기에 그리 좋은 장소는 아니다.

4 스크립트: 스크립트를 보면서 음원을 듣는 경우가 있는데, 이는 시각적 효과가 청각을 둔하게 만들기 때문에 딱히 청해 공부를 한다고 말할 수 없다. 가능한 스크립트를 멀리 하자. 단, 받아쓰기를 한 후 확인을 할 때는 눈으로만 하지 말고 스크립트를 소리 내어 읽으면서 청각을 자극하자.

266

1

M	This year of winter isn't very cold because of the global warming.

W _____

(a) Whatever you say.
(b) That's what I did.
(c) Will it be like this every winter?
(d) I don't mind a cold winter at all.
(e) I think we have to do something to reduce air pollution.

M 지구 온난화 때문에 올해 겨울은 그렇게 춥지 않습니다.

W _____

(a) 좋을 대로 생각해.
(b) 내가 그런 건데.
(c) 매년 겨울이 올해와 같을까?
(d) 난 겨울이 추운 건 전혀 상관없어.
(e) 대기 오염을 줄이기 위해 무슨 조치라도 취해야 한다고 생각해.

해 설 | 날씨에 대한 객관적 사실을 말하는 말에 대한 답변으로 동의하는 내용이 주로 나오며, 여기서는 환경적인 문제를 언급하고 있다.

어 구 | global warming 지구 온난화   do something 조치를 취하다

기타답변 | That's a shame to hear that. 그런 얘기를 들어서 유감이야.
It might be bad news for those who sell winter coats.
겨울 코트를 파는 사람들에게는 정말 안 좋은 소식이네.

2

M	It's really fantastic today, isn't it?

W _____

(a) I'd like to go out too.
(b) It sure is.
(c) You look great on it.
(d) I'm afraid it wasn't.
(e) Certainly, it's great to go on a picnic.

M 오늘 날씨 정말 좋다. 그렇지 않니?

W _____

(a) 나도 외출하고 싶어.
(b) 정말 그래.
(c) 너는 근사해 보여.
(d) 그러지 못해서 유감이야.
(e) 정말 그러네. 소풍 가면 좋겠다.

해 설 | 개인의 생각을 말하는 질문은 일반적으로 동의를 하는 답변이 온다. 그리고 be동사로 말하는 내용에서는 보어의 선택과 yes의 의미로 be동사로 대답하는 b에 익숙해져야 한다.

어 구 | look great on 잘 어울리는   go on a picnic 소풍가다

기타답변 | Sure thing. Why don't we go out for a walk? 물론이지. 산책하러 나갈까?
You are right. I'm glad that snow let up today. 맞아. 오늘 눈이 그쳐서 기뻐.

3

M　There's a good chance of rain tonight.

W　_____

(a)　Oh, I almost forgot. Thanks for reminding.
(b)　I don't think it's likely.
(c)　I think there is always another chance.
(d)　I should have brought an umbrella.
(e)　I know. I don't want to get soaked in the rain.

M　오늘 밤 비가 올 가능성이 높아.

W　_____

(a)　오, 거의 잊어버릴 뻔했어. 상기시켜 줘서 고마워.
(b)　비가 올 것 같지는 않는데.
(c)　다른 기회는 항상 있다고 생각해.
(d)　우산을 가져왔어야 했는데.
(e)　알아. 비에 흠뻑 젖고 싶진 않아.

해 설　여기서 chance는 비가 올 확률을 말하므로 c와는 다른 내용이다. e는 우산 이야기가 나올 때 할 수 있는 답변이며, d는 과거 일을 말하므로 답이 될 수 없다.

어 구　a good chance of ~할 가능성이 큰　remind 상기시키다　be likely ~할 것 같은　get soaked 흠뻑 젖다

기타답변　I surely can tell from looking out the sky now. 하늘을 보니 확실히 그럴 것 같네.
Oh, no. I was going to go to the ball game today. 안 되는데. 오늘 야구 경기 보러 가려고 했는데.

4

M　Look out the window. How it rains.

W　_____

(a)　I didn't expect to be heavy like this.
(b)　I'm afraid we have to call off our outing today.
(c)　What's wrong with it?
(d)　Where is it? I can't find it around here.
(e)　I wish it would have let up earlier.

M　밖을 봐. 비가 얼마나 오는지.

W　_____

(a)　이렇게 많이 쏟아질 거라고는 생각 하지 못했어.
(b)　오늘 외출하기로 한 걸 취소해야 해 서 유감이야.
(c)　무슨 문제가 있어?
(d)　어디에 있어? 주위를 둘러봐도 찾을 수가 없어.
(e)　좀 더 일찍 그쳤으면 좋았을 텐데.

해 설　how it rains라는 말은 비가 많이 오고 있다는 의미이므로 c는 내용상 어색하다. e의 let up은 '비나 눈이 그치다'는 뜻으로, 여기서는 과거를 말하므로 답이 될 수 없다.

어 구　call off 취소하다　outing 산책, 소풍　let up 그치다

기타답변　I hope it will let up soon. 비가 곧 그쳤으면 좋겠어.
I thought it was drizzling. 이슬비가 올 거라고 생각했는데.

5

M   Don't forget to take an umbrella with you when you go out.

W   _____

(a)   I wouldn't do that if I were you.
(b)   I don't think it's necessary. It's sunny out.
(c)   Don't worry, I won't.
(d)   That's why I want to buy it.
(e)   I'm not sure whether I like it or not.

M   외출할 때 우산 가져가는 거 잊지 마.

W   _____

(a)   내가 너라면 그렇게 하지 않았을 텐데.
(b)   우산이 필요할 것 같지 않아. 밖은 화창해.
(c)   걱정 마. 가지고 갈게.
(d)   그게 바로 내가 그걸 사고 싶어 하는 이유야.
(e)   내가 좋아하는지, 아닌지 잘 모르겠어.

[해 설] 상대방에게 우산을 가져가라는 조언에서 a처럼 또 다른 조언을 하는 것은 답이 될 수 없다. 조언을 받아들이는 c와 받아들일 수 없는 이유를 말하는 b가 정답이다.

[어 구] necessary 필요한, 없어서는 안 될   sunny 햇볕이 잘 드는   whether ~일지 어떨지, ~일지 아니면 ~일지

[기타답변] Thanks for telling me. It almost slipped my mind. 말해 줘서 고마워. 거의 깜박했거든.
But it looks like it will stop at any minute. 하지만 곧 멈출 것 같아.

◐ 해설집 P 90

Exercise

 다음을 듣고 적절한 응답을 고르시오.

PART I

1 (a)   (b)   (c)   (d)

2 (a)   (b)   (c)   (d)

3 (a)   (b)   (c)   (d)

4 (a)   (b)   (c)   (d)

5 (a)   (b)   (c)   (d)

PART II

6 (a)   (b)   (c)   (d)

7 (a)   (b)   (c)   (d)

8 (a)   (b)   (c)   (d)

PART III

9 (a)   (b)   (c)   (d)

10 (a)   (b)   (c)   (d)

:::: 다시 한 번 듣고 받아쓰기를 하시오.

1   M   It's very warm for a winter's day.

     W   _____

     (a)   Yes, _____ in this building.

     (b)   That's true. It's _____

     (c)   You are right. _____

     (d)   I didn't know _____

2   M   _____ last night.

     W   _____

     (a)   Yeah, it _____

     (b)   I was _____

     (c)   _____ that I couldn't see it.

     (d)   _____

3   M   How can you _____

     W   _____

     (a)   I don't know _____ here.

     (b)   I need to _____

     (c)   I think I might _____

     (d)   Actually, I _____

4   **M**   This umbrella _____ Can you open it for me?

        W   _____

        (a)   Ask your manager to _____ first.

        (b)   _____

        (c)   _____

        (d)   Of course, I'll _____

5   **M**   _____ today?

        W   _____

        (a)   _____

        (b)   I guess _____

        (c)   Sunny weather is my favorite one.

        (d)   _____ for you.

TIP

비교급은 강한 긍정을 의미한다.

- I can't agree with you more. 전적으로 동의한다.
- It shouldn't be any easier. 아주 쉽다.
- I shouldn't care less. 전혀 개의치 않는다.
- No season is more dangerous than others in insect stings. 벌레 물린 데에는 어느 계절이나 다 위험하다.
- There is no better time to visit Europe than during summer. 유럽에 가는 게 여름만큼 좋을 때는 없다.

6   **M**   _____ take your jacket when you go for a walk.

      W   I think _____

      M   But it'll _____ later.

      W   _____

      (a)   I don't like the cold weather.

      (b)   I guess _____, then.

      (c)   _____

      (d)   _____

7   **W**   I was walking in the rain without an umbrella.

      M   _____ inside until the rain stopped.

      W   But I just wanted to be home early.

      M   _____

      (a)   They say _____

      (b)   Great. I'm glad you _____

      (c)   It happens to anyone, so _____

      (d)   I guess I _____

8   **W**   A winter's getting warmer.

      M   It's too bad for my uncle.

      W   _____

      M   _____

      (a)   _____, I'm afraid.

      (b)   I _____

      (c)   He sells _____

      (d)   I like winter clothes.

9 W _____

W M I did, and it sounds very serious.

W I'm really worried about my father's orchard.

M I hope _____

W I hope so, too.

M _____ he's doing alright?

W I think I might this afternoon.

Q. Why is the woman concerned about the weather?

(a) Her father _____

(b) She has to fly to her father.

(c) The bad weather could _____

(d) She has to help her father.

10 M _____ today?

W I don't think so. I _____

M But I have to fix the roof. There is _____

W I think _____

M It _____

W Then, _____

Q. What will the woman likely do next?

(a) Go out and fix the roof.

(b) _____

(c) _____

(d) _____

PART

에 자주 나오는

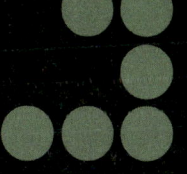 문장 50

● **아래 빈출 문장 50개를 꼭 암기하자.**

1 The man left early from the previous class.
남자는 이전 수업에서 일찍 나갔다.

2 The man will go to pick up David at 5 p.m.
남자는 5시에 데이비드를 데리러 갈 것이다.

3 The man is against animal exploitation.
남자는 동물 착취에 반대한다.

4 The woman will defer joining the fitness center until next month.
여자는 헬스클럽에 가입하는 것을 다음 달로 연기할 것이다.

5 The woman has picked up the man in the past.
여자는 이전에 남자를 태워준 적이 있다.

6 The woman left her phone at home accidently.
여자는 실수로 집에 전화기를 두고 왔다.

7 The man thought the woman got along well with her boyfriend.
남자는 여자가 그녀의 남자친구와 잘 지내는 줄 알았다.

8 The man asks the woman to pick the place to go.
남자는 여자에게 갈 장소를 고르라고 한다.

9 The woman will stand in line and wait for the table.
여자는 줄서서 테이블을 기다릴 것이다.

10 The woman failed to pick up the mail.
여자는 우편물을 가져올 수 없었다.

11 The man offers the woman a ride to work.
남자는 여자에게 직장까지 태워준다고 제안한다.

12 The man is hesitant to go to the clinic.
남자는 병원에 가는 것을 망설인다.

13 The man's car has been completely wrecked.
남자 차는 완전히 망가졌다.

14 The man had to do long hours of working out.
남자는 오랜 시간 동안 운동을 했다.

15 People tend to be reliant on government assistance.
사람들은 정부의 원조에 의지하는 경향이 있다.

16 The man is not on good terms with Tom.
남자는 톰과 사이가 좋지 않다.

17 The woman agrees to help the man move.
여자는 남자가 이사하는 걸 도와주기로 한다.

18 The man is musing on what to do on weekend.
남자는 주말에 무엇을 할지 생각하고 있다.

19 The man wants someone to look after his garden.
남자는 그의 정원을 돌봐 줄 사람이 필요하다.

20 The man is inquiring about some data.
남자는 정보에 대해 물어 보고 있다.

21 She wanted to get to the bottom of the notice she got the other day.
그녀는 며칠 전에 받은 통지서의 정확한 뜻을 알길 원했다.

22 He is reporting a leak to the landlord.
그는 집주인에게 물 새는 곳을 말하고 있다.

23 The woman wants her money back for the shoes.
여자는 신발 가격을 환불받기를 원한다.

24 The woman is allergic to seafood.
여자는 해산물 요리에 알레르기가 있다.

25 They are debating whether shopping online is safe or not.
그들은 온라인 쇼핑의 안전 여부를 토론 중이다.

26 The man is giving advice on what needs to be done for dental health.
남자는 치아 건강을 위해 해야 할 일에 대해 조언을 하고 있다.

27 The man is trying to arrange a seat on the next flight.
남자는 다음 비행기의 좌석을 예약하려고 한다.

28 Two assistants are getting acquainted.
두 조교는 서로 소개를 하고 있다.

29 The man did not pay attention to what the woman said.
남자는 여자가 한 말에 집중하지 않았다.

30 The woman has been neglectful of her work.
여자는 일에 소홀했다.

31 ABC Company has yet to get the project approved.
ABC사는 아직 프로젝트를 승인받지 못했다.

32 Social work may help students enhance their potentials.
사회 활동은 학생들의 잠재력을 향상시키는 데 도움이 될 것이다.

33 The woman is disgusted by the room's condition.
여자는 그 방의 환경에 기분 나빠하고 있다.

34 The new TV will go where the old one was.
새로 산 TV는 이전 TV가 있던 곳으로 옮겨질 것이다.

35 The man is supportive of his wife.
남자는 자기 아내를 지지한다.

36 The man does not mind what to eat for lunch.
남자는 점심 메뉴에 관심이 없다.

37 The man wants the woman to continue to work.
남자는 여자가 일을 계속하길 원한다.

38 He wants her share of the money for a present.
남자는 선물 살 돈을 여자가 주길 바란다.

39 The store has a wide range of rings to choose from.

가게는 선택할 수 있는 다양한 종류의 반지가 있다.

40 She is unsure of where the Hilton hotel is.

그녀는 힐튼 호텔의 위치를 정확히 알지 못한다.

41 The man thought ahead about souvenirs.

남자는 기념품에 대해 미리 생각했다.

42 He takes marks off for late assignment.

그는 늦게 제출하는 숙제에 감점을 한다.

43 The man has the authority to negotiate the car's price.

남자는 차 가격을 흥정할 수 있는 권한이 있다.

44 They are talking about what the restaurant's design used to be like.

그들은 레스토랑의 이전 디자인에 관해 이야기하고 있다.

45 The woman is asking the man to fix the leaky tap.

여자는 물이 새는 수도꼭지를 수리해 달라고 요청한다.

46 The man is considering dropping out of the class and find a job.

남자는 학교를 그만두고 직장을 찾는 것을 고려하고 있다.

47 They are dwelling on what to eat for dinner.

그들은 저녁 메뉴를 생각하고 있다.

48 The woman will take the man out to dinner.

여자는 남자를 데리고 나가서 저녁을 사줄 것이다.

49 She did not inform the store of her new address.

그녀는 그녀의 새 주소를 가게에 알려주지 않았다.

50 The man feels bad about the wilted plants.

남자는 시든 화초를 안타깝게 생각한다.

따라잡기 50 Check-up

● **앞에서 익힌 표현들을 확인해 보자.**

1   남자는 이전 수업에서 일찍 나갔다.

The man _____ early _____.

2   남자는 5시에 데이비드를 데리러 갈 것이다.

The man will go to _____ David at 5 p.m.

3   남자는 동물 착취에 반대한다.

The man is _____.

4   여자는 헬스클럽에 가입하는 것을 다음 달로 연기할 것이다.

The woman will _____ until next month.

5   여자는 이전에 남자를 태워준 적이 있다.

The woman _____ the man _____.

6   여자는 실수로 집에 전화기를 두고 왔다.

The woman _____.

7   남자는 여자가 그녀의 남자친구와 잘 지내는 줄 알았다.

The man thought the woman _____ her boyfriend.

8   남자는 여자에게 갈 장소를 고르라고 한다.

The man asks the woman to _____.

9   여자는 줄서서 테이블을 기다릴 것이다.

The woman will _____.

10   여자는 우편물을 가져올 수 없었다.

The woman _____.

11 남자는 여자에게 직장까지 태워준다고 제안한다.

The man offers the woman _____.

12 남자는 병원에 가는 것을 망설인다.

The man _____.

13 남자 차는 완전히 망가졌다.

The man's car _____.

14 남자는 오랜 시간 동안 운동을 했다.

The man had to _____.

15 사람들은 정부의 원조에 의지하는 경향이 있다.

People _____.

16 남자는 톰과 사이가 좋지 않다.

The man _____ Tom.

17 여자는 남자가 이사하는 걸 도와주기로 한다.

The woman _____ the man _____.

18 남자는 주말에 무엇을 할지 생각하고 있다.

The man is _____.

19 남자는 그의 정원을 돌봐 줄 사람이 필요하다.

The man _____.

20 남자는 정보에 대해 물어 보고 있다.

The man _____.

21 그녀는 며칠 전에 받은 통지서의 정확한 뜻을 알길 원했다.

She wanted to _____.

22 그는 집주인에게 물 새는 곳을 말하고 있다.

He is _____.

23 여자는 신발 가격을 환불받기를 원한다.

The woman _____.

24 여자는 해산물 요리에 알레르기가 있다.

The woman _____.

25 그들은 온라인 쇼핑의 안전 여부를 토론 중이다.

They are _____.

26 남자는 치아 건강을 위해 해야 할 일에 대해 조언을 하고 있다.

The man _____.

27 남자는 다음 비행기의 좌석을 예약하려고 한다.

The man is _____.

28 두 조교는 서로 소개를 하고 있다.

Two assistants are _____.

29 남자는 여자가 한 말에 집중하지 않았다.

The man did _____.

30 여자는 일에 소홀했다.

The woman _____.

31 ABC사는 아직 프로젝트를 승인받지 못했다.

ABC Company _____.

32 사회 활동은 학생들의 잠재력을 향상시키는 데 도움이 될 것이다.

Social work may help students _____.

33 여자는 그 방의 환경에 기분 나빠하고 있다.

The woman is _____.

34 새로 산 TV는 이전 TV가 있던 곳으로 옮겨질 것이다.

The new TV will _____.

35 남자는 자기 아내를 지지한다.

The man is _____ his wife.

36 남자는 점심 메뉴에 관심이 없다.

The man _____ for lunch.

37 남자는 여자가 일을 계속하길 원한다.

The man wants the woman to _____.

38 남자는 선물 살 돈을 여자가 주길 바란다.

He wants _____.

39 가게는 선택할 수 있는 다양한 종류의 반지가 있다.

The store has _____.

40 그녀는 힐튼 호텔의 위치를 정확히 알지 못한다.

She _____ the Hilton hotel is.

41   남자는 기념품에 대해 미리 생각했다.

The man thought _____.

42   그는 늦게 제출하는 숙제에 감점을 한다.

He _____.

43   남자는 차 가격을 흥정할 수 있는 권한이 있다.

The man _____ to _____ the car's price.

44   그들은 레스토랑의 이전 디자인에 관해 이야기하고 있다.

They are talking about _____.

45   여자는 물이 새는 수도꼭지를 수리해 달라고 요청한다.

The woman is _____.

46   남자는 학교를 그만두고 직장을 찾는 것을 고려하고 있다.

The man is _____ and find a job.

47   그들은 저녁 메뉴를 생각하고 있다.

They _____ for dinner.

48   여자는 남자를 데리고 나가서 저녁을 사줄 것이다.

The woman will _____.

49   그녀는 그녀의 새 주소를 가게에 알려주지 않았다.

She did not _____.

50   남자는 시든 화초를 안타깝게 생각한다.

The man _____.

Sect

PART IV

Unit 1

강의

출제 포인트 ★ ★ ☆

Part IV에서 가장 큰 비중을 차지하며 내용도 다양하다. 일반적으로 강의 설명, 강의 과제 및 발표, 맺음말, 구체적 정보 제공 등이 있다. 강의에서 자주 쓰이는 문장들을 잘 알고 있으면 전체적인 내용을 이해하는 데 도움이 된다.

Useful Expressions

★ **아래 표현들을 꼭 익히자.**

1 **This morning, I'd like to talk about the civilization.**
오늘 아침은 문명에 대해 얘기하겠습니다.
어휘 civilization 문명

2 **In today's class, I'll introduce you to organic products.**
오늘 수업 시간에는 유기농 제품에 대해 소개할 것입니다.
어휘 organic product 유기농 제품

3 **Today's lecture focuses on the influence of two dominant artists, Picasso and Matisse.**
오늘 강의는 두 명의 뛰어난 예술가인 피카소와 마티스가 끼친 영향에 중점을 두고자 합니다.
어휘 focus on ~에 중점을 두다   dominant 우세한, 우위를 차지하는, 지배적인

4 **Today's lecture concerns one of the most important figures of the wars.**

오늘 강의는 전쟁 역사상 가장 중요한 인물들 중 한 명을 다룰 것입니다.

> **어휘** concern 관계하다, ~에 관한 것이다   figure 숫자, 인물.

5 **Today, I'd like to start where we left off last week.**

오늘은 지난주에 중단된 부분부터 시작하겠습니다.

> **어휘** leave off 그만두다, 빠뜨리다, 생략하다

6 **If you have any questions about the lecture, please feel free to ask me at any time.**

강의에 대해 질문이 있으면, 언제든지 자유롭게 질문하시길 바랍니다.

> **어휘** feel free to 거리낌 없이 ~하다   at any time 언제라도, 아무 때나

7 **The purpose of this class is to understand various marketing strategies.**

본 수업의 목적은 다양한 마케팅 전략을 이해하는 것입니다.

> **어휘** various 다양한   marketing strategy 마케팅 전략

8 **We're grateful to Professor Philips for agreeing to give this lecture at such short notice.**

갑작스러운 통지에도 불구하고 강의를 허락해 주신 필립 교수님께 감사드립니다.

> **어휘** be grateful to ~에게 감사하게 생각하다   notice 통지, 보고

9 **Please note that any information should be linked to their economic implications, as I mentioned to you earlier.**

제가 미리 말했듯이, 어떠한 정보든지 간에 경제적 의미를 함축해야 한다는 점을 명심하십시오.

> **어휘** note 수의하다, 유념하다   link 연결하다, 잇다   implication 함축, 내포, 연관

10 **If you fail to mention relevant theory regarding economic development for your argument, you will be asked to do the report again.**

경제 발전의 관련 이론을 언급하지 못한다면, 다시 보고해야 합니다.

> **어휘** fail to ~하지 못하다, 실패하다   relevant 관련된, 적절한, 상응적인   regarding ~에 관해서는, ~의 점에서는

11 **Today, we're going to examine how the view has changed on the release of the movies.**

오늘은 영화 개봉의 견해가 어떻게 바뀌었는지에 대해 검토할 것입니다.

> **어휘** examine 조사하다, 검사하다, 검토하다   release 발표, 방출, 공개

12 **You're all here to learn about how to teach young kids.**

여러분들은 어린이들의 교육법을 배우기 위해 이곳에 왔습니다.

13 **I want to begin my talk on dyslexia by first focusing on dyslexic kids.**

우선 난독증 어린이들을 중점으로 난독증을 얘기하고자 합니다.

> **어휘** dyslexia 난독증, 독서 장애   dyslexic 난독증의, 난독증이 있는

14 Another important part of teaching I want to talk about today is class participation.

오늘은 교육의 또 다른 중요 요소인 수업 참여에 대해 얘기하겠습니다.

어휘 participation 참여

15 OK, the topic of today's lecture is public education.

네, 오늘 강의의 주제는 공교육입니다.

16 We'll now turn to Nathaniel Hawthorne's *The Scarlet Letter*.

이제 나다니엘 호손의 『주홍글씨』로 넘어가겠습니다.

17 This class is an introduction to world history.

이 수업은 세계 역사에 대한 소개입니다.

Useful Expression Check-Up

● **앞에서 익힌 표현들을 확인해 보자.**

1   오늘 아침은 문명에 대해 얘기하겠습니다.

This morning, _____

2   오늘 수업 시간에는 유기농 제품에 대해 소개할 것입니다.

_____, I'll _____

3   오늘 강의는 두 명의 뛰어난 예술가인 피카소와 마티스가 끼친 영향에 중점을 두고자 합니다.

_____ the influence of two dominant artists, Picasso and Matisse.

4   오늘 강의는 전쟁 역사상 가장 중요한 인물들 중 한 명을 다룰 것입니다.

_____ one of the most important figures of the wars.

5   오늘은 지난주에 중단된 부분부터 시작하겠습니다.

_____ where we left off last week.

6   강의에 대해 질문이 있으면, 언제든지 자유롭게 질문하시길 바랍니다.

If you have any questions about the lecture, please _____

7   본 수업의 목적은 다양한 마케팅 전략을 이해하는 것입니다.

_____ is to understand various marketing strategies.

8   갑작스러운 통지에도 불구하고 강의를 허락해 주신 필립 교수님께 감사드립니다.

We're grateful to Professor Philips for _____

9   제가 미리 말했듯이, 어떠한 정보든지 간에 경제적 의미를 함축해야 한다는 점을 명심하십시오.

Please note that any information should be linked to their economic implications, _

_____

10 경제 발전의 관련 이론을 언급하지 못한다면, 다시 보고해야 합니다.

_____ relevant theory regarding economic development for your argument, _____

11 오늘은 영화 개봉의 견해가 어떻게 바뀌었는지에 대해 검토할 것입니다.

_____ how the view has changed on the release of the movies.

12 여러분들은 어린이들의 교육법을 배우기 위해 이곳에 왔습니다.

_____ learn about how to teach young kids.

13 우선 난독증 어린이들을 중점으로 난독증을 얘기하고자 합니다.

_____ dyslexia by first focusing on dyslexic kids.

14 오늘은 교육의 또 다른 중요 요소인 수업 참여에 대해 얘기하겠습니다.

_____ is class participation.

15 네, 오늘 강의의 주제는 공교육입니다.

_____

16 이제 나다니엘 호손의 『주홍글씨』로 넘어가겠습니다.

_____ Nathaniel Hawthorne's _The Scarlet Letter._

17 이 수업은 세계 역사에 대한 소개입니다.

_____

◉ 해설집 P 94

Exercise

 다음을 듣고 적절한 응답을 고르시오.

PART IV

1   (a)   (b)   (c)   (d)

2   (a)   (b)   (c)   (d)

3   (a)   (b)   (c)   (d)

● **TIP**

소거법을 이용하여 정답을 찾는다.

어려운 내용일수록 정답을 찾으려고 하면 답이 더 안 보인다. 이럴 경우, 절대로 답이 될 수 없는 보기를 먼저 지워야 한다.

1 지문에서 나온 어구들이 반복되는 보기
2 언급되지 않은 단어나 구문의 보기
3 내용과 반대되는 보기
4 마지막 문장이 비슷하게 반복되는 보기

위의 보기는 절대로 답이 될 수 없으므로 무조건 지운다.

Dictation

● 다시 한 번 듣고 받아쓰기 하시오.

1

_____ this Friday. Please _____ that your information must include enough evidence to _____. If you fail to mention relevant academic theory _____ economic development for _____, you will _____ the report again _____. Also, please _____ your presentation should _____ the study we have discussed in the class this week, as I mentioned to you earlier. _____, please see me after class.

Q. Which is correct according to the speaker?

(a) Students will get an F if they _____

(b) The presentation must _____ discussed in class.

(c) Class has not discussed _____ for the presentation.

(d) Students will give presentations _____

2

In this lecture, we'll _____ what was behind *The Scarlet Letter*, one of the most popular novels. Its author, Nathaniel Hawthorne, _____ _____ throughout his life. He _____ since his ancestor _____. Hester Prynne, the main character in the story, was considered to show Hawthorne's feelings, _____ to create a new life of _____ and _____.

Q. What is the professor trying to say?

(a) Nathaniel Hawthorne _____ by *The Scarlet Letter*.

(b) *The Scarlet Letter* is _____ of Nathaniel Hawthorne.

(c) His _____ in *The Scarlet Letter*.

(d) *The Scarlet Letter* is among his most important works.

3

In today's class, we're going to _____ was organized in Athens, Greece in ancient times. Education in Athens was _____ an important factor _____ their strong democratic government. It emphasized to help young people _____, _____ for the arts, and the ability to think for themselves. Athenians were also trained in _____ athletic skills until the age of 16.

Q.   What can be inferred from the lecture?

(a)   Education in Athens was _____

(b)   The system of the government _____ in many ways.

(c)   Education in Athens _____

(d)   _____ was taught to young people until the age 16.

Unit 2

공지 사항

출제 포인트 ★ ☆ ☆

일반적인 공지 사항은 정보 전달이 목적이므로 거의 앞부분에 주제가 있다. 특히 어디에서 공지가 나오는지를 이해하면 훨씬 더 쉽게 풀 수 있다. 비교적 쉽게 나오는 부분이므로 확실하게 이해해야 한다.

Useful Expressions

★ **아래 표현들을 꼭 익히자.**

1 You don't need to bring anything except yourself.
특별히 뭔가를 준비해 오실 필요는 없고 그냥 오시면 됩니다.

2 The annual session will take place on June 15th.
연례 회의는 6월 15일에 열립니다.

　어휘　 annual 매해마다, 1년의 　session 회의 　take place 일어나다, 생기다, 발생하다

3 Please note that your book must be returned by the due date.
책은 반드시 만기일까지 반납해야 한다는 것을 명심하십시오.

　어휘　 due date 만기일

4 I'd like to remind you that the store will be closed at 5 rather than 4.

상점은 4시가 아닌 5시에 영업이 끝난다는 것을 알려드립니다.

어휘 remind ~에게 상기시키다, 일깨우다   rather than ~라기보다 오히려

5 Fees must be paid fully in cash.

요금은 현금으로 전액 지불해야 합니다.

어휘 fee 요금   fully 충분히, 완전히, 꼭   in cash 현금으로

6 It will be on a first-come, first-served basis.

선착순입니다.

어휘 first come first served basis 선착순으로

7 Included is the information on the housing and dining on campus.

캠퍼스 내 숙식에 관한 정보가 포함되어 있습니다.

어휘 included 함유된, 포함된   housing 주거, 숙박

8 Reservations are required.

예약은 필수입니다.

9 There are several things to bear in mind.

기억해 두셔야 할 몇 가지 사항이 있습니다.

어휘 bear in mind 명심하다, 유념하다

10 This registration form must be completed and postmarked by the 30th of this month in order to be considered for the speech contest.

웅변 대회 신청서는 이 달 30일까지 우체국 소인이 찍힌 것에 한해서 유효합니다.

어휘 registration 등록, 등기   postmark 소인을 찍다

Useful Expression Check-Up

● 앞에서 익힌 표현들을 확인해 보자.

1 특별히 뭔가를 준비해 오실 필요는 없고 그냥 오시면 됩니다.

You don't _____

2 연례 회의는 6월 15일에 열립니다.

_____ on June 15th.

3 책은 반드시 만기일까지 반납해야 한다는 것을 명심하십시오.

Please _____

4 상점은 4시가 아닌 5시에 영업이 끝난다는 것을 알려드립니다.

_____ the store will be closed at 5 rather than 4.

5 요금은 현금으로 전액 지불해야 합니다.

Fees must _____

6 선착순입니다.

It will be _____

7 캠퍼스 내 숙식에 관한 정보가 포함되어 있습니다.

_____ the housing and dining on campus.

8 예약은 필수입니다.

_____

9 기억해 두셔야 할 몇 가지 사항이 있습니다.

_____

10 웅변 대회 신청서는 이 달 30일까지 우체국 소인이 찍힌 것에 한해서 유효합니다.

_____

● 해설집 P 96

Exercise

∷ 다음을 듣고 적절한 응답을 고르시오.

PART IV

1 (a)   (b)   (c)   (d)

2 (a)   (b)   (c)   (d)

3 (a)   (b)   (c)   (d)

TIP

메모하는 습관을 갖자.

메모는 두 번 듣는 장점을 활용하는 최상의 방법이다. 또한 집중력이 떨어지는 Part IV에서는 집중력을 키우는 중요한 수단
이 된다. 처음 들을 때, 가능한 한 많은 내용을 메모해야 도움이 되며, 숫자, 사람 이름부터 시작하는 것이 좋다. 메모의 내
용도 중요하지만 초기에는 메모하는 습관을 들이는 것이 더 중요하다. 메모의 양이 많아질수록 청해 실력이 향상된 것이다.

Dictation

다시 한 번 듣고 받아쓰기 하시오.

1

There are still many students who are _____ even after they
entered school. That's why Aid to Students _____. We help students whose
reading ability _____, improve reading and return to their
regular schools. We offer many experts to help them _____. If
your kids suffer reading, just give us a call at 233-2567.

Q.   Who is the Aid to Students project for?

(a)   Students who need after _____

(b)   Students who are _____

(c)   Students just starting to _____

(d)   _____ who want to _____ their reading level

2

Welcome to _____. You will have a chance to receive _____ by
picking the most apples within 20 minutes in the contest. That's not all. We're also
_____ for kids. The child who can count apples the fastest within 10
minutes gets _____ from Askely Department Store and _____.
There will also be _____ this Apple Picking Festival. So come on in
and enjoy yourself!

Q.   Which of the following is correct about the event?

(a)   The contest winner for picking apples _____

(b)   The festival _____ in Askely Department Store.

(c)   The contest for kids _____ 20 minutes.

(d)   There is a music performance for kids.

3

Today, I'd like to _____. Since we are open from 9 a.m. to 5 p.m., Monday to Saturday, you can return your books _____ next to the main door after hours. Please note that all books must be returned by 10 p.m. _____. Overdue materials must be returned _____, or you _____. Our late charge is $1.50 per day.

Q. Which is correct according to the message?

(a) _____ must be returned _____

(b) All books can be returned _____

(c) You must _____ when it is open.

(d) _____ recently.

Unit 2-1

비행기

출제 포인트 ★ ★ ★

공항 또는 기내에서 나오는 공지 사항은 자주 출제되고 있다. 주로 탑승 안내, 이륙 지연, 착륙 안내 등이다.
항상 나오는 문장들을 기억해 놓으면 내용을 이해하기 쉽다.

Useful Expressions

★   아래 표현들을 꼭 익히자.

1   **Do not allow your bags out of your sight or possession.**
    짐이나 소지품을 보이는 곳에 두세요.

    어휘 allow ~을 허락하다, ~하도록 내버려 두다   out of sight 보이지 않는 곳에, 먼 곳에   possession 소지품, 소유물

2   **All unattended bags will be confiscated by the security personnel.**
    방치된 가방은 보안 요원들이 압수할 것입니다.

    어휘 unattended 내버려둔, 방치한, 수반하지 않은, 운반하지 않은   confiscate 압수하다, 빼앗다   security 보안

3   **Breakfast will be served on board.**
    조식은 승선(승차) 시 제공될 것입니다.

    어휘 on board 비행기에 탑승하여, 버스에 타고

4 We apologize for any inconvenience and thank you for choosing our airline.

불편을 끼쳐드린 데 대해 사과의 말씀을 드리며, 저희 항공사를 이용해 주셔서 감사합니다.

어휘 apologize for ~의 일로 사과하다   airline 정기 항공로, 항공 회사

5 You are allowed to take only one carry-on bag.

기내에 가지고 들어갈 수 있는 가방은 하나뿐입니다.

어휘 allow 허가하다, 허락하다   carry-on 비행기 안에 가지고 들어갈 수 있는

6 The flight will be departing an hour later than scheduled.

비행기는 일정보다 한 시간 후에 출발할 것입니다.

7 You are asked to fill out the customs form.

세관 양식을 기입해 주세요.

어휘 ask ~을 요하다, 필요로 하다   fill out 기입하다   customs form 세관 양식

8 Please put your tray table into an upright position.

좌석 테이블을 제자리에 세워 주세요.

어휘 tray 쟁반, 요리 접시   upright 똑바로 선, 직립의, 수직의

9 We ask that you check under your seat, in the overhead compartment, and around your seat.

여러분의 좌석 아래쪽과 머리 위 선반과 좌석 주변을 살펴보십시오.

어휘 overhead compartment 머리 위 선반

10 Please make certain that you have not left any of your belongings behind.

개인 소지품을 두고 가지 않도록 확인하시기 바랍니다.

어휘 make certain that 확인하다, 확실히 하다   leave behind ~을 놓아 둔 채 잊고 오다   belongings 소지품

Useful Expression Check-Up

● **앞에서 익힌 표현들을 확인해 보자.**

1   짐이나 소지품을 보이는 곳에 두세요.
   _____ or possession.

2   방치된 가방은 보안 요원들이 압수할 것입니다.
   _____ by the security personnel.

3   조식은 승선(승차) 시 제공될 것입니다.
   Breakfast will _____

4   불편을 끼쳐드린 데 대해 사과의 말씀을 드리며, 저희 항공사를 이용해 주셔서 감사합니다.
   We _____ **and thank you for** _____

5   기내에 가지고 들어갈 수 있는 가방은 하나뿐입니다.
   _____ **only one carry-on bag.**

6   비행기는 일정보다 한 시간 후에 출발할 것입니다.
   The flight will _____

7   세관 양식을 기입해 주세요.
   You are asked to _____

8   좌석 테이블을 제자리에 세워 주세요.
   Please _____

9   여러분의 좌석 아래쪽과 머리 위 선반과 좌석 주변을 살펴보십시오.
   We ask that you _____, **in the** _____, **and around**
   your seat.

10 개인 소지품을 두고 가지 않도록 확인하시기 바랍니다.
   Please make certain that you have not _____

◑ 해설집 P 98

Exercise

다음을 듣고 적절한 응답을 고르시오.

PART IV

1 (a)   (b)   (c)   (d)

2 (a)   (b)   (c)   (d)

3 (a)   (b)   (c)   (d)

TIP

비행기 관련 주제는 이렇게 나온다.

1 공항 또는 비행기 안에서 들을 수 있는 공지 사항은 항상 주제가 앞에 있으므로 앞을 집중해서 들어야 한다.

2 비행기의 지연은 날씨, 기술상의 문제가 제일 많이 언급된다.

3 탑승 순서는 항상 First class, People with assistance 또는 Those traveling with children순이다.

Dictation

● 다시 한 번 듣고 받아쓰기 하시오.

1

Ladies and gentlemen, may I _____, please? Hong Kong Airline Flight 432 to New York _____ for two hours _____ this morning. Boarding will begin now at 8:20 a.m. and our _____ is 8:45 a.m. at Gate 30. First class and business passengers or _____ now. In a few minutes, we will ask _____. Thank you for _____.

Q.　Which is correct according to the announcement?

(a)　The first class passengers _____

(b)　The Hong Kong Airline's flight _____ New York.

(c)　The flight will _____

(d)　The plane will be leaving _____

2

Ladies and gentlemen, may I have your attention, please? _____ the American Free Trade Agreement, Canadians and all others _____ must __ _____ and _____. Please _____ show the documentation of employment _____ their passport and visa.

Q.　What is newly required of passengers entering the U.S.?

(a)　_____

(b)　_____

(c)　_____

(d)　_____

3

May I have your attention, please? _____ at Ohio Airport _____,
we are finally _____ to New York in 40 minutes. Flight 178 for New
York will _____ at Gate 15. Please note that the gate for
Flight 178 has been changed from Gate 12 to Gate 15. After 40 minutes, we
will _____. Please _____ Gate 15 for
boarding.

Q What is the main point of the announcement?

(a) Flight 178 will _____

(b) The airport _____

(c) Flight 178 will _____

(d) _____ for Flight 178.

Unit 2-2

전화 메시지

전화 자동 응답은 세부 내용에서 많이 출제되며, 질문을 잘 들어야 한다. 특정 서비스를 받기 위한 안내 방송의 순서는 Press 1, 2, 3 그리고 Stay on the line이 정해져 있으므로 비교적 쉬운 주제에 속한다.

Useful Expressions

★ **아래 표현들을 꼭 익히자.**

1 You have reached City Bank.
씨티 은행입니다.

2 Thank you for calling Northwest Airlines.
노스웨스트 항공사에 전화해 주셔서 감사합니다.

3 Welcome to the Merit Bank automated customer response menu.
메리트 은행의 고객 자동 응답 메뉴에 오신 것을 환영합니다.

　어휘　automated 자동의　response 응답, 대답

4 For other inquiries, please stay on the line, and your call will be connected to the next available associate.
기타 질문들은 통화 상태로 기다려 주시면 서비스 담당 직원과 연결될 것입니다.

　어휘　inquiry 질문, 문의　available 만날 수 있는, 바쁘지 않은　associate 동료, 친구

5 If you are calling to make an appointment, please call back during our office hours.

예약을 원하신다면 영업시간에 다시 전화를 걸어 주십시오.

어휘 make an appointment 약속을 하다   office hours 영업시간

6 For any other questions, please stay on the line, and our service representative will be with you shortly.

기타 질문들은 통화 상태로 기다려 주시면 서비스 담당 직원과 곧 연결될 것입니다.

어휘 representative 판매 대리인   on the line 전화 대화 중인   shortly 곧

7 If you would like to speak to someone about your existing checking account, press two.

기존의 당좌 예금에 대한 문의를 원하시면 2를 누르세요.

어휘 existing 기존의   checking account 당좌 예금

8 If you have an emergency, please call me on my cell phone at 612-243-9865.

급한 일이 있으시면 제 휴대전화 612-243-9865로 전화 주세요.

9 Please leave your name, number and a short description of the services you need.

성함과 전화번호, 간단한 용무를 남겨 주세요.

어휘 description 기술, 기재

Useful Expression Check-Up

● 앞에서 익힌 표현들을 확인해 보자.

1   씨티 은행입니다.

You _____ City Bank.

2   노스웨스트 항공사에 전화해 주셔서 감사합니다.

_____ Northwest Airlines.

3   메리트 은행의 고객 자동 응답 메뉴에 오신 것을 환영합니다.

_____ the Merit Bank _____

4   기타 질문들은 통화 상태로 기다려 주시면 서비스 담당 직원과 연결될 것입니다.

For other inquiries, please _____, and your call will _____

5   예약을 원하신다면 영업시간에 다시 전화를 걸어 주십시오.

If you are calling to _____, please _____

6   기타 질문들은 통화 상태로 기다려 주시면 서비스 담당 직원과 곧 연결될 것입니다.

For any other questions, please stay on the line, and _____
_____

7   기존의 당좌 예금에 대한 문의를 원하시면 2를 누르세요.

If you would like to speak to someone about _____,
press two.

8   급한 일이 있으시면 제 휴대전화 612-243-9865로 전화 주세요.

_____ 612-243-9865.

9   성함과 전화번호, 간단한 용무를 남겨 주세요.

_____

◆ 해설집 P 100

Exercise

 다음을 듣고 적절한 응답을 고르시오.

> **PART IV**
>
> **1** (a)   (b)   (c)   (d)
>
> **2** (a)   (b)   (c)   (d)
>
> **3** (a)   (b)   (c)   (d)

TIP

녹음 응답기의 내용 순서는 거의 다음과 같다.

Press 1. → Press 2. → Press 3. → Stay on the line.

* 그 외,

· Check our website. 저희 웹사이트를 확인하세요.

· Call back during office hours. 영업시간에 다시 전화 주세요.

· Leave your number and we'll call back shortly. 전화번호를 남기시면 곧 전화드리겠습니다.

Dictation

● 다시 한 번 듣고 받아쓰기 하시오.

1

Welcome to City Bank's automated customer response menu. Please listen carefully. If you would like to _____, press one. If you would like to speak to someone _____, press two. If you have questions about _____, press three. For any other questions, please _____, and our service representative will _____. Thank you for calling City Bank.

Q. What should callers do if they want to wire money?

(a) Press one.

(b) Press two.

(c) Press three.

(d) Stay on the line.

2

_____ the Kenbus Medical Clinic. _____, please _____, and our assistant will call you back shortly. _____, please visit the clinic, _____, between Wilmette Boulevard and Milwakee Street. _____ _____ from 7 a.m. to 5 p.m. We _____ _____. _____ before visiting the clinic.

Q. Which is correct according to the message?

(a) _____

(b) The clinic is located on Wilmette Boulevard.

(c) _____ when leaving the number.

(d) _____ from 7 a.m. to 5 p.m.

3

Thank you for calling Indi restaurant located on 18th and Loyal Street. We _____ _____ from 10 a.m. to 11 a.m., Friday through Sunday _____ _____ in our restaurant. For more dishes, please _____ right now. You'll _____. We are closed on Mondays. We do not _____. Thank you for calling.

Q. Which is correct according to the message?

(a) They only _____

(b) _____ everyday.

(c) They _____ in the local.

(d) They _____

Unit 3

광고

출제 포인트 ★ ★ ★

광고는 항상 등장하는 내용으로 무엇을 광고하며, 그 광고 내용의 두드러진 특징을 잘 들어야 한다. 주제 문제,
세부 내용 등이 다양하게 나오며 광고 문구들을 반드시 기억해야 한다.

Useful Expressions

★ **아래 표현들을 꼭 익히자.**

1   Thousands of items are on sale to the public.
    수많은 품목들이 일반인을 대상으로 판매 중입니다.
    어휘 on sale to the public 일반인을 대상으로 판매하는

2   New selections of items are available and all sales are final.
    새로운 종류의 물건들을 구입하실 수 있으나 반품하실 수는 없습니다.

3   Never before has a single store brought together such a range of merchandise under one
    roof.
    한 지붕 아래서 그러한 범위의 상품을 함께 가져온 상점은 단 한 군데도 없었다.
    어휘 bring together (물건을) 접합하다   range 범위, 한계, 영역   merchandise 상품, 제품

314

4 We are always committed to our best service.

저희는 항상 최고의 서비스를 추구합니다.

[어휘] committed 전념하는, 헌신하는

5 Take advantage of this amazing half-price offer.

이 놀랄 만한 절반 가격에 제공되는 기회를 이용해 보세요.

[어휘] take advantage of ~을 이용하다

6 The computers are on sale with 30% off the retail price.

컴퓨터는 소매 가격보다 30% 인하한 가격에 판매 중입니다.

[어휘] retail 소매

7 We have no choice but to offer this record-breaking sales discount.

전례에 없는 가격 인하를 제시할 수밖에 없습니다.

[어휘] have no choice but to ~할 수밖에 달리 도리가 없다, ~하지 않을 수 없다 record-breaking 전례 없는, 기록을 깨는

8 So, please stop by and check out this great deal.

그러니 한 번 들르셔서 저렴한 물건을 확인해 보세요.

9 It easily outperforms the competition.

경쟁업체보다 확실히 성능이 좋습니다.

[어휘] outperform 능가하다, ~보다 성능이 낫다

10 It also features a few useful attractions including Internet stations.

인터넷 스테이션을 포함해서 몇몇 유용한 기능이 또한 있습니다.

[어휘] feature ~의 특징을 그리다, ~의 특색을 이루다 attraction 사람의 마음을 끌어당기는 힘, 매력

11 Fluency in 20 weeks is guaranteed.

20주 후면 유창하게 될 것을 약속합니다.

[어휘] fluency 유창함 guarantee 보증하다, 약속하다

12 This is our lowest price ever, and it is only good for today.

지금껏 가장 저렴한 가격으로, 오늘까지만 유효합니다.

[어휘] good for (기간) 유효의, ~에 알맞아

13 This new plan offers you the greatest savings.

새로운 상품은 많은 양의 저축을 할 수 있도록 해 줍니다.

[어휘] saving 저축, 절약

14 Don't forget to pick up a flyer at the front door on your way out to check out great bargains.

할인 혜택을 받으려면 나가시는 길에 정문에서 쿠폰을 받아 가세요.

어휘 flyer 삐라, 전단, 광고(= flier)   bargain 싸게 산 물건, 특가품

15 If you need some excitement in life, it's surely worth a try.

삶의 즐거움이 필요하다면 한 번 시도해 볼 만합니다.

어휘 excitement 흥분, 자극(하는 것)   surely 꼭, 확실히

16 His book should be required reading for anyone interested in the ability of human beings.

인간의 능력에 관심이 있는 사람이라면 그의 책을 읽어 보세요.

어휘 require 필요로 하다, ~할 필요가 있다   ability 능력, 재능   human being 인간

Useful Expression Check-Up

● **앞에서 익힌 표현들을 확인해 보자.**

1   수많은 품목들이 일반인을 대상으로 판매 중입니다.
Thousands of items are _____

2   새로운 종류의 물건들을 구입하실 수 있으나 반품하실 수는 없습니다.
New selections of items are _____ **and** _____

3   한 지붕 아래서 그러한 범위의 상품을 함께 가져온 상점은 단 한 군데도 없었다.
_____

4   저희는 항상 최고의 서비스를 추구합니다.
We are always _____

5   이 놀랄 만한 절반 가격에 제공되는 기회를 이용해 보세요.
_____

6   컴퓨터는 소매 가격보다 30% 인하한 가격에 판매 중입니다.
The computers are _____

7   전례에 없는 가격 인하를 제시할 수밖에 없습니다.
We _____

8   그러니 한 번 들르셔서 저렴한 물건을 확인해 보세요.
So, please _____ **and** _____

9   경쟁업체보다 확실히 성능이 좋습니다.
_____

10 인터넷 스테이션을 포함해서 몇몇 유용한 기능이 또한 있습니다.

It also _____ Internet stations.

11 20주 후면 유창하게 될 것을 약속합니다.

_____

12 지금껏 가장 저렴한 가격으로, 오늘까지만 유효합니다.

This is _____, and it is _____

13 새로운 상품은 많은 양의 저축을 할 수 있도록 해 줍니다.

This new plan offers you _____

14 할인 혜택을 받으려면 나가시는 길에 정문에서 쿠폰을 받아 가세요.

Don't forget to _____ at the front door _____

15 삶의 즐거움이 필요하다면 한 번 시도해 볼 만합니다.

If you _____ in life, it's _____

16 인간의 능력에 관심이 있는 사람이라면 그의 책을 읽어 보세요.

His book should be required reading for _____

◎ 해설집 P 102

Exercise

다음을 듣고 적절한 응답을 고르시오.

PART IV

1 (a)   (b)   (c)   (d)

2 (a)   (b)   (c)   (d)

3 (a)   (b)   (c)   (d)

TIP

출제되는 광고 글의 구조는 거의 유사하며, 광고 제품의 특징은 여러 가지를 말하기보다는 한두 가지만을 강조한다.
이 부분만 집중해서 들으면 정답을 찾기가 수월해진다.

도입: 문제 제기, 일반적 고민 제기

주제: 물건, 서비스의 장점 제안

결론: 구입 방법, 연락처, 혜택

Dictation

● 다시 한 번 듣고 받아쓰기 하시오.

1

If your business has been _____ and your _____, it's time
to _____. That's where Top Notch Consultant _____. We provide you
with _____ and _____ by our nation's
_____. Many companies have already been verified that we helped
them _____ and _____ almost overnight. We _____ that
we _____. Call us today and start
_____.

Q.   What does Top Notch Consultant do?

(a)   It helps you _____

(b)   It helps you _____

(c)   It teaches you about _____

(d)   It _____ you _____

2

You _____. We at BESTWAY offer BEST Advantage to _____
_____. This is the best way you can
have to save cash. Yes, that's right! Students _____ at BESTWAY
with BEST Advantage! We'll also _____ a computer mouse when you
_____ this membership card by this week. _____, please _____
_____ our information desk and _____.

Q.   Which is correct about the BEST Advantage Card?

(a)   _____

(b)   It _____ to join the membership.

(c)   It can be used for on-line and off-line shopping.

(d)   It _____

3

_____ more and more companies are looking for _____.
Once they recruit them, they give them jobs with real futures and opportunities for
_____. There's _____ for you to get there: on-line Technical
College. On-line Technical College _____.
Technical College offers degree and certificate programs _____. Pick up the
phone and ask about their _____.

Q.   What is promoted in this announcement?

(a)   _____

(b)   Education at community colleges for _____

(c)   _____ at community colleges

(d)   _____ between local government and community colleges

Unit 4

개인 의견

Useful Expressions

★ 아래 표현들을 꼭 익히자.

1 **Our priorities are to reduce the budget.**
   우리의 우선순위는 예산을 삭감하는 것입니다.
   어휘 priority 우선순위   budget 예산, 예산안

2 **You should be careful not to focus on the symptom of the problem.**
   문제의 현상에 너무 치중하지 않도록 주의해야 합니다.
   어휘 focus on 집중하다, 주의를 집중하다   symptom 징후, 전조, 조짐

3 **I strongly recommend reading a book everyday.**
   매일 책 읽는 것을 강력하게 추천합니다.

4 **More volunteers are needed.**
   많은 지원자들이 필요합니다.

5   The government must do something to support homeless people.

정부는 노숙자들을 지원할 수 있도록 조치를 취해야 합니다.

6   The government must immediately take steps to prevent the disease.

정부는 질병 방지를 위해 즉각적인 조치를 취해야 합니다.

어휘 immediately 즉시, 바로, 즉각   take steps 조치를 취하다

7   Action must be taken on block of basic human rights in the workplace.

일터에서 기본적인 인권이 보장되지 않을 때는 조치가 취해져야 합니다.

어휘 take action ~에 대해 조치를 취하다, 행동에 옮기다   block 방해, 장애물   human rights 인권   workplace 일터

8   Such actions do nothing to improve our economic situation.

그러한 조치는 경제 상황을 개선하는 데 아무런 역할도 하지 않습니다.

9   Physical punishment may not be as effective as one may think.

신체적 체벌은 우리가 생각한 것만큼 효율적이지 않다.

10   She is a novelist, in my view, far superior to Virginia Woolf.

내 생각에 소설가인 그녀가 버지니아 울프보다 훨씬 나은 것 같다.

어휘 in one's view 남의 견해(의견)으로는   superior to ~보다 우월하다

11   *The Hotel*, one of the greatest novels, is at once heart-rending, fierce, and brilliantly written.

위대한 소설 중 하나인 『호텔』은 비통하면서도 격렬하게 잘 쓰여진 작품이다.

어휘 heart-rending 가슴이 터질 것 같은, 비통한   fierce 사나운, 격렬한   brilliantly 찬란하게, 훌륭히

12   I'd like to take this opportunity to voice some concerns I have about the recent strikes in this nation.

이 나라에서 최근 일어나고 있는 파업에 관한 몇 가지 우려 사항들을 표명할 수 있는 기회로 삼고 싶습니다.

어휘 take an opportunity 기회를 포착하다   voice 말하다, 표현하다   concern 관심사, 걱정, 근심   strike 파업

13   You may have preconceived notions about the Native Americans.

당신은 미국 원주민들에 관한 선입견을 가졌을지도 모릅니다.

어휘 preconceive 미리 생각하다, 예상하다   notion 생각, 관념, 의견   Native American 아메리카 원주민, 인디언

14   With some common sense, I had nothing but great experience.

약간의 상식만 있었다면 좋은 경험을 했을 것입니다.

어휘 common sense 상식   nothing but 단지 ~일 따름, ~에 지나지 않는(= only)

15 There is no better time to visit Tokyo than during autumn.

도쿄를 방문하기에 가을보다 더 좋은 계절은 없다.

16 I think that much of this discussion is missing the point.

내 생각에 이 토의는 핵심에서 많이 벗어난 것 같다.

> **어휘** much of 크게(대단히) ~한   miss the point 핵심을 벗어나다

17 Successful life doesn't mean there's no emotional failure.

성공적인 삶이 감정 결핍이 없음을 의미하지는 않는다.

Useful Expression Check-Up

● **앞에서 익힌 표현들을 확인해 보자.**

1 우리의 우선순위는 예산을 삭감하는 것입니다.

Our _____ are to _____

2 문제의 현상에 너무 치중하지 않도록 주의해야 합니다.

You should be careful _____

3 매일 책 읽는 것을 강력하게 추천합니다.

I _____ reading a book everyday.

4 많은 지원자들이 필요합니다.

_____

5 정부는 노숙자들을 지원할 수 있도록 조치를 취해야 합니다.

The government _____ to support homeless people.

6 정부는 질병 방지를 위해 즉각적인 조치를 취해야 합니다.

The government _____ to prevent the disease.

7 일터에서 기본적인 인권이 보장되지 않을 때는 조치가 취해져야 합니다.

_____ in the workplace.

8 그러한 조치는 경제 상황을 개선하는 데 아무런 역할도 하지 않습니다.

_____ to improve our economic situation.

9 신체적 체벌은 우리가 생각한 것만큼 효율적이지 않다.

_____

10 내 생각에 소설가인 그녀가 버지니아 울프보다 훨씬 나은 것 같다.

She is a novelist, _____, _____ Virginia Woolf.

11 위대한 소설 중 하나인 『호텔』은 비통하면서도 격렬하게 잘 쓰여진 작품이다.

The Hotel, one of the greatest novels, is _____

12 이 나라에서 최근 일어나고 있는 파업에 관한 몇 가지 우려 사항들을 표명할 수 있는 기회로 삼고 싶습니다.

_____ about the recent strikes in this nation.

13 당신은 미국 원주민들에 관한 선입견을 가졌을지도 모릅니다.

_____ about the Native Americans.

14 약간의 상식만 있었다면 좋은 경험을 했을 것입니다.

_____, I had _____

15 도쿄를 방문하기에 가을보다 더 좋은 계절은 없다.

_____ to visit Tokyo than during autumn.

16 내 생각에 이 토의는 핵심에서 많이 벗어난 것 같다.

_____

17 성공적인 삶이 감정 결핍이 없음을 의미하지는 않는다.

_____ there's no emotional failure.

Exercise

다음을 듣고 적절한 응답을 고르시오.

PART IV

1 (a) (b) (c) (d)

2 (a) (b) (c) (d)

3 (a) (b) (c) (d)

TIP

주제를 알려 주는 단서를 알면, 주제가 있는 문장의 위치를 찾아 집중할 수 있다.

I think ~이라고 생각한다

In my opinion 제 생각으로는

Let's talk about ~에 대해 얘기합시다

I'm sure ~이라고 확신한다

Today, I'd like to talk about 오늘은 ~에 대해 얘기하겠습니다

I'd like to address~ 저는 ~에 대해 연설할 것입니다

Today we will continue to examine~ 오늘 우리는 ~에 대해 검토할 것입니다

According to the survey conducted 최근 조사된 바에 따르면

The recent study shows 최근 연구 결과 ~이 밝혀졌다

Dictation

● 다시 한 번 듣고 받아쓰기 하시오.

1

_____ after the earthquake, the government _____. It is _____ that a plan _____. However, the plans the government revealed yesterday are _____ _____. They are just _____. They seem to _____. I wish someone had more foresight with something _____.

Q.   What could be inferred about the government according to the talk?

(a)   It has wasted a lot of money _____

(b)   It said that _____ were successful.

(c)   _____ to protect the disease.

(d)   It didn't _____ to prevent the disease.

2

_____.
I think that it is _____ to art. There isn't _____ in the movie and it even _____ of art. Everyone, I believe, is _____ of this kind of obscene movie. _____ about this movie doesn't _____ at all. I strongly insist that it _____ the theater and _____ _____.

Q.   What can be inferred from the talk?

(a)   The speaker is _____

(b)   The speaker is _____ of the movie.

(c)   The speaker is _____ of the movie.

(d)   The speaker is one of the members in _____

3

_____ that the government spends more money _____ this year. _____ develop and improve the natural areas. The government should _____ to reduce the budget on the development. The government _____ this course of action. If _____, much less money will _____ such as medical care, education, and crime prevention.

Q.   What is the speaker's view on the government's plan?

(a)   More money _____

(b)   The budget on their plan _____

(c)   _____

(d)   _____ should _____ domestic programs.

Unit 5

역사

출제 포인트 ★ ★ ☆

전 세계에 걸친 다양한 역사가 많이 출제되며, 단순한 역사의 사실을 묻는 것이 아니라 역사에 대한 고찰 및 분석을 필요로 하는 문제들이다. 하지만 역사 관련 용어와 기본적인 역사 상식을 알고 있으면 아무리 내용이 어려워도 어느 정도 답을 고를 수 있다.

Useful Expressions

★ 아래 표현들을 꼭 익히자.

1 The coat of arms was developed in the 1100s as a way of identifying crusading knights.

문장은 1100년도에 십자군 원정 기사들을 구별하기 위한 방법의 하나로서 등장했다.

[어휘] coat 문장, 문장이 든 덧옷   identify 확인하다, 식별하다   crusading 십자군 전사, 개혁 운동가

2 It gave rise to several film genres.

몇 가지 영화 장르를 생겨나게 했다.

[어휘] give rise to ~을 낳다, 일으키다

3 It was brought to South America by Spanish settlers.

스페인 정착인들에 의해 남미로 오게 되었다.

4 Unlike earlier tomb discoveries, archaeologists have been able to inspect the priceless relic.

초기에 발견한 무덤과 달리 고고학자들은 값진 유물을 조사할 수 있었다.

어휘 discovery 발견, 발견물　archaeologist 고고학자　priceless 값을 매길 수 없는, 매우 귀중한　relic 유물

5 **This custom is still practiced in a few countries along the Pacific Ocean.**

이 관습은 태평양을 끼고 있는 몇몇 국가에서 여전히 행해지고 있다.

어휘 custom 관습, 풍습　practice ~을 관습에 따라 행하다

6 **It is said that this custom dates back to ancient times in China.**

이 관습은 고대 중국 시대로 거슬러 올라가게 된다.

어휘 date back to ~까지 거슬러 올라가다　times (역사상의) 시대, 시기, 연대

7 **It has been practiced for various reasons by African tribes for centuries.**

수세기 동안 아프리카 부족에 의해 다양한 이유로 행해지고 있다.

어휘 various 여러 가지의, 다양한　tribe 부족

8 **The tango originally came from Spain.**

본래 탱고는 스페인에서 유래되었다.

어휘 originally 처음부터, 최초에　come from ~으로부터 오다, ~출신이다

9 **Civilization existed in Costa Rica for thousands of years.**

문명은 수천 년 동안 코스타리카에 존재했다.

어휘 civilization 문명　exist 존재하다, 생존하다　Costa Rica 코스타리카(중미의 공화국)

10 **Among the most ancient of records is the legend of Gilgamesh of ancient Sumeria.**

가장 오래된 기록 중 하나가 고대 수메르의 길가메시 전설이다.

어휘 record 기록(문서)　legend 전설　Gilgamesh 길가메시(수메르와 바빌로니아 신화의 영웅)　Sumeria 수메리아
(Sumer의 잘못된 호칭으로, 세계 최고의 문명 발상지)

11 **Nowadays, many modern archaeologists, are trying to ascertain the complete system of these ancient techniques.**

요즘 많은 고고학자들이 이러한 고대 기술의 완벽한 체계를 규명하려고 애쓰고 있다.

어휘 ascertain 확인하다, 규명하다　complete 완벽한, 완전한

Useful Expression Check-Up

● 앞에서 익힌 표현들을 확인해 보자.

1 문장은 1100년도에 십자군 원정 기사들을 구별하기 위한 방법의 하나로서 등장했다.

The coat of arms was developed in the 1100s _____ crusading knights.

2 몇 가지 영화 장르를 생겨나게 했다.

It _____ several film genres.

3 스페인 정착인들에 의해 남미로 오게 되었다.

_____ South America by Spanish settlers.

4 초기에 발견한 무덤과 달리 고고학자들은 값진 유물을 조사할 수 있었다.

Unlike earlier tomb discoveries, archaeologists _____ priceless relic.

5 이 관습은 태평양을 끼고 있는 몇몇 국가에서 여전히 행해지고 있다.

_____ in a few countries along the Pacific Ocean.

6 이 관습은 고대 중국 시대로 거슬러 올라가게 된다.

_____ ancient times in China.

7 수세기 동안 아프리카 부족에 의해 다양한 이유로 행해지고 있다.

_____ by African tribes for centuries.

8 본래 탱고는 스페인에서 유래되었다.

The tango _____ Spain.

9 문명은 수천 년 동안 코스타리카에서 존재했다.

_____ in Costa Rica for thousands of years.

10 가장 오래된 기록 중 하나가 고대 수메르의 길가메시 전설이다.

_____ Gilgamesh of ancient Sumeria.

11 요즘 많은 고고학자들이 이러한 고대 기술의 완벽한 체계를 규명하려고 애쓰고 있다.

_____

Exercise

다음을 듣고 적절한 응답을 고르시오.

PART IV

1   (a)   (b)   (c)   (d)

2   (a)   (b)   (c)   (d)

3   (a)   (b)   (c)   (d)

TIP

연도와 숫자에 집중해야 한다.

보고서, 역시 및 인물 관련 문제에서 연도와 숫자가 자주 언급된다. Part III에서는 금액, 요일, 날짜가 중요하고, Part IV 에서는 통계 수치와 연도 등이 중요하다. 그러므로 반드시 메모하는 습관을 길러야 한다. 그러나 숫자가 1000 이상일 경우, 큰 의미가 없으므로 오히려 쉽게 메모할 수 있는 숫자에 신경을 써야 한다. 그리고 숫자가 나란히 나올 때는 앞 숫자가 더 중요하다는 걸 기억해야 한다.

ex. two out of 10 people, two third, 30% in 100 people

Dictation

● 다시 한 번 듣고 받아쓰기 하시오.

1

It was in the 1920s when boys _____ and wore bright jackets and very wide trousers, which _____. At that time, women used to wear dresses which _____. And they _____. Most of the youth _____ like the Charleston.

Q. What is this talk about?

(a) How people _____ in the early twenties.

(b) Why people _____ in the 1920s.

(c) What people _____ in the 1920s.

(d) Why people _____

2

_____ that the European form of ballet _____ in North America because the settlers got their own religious philosophies, which _____ promiscuous dancing, especially involving people from the other gender. Some _____.
Later, a few puritans allowed expressive movement _____ _____ guidelines.

Q. What is this talk about?

(a) _____ in Europe.

(b) Why the settlers in North America _____

(c) How ballet _____ in North America in the past.

(d) How ballet _____ the religious group.

3

_____ the 1100s _____ the crusaders.

It was put on flags _____, on the coat of the knight and on the

cover worn by the knight's horse. The insignias also became popular among

_____. They _____ the wealth

and _____ with it.

Q.   What is correct according to the insignia?

(a)   _____ it.

(b)   _____ it.

(c)   The people _____ it.

(d)   The nobles _____ it.

Unit 6

뉴스 (일기 예보, 교통, 날씨)

Useful Expressions

★ **아래 표현들을 꼭 익히자.**

1 Mexico City continues rescue efforts following yesterday's deadly earthquake.
멕시코시티는 어제 심한 지진이 있은 후 계속해서 구조 작업을 하고 있다.

[어휘] rescue 구조하다, 구제하다   deadly 치명적인, 심한

2 Former Congresswoman Kate Winslow pleads guilty to receiving illegal campaign donations.
전 여자 국회 의원인 케이트 윈슬로우는 불법 캠페인 기부금을 받은 것에 대해 죄를 인정한다.

[어휘] plead guilty 죄를 인정하다

3 Actor Mikael Kit is found dead of a suspected drug overdose.
배우 미카엘 키드가 약물 과다 복용으로 의심되는 가운데 죽은 채로 발견되었다.

[어휘] suspect 의심을 두다(품다)   overdose 과다 복용

4 The Department of Labor announces a decline in the nation's jobless rate.

노동부는 국가 실업률이 감소하고 있다고 발표한다.

어휘 Department of Labor 노동부   decline 감소   jobless rate 실업률

5 Soon, 38 sites will be refurbished.

곧 38곳이 개장될 것이다.

어휘 site 부지, 현장, 장소   refurbish 다시 닦다, 개장하다

6 The passenger train on its way to New York derailed yesterday.

뉴욕행 여객 기차가 어제 탈선했다.

어휘 passenger train 여객 열차   derail 탈선하다, 벗어나다

7 An official from the National Transportation Safety Board has provided us with an initial casualty report of about 100 injuries.

국가 교통안전 위원회 임원들은 약 100여 건의 부상에 달하는 초기 사상자를 보고했다.

어휘 official 임원   initial 처음의, 최초의   casualty 사상자   injury 사상, 손상

8 The reason for the accident is as yet unclear.

사고 원인은 아직 확실하지 않다.

9 It is known that it was traveling over 100 mph at the time of the accident.

사고 당시 시속 100마일로 달리고 있었던 것으로 알려진다.

어휘 travel 움직여 가다, 이동하다   mph 시속(= miles per hour)

10 A terrible car accident took place in Atlanta on interstate.

애틀랜타 주간 고속도로에서 심각한 차 사고가 발생했다.

11 Stay tuned and get informed.

채널을 고정하고 정보를 얻으세요.

12 Floods caused the greatest number of fatalities.

홍수로 가장 많은 사망자가 발생했다.

13 Earthquakes left 7 people dead.

지진으로 7명이 사망했다.

14 Investigators are still investigating the exact cause of the crash.

조사자들은 지금까지도 충돌의 정확한 원인을 조사 중이다.

> **어휘** investigator 조사자, 수사관　crash 충돌, 추락

15 One of the strongest hurricanes hit the coastal Texas City on Sunday.

강력한 허리케인이 일요일 텍사스 시 해안을 강타했다.

16 The hurricane gained intensity as it passed into Rhode Island.

허리케인은 로드 아일랜드를 지나면서 그 세력이 더 커졌다.

> **어휘** gain 얻다, 늘리다　intensity 세기, 강도

17 Flooding and mudslides continued to pose a threat.

홍수와 진흙 사태는 계속해서 위협했다.

> **어휘** pose a threat 위협하다

18 Rescue operations are still in progress.

구조 작업이 여전히 진행 중이다.

> **어휘** in progress 진행 중

19 The firefighters are attempting to free those who are still trapped.

소방관들은 갇혀 있는 사람들을 구하기 위해 노력 중이다.

● 뉴스-일기 예보/교통 정보

1 Put on your snow tires now.

지금 스노우 타이어를 장착하세요.

2 Rain is expected tonight in the northern regions.

오늘 밤 북쪽 지역에 비가 내릴 예정입니다.

3 There will be scattered showers in New York.

뉴욕에 산발적으로 비가 내릴 것입니다.

> **어휘** scatter 흩뿌리다, 뿌리다　showers 소나기

4 The southern region will have a slight chance of rain in the evening.

남쪽 지역은 저녁에 비가 올 가망성이 희박합니다.

5 It will be partly cloudy again tomorrow.

내일 다시 부분적으로 흐릴 것입니다.

6 Bundle up, everybody, because tonight is going to be a cold one.

오늘 밤 추워지니 모두들 따뜻하게 입으세요.

어휘 bundle up 따뜻하게 몸을 감싸다

7 Temperatures are expected to drop below freezing.

기온이 영하로 떨어질 것입니다.

어휘 below freezing 영하의

8 There will be a good chance of a shower after a week long heat in this area.

이 지역은 일주일 간의 더위 후 소나기가 내릴 가능성이 높습니다.

9 According to the weather forecast, the situation will not likely get any better until next Friday.

일기 예보에 따르면, 다음 주 금요일이 되어야 상황이 나아질 것입니다.

10 Here's bad news for motorists.

운전자들에게는 안 좋은 소식입니다.

11 It is going to cause extensive damage wherever it makes landfall.

어디에 착륙을 하든지 큰 피해를 야기할 것입니다.

어휘 extensive 넓은, 광대한   damage 피해, 손상   landfall 착륙

Useful Expression Check-Up

● 앞에서 익힌 표현들을 확인해 보자.

1 멕시코시티는 어제 심한 지진이 있은 후 계속해서 구조 작업을 하고 있다.
Mexico City continues _____

2 전 여자 국회 의원인 케이트 윈슬로우는 불법 캠페인 기부금을 받은 것에 대해 죄를 인정한다.
Former Congresswoman Kate Winslow _____

3 배우 미카엘 키드가 약물 과다 복용으로 의심되는 가운데 죽은 채로 발견되었다.
Actor Mikael Kit is _____

4 노동부는 국가 실업률이 감소하고 있다고 발표한다.
The Department of Labor _____

5 곧 38곳이 개장될 것이다.
Soon, _____

6 뉴욕행 여객 기차가 어제 탈선했다.
_____ on its way to New York _____ yesterday.

7 국가 교통안전 위원회 임원들은 약 100여 건의 부상에 달하는 초기 사상자를 보고했다.
An official from the National Transportation Safety Board _____
_____

8 사고 원인은 아직 확실하지 않다.
The reason for the accident _____

9 사고 당시 시속 100마일로 달리고 있었던 것으로 알려진다.
_____ over 100 mph _____

10 애틀랜타 주간 고속도로에서 심각한 차 사고가 발생했다.
_____ Atlanta on interstate.

11 채널을 고정하고 정보를 얻으세요.
_____

340

12 홍수로 가장 많은 사망자가 발생했다.

Floods _____

13 지진으로 7명이 사망했다.

Earthquakes _____

14 조사자들은 지금까지도 충돌의 정확한 원인을 조사 중이다.

Investigators are _____

15 강력한 허리케인이 일요일 텍사스 시 해안을 강타했다.

_____ the coastal Texas City on Sunday.

16 허리케인은 로드 아일랜드를 지나면서 그 세력이 더 커졌다.

The hurricane _____ into Rhode Island.

17 홍수와 진흙 사태는 계속해서 위협했다.

Flooding and mudslides continued to _____

18 구조 작업이 여전히 진행 중이다.

Rescue operations are _____

19 소방관들은 갇혀 있는 사람들을 구하기 위해 노력 중이다.

The firefighters are _____

● 뉴스-일기 예보/교통 정보

1 지금 스노우 타이어를 장착하세요.

_____ your snow tires now.

2 오늘 밤 북쪽 지역에 비가 내릴 예정입니다.

_____ tonight in the northern regions.

3 뉴욕에 산발적으로 비가 내릴 것입니다.

_____ in New York.

4   남쪽 지역은 저녁에 비가 올 가망성이 희박합니다.

The southern region _____ in the evening.

5   내일 다시 부분적으로 흐릴 것입니다.

_____ again tomorrow.

6   오늘 밤 추워지니 모두들 따뜻하게 입으세요.

_____, everybody, because tonight is going to be a cold one.

7   기온이 영하로 떨어질 것입니다.

Temperatures _____

8   이 지역은 일주일 간의 더위 후 소나기가 내릴 가능성이 높습니다.

There will _____ after a week _____ in this area.

9   일기 예보에 따르면, 다음 주 금요일이 되어야 상황이 나아질 것입니다.

_____, the situation _____ until next

Friday.

10   운전자들에게는 안 좋은 소식입니다.

_____

11   어디에 착륙을 하든지 큰 피해를 야기할 것입니다.

It is going to _____ wherever it _____

◉ 해설집 P 108

Exercise

다음을 듣고 적절한 응답을 고르시오.

PART IV

1 (a)   (b)   (c)   (d)

2 (a)   (b)   (c)   (d)

3 (a)   (b)   (c)   (d)

PART IV • 날씨

1 (a)   (b)   (c)   (d)

2 (a)   (b)   (c)   (d)

3 (a)   (b)   (c)   (d)

TIP

전치사로 이해해야 할 단어

분사나 동명사로 이해하여 자칫 동사처럼 해석할 수 있는 단어지만 전치사처럼 단독으로 알고 있으면 직청직해가 훨씬 더 수월해진다.

regarding ~에 대해서	concerning ~에 대해서	considering ~을 생각하면
following ~이후에	preceding ~이전에	including ~을 포함하여

Dictation

● 다시 한 번 듣고 받아쓰기 하시오.

1

_____ that gun-related murders _____ last year in the United States. However, it is said that they have never had more than 100 gun-related deaths in some other countries, like Great Britain and Japan, since _____. They concluded that _____ would likely help prevent crime as they _____.

Q.   What is the main point of the speech?

(a)   _____ in the U.S.

(b)   The research said that gun control laws _____

(c)   Great Britain _____ last year.

(d)   The research said that gun-related murders _____ in the U.S.

2

_____ today that it _____ into the catering industry, after _____ the Food Sanitation guidelines. Starting next week, investigators from the Food Safety Office will _____ several major catering companies. Also, _____ on the restaurants will be performed and _____. They will _____ and _____.

Q. What is the news report mainly about?

(a) _____

(b) The number of restaurants that are not safe enough

(c) Government _____

(d) _____ to improve services

3

_____ that about 4.5 million people were _____ last year. _____ from the Justice Department, there was _____ in the number of adults _____ by the criminal justice system by 2.3 percent. Perhaps there is a lesson from _____ that we should not _____ the justice system _____.

Q. What can be inferred from the report?

(a) _____ of criminal law are _____

(b) The Justice Department _____

(c) _____

(d) _____ should be created.

1

_____. _____.

There's an 80 percent _____. You are advised to put on

the snow tires _____ before you leave home in the morning. _____

_____ could _____. _____

_____.

Q.   What is the forecaster's recommendation?

(a)   _____

(b)   _____ tomorrow morning.

(c)   _____ before you leave.

(d)   _____

2

Good evening. _____.

Most of the West will _____ a hot and dry weekend and

_____ for Monday. _____ in the 80 degrees

Fahrenheit under partly cloudy skies. _____ Washington next week

as _____ 95 degrees in New York, there _____ after

a week long heat with _____ 85 degrees. In the South, the weather

continues to be fantastic. If you live in Florida, you're going to have a beautiful day

next week until Wednesday — warm and sunny with plenty of blue skies

_____.

Q. Which is correct according to the report?

(a) There _____ in Washington next week.

(b) _____ in New York.

(c) _____

(d) Washington _____ next week.

3

This is Dana Fisher, NNC News. _____ small West Texas towns Monday _____. The storm _____, and tourists were _____, which was _____. Since thunderstorms and locally heavy rain _____. It is not determined when these people _____.

Q. Which is correct according to the news report?

(a) Towns in West Texas _____

(b) _____ normally has heavy rainfall.

(c) Tourists _____

(d) Many people were _____

Unit 7

연구 결과, 건강

출제 포인트 ★ ☆ ☆

연구 결과는 건강과 관련된 내용이 많이 나오며, 앞부분에 주제가 오는 것이 일반적이다. A study, report, survey, research가 주어가 되는 경우 그 문장이 연구 결과를 나타낸다.

Useful Expressions

★ **아래 표현들을 꼭 익히자.**

1 A recent study found that coffee reduces the risk of developing gallstones.
최근 연구 결과 커피가 담석 발병률을 줄여준다고 밝혀졌다.

어휘 study 연구, 조사 risk 위험, 위험 분자 gallstone 담석

2 The study found that 7 out of 10 participants are well-educated.
연구 결과 10명의 참가자 중 7명이 교육을 받은 사람으로 밝혀졌다.

어휘 participant 참가자, 관계자 well-educated 교양이 있는, 훌륭한 교육을 받은

3 Three out of every four American women think they are obese.
미국 여성 4명 중 3명은 자신이 비만이라고 생각한다.

4 More than 2 quarters of the companies favor the idea of paternity leave.

회사의 2/4 이상이 육아 휴가에 대해 찬성한다.

> 여휘 quarter 4분의 1   favor 찬성하다, ~에 호의를 보이다   paternity leave (아버지의) 출산 · 육아 휴가

5 Doctors also recommend vitamins and minerals to ease stress.

의사들은 또한 스트레스를 줄이는 데 비타민과 미네랄 섭취를 권장한다.

6 When you are stressed, you are likely to become ill.

당신이 스트레스를 받았을 때, 병에 걸리기 쉽다.

7 People who are under a lot of pressure are more susceptible to minor ailments.

많은 압박에 시달리는 사람들은 경미한 질병에 걸리기 쉽다.

> 여휘 under pressure 압력을 받아   susceptible 영향받기 쉬운, 감염되기 쉬운   minor 경중의   ailment 병

8 The report claims that in the long term such behavior can lead to even more drastic health risks.

보고서는 장기적으로 그러한 행동이 더욱더 격렬히 건강을 위협할 수 있다고 말한다.

> 여휘 claim ~을 주장하다   term 기간, 기한   lead ~을 불러일으키다, (어떤 결과에) 이르게 하다   drastic 강렬한, 맹렬한

9 Over 18 percent of all deaths were attributable to smoking.

사망 원인 중 18% 이상은 흡연이 원인이었다.

> 여휘 attributable to ~의 덧에 의한, ~에 기인하는

10 Coffee has been linked to risk factors related to coronary heart disease.

커피는 관상 동맥 질환과 연관된 위험 요소와 관련이 있다.

> 여휘 related to 관계(관련)있는, 서로 관련된   coronary 심장의, 관상의

11 It may not be as bad as once thought.

일단 생각한 것만큼 나쁘지 않을 수도 있다.

12 It has been discovered that people addicted to one substance are more likely to be addicted to others.

한 가지 물질에 중독된 사람은 다른 것에도 쉽게 중독된다는 사실이 밝혀졌다.

> 여휘 addict ~에 중독되다   substance 물질   be likely to 일어날 듯하다, ~할 것 같다

13 The symptoms were once thought the inevitable results of aging.

증상은 노화의 부득이한 결과로 간주되었다.

> 여휘 inevitable 피할 수 없는, 필연적인   aging 노화, 나이 먹음

14 Working out regularly has never been more essential to stay healthy.

규칙적인 운동은 건강을 유지하는 데 가장 필수적이다.

15 Overeating can be a contributing factor to meat-related diseases like heart disease and high blood pressure.

과식은 심장병과 고혈압처럼 육류와 관련된 질병의 주된 원인이 될 수 있다.

어휘 overeat 과식하다 contributing 기여하는, 도움이 되는 high blood pressure 고혈압

16 A new study has found that listening to music before operations helps patients cope with related stress.

새로운 연구 결과 수술 전에 음악을 들으면 환자가 스트레스를 극복할 수 있다고 밝혀졌다.

어휘 operation 수술 cope with 처리하다, 대처하다

17 This is convincing evidence that music has beneficial effects.

음악이 이로운 효과를 지닌다는 것은 설득력 있는 증거다.

어휘 convincing 설득력 있는 beneficial 유익한, 유리한

18 Increased risk of cancer is linked to deficiencies of certain nutrients.

증가하는 암의 발병률은 특정한 영양분의 결핍과 관련이 있다.

어휘 deficiency 부족, 결핍 nutrient 영양분을 주는, 영양이 되는

19 People who drink red wine occasionally may have a lower risk of developing dementia.

주기적으로 적포도주를 마시는 사람은 치매에 걸릴 위험이 낮다.

20 It is often recommended to people rehabilitating from knee injuries.

이는 무릎 부상에서 회복 중인 사람들에게 종종 권해진다.

어휘 rehabilitate 원상으로 복귀시키다, ~의 건강을 원상태로 돌리다

21 Children aged between 10 and 15 are more likely to come down with the flu.

10~15세의 아이들은 감기에 더 잘 걸린다.

어휘 come down with ~의 병에 걸리다

22 It suggests that the most effective way to curb childhood obesity is through school-based measures.

아이들의 비만을 막을 수 있는 가장 효과적인 방법은 학교에 기반을 둔 방법이라 보고 있다.

어휘 curb ~을 구속하다, 억제하다 obesity 비만, 비대 measure 수단, 조치, 방책

Useful Expression Check-Up

● 앞에서 익힌 표현들을 확인해 보자.

1 최근 연구 결과 커피가 담석 발병률을 줄여준다고 밝혀졌다.

_____ that coffee reduces the risk of developing gallstones.

2 연구 결과 10명의 참가자 중 7명이 교육을 받은 사람으로 밝혀졌다.

The study found that _____

3 미국 여성 4명 중 3명은 자신이 비만이라고 생각한다.

_____ American women think _____

4 회사의 2/4 이상이 육아 휴가에 대해 찬성한다.

_____

5 의사들은 또한 스트레스를 줄이는 데 비타민과 미네랄 섭취를 권장한다.

_____ vitamins and minerals to _____

6 당신이 스트레스를 받았을 때, 병에 걸리기 쉽다.

When _____, you _____ _____

7 많은 압박에 시달리는 사람들은 경미한 질병에 걸리기 쉽다.

People _____ are more _____

8 보고서는 장기적으로 그러한 행동이 더욱더 격렬히 건강을 위협할 수 있다고 말한다.

_____ that in the long term such behavior can _____

9 사망 원인 중 18% 이상은 흡연이 원인이었다.

Over 18 percent of all deaths _____

10 커피는 관상 동맥 질환과 연관된 위험 요소와 관련이 있다.

_____ coronary heart disease.

11 일단 생각한 것만큼 나쁘지 않을 수도 있다.

_____

12 한 가지 물질에 중독된 사람은 다른 것에도 쉽게 중독된다는 사실이 밝혀졌다.

_____ that people addicted to one substance are _____

13 증상은 노화의 부득이한 결과로 간주되었다.

The symptoms were once thought _____

14 규칙적인 운동은 건강을 유지하는 데 가장 필수적이다.

_____

15 과식은 심장병과 고혈압처럼 육류와 관련된 질병의 주된 원인이 될 수 있다.

_____ **to meat-related diseases like heart disease and high**

blood pressure.

16 새로운 연구 결과 수술 전에 음악을 들으면 환자가 스트레스를 극복할 수 있다고 밝혀졌다.

_____ **that listening to music before operations helps patients** _____

_____

17 음악이 이로운 효과를 지닌다는 것은 설득력 있는 증거다.

_____ **that music has** _____

18 증가하는 암의 발병률은 특정한 영양분의 결핍과 관련이 있다.

Increased risk of cancer is _____

19 주기적으로 적포도주를 마시는 사람은 치매에 걸릴 위험이 낮다.

People who drink red wine _____

20 이는 무릎 부상에서 회복 중인 사람들에게 종종 권해진다.

_____ **to people rehabilitating from knee injuries.**

21 10~15세의 아이들은 감기에 더 잘 걸린다.

Children aged between 10 and 15 are _____

22 아이들의 비만을 막을 수 있는 가장 효과적인 방법은 학교에 기반을 둔 방법이라 보고 있다.

_____ **is through school-based**

measures.

Exercise

다음을 듣고 적절한 응답을 고르시오.

PART IV

1 (a)   (b)   (c)   (d)

2 (a)   (b)   (c)   (d)

3 (a)   (b)   (c)   (d)

TIP

연구 결과는 대부분 연구 결과를 밝히고, 그 후에 세부적인 내용을 언급한다. 아래 어구들은 연구 결과를 말하는 내용임을 알 수 있게 해 주는 단서들이다.

- A study claims~ 연구 결과 ~라고 주장하다
- A report released today~ 오늘 발표한 보고에 따르면
- The recent study shows 최근 연구 결과 ~이 밝혀졌다
- The survey suggests that~ 연구는 ~을 제안한다
- Scientists have found that~ 과학자들은 ~을 발견했다
- According to the research~ 조사에 따르면
- According to the survey conducted, 조사에 따르면

Dictation

● 다시 한 번 듣고 받아쓰기 하시오.

1

Many people try to find the ways to _____. Here's a tip for those who search for _____. A study shows that it's best to handle the stress _____. However, it is said that many people

_____.

They drink and smoke to _____. It is _____ that we avoid such unhealthy responses, which will _____.

Q.   What is the main point of the talk?

(a)   _____

(b)   _____, and not stress itself.

(c)   The best solution to stress is to _____

(d)   Stress is _____

2

Many people may think that children's misbehavior can _____ sugar consumption. However, _____ today, it claims that sugar

_____.

They _____ that the boys whose behavior, consumed sugar, was observed each day for fifteen days, but there were

_____. _____

after _____.

Q. What is this talk about?

(a) People should _____

(b) _____ are _____

(c) Sugar does _____ in children.

(d) People should _____

3

_____ among many adolescents recently, even though smoking is one of _____. Since _____ stars have been shown smoking on TV, _____ to young people. But many experts warn that smoking cigars may _____. They also say that smoking is harmful to the brain, _____ of production of growth hormones.

Q. What is the main idea of the talk?

(a) Many stars prefer smoking to drinking.

(b) _____   _____

(c) Stopping smoking is _____

(d) Smoking in youth _____

Unit 8

회사

출제 포인트 ★★★

회사에서 나오는 내용은 주로 공지 사항이며, 회사 관련 어휘들을 반드시 공부해야 한다. 일반적으로 새로운 규정 알림 또는 회사의 어려움으로 직원의 협조 요청, 새로운 임원의 취임 등이 있다. 안 좋은 소식은 뒷부분에 말하고자 하는 주제가 있다.

Useful Expressions

★ **아래 표현들을 꼭 익히자.**

1   I've called this meeting to let everyone know about the changes.
모두에게 변동 사항을 알리고자 이 회의를 소집했습니다.

2   This intensive program covers all aspects of starting and running a business.
이 집중 프로그램은 사업 시작이나 사업 운영의 모든 면을 망라합니다.

    어휘 intensive 집중적인   cover 포함하다, 걸치다, 미치다   aspect 면, 양상

3   This meeting was called so that we can discuss CompuOne's new product line.
이 회의는 CompuOne의 새로운 생산 라인을 논의하기 위해 소집되었습니다.

    어휘 call (회의를) 소집하다   product line (마케팅) 제품 라인

4 We need to address a major issue in our company.

우리는 회사의 주요 문제점을 제기해야 합니다.

어휘 address 제기하다, 제출하다　major 주요한, 일류의　issue 논(쟁)점, 문제(점)

5 We are here to discuss our marketing plan.

마케팅 안을 논의하고자 모였습니다.

6 I propose we reduce working hours to overcome this crisis.

이 위기를 극복하기 위해 근무 시간을 단축할 것을 제안합니다.

7 I've asked for this meeting to discuss what needs to be done.

해야 할 일에 대해서 논의하고자 이 모임을 소집했습니다.

8 We certainly do our best to rectify the problem.

우리는 문제를 해결하기 위해 분명히 최선을 다해야 합니다.

어휘 certainly 확실히, 틀림없이　do one's best 최선을 다하다　rectify 수정하다, 개정하다

9 You are allowed to have two-week paid holidays.

2주간의 유급 휴가가 주어집니다.

어휘 allow 허가하다, 지급하다　paid 유급의

10 Please note that there is a new dress code, which will be effective from next month.

새로운 복장 규정이 다음 달부터 시행된다는 점에 유의하십시오.

어휘 note 주의하다, 유념하다　dress code 복장 규정　effective 유효한

11 Starting September 1st, all newly-hired staff members will be subject to a probationary period of 3 months.

9월 1일을 시작으로 새로 채용된 모든 신입 사원들은 세 달의 수습 기간을 갖게 됩니다.

어휘 newly 새로이, 다시　be subject to ~할 수밖에 없다　probationary 가채용의, 견습 중인

Useful Expression Check-Up

● **앞에서 익힌 표현들을 확인해 보자.**

1 모두에게 변동 사항을 알리고자 이 회의를 소집했습니다.

_____ to let everyone know about the changes.

2 이 집중 프로그램은 사업 시작이나 사업 운영의 모든 면을 망라합니다.

This intensive program _____ starting and running a business.

3 이 회의는 CompuOne의 새로운 생산 라인을 논의하기 위해 소집되었습니다.

_____ CompuOne's new product line.

4 우리는 회사의 주요 문제점을 제기해야 합니다.

We need to _____ in our company.

5 마케팅 안을 논의하고자 모였습니다.

_____ our marketing plan.

6 이 위기를 극복하기 위해 근무 시간을 단축할 것을 제안합니다.

_____

7 해야 할 일에 대해서 논의하고자 이 모임을 소집했습니다.

_____ to discuss _____

8 우리는 문제를 해결하기 위해 분명히 최선을 다해야 합니다.

We certainly do our best to _____

9 2주간의 유급 휴가가 주어집니다.

You are _____

10 새로운 복장 규정이 다음 달부터 시행된다는 점에 유의하십시오.

Please note that there is a new dress code, _____

11 9월 1일을 시작으로 새로 채용된 모든 신입 사원들은 세 달의 수습 기간을 갖게 됩니다.

Starting September 1st, _____

Exercise

 다음을 듣고 적절한 응답을 고르시오.

PART IV

1 (a)   (b)   (c)   (d)

2 (a)   (b)   (c)   (d)

3 (a)   (b)   (c)   (d)

 TIP

수동태가 아닌 일반 표현으로 기억해야 할 문장

• be asked to V/be advised to V/be required to V ~해야 한다

You are asked to do the presentation again at a later date. 당신은 후에 발표를 다시 해야 합니다.

You are advised to avoid going out. 당신은 외출하는 것을 삼가야 합니다.

You are required to attend the seminar. 당신은 세미나에 참석해야 합니다.

• be expected to V/be supposed to V ~할 예정이다, ~하기로 되어 있다

Rain is expected to let up soon. 곧 비가 그칠 것입니다.

We are supposed to meet the deadline. 우리는 마감일을 맞춰야 합니다.

• be allowed to V ~할 수 있다

You are allowed to have a two-week vacation. 2주간의 휴가가 주어집니다.

Dictation

● 다시 한 번 듣고 받아쓰기 하시오.

1

I _____, to _____ our company headquarters. After we _____, we realized that construction on the premise chosen _____, and an assessment of adverse environmental impact on it may _____ for the company. Therefore, I suggest that we _____ and _____.

Q.   What is the speaker's main point in the talk?

(a)   The current proposal _____

(b)   Proposals for a new relocation is _____

(c)   The company's construction project _____

(d)   Company practices are _____

2

_____, our organization _____ since last year due to _____ in our nation. It _____ the current situation. Therefore, we _____ and shrink some of _____. Also, a new president, George Wilson, will _____ our firm _____ president Tom Miller. I hope you understand our present _____ and this _____.

Q.   What is correct according to this talk?

(a)   Tom Miller _____

(b)   There _____

(c)   There _____

(d)   The organization _____

3

Today, I got an e-mail, _____ when our sales representative _____. There was another complaint that some workers talked on the phone too long in a personal matter, which _____. As we _____ our reputation for a polite, and friendly service, you _____. From now on, I'll _____ in this kind of cases.

Q.   What is the main purpose of this talk?

(a)   To _____

(b)   To _____

(c)   To _____

(d)   To _____

Unit 9

기타 (환경, 과학)

Useful Expressions

★ **아래 표현들을 꼭 익히자.**

1　Hazardous waste is materials which can be a hazard to landfills.

유해 쓰레기는 매립지에 위험 요소가 될 수 있는 물질이다.

　[어휘] hazardous 위험한, 모험적인　hazard 위험, 위험 요소　landfill 매립지

2　A study projects that within 50 years the Arctic Ocean could be ice-free during the summer.

연구는 50년 이내에 북극해가 여름 동안은 결빙되지 않을 것으로 추정하고 있다.

　[어휘] project 예상하다, 추정하다　ice-free 얼지 않는, 결빙하지 않는

3　The gradual deforestation leads to a number of damaging environmental effects.

점진적인 삼림 벌채는 환경에 수없는 피해를 입히고 있다.

　[어휘] deforestation 삼림 벌채, 산림 개간　damaging 손해를 끼치는, 해로운

4 If the world continues consuming water at the current rate, many people will face severe water shortages.

만약 세계가 현재와 같은 속도로 물을 소비한다면, 많은 사람들은 심각한 물 부족 현상에 직면할 것이다.

> **어휘** rate 속도, 비율   severe 심한, 격심한   shortage 부족, 결핍

5 Mismanagement of existing water resources is the main cause of the looming crisis.

기존 수자원의 그릇된 관리는 어렴풋이 나타나는 위기의 주된 원인이다.

> **어휘** mismanagement 부주의, 단속 소홀   loom 어렴풋이 나타나다, 흐릿하게 보이다

6 New engineering and computer science have the potential to offer unimaginable benefits to all industrial sectors.

새로운 공학과 컴퓨터 과학은 모든 산업 부문에서 상상할 수 없는 이득을 제공할 만한 잠재력을 지니고 있다.

> **어휘** engineering 공학   potential 잠재력, 가능성   benefit 이익, 이득   sector 부문, 분야

7 Millions of people continue to be affected by water-related problems.

수백만의 사람들이 물과 관련된 문제에 지속적으로 영향을 받는다.

8 We should show respect for our valuable natural resource by keeping it clean.

우리는 천연자원을 깨끗하게 유지함으로써 소중히 여겨야 한다.

9 Environmental pollution is not a new issue to us.

우리에게 환경 오염은 새로운 문제가 아니다.

Useful Expression Check-Up

● **앞에서 익힌 표현들을 확인해 보자.**

1   유해 쓰레기는 매립지에 위험 요소가 될 수 있는 물질이다.

_____ is materials which _____

2   연구는 50년 이내에 북극해가 여름 동안은 결빙되지 않을 것으로 추정하고 있다.

_____ that within 50 years the Arctic Ocean could _____ during
the summer.

3   점진적인 삼림 벌채는 환경에 수없는 피해를 입히고 있다.

_____

4   만약 세계가 현재와 같은 속도로 물을 소비한다면, 많은 사람들은 심각한 물 부족 현상에 직면할 것이다.

If the world continues consuming water _____, many people will _____

_____

5   기존 수자원의 그릇된 관리는 어렴풋이 나타나는 위기의 주된 원인이다.

_____ is the main cause of _____

6   새로운 공학과 컴퓨터 과학은 모든 산업 부문에서 상상할 수 없는 이득을 제공할 만한 잠재력을 지니고
있다.

New engineering and computer science _____ to offer unimaginable

benefits to _____

7   수백만의 사람들이 물과 관련된 문제에 지속적으로 영향을 받는다.

Millions of people _____ by water-related problems.

8   우리는 천연자원을 깨끗하게 유지함으로써 소중히 여겨야 한다.

We should _____ for our valuable natural resource _____

_____

9   우리에게 환경 오염은 새로운 문제가 아니다.

_____

◉ 해설집 P 116

Exercise

다음을 듣고 적절한 응답을 고르시오.

PART IV

1 (a)   (b)   (c)   (d)

2 (a)   (b)   (c)   (d)

3 (a)   (b)   (c)   (d)

TIP

알고 들으면 더 쉽다.

- A and B

  The items are reliable and dependable. 그 제품들은 믿을 수 있다.

- A or B

  They will see to it that we have snacks or refreshments at the meeting.
  우리가 회의에서 다과를 먹을 수 있도록 그들이 조치를 취해 줄 것이다.

  There should be flaws or problems in the product. 그 제품에 하자나 문제가 있을 것이다.

- A including B

  We offer a lot of stationery including pens, paper, or notes. 우리는 펜, 종이, 노트를 포함한 문구류를 제공한다.

- A such as B

  ailments such as a cold 감기와 같은 병

Dictation

● 다시 한 번 듣고 받아쓰기 하시오.

1

Few people _____ make drink cans, or any other aluminum product is. _____, there are many processes to _____ such as digging or purifying. It also _____ more than to recycle from old cans. This is, making the recycled product helps _____, resulting in less pollution from power stations. Also, it will help _____ of all our rubbish in landfill sites.

Q.　Which of the following can be the best title of the passage?

(a)　_____

(b)　_____

(c)　_____ we use

(d)　Serious air pollution from making cans

2

One of the biggest mistakes that _____ is to _____.
It has been used in many countries over the past four decades _____.
However, it is obvious that we should _____ of nuclear energy because
of the problem of the waste it produces. This highly dangerous material will definitely
_____ or dumped on _____ and last for hundreds of thousands of
years. Many solutions have been suggested but _____.

Q.   Which of the following best summarizes the above passage?

(a)   Something should be done to _____

(b)   _____ should be done before any nuclear developments.

(c)   We should _____

(d)   Nuclear power plants should _____ all around the world.

3

Some scientists _____ microscope have reported that the heart can, in fact, _____ after a heart attack, creating new therapies tapping into this _____. Yet, these are still many years _____, and many doubts that this will help _____. Other scientists have created new foods in the laboratory through biotechnology, putting some animal genes into plant genes. However, it _____ that whether these new foods are safe and _____.

Q. Which of the following can be inferred from the article?

(a) Scientist _____ to create _____

(b) _____ the safety and the effectiveness.

(c) New technology will _____

(d) _____

부록

PART IV에

자주 나오는

Part IV에 자주 나오는
동사 40

● **아래 빈출 동사 40개 모두 꼭 암기하자.**

1 impede 방해하다

> 예문 Religion had once impeded the development of science.
> 종교는 한때 과학의 발전을 저지했다.

2 modify (부분적으로 모양이나 성질 등을) 바꾸다, 수정하다, 변형하다

> 예문 Most of vegetables you eat are genetically modified.
> 여러분이 먹는 대부분의 야채는 유전적으로 변형된 것입니다.

3 replicate (똑같은 방식으로) 만들다, (생화학) 복제하다

> 예문 Be reminded that all the data will be replicated to recipients.
> 모든 자료는 수신인들에게 복제된다는 것을 알아야 한다.

4 launch (로켓 등을) 발사하다, (계획을) 시작하다

> 예문 The Soviet Union was the first country to launch an artificial satellite.
> 소련은 최초로 인공위성을 발사한 나라였다.

5 transmit (전파 등을) 보내다, (열 등을) 전도하다

> 예문 This can be transmitted by satellite anywhere in the world.
> 이것은 인공위성에 의해 세계 어느 곳으로든 전송될 수 있다.

6 precede 앞장서다, 우위에 서다

> 예문 Light precedes sound.
> 빛이 소리보다 앞선다.

7 abandon (사람·지위 등을) 버리다, (목적 등을) 단념하다, 포기하다

> 예문 They decided to abandon the project.
> 그들은 그 계획을 포기하기로 결정했다.

8 specify 일일이 열거하다, 상술하다

> 예문 The dress code is specified in the company regulations.
> 복장 규정은 회사 규정에 상세히 명기되어 있다.

9 associate 결합하다, 교제하다

> 예문 This accident is associated with the former accident.
> 이 사고는 전에 일어났던 사고와 관련있다.

10 comply (법 등을) 따르다, 순응하다

> 예문 We should comply with traffic rules and regulations.
> 우리는 교통 법규와 규칙을 따라야 한다.

11 demonstrate 시위 운동을 하다

예문 Students in Britain demonstrated against the new regulation.
영국 학생들이 새로운 규정에 대한 반대 시위를 했다.

12 deprive 빼앗다, 박탈하다

예문 No one has the right to deprive another person of his or her human right.
누구도 다른 사람에게서 인권을 빼앗을 권리는 없다.

13 discriminate 차별 대우하다, 구별을 인정하다

예문 ABC Company tend to discriminate against foreigners in its hiring.
ABC 사는 직원을 고용할 때, 외국인을 차별하는 경향이 있다.

14 donate 기증하다, 기부하다

예문 Some donate their old clothes to second-hand stores.
어떤 사람들은 낡은 옷을 중고 가게에 기부한다.

15 hinder 방해하다, 가로막다

예문 The gap between rich and poor hinders social development.
빈부 격차가 사회 발전을 가로막는다.

16 exclude 제외하다

예문 They excluded women from its classes.
그들은 여성들을 수업에서 제외시켰다.

17 insult 모욕하다, 무례한 짓을 하다

예문 Do not insult others in the class.
수업에서 다른 이들에게 무례한 말을 하지 마라.

18 oppress 괴롭히다, 억압하다

예문 They continue to actively oppress people of color.
그들은 계속해서 적극적으로 유색 인종을 억압하고 있다.

19 restrain 제지하다, (활동 등을) 제한하다

예문 We shouldn't restrain free speech.
언론의 자유를 제한하는 것은 옳지 않다.

20 undertake 떠맡다, (사업 등을) 착수하다

예문 We readily agreed to undertake the assignment.
우리는 기꺼이 그 과제를 착수하는 데 동의했다.

21 urge 열심히 권하다, 재촉하다

예문 The government urged them to restrain themselves.
정부는 그들에게 자제를 촉구했다.

22 diminish 줄다, 축소하다

예문 The population increases and the natural forest diminishes.
인구는 증가하고, 자연림은 줄어든다.

23 prosper 번영하다, 성공하다

예문 Japan's economy will continue to prosper.
일본 경제는 지속적으로 번영할 것이다.

24 sustain (생명·시설 등을) 유지하다, (남을) 격려하다

예문 We need to sustain those facilities in the city.
우리는 이 도시의 시설들을 유지해야 한다.

25 deceive (거짓말로) 속이다, 사기 치다

예문 People do deceive others, even best friends and loved ones.
사람들은 가장 친한 친구나 사랑하는 사람조차도 속인다.

26 censor (책·영화 등의) 일부를 삭제하다, 검열하다

예문 All information in this data should be censored.
이 자료에 있는 모든 정보는 검열을 받아야 한다.

27 correspond 교신하다, 일치하다

예문 Tom and Jane correspond each other by email.
톰과 제인은 이메일로 서로 연락한다.

28 distort (사실을) 왜곡하다, 바꾸다

예문 ABC Paper was criticized for distorting the truth.
ABC 신문사는 진실을 왜곡했다고 비난을 받았다.

29 quote (남의 말·문장 등을) 인용하다

예문 The instance was quoted in the column.
그 예는 칼럼에 인용되었다.

30 reflect 반사하다, 반영하다, 숙고하다

예문 The public anger was reflected in the poll.
대중의 분노가 여론조사에 반영되었다.

31 cope 대처하다, 극복하다

예문 People in all times cope with problems about aging.
어느 시대와 장소의 사람이라도 노화 문제에 부딪친다.

32 prevail 우세하다, 이기다, 널리 보급되다

예문 The trend prevailed around the world.
그 유행은 전 세계적으로 퍼졌다.

33 eliminate 제거하다, 삭제하다

예문 We should try to eliminate the sources of problems.
우리는 문제의 원인을 없애기 위해 노력해야 한다.

34 deteriorate 악화시키다, 나쁘게 하다

예문 Teaching quality gets deteriorated.
교육의 질이 악화되어가고 있다.

35 erode 부식하다(시키다), 침식하다(시키다)

예문 Soil can be eroded by wind.
토양은 바람에 의해 침식될 수 있다.

36 lead to 결과를 초래하다

예문 Economic hardships in Mexico could lead to many serious problems.
멕시코의 경제적 어려움은 많은 심각한 문제들을 일으킬 수 있다.

37 ruin 망치다

예문 German girls were ruined by drinking.
독일 젊은 여성들은 음주 때문에 망가졌다.

38 focus on 집중하다

예문 People tend to focus on the symptoms of stress.
사람들은 스트레스 증상에 집중하는 경향이 있다.

39 account for 차지하다, 설명하다

예문 The amount of money spending accounts for 40%.
지출의 양이 40%를 차지한다.

40 avoid 피하다

예문 They're just avoiding the search for solutions.
그들은 단지 해결책을 찾는 것을 피하고 있다.

⬤ **빈칸에 적절한 단어를 쓰시오.**

1 종교는 한때 과학의 발전을 저지했다.

Religion _____ the development of science.

2 여러분이 먹는 대부분의 야채는 유전적으로 변형된 것입니다.

Most of vegetables you eat _____

3 모든 자료는 수신인들에게 복제된다는 것을 알아야 한다.

Be reminded that all the data _____ recipients.

4 소련은 최초로 인공위성을 발사한 나라였다.

The Soviet Union was the first country to _____

5 이것은 인공위성에 의해 세계 어느 곳으로든 전송될 수 있다.

This can _____ satellite anywhere in the world.

6 빛이 소리보다 앞선다.

Light _____ sound.

7 그들은 그 계획을 포기하기로 결정했다.

They _____ the project.

8 복장 규정은 회사 규정에 상세히 명기되어 있다.

_____ in the company regulations.

9 이 사고는 전에 일어났던 사고와 관련있다.

This accident _____ the former accident.

10 우리는 교통 법규와 규칙을 따라야 한다.

We should _____ traffic rules and regulations.

11 영국 학생들이 새로운 규정에 대한 반대 시위를 했다.

Students in Britain _____ the new regulation.

12 누구도 다른 사람에게서 인권을 빼앗을 권리는 없다.

_____ another person of his or her human right.

13 ABC 사는 직원을 고용할 때, 외국인을 차별하는 경향이 있다.

ABC Company _____ foreigners in its hiring.

14 어떤 사람들은 낡은 옷을 중고 가게에 기부한다.

Some _____ their old clothes to _____

15 빈부 격차가 사회 발전을 가로막는다.

The gap between rich and poor _____

16 그들은 여성들을 수업에서 제외시켰다.

They _____ its classes.

17 수업에서 다른 이들에게 무례한 말을 하지 마라.

_____ in the class.

18 그들은 계속해서 적극적으로 유색 인종을 억압하고 있다.

They continue to _____

19 언론의 자유를 제한하는 것은 옳지 않다.

We _____

20 우리는 기꺼이 그 과제를 착수하는 데 동의했다.

We readily agreed to _____

21 정부는 그들에게 자제를 촉구했다.

The government _____ themselves.

22 인구는 증가하고, 자연림은 줄어든다.

The population _____ and the natural forest _____

23 일본 경제는 지속적으로 번영할 것이다.

Japan's economy _____

24 우리는 이 도시의 시설들을 유지해야 한다.

We _____ those facilities in the city.

25 사람들은 가장 친한 친구나 사랑하는 사람조차도 속인다.

People _____ others, even best friends and loved ones.

26 이 자료에 있는 모든 정보는 검열을 받아야 한다.

_____

27 톰과 제인은 이메일로 서로 연락한다.

Tom and Jane _____

28 ABC 신문사는 진실을 왜곡했다고 비난을 받았다.

ABC Paper was _____

29 그 예는 칼럼에 인용되었다.

_____ in the column.

30 대중의 분노가 여론조사에 반영되었다.

The public anger _____ in the poll.

31 어느 시대와 장소의 사람이라도 노화 문제에 부딪친다.

People in all times _____ about aging.

32 그 유행은 전 세계적으로 퍼졌다.

_____ around the world.

33 우리는 문제의 원인을 없애기 위해 노력해야 한다.

We _____ the sources of problems.

34 교육의 질이 악화되어가고 있다.

Teaching quality _____

35 토양은 바람에 의해 침식될 수 있다.

Soil _____ wind.

36 멕시코의 경제적 어려움은 많은 심각한 문제들을 일으킬 수 있다.

Economic hardships in Mexico _____

37 독일 젊은 여성들은 음주 때문에 망가졌다.

German girls _____ drinking.

38 사람들은 스트레스 증상에 집중하는 경향이 있다.

People _____

40 그들은 단지 해결책을 찾는 것을 피하고 있다.

They're _____ the search for solutions.

동사 미리보기 아는 단어를 체크해 보고, 모르는 단어들은 꼭 암기하도록 하자.

- ☐ susceptable
- ☐ compulsory
- ☐ relative
- ☐ abstract
- ☐ concrete
- ☐ ambiguous
- ☐ coherent
- ☐ outstanding
- ☐ renowned
- ☐ absurd
- ☐ explicit
- ☐ keen
- ☐ literate

- ☐ monotonous
- ☐ prominent
- ☐ primitive
- ☐ simultaneous
- ☐ durable
- ☐ prolific
- ☐ abundant
- ☐ ample
- ☐ enormous
- ☐ alternative
- ☐ efficient
- ☐ equivalent
- ☐ flexible

- ☐ capable
- ☐ relevant
- ☐ adverse
- ☐ apparent
- ☐ conscious
- ☐ fatal
- ☐ feasible
- ☐ obscure
- ☐ superficial
- ☐ adequate
- ☐ prompt
- ☐ ambivalent
- ☐ indispensable

- ☐ liable
- ☐ complimentary
- ☐ anonymous
- ☐ drastic
- ☐ extinct
- ☐ inevitable
- ☐ vulnerable
- ☐ deficient
- ☐ alert
- ☐ reluctant
- ☐ exclusive

Part IV에 자주 나오는
형용사 50

● **아래 빈출 형용사 50개 모두 꼭 암기하자.**

1 susceptable ～하기 쉬운

예문 Many smokers are susceptible to the heart disease.
많은 흡연자들은 심장 질환에 걸리기 쉽다.

2 compulsory 의무적인, 필수의

예문 There are a few compulsory subjects in order to graduate.
졸업하기 위한 몇 가지 필수 과목이 있다.

3 relative (똑같은 방식으로) 만들다, (생화학) 복제하다

예문 Einstein's Theory of Relativity was proposed in 1916.
아인슈타인의 상대성 이론은 1916년에 제안되었다.

4 abstract 추상적인

예문 Abstract concepts are not familiar.
추상적인 개념들에 익숙하지 않다.

5 concrete 구체적인

예문 There is no concrete evidence for the beginning of the universe.
우주의 시작에 대한 구체적인 증거가 없다.

6 ambiguous 애매한, 분명하지 않은

예문 There are some ambiguous answeres in this book.
이 책에는 몇 가지 애매한 답변들이 있다.

7 coherent 이치에 맞는, 일관성 있는

예문 He mentioned that students' writing was coherent.
그는 학생들의 작문에 일관성이 있다고 언급했다.

8 outstanding 탁월한, 눈에 띄는

예문 This novel is one of his most outstanding masterpieces.
이 소설은 그의 탁월한 걸작 중의 하나이다.

9 renowned 유명한, 명성이 있는

예문 Harry Pot is a world renowned physicist.
해리 팟은 세계적으로 유명한 물리학자이다.

10 absurd 부조리한, 터무니없는

예문 His report on the planet is full of absurd stories.
그의 해성에 관한 보고서는 터무니없는 이야기들로 꽉 차 있다.

11   explicit 뚜렷이 말한, 명백한, 노골적인

예문 Our culture explicitly promotes violence.
우리의 문화는 노골적으로 폭력을 조장하고 있다.

12   keen 열심인, 예리한, 강한

예문 Tom is keen to learn music.
톰은 열심히 음악을 배운다.

13   literate 읽고 쓸 줄 아는, 문학적 소양이 있는

예문 Only 3 out of 5 Chinese women are literate in English.
오직 5명 중 3명만이 영어를 읽고 쓸 줄 안다.

14   monotonous (소리·목소리가) 단조로운, 지루한

예문 He was sick and tired of monotounous work he has to do everyday.
그는 매일 단조로운 일에 지겨워하고 있다.

15   prominent 두드러진, 중요한

예문 Aristotle gave a lot of efforts to teach a prominent figures.
아리스토텔렐스는 역사상 중요한 인물들을 가르치는 데 많은 노력을 했다.

16   primitive 원시의, 원시적인

예문 Primitive people lived in harmony with nature.
원시인들은 자연과 조화를 이루며 살았다.

17   simultaneous 동시의, 동시에 일어나는

예문 His new album will be released simultaneously in the U.S. and Europe.
그의 새 앨범이 미국과 유럽에서 동시에 발매될 것이다.

18   durable 내구성이 있는, 잘 견디는

예문 The furniture he recommended looks durable.
그가 추천한 가구는 내구성이 있는 것 같다.

19   prolific 다작의

예문 Such a prolific writer was ignored for many decades.
그렇게 많은 작품을 낸 작가가 많은 세월 동안 무시되었다.

20   abundant 풍부한

예문 Rainfall is abundant in this region.
이 지역은 강수량이 풍부하다.

21   ample 충분한, 넉넉한

예문 We have an ample supply of food.
우리는 충분한 식량이 있다.

22 enormous 줄다, 축소하다

예문 An enormous amount of money has been invested in the stock market.
주식 시장에 엄청난 양의 돈이 투자되었다.

23 alternative 대안, 양자택일

예문 We have to develop alternative energy now.
우리는 지금 대체 에너지를 개발해야 한다.

24 efficient 능률적인, 유능한

예문 The system proves to be effective and efficient.
그 체계는 효과적이고 능률적이라고 증명되었다.

25 equivalent 동등한, ~에 상당하는

예문 $10 is equivalent to 12,000 won at this exchange rate.
이 환율로는 10만 달러가 12,000원과 같다.

26 flexible 융통성 있는

예문 The new plan is designed to be more flexible.
새로운 계획은 좀 더 융통성 있게 기획되었다.

27 capable 유능한, ~할 수 있는

예문 John is quite capable of filling the post.
존은 그 일을 충분히 감당할 수 있는 사람이다.

28 relevant (당면한 문제에) 관련된, 적절한

예문 This report provides new information relevant to chemistry.
이 보고서는 화학과 관련된 최신 정보를 제공한다.

29 adverse 반대하는, 거스르는, 불리한

예문 The drug may have adverse effects on patients.
그 약은 환자에게 역효과를 일으킬 수 있다.

30 apparent 분명한, 확실한

예문 No symptoms may be apparent in the early stage of cancer.
암의 초기에는 아무 증세도 나타나지 않을 수 있다.

31 conscious 의식이 있는 지각하고 있는

예문 People are more conscious about what they eat these days.
사람들은 요즘 먹는 것에 신경을 쓴다.

32 fatal 치명적인, 생명에 관계되는

예문 In the past the allergic reacion to insect stings was almost always fatal.
과거에 벌레 물린 알레르기 반응은 항상 치명적이었다.

33 feasible 실현 가능한, 적당한

예문 There is no doubt that this project is feasible.
이 프로젝트는 실현 가능하다는 것에는 의심의 여지가 없다.

34 obscure 애매한, 잘 알려지지 않은

예문 The cause about his death still remain obscure.
그의 사망 원인은 아직 잘 알려져 있지 않다.

35 superficial 피상적인, 표면상의

예문 People have only superficial knowledge about space.
사람들은 우주에 관해 피상적인 지식만을 가지고 있다.

36 adequate (어떤 목적에) 적당한, 충분한

예문 This device is adequate for most people's needs.
대부분의 사람들이 필요로 하는 기계이다.

37 prompt 신속한, 즉각적인

예문 All the irrelevant information will be promptly deleted.
모든 관련 없는 정도는 즉시 삭제될 것이다.

38 ambivalent (태도가) 양면적인

예문 He remained ambivalent about the thought of moving.
그는 이사 가는 것에 대한 생각에 오락가락하는 감정을 가진 채로 있었다.

39 indispensable 없어서는 안 될, 필수 불가결의

예문 Parents play an indispensable role in education.
교육에서 부모가 필수적인 역할을 한다.

40 liable (나쁜 일이) 일어날 수 있는, 의무가 있는

예문 They are liable to a heart disease.
그들은 심장 질환에 걸리기 쉽다.

41 complimentary 공짜의

예문 A complimentary copy is enclosed for your use.
한 권의 무료 책이 동봉되어 있다.

42 anonymous 익명의, 특성이 없는

예문 The victim received an anonymous letter the day before the accident.
피해자는 사건이 있기 전날 익명의 편지를 받았다.

43 drastic 급격한, 철저한

예문 They resorted to a drastic measure.
그들은 강경 조치를 취했다.

44 extinct (종족·생물이) 멸종한, 절멸한

[예문] Large mammals like whales are in danger of extinction.
고래 같은 커다란 포유동물들이 멸종 위기에 처해 있다.

45 inevitable 피할 수 없는, 필연적인

[예문] Having an eye surgery is inevitable.
눈 수술을 받는 것은 피할 수 없다.

46 vulnerable 상처받기 쉬운, 공격받기 쉬운, 취약한

[예문] People who work too much are vulnerable to ailments.
과로하는 사람들은 병에 걸리기 쉽다.

47 deficient 결핍되어 있는, 부족한

[예문] Many older people are deficient of vitamin B12.
많은 노인들은 비타민 B 12가 결핍되어 있다.

48 alert 방심하지 않는, 깨어 있는

[예문] Here are a few tips to stay alert while driving at night.
밤 운전 중에 깨어 있을 수 있는 몇 가지 정보가 여기에 있다.

49 reluctant 싫어하는, 꺼리는

[예문] Old people tend to be reluctant to start something new.
나이 든 사람들은 새로운 것을 시작하기를 꺼리는 경향이 있다.

50 exclusive 배타적인

[예문] They used to have an exclusive right on the product.
그들이 그 물건에 대한 독점권이 있었다.

● **빈칸에 적절한 단어를 쓰시오.**

1　많은 흡연자들은 심장 질환에 걸리기 쉽다.

　　Many smokers ＿＿＿＿＿＿＿＿ the heart disease.

2　졸업하기 위한 몇 가지 필수 과목이 있다.

　　There are a few ＿＿＿＿＿＿＿＿＿＿＿＿＿＿

3　아인슈타인의 상대성 이론은 1916년에 제안되었다.

　　Einstein's ＿＿＿＿＿＿＿ was proposed in 1916.

4　추상적인 개념들에 익숙하지 않다.

　　＿＿＿＿＿＿＿＿ are not familiar.

5　우주의 시작에 대한 구체적인 증거가 없다.

　　＿＿＿＿＿＿＿＿＿＿＿＿＿＿ for the beginning of the universe.

6　이 책에는 몇 가지 애매한 답변들이 있다.

　　There are ＿＿＿＿＿＿　＿＿＿＿ in this book.

7　그는 학생들의 작문에 일관성이 있다고 언급했다.

　　He mentioned that ＿＿＿＿＿＿＿＿＿＿＿＿＿

8　이 소설은 그의 탁월한 걸작 중의 하나이다.

　　This novel is one of ＿＿＿＿＿＿＿＿＿＿＿＿＿

9　해리 팟은 세계적으로 유명한 물리학자이다.

　　Harry Pot is ＿＿＿＿＿＿＿＿＿＿＿＿

10　그의 해성에 관한 보고서는 터무니없는 이야기들로 꽉 차 있다.

　　His report on the planet is ＿＿＿＿＿＿＿＿＿＿

11　우리의 문화는 노골적으로 폭력을 조장하고 있다.

　　Our culture ＿＿＿＿＿＿＿＿＿＿

12　톰은 열심히 음악을 배운다.

　　Tom ＿＿＿＿＿＿＿＿＿

13 오직 5명 중 3명만이 영어를 읽고 쓸 줄 안다.

Only 3 out of 5 Chinese women _____

14 그는 매일 단조로운 일에 지겨워하고 있다.

He _____ work he has to do everyday.

15 아리스토텔레스는 역사상 중요한 인물들을 가르치는 데 많은 노력을 했다.

Aristotle gave a lot of efforts to teach _____

16 원시인들은 자연과 조화를 이루며 살았다.

_____ lived in harmony with nature.

17 그의 새 앨범이 미국과 유럽에서 동시에 발매될 것이다.

His new album _____ in the U.S. and Europe.

18 그가 추천한 가구는 내구성이 있는 것 같다.

The furniture he recommended _____

19 그렇게 많은 작품을 낸 작가가 많은 세월 동안 무시되었다.

_____ was ignored for many decades.

20 이 지역은 강수량이 풍부하다.

Rainfall _____ in this region.

21 우리는 충분한 식량이 있다.

We _____ of food.

22 주식 시장에 엄청난 양의 돈이 투자되었다.

_____ of money has been invested in the stock market.

23 우리는 지금 대체 에너지를 개발해야 한다.

We have to _____

24 그 체계는 효과적이고 능률적이라고 증명되었다.

The system proves to _____

25 이 환율로는 10만 달러가 12,000원과 같다.

$10 _____ 12,000 won at this exchange rate.

26 새로운 계획은 좀 더 융통성 있게 기획되었다.

The new plan is designed _____

27 존은 그 일을 충분히 감당할 수 있는 사람이다.

John is _____

28 이 보고서는 화학과 관련된 최신 정보를 제공한다.

This report provides new information _____ chemistry.

29 그 약은 환자에게 역효과를 일으킬 수 있다.

The drug _____

30 암의 초기에는 아무 증세도 나타나지 않을 수 있다.

No symptoms _____ in the early stage of cancer.

31 사람들은 요즘 먹는 것에 신경을 쓴다.

People are _____ what they eat these days.

32 과거에 벌레 물린 알레르기 반응은 항상 치명적이었다.

In the past the allergic reacion to insect stings was _____

33 이 프로젝트는 실현 가능하다는 것에는 의심의 여지가 없다.

There is no doubt that _____

34 그의 사망 원인은 아직 잘 알려져 있지 않다.

The cause about his death still _____

35 사람들은 우주에 관해 피상적인 지식만을 가지고 있다.

People _____ about space.

36 대부분의 사람들이 필요로 하는 기계이다.

This device _____ most people's needs.

37 모든 관련 없는 정도는 즉시 삭제될 것이다.

All the irrelevant information will _____

38 그는 이사 가는 것에 대한 생각에 오락가락하는 감정을 가진 채로 있었다.

He _____ the thought of moving.

39 교육에서 부모가 필수적인 역할을 한다.

Parents play _____ in education.

40 그들은 심장 질환에 걸리기 쉽다.

They _____ a heart disease.

41 한 권의 무료 책이 동봉되어 있다.

_____ is enclosed for your use.

42 피해자는 사건이 있기 전날 익명의 편지를 받았다.

The victim received _____ the day before the accident.

43 그들은 강경 조치를 취했다.

They resorted to _____

44 고래 같은 커다란 포유동물들이 멸종 위기에 처해 있다.

Large mammals like whales are _____

45 눈 수술을 받는 것은 피할 수 없다.

Having an eye surgery _____

46 과로하는 사람들은 병에 걸리기 쉽다.

People who work too much are _____

47 많은 노인들은 비타민 B 12가 결핍되어 있다.

Many older people are _____

48 밤 운전 중에 깨어 있을 수 있는 몇 가지 정보가 여기에 있다.

Here are a few tips to _____

49 나이 든 사람들은 새로운 것을 시작하기를 꺼리는 경향이 있다.

Old people _____ start something new.

50 그들이 그 물건에 대한 독점권이 있었다.

They used to _____

www.nexusON.com

Actual Test

DIRECTIONS

1   In the Listening Comprehension
    section, all content will be presented
    orally rather than in written form.

2   This section contains 4 parts. In
    parts I and II, each passage will be
    read only once. In parts III and IV,
    each passage and its corresponding
    question will be read twice. But in
    all sections, the options will be read
    only once. After listening to the
    passage and question, listen to the
    options and choose the best answer.

3   More specific directions will be given
    at the beginning of each part of this
    section.

Part I   Questions 1-15

You will now hear fifteen items, each made up of a single spoken statement followed by four spoken responses. Choose the most appropriate response to the statement.

1   (a)   (b)   (c)   (d)

2   (a)   (b)   (c)   (d)

3   (a)   (b)   (c)   (d)

4   (a)   (b)   (c)   (d)

5   (a)   (b)   (c)   (d)

6   (a)   (b)   (c)   (d)

7   (a)   (b)   (c)   (d)

8   (a)   (b)   (c)   (d)

9   (a)   (b)   (c)   (d)

10   (a)   (b)   (c)   (d)

11   (a)   (b)   (c)   (d)

12   (a)   (b)   (c)   (d)

13   (a)   (b)   (c)   (d)

14   (a)   (b)   (c)   (d)

15   (a)   (b)   (c)   (d)

Part II Questions 16-30

You will now hear fifteen conversation fragments, each made up of three spoken statements followed by four spoken responses. Choose the most appropriate response to complete the conversation.

16   (a)   (b)   (c)   (d)

17   (a)   (b)   (c)   (d)

18   (a)   (b)   (c)   (d)

19   (a)   (b)   (c)   (d)

20   (a)   (b)   (c)   (d)

21   (a)   (b)   (c)   (d)

22   (a)   (b)   (c)   (d)

23   (a)   (b)   (c)   (d)

24   (a)   (b)   (c)   (d)

25   (a)   (b)   (c)   (d)

26   (a)   (b)   (c)   (d)

27   (a)   (b)   (c)   (d)

28   (a)   (b)   (c)   (d)

29   (a)   (b)   (c)   (d)

30   (a)   (b)   (c)   (d)

Part III Questions 31-45

You will now hear fifteen complete conversations. For each item, you will hear a conversation and its corresponding question which will be read twice. Then you will hear four options which will be read only once. Choose the option that best answers the question.

31 (a) (b) (c) (d)

32 (a) (b) (c) (d)

33 (a) (b) (c) (d)

34 (a) (b) (c) (d)

35 (a) (b) (c) (d)

36 (a) (b) (c) (d)

37 (a) (b) (c) (d)

38 (a) (b) (c) (d)

39 (a) (b) (c) (d)

40 (a) (b) (c) (d)

41 (a) (b) (c) (d)

42 (a) (b) (c) (d)

43 (a) (b) (c) (d)

44 (a) (b) (c) (d)

45 (a) (b) (c) (d)

Part IV Questions 46-60

You will now hear fifteen spoken monologues. For each item, you will hear a monologue and its corresponding question which will be read twice. Then you will hear four options which will be read only once. Choose the option that best answers the question.

46   (a)   (b)   (c)   (d)

47   (a)   (b)   (c)   (d)

48   (a)   (b)   (c)   (d)

49   (a)   (b)   (c)   (d)

50   (a)   (b)   (c)   (d)

51   (a)   (b)   (c)   (d)

52   (a)   (b)   (c)   (d)

53   (a)   (b)   (c)   (d)

54   (a)   (b)   (c)   (d)

55   (a)   (b)   (c)   (d)

56   (a)   (b)   (c)   (d)

57   (a)   (b)   (c)   (d)

58   (a)   (b)   (c)   (d)

59   (a)   (b)   (c)   (d)

60   (a)   (b)   (c)   (d)

● 넥서스 수준별 TEPS 맞춤 학습 프로그램

기출·독해

서울대 기출문제

 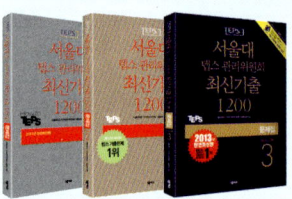  

서울대 텝스 관리위원회 최신기출 1000 | 서울대학교 TEPS관리위원회 문제 제공 · 양준희 해설 | 628쪽 | 28,000원
서울대 텝스 관리위원회 최신기출 1200/SEASON 2~3 문제집 | 서울대학교 TEPS관리위원회 문제 제공 | 352쪽 | 19,500원
서울대 텝스 관리위원회 최신기출 1200/SEASON 2~3 해설집 | 서울대학교 TEPS관리위원회 문제 제공 · 넥서스 TEPS연구소 해설 | 472쪽 | 25,000원
서울대 텝스 관리위원회 최신기출 Listening | 서울대학교 TEPS관리위원회 문제 제공 · 넥서스 TEPS연구소 해설 | 320쪽 | 19,800원
서울대 텝스 관리위원회 최신기출 Reading | 서울대학교 TEPS관리위원회 문제 제공 · 넥서스 TEPS연구소 해설 | 568쪽 | 24,800원

실전·어휘

실전 모의고사

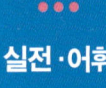

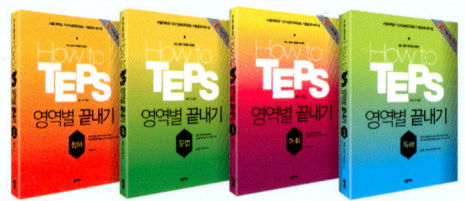 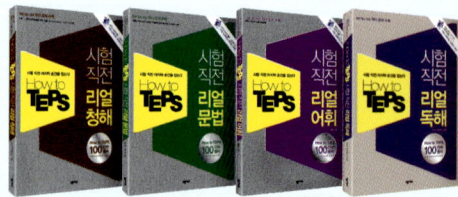

How to TEPS 영역별 끝내기 청해 | 테리 홍 지음 | 424쪽 | 19,800원
How to TEPS 영역별 끝내기 문법 | 장보금 · 써니 박 지음 | 260쪽 | 13,500원
How to TEPS 영역별 끝내기 어휘 | 양준희 지음 | 240쪽 | 13,500원
How to TEPS 영역별 끝내기 독해 | 김무룡 · 넥서스 TEPS연구소 지음 |
504쪽 | 25,000원

How to TEPS 시험 직전 리얼 청해 | 넥서스 TEPS연구소 지음 | 296쪽 | 19,500
How to TEPS 시험 직전 리얼 문법 | 장보금 · 써니 박 지음 | 260쪽 | 14,000원
How to TEPS 시험 직전 리얼 어휘 | 양준희 지음 | 252쪽 | 14,000원
How to TEPS 시험 직전 리얼 독해 | 넥서스 TEPS연구소 지음 | 504쪽 | 25,00

영역별

초급 (400~500점)

중급 (600~700점)

How to TEPS intro 청해편 | 강소영 · Jane Kim 지음 | 444쪽 | 22,000원
How to TEPS intro 문법편 | 넥서스 TEPS연구소 지음 | 424쪽 | 19,000원
How to TEPS intro 어휘편 | 에릭 김 지음 | 368쪽 | 15,000원
How to TEPS intro 독해편 | 한정림 지음 | 392쪽 | 19,500원

How to TEPS 실전 600 어휘편 · 청해편 · 문법편 · 독해편 | 서울대학교 TEPS
관리위원회 문제제공(어휘), 이기헌(청해), 장보금 · 써니 박(문법), 황수경 · 넥서스 TEPS
구소(독해) 지음 | 어휘: 15,000원, 청해: 19,800원, 문법: 17,500원, 독해: 19,000원
How to TEPS 실전 700 청해편 · 문법편 · 독해편 | 강소영 · 넥서스 TEPS연
구소(청해), 이신영 · 넥서스 TEPS연구소(문법), 오정우 · 넥서스 TEPS연구소
(독해) 지음 | 청해: 16,000원, 문법: 15,000원, 독해: 19,000원

종합서

How to 텝스 뉴스타터 | 넥서스 TEPS연구소 지음 | 584쪽 | 25,900원
How to 텝스 초급용 모의고사 10회 | 넥서스 TEPS연구소 지음 | 296쪽 | 15,000원
How to 텝스 베이직 리스닝 | 고명희 · 넥서스 TEPS연구소 지음 | 320쪽 | 18,500원
How to 텝스 베이직 리딩 | 박미영 · 넥서스 TEPS연구소 지음 | 368쪽 | 19,500원

주제별로 텝스 청해를 공략한다

How to TEPS 200만부 돌파

How to
TEPS
하우투 텝스

시크릿 청해편

Secret

유니스 정 지음

해설집

강사들이 수업 준비용으로 몰래 보는 청해 비밀 노트

넥서스

주제별로 텝스 청해를 공략한다

How to
TEPs
하우투 텝스

시크릿 청해편

Secret

정답 및 해설

Exercise
Script & Answers

PART I

1

M	Be sure to lock the car door.	M	차 문을 꼭 닫으세요.
W	_____	W	_____

(a) I almost forgot.
(b) OK, I'll drive.
(c) That will do.
(d) I know. It's a new car.

(a) 하마터면 잊을 뻔 했어요.
(b) 예, 제가 운전할게요.
(c) 그만하면 됐어요.
(d) 알고 있어요. 새 차입니다.

해설 답이 간단하지만 금방 알아듣기 쉬운 내용은 아니다. c는 많이 나오는 표현이니 외워두자.

어구 lock 잠그다　forget 잊다　That will do 그러면 돼요, 그만하면 됐어요

2

M	Do you think I need a new car?	M	제가 새 차가 필요하다고 생각하나요?
W	_____	W	_____

(a) Looks like it.
(b) Why do you want to buy a new car?
(c) You can't do without a car.
(d) But I can't find the way to raise a cash.

(a) 그래 보여요.
(b) 왜 새 차를 사려고 하나요?
(c) 당신은 차 없이는 아무것도 할 수 없잖아요.
(d) 그런데 현금을 마련할 방법을 못 찾겠어요.

해설 질문의 Do you think~?는 무시하고, 뒤에 나오는 동사(need)를 집중해서 들어야 한다.

어구 look like ~처럼 보이다　raise a cash 돈을 모으다, 자금을 조달하다(= raise a fund)

3

M	Sorry, I'm late. I was held up in traffic on the way here.	M	늦어서 미안해요. 여기로 오는 길이 막혔어요.
W	_____	W	_____

(a) How could you do that to me?
(b) Don't worry. I heard it on the radio.
(c) Why didn't you fill it up earlier?
(d) That's OK. I should've called you before coming here.

(a) 어떻게 저한테 이럴 수 있어요?
(b) 걱정하지 마세요. 라디오에서 들었어요.
(c) 왜 진작 기름을 가득 채우지 않았나요?
(d) 괜찮아요. 여기 오기 전에 당신한테 전화할 걸 그랬어요.

해설 지각에 대한 내용은 자주 나온다. 특히 교통 체증이 그 이유가 된다. d는 지각한 사람의 답변이 된다.

어구 hold up ~을 방해하다, 지연시키다　on the way ~하는 도중에　fill up 가득 주유하다　should have p.p. ~했어야 하는데(후회)

4

M Is that your car outside? It's blocking me in.

W _____

(a) Never mind.
(b) But I don't have any driver's license.
(c) Oh, I didn't realize it was.
(d) Actually, I forgot to do it.

M 밖에 있는 차가 당신 거예요? 제가 들어갈 수가 없어요.

W _____

(a) 신경 쓰지 마세요.
(b) 하지만 전 운전면허증이 없어요.
(c) 오, 그런 줄 몰랐어요.
(d) 사실 그렇게 하는 걸 잊어버렸어요.

해 설 두 문장이 나오면 두 번째 문장에 집중해야 한다. 길을 막고 있었으므로 상대방이 사과하는 c가 정답이다.

어 구 block in ~을 가두다, 봉쇄하다   never mind 네가 알 바 아니다, 걱정 말아라, 아무것도 아니야

5

M I had trouble finding the place to park.

W _____

(a) I know, it's getting more expensive these days.
(b) That must have been terrible.
(c) Then how did you get here?
(d) There are few parks around here.

M 주차할 곳을 찾지 못해서 힘들었어요.

W _____

(a) 알아요. 요즘 점점 비싸지고 있어요.
(b) 분명 힘들었을 거예요.
(c) 그러면 어떻게 여기까지 왔어요?
(d) 이 근처에는 공원들이 많아요.

해 설 개인 문제를 말하는 내용의 답변은, 상대방의 마음에 동조하는 내용인 b가 답이 된다. d는 park 품사를 동사에서 명사로 바꾼 것이다.

어 구 have trouble -ing ~하느라 고생하다   must have p.p. 틀림없이 ~이었다

PART II

6

M I'm sorry, I'm late.

W What kept you so long?

M I was rear-ended by another car on the way.

W _____

(a) Sorry to hear that.
(b) I'm glad you made it.
(c) You shouldn't have gone there.
(d) I told you you shouldn't speed like that.

M 늦어서 미안해요.

W 왜 이렇게 늦었어요?

M 오는 길에 어떤 차가 제 차를 뒤에서 받았어요.

W _____

(a) 안됐네요.
(b) 당신이 와 줘서 기뻐요.
(c) 당신은 거기에 가지 말았어야 했어요.
(d) 그렇게 속도를 내지 말라고 말했잖아요.

해 설 사고 소식에 대한 답변을 찾아야 한다. 유감을 나타내는 a가 정답이다.

어 구 rear-end 차를 추돌시키다   make it 시간 맞춰 오다   speed 속도를 늘리다, 속도 위반을 하다

7

M   I saw you get off the bus this morning.

W   Yes, I didn't drive to work today.

M   Why not?

W   _____

(a)   I wanted to pick you up.

(b)   I couldn't get my car started.

(c)   He wanted to give me a ride.

(d)   I don't know how.

M   오늘 아침에 당신이 버스에서 내리는 걸 봤어요.

W   예. 오늘은 차로 출근하지 않았어요.

M   왜요?

W   _____

(a)   당신을 데리러 가려고 했어요.

(b)   차의 시동이 걸리지 않았어요.

(c)   그는 저를 태워 주길 원했어요.

(d)   어떻게 하는지 방법을 몰라요.

해 설   세 번째 문장의 Why not?이 나오면 두 번째 문장을 집중해서 들어야 한다.

어 구   get off (탈 것에서) 내리다, 하차하다   drive to work 자가 운전해서 출근하다   give one's a ride 남을 (탈 것에) 태워주다(= give a lift)

8

M   It's time I got a new car.

W   Your car still looks good. Why do you want to buy a new one?

M   Since I had the accident, it makes a strange sound.

W   _____

(a)   Then you might want to get there in time.

(b)   Have it checked at the service center first.

(c)   I thought you wanted to buy a new car.

(d)   But I need to set aside some money.

M   새 차를 사야겠어요.

W   당신 차는 아직 좋아 보이는데요. 왜 새 차를 사려고 해요?

M   사고 난 이후로 차에서 이상한 소리가 나요.

W   _____

(a)   그러면 거기에 늦지 않게 가는 게 좋을 것 같아요.

(b)   우선 서비스 센터에서 검사를 받아 보세요.

(c)   당신이 새 차를 사고 싶어 하는 줄 알았어요.

(d)   그러나 돈을 따로 비축해야 해요.

해 설   서비스 센터를 언급한 b가 정답이다. c는 첫 문장과 같은 내용이므로 답이 될 수 없다.

어 구   you might want to ~하는 게 좋다   in time 제시간에, 늦지 않고   have it checked 검사를 받다   set aside 제쳐 놓다. 챙겨 두다(= put aside)

9

M	You look confused.
W	Yes. Do you know where the post office is?
M	It's three blocks ahead from here.
W	Oh, thanks. And do you know how late it is open?
M	It'll be closing soon. You'd better hurry.
W	OK, thanks again.
M	No problem.
Q.	What can be inferred from the dialogue?
(a)	The man is going to the post office.
(b)	The man is working near the post office.
(c)	The woman is going to take a taxi.
(d)	The woman wants to mail something.

M	당신은 당황스러워 보이는군요.
W	네. 우체국이 어디에 있는지 아세요?
M	여기서 세 블록 앞에 있어요.
W	고마워요. 우체국이 몇 시에 문 닫는지 아세요?
M	곧 닫을 거예요. 서두르는 게 좋겠어요.
W	예, 다시 한 번 감사해요.
M	별 말씀을요.
Q.	대화에서 추론할 수 있는 것은 무엇인가?
(a)	남자는 우체국으로 가고 있다.
(b)	남자는 우체국 근처에서 근무한다.
(c)	여자는 택시를 타려고 한다.
(d)	**여자는 무엇인가를 발송하려고 한다.**

[해 설] 유추해 내는 문제로, 세 블록만 지나면 된다는 말을 c의 택시를 탄다(take a taxi)는 말로 연결시킬 수는 없다. 우체국 길을 묻는 질문이기 때문에 정답은 d이다. a는 주어가 남자가 아닌 여자가 되어야 한다.

[어 구] confused 혼동이 되는, 혼란스러운, 착각한   you'd better ~하는 게 좋다   mail 우편으로 보내다

10

M	How come you are so upset?
W	You wouldn't imagine how much I got for the car repair bill.
M	Let me see. I can't believe it. 700,000 won?
W	Yes. I'm sick and tired of this old car.
M	Well, you'd better find someone who would be interested in buying it.
W	What? Then how would I get to work?
M	Use the subway. That's much faster and you can save money as well.
W	I guess I have no other choice.
Q.	Which is correct according to the conversation?
(a)	The man asks the woman to find another job.
(b)	The man suggests that the woman sell her car.
(c)	The man gives the woman a ride to work.
(d)	The woman didn't take the subway before.

M	왜 그렇게 화가 났어요?
W	차 수리 비용이 얼마나 나왔는지 당신은 상상조차 못할 거예요.
M	어니 봐요. 믿을 수가 없네요. 70만 원이요?
W	예. 이 낡은 차가 정말 싫어요.
M	글쎄요. 당신 차를 사고 싶어 하는 사람을 찾아 보세요.
W	네? 그러면 어떻게 출근을 하죠?
M	지하철을 타세요. 훨씬 빠를 뿐 아니라 돈도 절약할 수 있어요.
W	다른 방법이 없을 것 같네요.
Q.	대화에 따르면 맞는 것은 무엇인가?
(a)	남자는 여자에게 다른 직업을 찾으라고 말한다.
(b)	**남자는 여자에게 차를 팔라고 제안한다.**
(c)	남자는 여자를 직장까지 태워 준다.
(d)	여자는 전에 전철을 타지 않았다.

[해 설] 남자가 여자의 차를 살 사람을 찾아 보라(find someone who would be interested in buying your car)는 말에서 답을 찾을 수 있다. d는 지문에서 알 수 없는 정보이다.

[어 구] car repair bill 자동차 수리비 청구서   be sick and tired of ~하는 데 질리다. 넌더리 나다   as well (문미에 쓰여서) 또한, 게다가   have no choice 선택의 여지가 없다. 그렇게 하지 않을 수 없다

Exercise
Script & Answers

PART I

1

M	I wonder if there is transportation available to the airport.	M	공항으로 가는 교통수단이 있는지 궁금합니다.
W	_____	W	_____

(a) We offer a shuttle bus service.
(b) There is transportation available from the airport.
(c) I wish I had one here.
(d) Let me give you a ride.

(a) 저희는 셔틀버스 서비스를 제공하고 있습니다.
(b) 공항에서 이용할 수 있는 교통수단이 있어요.
(c) 저는 가지고 있지 않아요.
(d) 제가 태워다 드릴게요.

해 설 공항으로 가는 교통편을 물어보는 질문이 자주 나온다. b는 공항에서 출발하는 내용이므로 답이 될 수 없다. c는 가지고 있는 것에 대한 내용이므로 답이 될 수 없다.

어 구 transportation 수송, 운송, 교통 기관   offer ~에게 ~을 제공하다   wish ~가 아니라서 유감이다

2

M	Can you tell me if there's a seat on the next flight?	M	다음 항공편에 좌석이 있는지 알려주시겠어요?
W	_____	W	_____

(a) I'm afraid not, but I can put you on the waiting list.
(b) Sure, you can book a flight for next week.
(c) I don't know how to do that.
(d) But why didn't you arrange it on time?

(a) 안타깝게도 좌석이 없네요. 대기자 명단에 올려 드릴게요.
(b) 예, 다음 주 항공편을 예약하실 수 있어요.
(c) 그걸 어떻게 해야 할지 모르겠어요.
(d) 왜 제시간에 예약하지 않으셨어요?

해 설 비행기 좌석의 예약 여부를 물어봤을 때, 예약이 차 있으면 대기자 명단에 올려 놓는다는 것을 기억하자. c는 담당 직원의 답변이 될 수 없다.

어 구 waiting list 대기자 명단   arrange 예약하다, 준비하다

3

M	What should I do about canceling my plane ticket?	M	항공편 예약을 취소하려면 무엇을 해야 하나요?
W	_____	W	_____

(a) Just book a flight.
(b) I've never had a chance to go there.
(c) Sorry, I can't help you with that.
(d) I don't understand why you had to cancel the flight.

(a) 비행기를 예약하세요.
(b) 거기에 가 볼 기회가 없었어요.
(c) 도와주지 못해서 미안해요.
(d) 당신이 항공편을 취소한 이유를 모르겠어요.

해 설 비행기 좌석을 취소하는 방법을 묻고 있는 질문으로, 몰라서 도와주지 못한다(Sorry, I can't help you with that.)

는 c가 정답이다. a는 내용과 반대이므로 답이 될 수 없다.

어 구 book 예약하다   have a chance 가망(희망)이 있다

4

M	Excuse me, but I missed my connection.
W	_____
(a)	My flight was canceled.
(b)	It's over at the service center.
(c)	I didn't realize you were coming too.
(d)	I'm afraid I'm not the right person to ask.

M	죄송합니다만, 갈아타는 비행기를 놓쳤어요.
W	_____
(a)	제 항공편이 취소됐어요.
(b)	서비스 센터에서 끝났어요.
(c)	당신도 오리라고는 생각지 못했어요.
(d)	잘 모르겠는데요.

해 설 갈아타는 비행기를 놓친 내용에서 기본적인 답변이 아닌 예외적인 상황이 답이 된다.

어 구 connection 갈아타는 비행기   right person 적임자

5

M	I'd like to fly to Chicago on June 25th.
W	_____
(a)	Sure, you can take it anytime.
(b)	Let me check what we have available.
(c)	I'm afraid you can't make it there.
(d)	Yes. You can change to the one earlier.

M	6월 25일에 시카고로 가고 싶습니다.
W	_____
(a)	물론이죠. 언제든지 가져갈 수 있어요.
(b)	가능한 좌석이 있는지 확인해 볼게요.
(c)	당신은 거기에 갈 수 없을 것 같아요.
(d)	예. 이른 항공편으로 변경하실 수 있습니다.

해 설 비행기 좌석을 예약하는 내용으로, c의 거기에 갈 수 없다(can't make it)는 말은 어색하다. d는 Yes라는 답변과 뒤 문장이 연결되지 않는다.

어 구 fly 비행기로 가나   make it 제시간에 도착하다, (장소에) 나타나나

PART II

6

M	It might be better to have your flight confirmed in advance.
W	I don't think they require it.
M	Well, I'd advise you to do it anyway.
W	_____
(a)	If you say so.
(b)	It should always be better safe than sorry.
(c)	But it took three days last time.
(d)	Never mind. Airplanes are safe.

M	미리 항공편을 확인하는 게 좋을 것 같아요.
W	요구하지는 않았잖아요.
M	글쎄, 그래도 확인하는 게 좋겠어요.
W	_____
(a)	그렇게 말한다면요.
(b)	사고를 당하는 것보다 미리 조심하는 게 늘 좋아요.
(c)	하지만 지난번에는 3일 걸렸어요.
(d)	신경 쓰지 마세요. 비행기는 안전해요.

해 설 조언을 하는 내용으로, 받아드리는 내용이 답이다. d의 안전성에 관한 내용은 상황과 어울리지 않는다.

어 구 confirm 확인하다, 승인하다   in advance 미리   require ~을 필요로 하다   advise 충고하다 *cf.* advice 충고   take + 시간 ~의 시간이 걸리다   sorry 유감스러운, 후회하는

7

M	What's the weight limit on luggage?
W	You can check in only 10 kilos per bag.
M	I'm concerned that this might be over the limit.
W	_____

(a) Please go ask the person in charge of it.
(b) There won't be enough leg room.
(c) I'm afraid you have to check that.
(d) Place your luggage here first.

M	수화물의 제한 무게는 얼마입니까?
W	짐 하나당 10킬로까지 부칠 수 있습니다.
M	이 가방이 무게를 초과할까 봐 걱정이에요.
W	_____

(a) 담당자에게 가서 물어보세요.
(b) 다리를 뻗을 공간이 충분하지 않아요.
(c) 죄송하지만 고객님이 체크하셔야 합니다.
(d) 우선 짐을 여기에 놓아 주세요.

해 설 공항에서 짐을 부치는 내용이다. 세 번째 문장을 듣고 적절한 답을 찾기 위해서는 상황을 이해해야만 한다.

어 구 weight limit 무게 제한   check in 짐을 맡기다   over the limit 한도를 넘어   in charge (of) ~을 맡고 있는, 담당하는   place 놓다

8

W	Do you want the window seat?
M	I don't care. Why?
W	I prefer a window seat. Mind if I switch a seat?
M	_____

(a) Go right ahead.
(b) Tell me which one you like.
(c) Sorry, I don't like a window seat.
(d) Then take whatever you want.

W	창가쪽 좌석을 원하세요?
M	상관없습니다. 왜요?
W	전 창가쪽 좌석을 선호하거든요. 좌석을 바꿔도 될까요?
M	_____

(a) 좋아요. 그렇게 하세요.
(b) 어느 쪽을 좋아하는지 알려 주세요.
(c) 미안하지만, 전 창가쪽 좌석을 좋아하지 않아요.
(d) 그러면 원하는 걸로 가져 가세요.

해 설 두 번째 문장을 집중해서 들으면 답을 알 수 있다. 허가를 받는 내용에서 a의 그렇게 하세요(Go right ahead)가 정답이 된다. b와 d는 이미 결정되었으므로 답이 될 수 없다.

어 구 care 유념하다, 걱정하다, 관심을 가지다   Mind if~? ~해도 괜찮겠습니까?, ~해도 꺼려지지 않으십니까?   switch 교체하다, 바꾸다   whatever ~것은 무엇이나, 모두

8

9

M	Hello, Jack speaking.
W	Hi, Jack. This is Linda. What are you doing now?
M	Sleeping. I flew in late last night.
W	Oh, I'm sorry. I thought you had arrived the day before yesterday.
M	No, I got mixed up with the time difference and told you the wrong date.
W	Well, sleep off the jet leg. I'll call you again tomorrow. Bye!
Q.	Why was the man sleeping when the woman called?
(a)	His plane delayed for a long time.
(b)	She called him late at night.
(c)	He is still used to a different time zone.
(d)	He went to bed late after work.

M	여보세요. 잭입니다.
W	안녕, 잭. 린다야. 뭐 하고 있어?
M	자고 있어. 어젯밤 늦게 도착했거든.
W	미안. 난 네가 그저께 도착한 줄 알았어.
M	아니야. 시차가 혼동돼서 날짜를 잘못 말했어.
W	음, 시차로 인한 피로를 잠으로 풀어. 내일 내가 전화할게.
Q.	여자가 전화했을 때 남자는 왜 자고 있었는가?
(a)	남자의 항공편이 오랫동안 지연되었다.
(b)	여자가 밤 늦게 전화했다.
(c)	**남자는 다른 시차에 여전히 적응하지 못하고 있다.**
(d)	남자는 퇴근 후 늦게 잠이 들었다.

해설 마지막 문장의 jet leg를 들었으면 쉽게 찾을 수 있다. 시차로 인한 피로를 풀어서 쓴 c가 답이다. 비행기가 지연되거나 퇴근을 늦게 했다는 말은 언급되지 않았다.

어구 be mixed up 혼동되다　sleep off 잠을 자서 풀다　be used to 익숙하다

10

M	LA Travel. How can I help you?
W	Hi. I'd like to reserve a flight to New York, please.
M	On what day?
W	May 22. I need a return ticket.
M	Well, would you like a non-stop flight for $959?
W	I don't think I can afford it. Anything cheaper?
M	If you're willing to make a stopover in Tokyo, there's a flight for $659.
W	That's better for me. I wouldn't mind connecting flights.
Q.	What is correct according to the conversation?
(a)	The woman wants to go to L.A.
(b)	The man wants to book a flight to New York.
(c)	The man thinks that a return is too expensive.
(d)	The woman wants to buy a cheaper ticket.

M	LA 여행사입니다. 무엇을 도와 드릴까요?
W	안녕하세요. 뉴욕행 비행기를 예약하고 싶은데요.
M	언제로 해 드릴까요?
W	5월 22일이요. 왕복 표가 필요해요.
M	음, 959달러짜리 직항편은 어떠세요?
W	그걸 살 여유가 없을 것 같아요. 더 저렴한 건 없나요?
M	도쿄를 경유하는 게 괜찮으시면 659달러짜리가 있습니다.
W	그게 좋겠네요. 갈아타는 건 개의치 않아요.
Q.	대화에 따르면 맞는 것은 무엇인가?
(a)	여자는 로스앤젤레스로 가길 원한다.
(b)	남자는 뉴욕행 비행기를 예약하길 원한다.
(c)	남자는 왕복 표가 너무 비싸다고 생각한다.
(d)	**여자는 저렴한 표를 사길 원한다.**

해설 항공권을 예약하는 내용에서 제일 고려되는 내용이 가격이라는 것을 언급하고 있다. 갈아타는 비행기라도 저렴한 것을 선택하는 내용이므로 d가 정답이다.

어구 reserve 예약하다　return ticket 왕복 표 *cf.* one-way ticket 편도 표　non-stop flight 직항편
stopover (in 도시 명) 도중 하차, 잠깐 들르기　connecting flight 연결편

Exercise
Script & Answers

PART I

1

M Let me drop in to see you at 7 tomorrow.

W _____

(a) It's a date.
(b) Why don't I see you tomorrow then?
(c) I can't get there on time.
(d) I'm afraid I have to stay home tomorrow.

M 당신을 만나러 내일 7시에 들를게요.
W _____
(a) 데이트네요.
(b) 그러면 내일 만나는 건 어때요?
(c) 정시에 그곳에 도착할 수 없어요.
(d) 안타깝게도 내일은 집에 있어야 해요.

해설 시간 약속을 제안하는 내용에 대한 답변을 찾는 문제이다. 어느 특정한 장소에서 만나는 것이 아니기 때문에 c나 d는 답이 될 수 없다.
어구 drop in 잠깐 들르다, 우연히 만나다 cf. drop-in 마음 편한 모임   see ~을 만나다, 교제하다   on time 정각에

2

M When would you like to get together?

W _____

(a) How about my place with Sue and Michael?
(b) Great idea. I'll be there at 7.
(c) Any time that's convenient for you.
(d) Either is fine if it's OK with you.

M 언제 만났으면 좋겠어?
W _____
(a) 수와 마이클과 함께 우리 집은 어때?
(b) 좋은 생각이야. 7시까지 거기로 갈게.
(c) 네가 편한 시간에.
(d) 네가 좋다면 어느 쪽이든 괜찮아.

해설 When이라는 의문사에 집중해서 들어야 한다. b는 의문사가 있는 질문의 답이 될 수 없으며, d는 선택의문문에서 가능한 답변이다.
어구 get together 모이다   convenient 편리한   either ~거나 ~거나

3

M Would you be interested in going to the city museum this Saturday?

W _____

(a) Is there anything special on that?
(b) Maybe they don't interest him at all.
(c) Great. Let me give you a tour of the city then.
(d) How did you know I wanted to see them play in the theater?

M 이번 주 토요일에 시립 박물관에 갈래?
W _____
(a) 특별한 거라도 있어?
(b) 그들은 그에게 관심이 없어.
(c) 좋아. 그러면 도시를 안내해 줄게.
(d) 극장에서 그들이 연기하는 것을 보고 싶어 한다는 걸 어떻게 알았어?

해설 초대를 하는 내용에서 구체적인 내용을 묻는 a가 정답이며, c는 구경을 시켜주는 내용이므로 답이 될 수 없다.
어구 be interested in ~에 관심이 있다

4

M I want to know if it'd be OK to move our meeting forward by an hour.

W _____

(a) That's a great idea. An hour allows me more time to get ready.
(b) I guess I'll have to take a rain check on that.
(c) I'm afraid not. I have another meeting at 4.
(d) We'd rather cancel it than delay it.

M 회의를 1시간 앞당겨도 괜찮은지 알고 싶어요.

W _____

(a) 좋은 생각이에요. 한 시간이면 더 여유있게 준비할 수 있어요.
(b) 그것을 다음 기회로 미뤄야 할 것 같아요.
(c) 안타깝게도 4시까지 다른 회의가 있어요.
(d) 연기하는 것보다 취소하는 게 나을 것 같아요.

해설   시간을 앞당기는 내용에 대한 답변을 찾는다. a는 미루는 내용에 대한 답변이 된다.

어구   move forward 앞으로 당기다, 이동시키다   allow 허가하다, 허락하다   take a rain check 다음 기회에 응하겠다고 약속하다   rather A than B B하느니 차라리 A하다   delay 연기하다, 뒤로 미루다

5

M Have you confirmed the sales meeting with ABC Company at 3?

W _____

(a) They told me they'll be on time.
(b) Absolutely if it's OK with them.
(c) As far as I know, they want to meet us soon.
(d) Considering their position, it looks like it.

M 3시에 할 ABC 사와의 영업 회의를 확인했어요?

W _____

(a) 그들은 시간 맞춰 올 거라고 했어요.
(b) 그들이 좋으면 무조건 좋아요.
(c) 제가 알고 있는 한, 그들은 곧 우리를 만나길 원해요.
(d) 그들의 상황을 고려하면, 그런 것 같아요.

해설   회의를 확인했냐는 질문에 시간 맞춰 올 것이라고 말한 a가 정답이다.

어구   confirm 확인하다   absolutely 절대적으로, 확실히   as far as ～하는 한   consider 생각하다, 고려하다   position 상황, 형세

6

W I'm buried under a lot of work. I can't make it there at 6.

M _____

(a) I know, but it depends on what you are making.
(b) Don't worry. We don't usually start on time.
(c) Then make it 6 so that you have more time.
(d) I understand berries are not that easy to get.

W 너무 많은 일에 파묻혀 있어요. 6시까지 거기에 갈 수 없어요.

M _____

(a) 알아요. 하지만 당신이 무엇을 만드느냐에 따라 달라요.
(b) 걱정하지 마세요. 우리는 대개 정각에 시작하지 않아요.
(c) 6시에 만나면 당신은 시간적 여유가 있을 거예요.
(d) 제가 알기로는 베리는 쉽게 얻을 수 없어요.

해설   시간을 못 지킬 것 같다고 걱정하는 사람에게 시간 맞춰서 시작하지 않는다고 말하는 b가 답이다. c는 시간의 반복이 함정이며, d 또한 발음에 혼동을 주는 보기이다.

어구   buried under ～에 파묻힌   make it ～에 가다   depend on ～에 따라 다르다   on time 정각에

7

M	If I give you a hand with your work, will you fix me a sandwich?	M	제가 당신 일을 도와주면 샌드위치를 만들어 줄래요?
W	_____	W	_____

(a) It's a deal.
(b) But I don't like sandwiches.
(c) Great. I'd be glad to help you.
(d) Sorry, I don't feel like eating out.

(a) 그럴게요.
(b) 하지만 전 샌드위치를 싫어해요.
(c) 좋아요. 기꺼이 도와 드릴게요.
(d) 미안하지만 전 외식하고 싶지 않아요.

해설 조건을 내세우는 부탁에서 '그렇게 합시다'는 말로 It's a deal.을 쓴다. c는 도움을 받는 사람이므로 답이 될 수 없다.

어구 fix 음식이나 요리를 하다   be glad to 기꺼이 하다   feel like 원하다   eat out 외식하다

8

W	I thought Jamie'd be here at 5.	W	전 제미가 5시에 올 줄 알았어요.
M	_____	M	_____

(a) Yes. She promised me to get there on time.
(b) I didn't know she was here at around 5.
(c) That's what I know of.
(d) Right. I didn't want to be tardy at class.

(a) 네. 그녀가 거기에 정시에 도착한다고 약속했어요.
(b) 그녀가 5시쯤 거기에 있었다는 걸 몰랐어요.
(c) 제가 알고 있기로는 그래요.
(d) 맞아요. 전 수업에 지각하고 싶지 않았어요.

해설 I thought가 이끄는 문장은 그렇지 않음을 의미한다. a는 거기에 가는 것(get there)이므로 답이 될 수 없고, b는 과거를 말하므로 어색하다. 제3자의 말에 대한 동의로 c가 정답이다.

어구 That's what I know of 그게 내가 알고 있는 거야   be tardy 지각하다

9

M	What if I come and pick you up at around 7 tonight?	M	오늘 밤 7시에 너를 데리러 가는 건 어때?
W	_____	W	_____

(a) Alright. I'll be home by 8.
(b) I think I saw you before.
(c) OK, I'll pick Tim up on the way.
(d) Make it 6 so we will have time for dinner.

(a) 좋아. 8시까지 집에 있을게.
(b) 전에 너를 본 것 같아.
(c) 좋아. 가는 길에 팀을 데리고 갈게.
(d) 6시로 하자. 그러면 우린 저녁 식사를 할 시간이 있어.

해설 What if 뒤에 긍정문이 오면 제안으로 이해해야 한다. 일반적으로 시간을 제안하는 내용에서 변경을 하는 내용이 답이다.

어구 what if ~이라면 어찌 되는가, ~한들 무슨 상관이냐?   on one's way ~하는 중에, 도중에

10

M How could Susan hold everyone up at the meeting?

W _____

(a) She said she had trouble finding the conference room.
(b) At least she was on time.
(c) I think her proposal was on hold.
(d) I thought she was here at the meeting.

M 회의에서 수잔이 어떻게 모든 사람들을 기다리게 할 수 있죠?

W _____

(a) 그녀가 회의실을 찾는 게 어려웠대요.
(b) 적어도 그녀는 정각에 왔어요.
(c) 그녀의 제안서가 보류 중이었던 것 같아요.
(d) 그녀가 회의 중인 줄 알았어요.

해 설 수잔이 늦은 이유를 말하는 a가 정답이다. b는 지연시켰다는 내용과 연결되지 않는다.

어 구 hold up 지연시키다   have trouble -ing ~하는 데 어려움을 겪다   on hold 연기하여, 보류하여

PART II

11

W Sorry to tell you but I can't join you for dinner tonight.

M But I was looking forward to it. Why not?

W Something urgent came up that I have to take care of.

M _____

(a) Then I'll be there after dinner.
(b) I guess we should make it another time then.
(c) Let me treat you to dinner, is that fair enough?
(d) I'd rather eat dinner later.

W 말하기 미안하지만, 오늘 저녁 식사를 같이 할 수 없어요.

M 기대하고 있었는데. 왜 안 되죠?

W 처리해야 할 급한 일이 생겼어요.

M _____

(a) 그러면 식사 후에 거기로 갈게요.
(b) 그러면 다른 날로 약속을 잡아야 할 것 같네요.
(c) 제가 저녁 식사를 대접하면 충분히 공평한가요?
(d) 나중에 식사하는 게 좋겠어요.

해 설 저녁 약속에 가지 못한다는 내용이다. 정답은 다음 기회로 미루자(make it another time then)는 b가 정답이다. d는 약속과 다른 내용이다.

어 구 join 참여하다, 함께하다   urgent 긴급한   come up 생기다   take care of ~을 처리(수습)하다   treat 남을 대접하다, 음식 값을 남의 몫까지 내다

12

M Hi. What's up?

W I wanted to invite you over to try some cakes I made.

M Thanks, but I can't. I'm busy helping my kids doing homework.

W _____

(a) Don't worry. You can come with your kids, too.
(b) Is there anything I should bring?
(c) Then why don't I bring them to your place?
(d) Maybe you should have delivered some cakes later.

M 안녕하세요. 무슨 일인가요?

W 제가 만든 케이크를 맛보라고 초대하려고 했어요.

M 고맙지만 안 될 것 같아요. 우리 아이들이 숙제하는 걸 돕느라 바쁘거든요.

W _____

(a) 걱정하지 마세요. 아이들과 함께 오세요.
(b) 제가 가져가야 할 것이라도 있나요?
(c) 그러면 제가 케이크를 가져다 주는 건 어때요?
(d) 당신은 케이크 몇 개를 나중에 배달했어야만 했어요.

13

W I wonder if you could join Adam and me for lunch tomorrow.

M Sure. What time shall we meet?

W How about 11 at the lobby?

M _____

(a) You name the time and the place.
(b) 12 would be better for me.
(c) I'm afraid I have a prior engagement.
(d) I think lunch will start at around 11:30.

W 내일 아담과 점심 식사를 할건데 당신도 올 수 있는지 궁금해요.

M 그럼요. 몇 시에 만날까요?

W 로비에서 11시에 만나는 건 어때요?

M _____

(a) 당신이 시간과 장소를 정하세요.
(b) 12시가 좋을 것 같아요.
(c) 미안하지만 선약이 있어요.
(d) 점심 식사는 11시 30분쯤에 시작하는 것 같아요.

14

W How come you are so late?

M Sorry, but I got stuck at work.

W I thought Tom was with you. Where's he?

M _____

(a) He decided to make it to the concert.
(b) I'm afraid I can't stay for a long time.
(c) He said he'd meet us here.
(d) I won't think so. You should find him yourself.

W 왜 이렇게 늦었어요?

M 미안해요. 회사에서 빠져 나올 수가 없었어요.

W 전 톰이 당신과 함께 있다고 생각했는데, 그는 어디에 있죠?

M _____

(a) 그는 콘서트에 가기로 결정했어요.
(b) 안타깝게도 저는 오랫동안 머무를 수 없어요.
(c) 그는 여기서 우리를 만날 거라고 말했어요.
(d) 전 그렇게 생각하지 않아요. 당신이 직접 그를 찾아야 해요.

15

W I don't think we can make it to Jane's party.

M Maybe we should leave a bit earlier next time.

W If you'd helped me to get ready, we would be on time now.

M _____

(a) Are you saying that I didn't promise to be on time?
(b) Don't pin the blame on me.
(c) You're right about that. We should grab a cab.
(d) Yes. Jane didn't get enough time to get ready.

W 우리는 제인의 파티에 시간 맞춰 도착할 수 없을 것 같아.

M 다음에는 좀 더 일찍 출발해야 할 것 같아.

W 네가 내가 준비하는 걸 도와줬더라면, 지금쯤 우리는 시간 맞춰서 도착했을 텐데.

M _____

(a) 내가 정시에 도착한다고 약속하지 않았다는 말이야?
(b) 나를 탓하지 마.
(c) 그건 네가 옳아. 우린 택시를 잡아야 해.
(d) 응. 제인은 준비 시간이 충분하지 않았어.

해설 가정법이 상대방을 원망하는 내용임을 이해해야 한다. 세 번째 문장만 봐도 답을 알 수 있다.

어구 pin the blame on ~의 탓으로 돌리다. ~에게 일을 그르친 책임을 지우다   grab a cab 택시를 급히 잡다   get ready 준비를 하다

PART III

16

M Would you like to come out for a drink tonight?

W Well, I'll have to call and check with my friend.

M What do you mean? Did you already have something else planned?

W Yes. We were planning to go to a restaurant that just opened.

M Then, why not meet up afterwards?

W Good idea. That would work.

Q. What is correct according to the conversation?
(a) The woman doesn't seem to like the man.
(b) The man persuades the woman to delay her plan.
(c) The man and woman will go out for a drink tomorrow.
(d) The woman will meet the man after meeting her friend.

M 오늘 밤 술 마시러 나갈까?

W 글쎄. 내 친구한테 전화해서 확인해야 할 것 같아.

M 무슨 말이야? 이미 약속이 있어?

W 응. 우리는 막 개업한 음식점에 가기로 했거든.

M 그러면 그 이후에 만나는 건 어때?

W 좋아. 그래도 될 것 같아.

Q. 대화에 따르면 맞는 것은 무엇인가?
(a) 여자는 남자를 좋아하지 않는 것 같다.
(b) 남자는 여자에게 계획을 미루라고 설득한다.
(c) 남자와 여자는 내일 술 마시러 나갈 것이다.
(d) 여자는 친구를 만난 뒤에 그를 만날 것이다.

해설 약속이 있는 상태에서 다시 약속을 잡는 내용이다. 마지막에 친구를 만난 후 남자를 만난다고 했기 때문에 b는 답이 될 수 없다.

어구 come out 외출하다   moet up 우연히 만나다. 따라잡다   afterwards 후에. 나중에. 그 후에(= later)   work 작용하다. 작동하다   persuade 설득하다 cf. dissuade ~하지 않도록 설득하다. 만류하다

17

M Kathy, I really wanted to stay a little longer, but I've got to run now.

W But you just got here.

M Sorry, but I have a lunch meeting with my boss at 1.

W OK, I understand. You should hurry then. Wait! You got only 10 minutes. You'd better call.

M I'd rather not. I'd better leave now.

Q. What can be inferred from this conversation?
(a) The man and woman are married.
(b) The man doesn't want to stay with the woman.
(c) The man will unlikely get to the meeting on time.
(d) The woman will probably give the man a ride to be on time.

M 케이트, 사실 더 머물고 싶지만 지금 나가야 해요.

W 하지만 막 도착했잖아요.

M 미안해요. 하지만 1시에 상사와 점심 약속이 있어요.

W 좋아요. 이해해요. 그러면 서둘러야 겠어요. 잠깐만요. 10분밖에 남지 않았어요. 늦을 거라고 전화를 하는 게 좋을 것 같아요.

M 하지 않는 게 나을 것 같아요. 지금 가는 게 나을 것 같아요.

Q. 대화에서 추론할 수 있는 것은 무엇인가?
(a) 남자와 여자는 결혼한 사이다.
(b) 남자는 여자와 함께 있기를 원하지 않는다.
(c) 남자는 정시에 약속 장소에 도착하지 못할 것이다.
(d) 아마도 여자는 시간에 맞춰서 도착하기 위해 남자를 태워줄 것이다.

해설 약속에 지각한 내용임을 짐작할 수 있다. 전화해서 늦을 거라고 말하라(You'd better call.)는 부분에서 답을 알 수 있다.

어구 run 서두르다. 급히 가다   I'd rather not ~하지 않는 게 낫겠어요, 차라리 ~하지 않겠어요   unlikely ~할 것 같지 않은

18

M Hello, I'm here to meet Mr. Timson. I'm his attorney.

W I'm sorry, but he's at a company's meeting.

M But I need to talk to him urgently.

W I understand, sir, but he can't be interrupted right now.

M Then when do you expect him to be done?

W Perhaps in an hour.

M OK, I think I'd rather wait then come back later.

Q. What can be inferred from this conversation?
(a) The attorney will phone Timson immediately.
(b) Mr. Timson is presently hiring another attorney.
(c) Mr. Timson's Company's meeting will be cut short.
(d) The attorney will wait until Mr. Timson is free.

M 여보세요. 팀슨 씨를 만나러 왔는데요. 저는 그의 변호사예요.

W 죄송하지만 그는 회의 중입니다.

M 하지만 급히 할 얘기가 있는데요.

W 이해하지만 지금은 그를 방해할 수가 없습니다.

M 그러면 회의가 언제 끝나요?

W 아마도 한 시간 후요.

M 알겠습니다. 다시 오는 것보다 기다리는 게 낫겠네요

Q. 대화에서 추론할 수 있는 것은 무엇인가?
(a) 변호사는 즉시 팀슨에게 전화할 것이다.
(b) 팀슨은 곧 다른 변호사를 고용할 것이다.
(c) 팀슨 회사 미팅 시간이 줄어들 것이다.
(d) 변호사는 팀슨이 시간이 될 때까지 기다릴 것이다.

해설 팀슨을 만나러 온 변호사가 마지막에 기다린다고 한다는 말이 단서가 된다. c는 언급하지 않았던 내용이며, a는 회의 중이므로 방해하지 말아야 한다고 언급했으므로 답이 아니다.

어구 attorney 변호사   urgently 급히   interrupt 방해하다   would rather 차라리 ~하는 게 낫다   presently 지금, 현재   free 약속이 없는, 한가한

Exercise
Script & Answers

PART I

1

M   Hello, Dr. Hans Clinic.

W   _____

(a) Sorry, he's not in at the moment.
(b) I'm afraid he's on vacation.
(c) Hello. My name is Jane Brown.
(d) What can I do for you?

M   안녕하세요. 닥터. 한스 클리닉입니다.

W   _____

(a) 죄송하지만 지금 그는 자리에 없습니다.
(b) 그는 휴가 중입니다.
(c) **안녕하세요. 제 이름은 제인 브라운입니다.**
(d) 무엇을 도와드릴까요?

해 설 위의 상황처럼 단순한 전화 영어 질문이지만 의외로 답을 찾기 어려운 경우가 있다. 특정 장소에 전화했다는 상황을 이해해야 한다.

어 구 at the moment 당장에는, 바로 그때   on vacation 휴가로, 휴가를 얻어

2

M   I'm trying to reach Susan Park.

W   _____

(a) I don't know anything about her.
(b) She's not in, but I can get a message for her.
(c) Susan went on vacation, didn't she?
(d) Can I leave a message?

M   수잔 박과 통화하려고 합니다.

W   _____

(a) 저는 그녀에 대해 아는 게 없어요.
(b) **그녀는 부재중입니다. 하지만 메시지를 전해줄 수 있어요.**
(c) 수잔은 휴가를 갔어요. 그렇죠?
(d) 메시지를 남겨도 될까요?

해 설 통화를 하려는 내용에 대한 답변으로 바로 메시지를 말하는 b는 답이 될 수 없다. c는 전화 영어의 내용이라고 할 수 없다. 정답은 b로 수잔이 부재중이므로 대신 메시지를 받아주겠다고 제안하고 있다.

어 구 reach 닿다, ~와 연락하다   go on vacation 휴가를 가다

3

M   Is this the Brown's residence?

W   _____

(a) That's right and who's speaking?
(b) This is he.
(c) Yes, as far as I know.
(d) Hold on while I go check.

M   브라운 씨 댁인가요?

W   _____

(a) **맞는데요. 누구신가요?**
(b) 전데요.
(c) 네. 제가 알고 있기로는요.
(d) 제가 확인할 동안 끊지 마세요.

해 설 특정 사람을 찾는 게 아니라 누구누구의 집이냐고 묻고 있다. 그러므로 b와 d는 답이 될 수 없다.

어 구 residence 거주지, 주거   as far as I know 내가 알기에는, 틀림없이   go check 알아보다. 점검해 보다

4

W   Michael, I can't hardly hear you on the phone.

M   _____

(a) Let me switch you over to him, then.
(b) Then, I'll call you back in a minute.
(c) Really? I didn't know about it.
(d) Why don't you use a hearing aid?

W   마이클, 전화상에서 당신 목소리가 거의 들리지 않아요.

M   _____

(a) 그러면 그를 연결해 드릴게요.
(b) 그러면 제가 잠시 후에 다시 걸게요.
(c) 정말요? 전 몰랐어요.
(d) 보청기를 사용하는 게 어때요?

해 설 통화 음질이 좋지 않을 때, 해결책으로 다시 전화를 한다거나 목소리를 크게 하겠다는 내용이 답이 된다.

어 구 hardly 거의 ~않다(= barely)   switch over 전환하다   hearing aid 보청기

5

M   I think we'd better call Jack about the accident at work.

W   _____

(a) I'm sure he knows how to handle this situation.
(b) I don't think so. He shouldn't be interrupted.
(c) OK. Let's get him involved in this project.
(d) It's better to tell him when he gets home.

M   근무 중에 발생한 사고에 대해 잭에게 전화로 알려 주는 게 좋을 것 같아요.

W   _____

(a) 저는 그가 이 상황에 대처할 방법을 알고 있다고 확신해요.
(b) 그렇게 생각하지 않아요. 그를 방해하면 안 돼요.
(c) 좋아요. 이 프로젝트에 그를 포함시킵시다.
(d) 그가 집에 온 후에 말하는 게 좋을 것 같아요.

해 설 평서문은 동사를 집중해서 들어야 한다. 즉, 여기서도 '사고(accident)'보다는 동사 '전화하다(call)'가 더 중요하다. '전화하다(call)'와 '방해가 될 수도 있다(be interrupted)'는 서로 연결된다.

어 구 handle ~을 처리하다, 취급하다   interrupt ~를 방해하다, 훼방놓다   involve in 관여하다, ~을 끌어들이다

PART II

6

M   Hello. May I speak to Mr. Parker?

W   I'm afraid he's out on duty.

M   Did he say when he will be back?

W   _____

(a) Let me ask him first.
(b) No, but he has a meeting at 3 here.
(c) Just a second. Let me put you through.
(d) When do you want to see him?

M   여보세요. 파커 씨와 통화할 수 있나요?

W   그는 일 때문에 외출했는데요.

M   그가 언제 돌아올 거라고 말했나요?

W   _____

(a) 우선 그에게 물어볼게요.
(b) 아니요. 하지만 여기서 3시에 회의가 있어요.
(c) 잠시만요. 연결해 드릴게요.
(d) 언제 그와 만나기를 원하세요?

해 설 부재중인 상황이며 세 번째 문장의 의문사(when)를 들어야 한다. a는 상황에 맞지 않으며, c는 부재중인 상황이 아니므로 답이 될 수 없다.

어 구 on duty 근무 중인 *cf.* off duty 비번인, 근무 시간 외에   put through ~을 연결하다

7

M	Where have you been?
W	I just got back from the meeting.
M	No wonder. I tried to reach you all morning.
W	_____

(a) I'm sorry. I thought you were abroad.
(b) I left my cell phone at my office.
(c) You have to buy a new battery.
(d) I also wonder where we are.

M	어디에 있었어요?
W	방금 전에 회의가 끝났어요.
M	어쩐지, 아침 내내 당신한테 연락했거든요.
W	_____

(a) 미안해요. 당신이 해외에 있는 줄 알았어요.
(b) 사무실에 휴대폰을 두고 왔어요.
(c) 당신은 새 배터리를 사야 해요.
(d) 여기가 어디인지 저도 궁금해요.

해설 연락이 되지 않았을 때, 그 이유를 설명하는 내용이 답이 된다.

어구 No wonder 조금도 이상하지 않다, 놀랄 일이 아니다   abroad 국외에, 해외에

8

M	Is Mrs. Miniver in?
W	Speaking. Who is this?
M	This is Ted Mark. I'm calling about my job offer. Are you still interested?
W	_____

(a) Sorry, I'm not employed at the moment.
(b) What kind of job is it you are talking about?
(c) But I need an updated resume.
(d) Well, I haven't decided it yet.

M	미니버 부인 계신가요?
W	전데요. 누구시죠?
M	테드 마크입니다. 취업 제의에 대해 전화를 드리는 겁니다. 지금도 관심이 있으신가요?
W	_____

(a) 유감스럽게도 아직 백수입니다.
(b) 당신이 말하고 있는 직종이 무엇인가요?
(c) 하지만 전 갱신된 이력서가 필요합니다.
(d) 음, 아직 결정하지 않았어요.

해설 still이 의미하는 것은 과거에 언급을 했다는 것이나. 그러므로 b는 답이 될 수 없고, a도 상황에 맞지 않다.

어구 job offer 취직 기회, 일자리 제공   employ 고용하다, ~에 종사하다   at the moment 지금, 바로 지금
resume 이력서

9

W	Hello, isn't this Paul?
M	Hi, Kerry. What have you been up to?
W	I've been too inundate with work. And yourself?
M	I was busy, too. Things have been hectic around here.
W	Anyway, let's get together sometime.
M	Sure. I'll get back to you.
W	OK, I'm looking forward to your call.

Q. What are they doing?
(a) Hanging around
(b) Catching up on things
(c) Asking how busy they are
(d) Giving regards to their family

W	여보세요. 폴 아닌가요?
M	안녕, 케리. 어떻게 지냈어?
W	난 일에 파묻혀 지냈어. 너는?
M	나도 바빴어. 정신없었어.
W	어쨌든 언제 한번 만나자.
M	좋아. 내가 전화할게.
W	좋아. 네 전화를 기다릴게.

Q. 그들은 무엇을 하고 있는가?
(a) 그냥 돌아다니고 있다.
(b) **그동안 있었던 일을 말하고 있다.**
(c) 그들이 얼마나 바쁜지를 물어보고 있다.
(d) 가족 안부를 묻고 있다.

해 설 서로 오랜만에 하는 전화 통화 내용이다. 여기서는 서로가 지내왔던 내용을 이야기하고 있으므로 b가 정답이 된다.

어 구 up to ~까지, ~에 달하여   inundate ~을 넘치게 하다, ~에 밀어닥치다   hectic 몹시 바쁜   get together 모이다   hang around 어슬렁거리다, 배회하다   catch up on ~의 부족(처진) 것을 만회하다(채우다)   give regards to ~에게 안부를 전하다

10

W	Hello, may I speak to Andy Carl, please?
M	Sorry, he's in meeting right now. May I take a message?
W	I met him at a luncheon yesterday, and he told me to stop by his office.
M	May I have your number, please?
W	Yes, it's 554-7732. I'll be at the office till 9.
M	I'll make sure he gets the message.

Q. What is the woman calling Andy for?
(a) To have lunch with him
(b) To set up an appointment with him
(c) To find out when he will be on vacation
(d) To see if he's in meeting

W	여보세요. 앤디 칼과 통화할 수 있나요?
M	죄송하지만, 그는 지금 회의 중입니다. 메시지를 남겨드릴까요?
W	어제 그와 함께 점심을 했는데요. 그가 회사에 잠깐 들르라고 했습니다.
M	전화번호가 어떻게 되시죠?
W	예. 554-7732입니다. 9시까지 사무실에 있을 겁니다.
M	메시지를 전해 드리겠습니다.

Q. 그녀가 앤디에게 전화를 건 목적은 무엇인가?
(a) 그와 점심을 먹기 위해
(b) **그와 약속을 잡기 위해**
(c) 그가 언제 휴가를 갈지 알아보기 위해
(d) 그가 회의 중인지 확인하기 위해

해 설 전화 목적은 앤디를 방문하기 좋은 시간을 알아보기 위함이다.

어 구 luncheon 점심, 오찬   stop by 들르다   set up an appointment 약속을 하다   find out 알아보다   see if ~인지 아닌지 알아보다

Exercise
Script & Answers

PART I

1

M I messed up my physics test.

W _____

(a) I presume it was.
(b) You should take it this semester.
(c) Well, I didn't get the results either.
(d) Relax. It's not the end of the world.

M 물리학 시험을 망쳤어.

W _____

(a) 그럴 것 같았어.
(b) 넌 이번 학기에 그 과목을 수강해야만 해.
(c) 글쎄, 난 어떤 결과도 받지 못했어.
(d) 진정해. 세상이 다 끝난 게 아니잖아.

해 설 부정적인 내용에 대한 답변은 격려하는 말이 답으로 많이 나온다.

어 구 mess up 시험을 망치다   presume 예측하다, 추정하다   either 어느 쪽도 ~않다

2

M Are there any prerequisites for this course?

W _____

(a) There's no need to make up for it.
(b) Really? I thought you took it already.
(c) Why don't you ask your parents about it first?
(d) You need to have taken English 101 first.

M 이 과목의 선수 과목이 있어?

W _____

(a) 그걸 보충할 필요는 없어.
(b) 정말? 난 네가 벌써 수강했다고 생각했어.
(c) 우선 그것에 관해 부모님께 물어보는 게 어때?
(d) 우선 넌 영어학 개론을 수강해야 해.

해 설 기본 어휘를 이해하면 쉽게 알 수 있다. prerequisite는 구체적인 수업 이름이 나와야 한다.

어 구 make up for ~을 보강하다, 보충하다   English 101 영어학 개론

3

M I hope Sera will like her new school.

W _____

(a) Don't worry. She wasn't bullied by others.
(b) I'm sure she won't have any problems.
(c) Yes, she's enjoying it there very much.
(d) Not at all. She's happy to move to a new school.

M 세라가 새 학교를 좋아하기를 바라요.

W _____

(a) 걱정하지 마세요. 그녀는 다른 학생들에게 괴로움을 당하지 않았어요.
(b) 그녀는 아무 문제 없이 괜찮을 거라고 확신해요.
(c) 네, 그녀는 거기서 그걸 꽤 즐기고 있어요.
(d) 전혀요. 그녀는 새 학교로 전학 가는 걸 즐거워해요.

해 설 미래시제이므로 c는 답이 될 수 없다. 정답 b에 나온 problem은 단순한 문제를 말하는 것이 아니다.

어 구 bully ~을 못살게 굴다, ~를 따돌리다   have problems ~으로 골치를 썩이다

4

M I can't get over the fact that James dropped out of school.

W _____

(a) I don't get how you did it.
(b) At least he's doing better than me.
(c) Maybe I should look into the fact again.
(d) Me neither. Who would've guessed he'd do that?

M 제임스가 학교를 그만뒀다는 사실을 믿을 수가 없어.

W _____

(a) 네가 어떻게 그걸 했는지 모르겠어.
(b) 최소한 그는 나보다 더 잘하고 있어.
(c) 다시 한 번 그 사실을 조사해야 할 것 같아.
(d) 나도. 그가 그럴 거라고 누가 생각이나 해 봤겠어?

해 설 개인적인 문제가 아니라 제3자에 대한 내용이라는 것을 이해해야 한다. who would've guessed의 의미를 이해하자.

어 구 get over ~을 믿다   drop out 중퇴하다, 낙제하다   get ~을 이해하다   at least 최소한   who would've guessed 누가 ~을 생각이나 해봤겠어

5

M I'm afraid I have to take off points for this late assignment.

W _____

(a) I hope it won't happen again.
(b) You got a point there.
(c) Is there any way I can make up for it?
(d) I know, but it's a policy here.

M 과제를 늦게 제출했으니 감점할 수밖에 없네요.

W _____

(a) 다시는 그 일이 발생하지 않기를 바랍니다.
(b) 당신은 거기서 점수를 얻었어요.
(c) 제가 만회할 방법이 있나요?
(d) 알지만 그것이 여기 정책입니다.

해 설 감점한다(take off points)는 말에 대한 답변은 c로, 만회할 수 있는 방법을 묻고 있다.

어 구 take off ~를 깎다   assignment 과제   point 점수   policy 정책, 방침

6

M I thought I deserved to be a body president.

W _____

(a) I guess your body wasn't in the best of shape.
(b) I was pretty surprised of what I had.
(c) Just be satisfied with the result.
(d) No one mentioned anything to me.

M 난 학생 회장이 될 자격이 있다고 생각했어.

W _____

(a) 너는 건강이 좋지 않은 것 같아.
(b) 난 내가 가졌던 거에 대해 놀랐어.
(c) 결과에 그냥 만족해.
(d) 아무도 내게 말해 주지 않았어.

해 설 스스로 학생회 회장이 될 자격이 있다는 말의 조언으로 c가 정답이다. a는 과거의 건강을 언급했으므로 적절하지 않다.

어 구 deserve ~할 자격이 있다   body president 학생회 회장   be in the best of shape 건강한   be satisfied with ~에 만족하다   mention 언급하다

7

M　What do you suppose will be on the test?

W　_____

(a)　Who knows?

(b)　I didn't tell anything about it.

(c)　It will be on Friday.

(d)　I guess it will be as difficult.

M　시험에서 어떨 것 같아?

W　_____

(a)　누가 알겠어?

(b)　그것에관해서 아무 말도 안 했어.

(c)　금요일에있을 거야.

(d)　내생각엔 어려울 것 같아.

시험 내용을 묻는 질문에서 구체적으로 답하지 않고 아무도 모른다(Who knows?)라고 말한 a가 정답이다. d는 난이도를 말한다.

어　구 who knows? 누가 알아. 어쩌면 그럴지도 모르지

8

M　You got all As, didn't you?

W　_____

(a)　Frankly, I got one similar.

(b)　I can't promise I do my best.

(c)　I wish I had.

(d)　Glad to hear that.

M　너 모두 A를 받았지, 그렇지?

W　_____

(a)　솔직히, 비슷한 걸 하나 받았어.

(b)　최선을 다하겠다고 약속할 수는 없어.

(c)　그랬기를 바라.

(d)　잘됐다.

해　설 상대방의 좋은 소식을 확인하는 내용으로, 사실이 아니다(I wish I had)라고 말하는 c가 정답이다. d는 자신의 이야기이므로 답이 될 수 없다.

어　구 frankly 솔직히, 숨김 없이

9

M　I'm sorry, but you can't check the periodical out.

W　_____

(a)　Oh, I didn't know. Then, where should I go?

(b)　But I waited long enough to go through the checkout.

(c)　I think I should go to another place if they have one.

(d)　OK, I guess you can allow me to photocopy it, right?

M　죄송하지만, 이 정기 간행물은 대출할 수가 없습니다.

W　_____

(a)　오, 전 몰랐어요. 그러면 어디로 가야 하나요?

(b)　하지만 전 계산하려고 오래 기다렸어요.

(c)　그들이가지고 있다면, 전 다른 장소로 가야 할 것 같아요.

(d)　알겠어요. 제가 그것을 복사할 수 있죠, 그럴죠?

해　설 도서관에서 들을 수 있는 대화이다. 일반적으로 정기 간행물은 대출할 수 없다. b는 계산대(checkout)를 의미하므로 답이 될 수 없다.

어　구 periodical 정기 간행물　　go through 완료하다, 잘 되다　　photocopy 복사하다

10

M   I thought we were supposed to have class at 7 today.

W   _____

(a)   Yes, but I was so busy that I didn't call them to cancel it.
(b)   I guess we have to call off the meeting.
(c)   Didn't you know the professor submitted the resignation?
(d)   It's been put off until tomorrow.

M   오늘 7시에 수업이 있는 줄 알았어.

W   _____

(a)   응. 하지만 내가 너무 바빠서 취소 전화를 못했어.
(b)   회의를 취소해야 할 것 같아.
(c)   교수님이 사직서를 제출하신 걸 몰랐어?
(d)   내일로 연기됐어.

해설   수업이 7시에 시작되지 않은 이유를 설명하는 d가 정답이다. 여기서 c의 사직서 제출은 상관없는 내용이므로 답이 될 수 없고, a 또한 개인적인 일이므로 답이 아니다.

어구   be supposed to ~하기로 되어 있다   call off 취소하다   submit 제출하다   resignation 사직서
       put off 연기하다

PART II

11

M   My mom will have a fit when she sees my report card.

W   But she shouldn't be.

M   Which means?

W   _____

(a)   You should try harder next time.
(b)   You did your best all semester.
(c)   She will understand you didn't get a part-time job.
(d)   She knows you may have to take a make-up test.

M   엄마가 제 성적표를 보시면 깜짝 놀라실 거예요.

W   하지만 어머니는 그러면 안 되실 텐데요.

M   무슨 뜻이죠?

W   _____

(a)   당신은 다음에 더 열심히 해야만 해요.
(b)   당신은 모든 학기에 최선을 다했어요.
(c)   당신이 아르바이트 일자리를 얻지 못해도 그녀는 이해할 거예요.
(d)   당신이 재시험을 봐야 할지도 모른다고 그녀는 알고 있어요.

해설   전체적인 상황을 이해해야 한다. 엄마가 화를 내지 않을 거라는 이유를 적절하게 말하고 있는 b가 정답이다.

어구   have a fit 깜짝 놀라다   report card 성적표   semester 한 학기   get a part-time job 아르바이트 일을
       얻다   make-up test 재시험

12

M   I need some advice on my speech.

W   It was much better than I expected, except one small thing.

M   What did I miss?

W   _____

(a)   Well, you seem to boast about that.
(b)   I went over the details again.
(c)   Well, you shouldn't have missed it.
(d)   You didn't mention the main topic in your speech in the first place.

M   제 연설에 대한 조언이 필요해요.

W   생각했던 것보다 훨씬 좋았어요. 사소한 한 가지만 빼고요.

M   제가 놓쳤던 게 뭐죠?

W   _____

(a)   음, 당신은 자랑하는 것 같아요.
(b)   전 세부 사항을 다시 검토했어요.
(c)   글쎄요. 당신은 그걸 놓치지 말았어야 했어요.
(d)   우선 당신은 연설에서 주제를 언급하지 않았어요.

해 설 세 번째 문장에 의문사가 나오면, 그 의문사에 집중해서 들어야 한다. 세부적으로 말하고 있는 d가 정답이다.

어 구 boast 뽐내다, 으스대다   go over ~을 복습하다, ~을 반복하다   in the first place 첫째로

13

M	Did you see the syllabus for Professor Brown's archaeology class?
W	Yeah, I can't believe it requires 4 textbooks.
M	I don't think I can afford all the books.
W	_____

(a) It is a demanding subject.
(b) I can help you with the final, then.
(c) But I understand how nice the Professor Brown is.
(d) Perhaps we might try the used bookstore.

M	브라운 교수의 고고학 강의 계획서를 봤어?
W	응. 4권의 교재가 필요하다니, 믿을 수가 없어.
M	난 4권 모두 살 여유가 없어.
W	_____

(a) 그건 힘든 과목이야.
(b) 그렇다면 네 기말고사를 도울 수 있어.
(c) 하지만 난 브라운 교수가 얼마나 좋은지 알고 있어.
(d) 우리는 헌책방을 이용하는 게 좋을 것 같아.

해 설 금전적인 내용의 동사 afford를 기억하고 접근하면 돈을 절약할 수 있는 헌책방이 답이다. 세 번째 내용을 보면 공부 내용이 아니라는 것을 알 수 있다.

어 구 syllabus 강의 계획서   archaeology 고고학   require ~을 필요로 하다   demanding 요구가 지나친, 큰 노력을 요하는

14

M	How could you forget to bring my book?
W	Sorry. I didn't know you needed it.
M	Didn't you get my message?
W	_____ _____

(a) Yes, I forgot to leave a note.
(b) Yes, I did. That's why I'm here to give you one.
(c) Don't get so worked up about it.
(d) I was so busy that I didn't check any of my messages.

M	어떻게 내 책을 가지고 오는 걸 잊어버릴 수 있어?
W	미안해. 네가 그 책을 필요로 하는지 몰랐어.
M	내 메시지 못 받았어?
W	_____

(a) 응. 메모를 남긴다는 걸 깜박했어.
(b) 응. 그랬어. 네게 이걸 주려고 여기에 왔어.
(c) 그 일에 대해 너무 열심히 일하지 마.
(d) 너무 바빠서 어떤 메시지도 확인하지 못했어.

해 설 상대방이 메시지를 못 본 내용을 이야기하는 대화이다. 그 이유를 말하고 있는 d가 정답이다.

어 구 work up 불러일으키다, 자세히 연구하다, 조사하다

15

M	Come on in. How can I help you today?
W	I'm debating whether I should study business or not.
M	Perhaps you could fill me in on your background first.
W	_____

(a) I want to run a small business.
(b) But I forgot to bring my forms with me.
(c) I think it surely leaves a lot to be desired on my study.
(d) I studied business administration for two semesters.

M	들어오세요. 무엇을 도와 드릴까요?
W	제가 경영을 공부해야 할지, 말아야 할지를 생각하고 있어요.
M	우선 당신의 배경에 대해 설명해 주세요.
W	_____

(a) 전 작은 사업체를 경영하고 싶어요.
(b) 그런데 제가 신청서를 가지고 오는 걸 잊어버렸어요.
(c) 전 제 공부에 개선할 점이 확실히 많다고 생각해요.
(d) 전 두 학기 동안 경영을 공부했어요.

해 설 세 번째 문장만 듣고도 풀 수 있는 문제이다. background를 세부적으로 말하는 d가 정답이다.

어 구 debate 논의하다, 토론하다   fill in ~에게 자세히 알리다, 설명하다   background 배경, 출신 성분, 경력
run 경영하다   desire 소망하다   business administration 경영학

PART III

16

W	Is this where I should check out books?
M	Yes. May I have your student ID?
W	Here you go.
M	Sorry. You're going to have to pay the late fee before you can check out another book.
W	What do you mean?
M	Some books you already checked out were due last week and it is five days late. The late fee is two thousand won a day.
W	Ouch! That's steep.

Q. What is correct according to the conversation?
(a) The woman didn't want to check out any books.
(b) The woman can't check out books unless she pays the late fee.
(c) The woman does not have money to buy the books.
(d) The woman is reluctant to borrow books.

W	여기가 책을 대출하는 곳인가요?
M	예. 학생증 좀 주시겠어요?
W	여기 있습니다.
M	죄송합니다. 다른 책을 대출하기 전에 연체료를 내셔야 합니다.
W	무슨 말씀이세요?
M	당신이 대출한 책의 기한이 지난주로 5일이나 지났어요. 연체료는 하루당 2000원이에요.
W	맙소사! 너무 비싸요.

Q. 대화에 따르면 맞는 것은 무엇인가?
(a) 여자는 어떠한 책도 대출하기를 원하지 않았다.
(b) 여자는 연체료를 지불하지 않으면 책을 대출할 수 없다.
(c) 여자는 책을 살 돈이 없다.
(d) 여자는 책을 빌리는 것을 꺼린다.

해 설 연체료가 있어서 책을 대출하지 못한다는 내용을 이해해야 한다. 남자가 연체료를 내야 한다는 부분을 들으면 정답을 알 수 있다. a는 여자가 대출하고 싶지 않다는 것이 아니라 대출을 못하는 것이다.

어 구 check out 책을 대출하다   steep 터무니없는, 엄청난   unless ~하지 않는 한   reluctant ~하기를 꺼려하는, 내키지 않는

17

M　You look worried. What's eating you?

W　I have an important test that I have to study for.

M　You still have a weekend to cram for it.

W　I know, but I have to mind my little brother because my mom has to participate in social service.

M　Don't worry. I'll take care of him if that's OK.

W　Really? That's so nice of you.

M　It won't be any intrusion. I like kids, you know.

Q.　What is correct according to the conversation?

(a)　The woman is participating in social service this weekend.

(b)　The woman is preparing for the test this weekend.

(c)　The woman is helping the man look after his brother this weekend.

(d)　The woman is studying for the test with the man this weekend.

M　근심스러운 얼굴이에요. 무슨 걱정이라도 있어요?

W　공부해야만 하는 중요한 시험이 있어요.

M　벼락 공부를 하는 데 아직 일주일이나 남았잖아요.

W　알아요. 하지만 엄마가 사회 복지 사업에 참여해야 하기 때문에 제가 동생을 돌봐야 해요.

M　걱정하지 마세요. 괜찮다면 제가 그를 돌볼게요.

W　정말요? 고마워요.

M　별 문제가 되지 않아요. 알다시피 전 아이들을 좋아해요.

Q.　대화에 따르면 맞는 것은 무엇인가?

(a)　여자는 이번 주에 사회 복지 사업에 참여할 것이다.

(b)　여자는 이번 주에 시험을 준비할 것이다.

(c)　여자는 이번 주에 그의 동생을 돌보는 걸 도와줄 것이다.

(d)　여자는 이번 주에 남자와 함께 시험 공부를 할 것이다.

해설　a는 엄마의 행동이며, 남자와 같이 공부를 하는 d도 정답이 아니다. c는 여자가 남자를 도와주는 내용이 아니다.

어구　What's eating you? 뭐가 문제니?　participate in ~에 참여하다　social service 사회 복지 사업

18

M　I wonder if you could lend me your note for one day.

W　Sorry, but I have to study for the final myself.

M　Then, can I photocopy them?

W　All right. But as far as I know, you haven't missed any classes. You have your own notes, don't you?

M　I'm not a good note-taker. Besides, I sometimes fall asleep during the lectures.

W　Then my notes won't be of much help to you, either. Why don't you ask Tom to lend you one?

M　There's no point. Last time I did, he didn't allow me to borrow his.

Q.　What can be inferred from this conversation?

(a)　The woman will surely borrow the man's note.

(b)　The man didn't take any notes for his class.

(c)　The man has asked for a note before.

(d)　The woman knows Tom very well.

M　네 노트를 하루만 빌려줄 수 있어?

W　미안하지만, 나도 기말고사 공부를 해야 해.

M　그러면 네 노트를 복사할 수 있을까?

W　그래. 그런데 내가 알기론 넌 수업을 빠지지 않았잖아. 네 노트가 있지, 그렇지?

M　난 필기를 잘하지 못해. 게다가 때때로 강의 시간에 졸거든.

W　그러면 내 노트는 네게 많은 도움이 되지 않을 것 같아. 톰에게 빌려 달라고 하는 게 어때?

M　안 돼. 지난번에 물어봤는데 빌려주지 않았거든.

Q.　대화에서 추론할 수 있는 것은 무엇인가?

(a)　여자는 남자의 노트를 확실히 빌릴 것이다.

(b)　남자는 그 수업에 대한 어떠한 노트도 가지고 있지 않다.

(c)　남자는 전에 노트를 빌리려고 했었다.

(d)　여자는 톰을 잘 안다.

해설　a, b는 반대되는 내용이며, d는 알 수 없는 내용이다.

어구　note-taker 노트 필기를 하는 사람　fall asleep 잠이 들다, 곯아떨어지다　there's no point 가능성이 없다

Exercise
Script & Answers

PART I

1

M	I heard Chairman Roders is coming to close one of the biggest deals.
W	_____
(a)	I'm afraid it might put our company into bankruptcy.
(b)	Really? I thought he didn't take over the firm yet.
(c)	I'm certain it will help us rake in the money.
(d)	He must feel invigorated, I'm sure.

M	로저 회장이 가장 큰 거래 중 하나를 타결할 거라고 들었어요.
W	_____
(a)	그것이 우리 회사를 파산으로 몰고 갈 지도 모르겠네요.
(b)	정말요? 전 그가 그 회사를 아직 인수 하지 못했을 거라고 생각했어요.
(c)	저는 그것이 우리가 돈을 긁어 모으는 데 도움을 줄 거라고 확신해요.
(d)	그는 분명히 잔뜩 고무되어 있을 거예 요, 확신해요.

해 설 동사 close가 '체결하다'는 뜻이라는 것을 이해해야 한다. 긍정적인 내용이므로 긍정으로 답해야 한다.

어 구 close a deal 협상을 타결하다　bankruptcy 파산, 도산　take over 인수하다, 차지하다　rake in the money 떼돈을 벌다　*cf.* rake 갈퀴　invigorate ～을 기운나게 하다, ～을 고무하다

2

M	It was so nice of you to cover my shift last Friday.
W	_____
(a)	I'm glad you are not mad at all.
(b)	You are welcome to be with us.
(c)	No big deal. You'd do the same for me.
(d)	It was no problem since I had enough money.

M	지난주 금요일에 제 대신 일해줘서 정 말 고마웠어요.
W	_____
(a)	당신이 전혀 화를 내지 않아서 기쁘군요.
(b)	우리와 함께하게 된 것을 환영합니다.
(c)	별것 아니에요. 당신이라도 똑같이 했 을 거예요.
(d)	제게 충분한 돈이 있은 후로 그건 전혀 문제가 되지 않았어요.

해 설 감사를 표현하는 내용임을 먼저 알아야 한다. b는 환영한다(welcome)는 말이므로 답이 될 수 없다.

어 구 shift 교체, 근무 시간　No big deal 별일 아니야, 식은 죽 먹기다

3

M Grace always seems to chat on the phone at work.

W _____

(a) Maybe she feels out of sorts.
(b) I bet she's bound to get in trouble.
(c) You'd better stop before the boss finds out.
(d) I guess she is not connecting with the boss.

M 그레이스는 직장에서 항상 전화로 잡담하는 것 같아요.

W _____

(a) 아마 그녀도 기분이 좋지 않을 거예요.
(b) 내가 장담하건대, 그녀는 분명히 난처하게 될 거예요.
(c) 상사가 알아내기 전에 그만두는 게 좋을 거예요.
(d) 그녀는 상사와 통화하고 있는 것 같지 않아요.

해 설 동료 직원에 대해 불평하는 이야기이다. 부정적인 내용이므로 부정적인 내용으로 답해야 한다.

어 구 out of sort 기분이 언짢은   get in trouble 성가시게 되다. 말썽을 일으키다   find out ~를 알게 되다

4

M Isn't Daniel supposed to be here by now?

W _____

(a) He didn't say anything about it.
(b) I can't wait to see him.
(c) He called and said he was on the way.
(d) Don't worry. Nothing urgent happened.

M 다니엘이 지금쯤이면 여기에 오기로 하지 않나요?

W _____

(a) 그는 아무 말도 하지 않았어요.
(b) 그가 너무 보고 싶어요.
(c) 그가 전화해서는 오고 있는 중이라고 했어요.
(d) 걱정하지 마세요. 어떤 급한 일도 일어나지 않았어요.

해 설 약간 불평하는 어조임을 이해하고, 그것에 대해 해명을 하는 c가 정답이 된다.

어 구 be supposed to ~하기로 되어 있다   by now 지금쯤은 이미, 이제   urgent 긴급한, 위급한

5

M I'm afraid I got the jitters for the interview yesterday.

W _____

(a) Don't worry about it. Just let bygones be bygones.
(b) I'm sure you won't have any problems.
(c) Just name it.
(d) I hope you will get another chance to make up for it.

M 전 어제 면접에서 너무 떨었던 것 같아요.

W _____

(a) 걱정하지 말아요. 지나간 일은 잊어버려요.
(b) 어떤 문제도 없을 거라고 확신해요.
(c) 말씀만 하세요.
(d) 당신에게 만회할 만한 또 다른 기회가 있기를 바랍니다.

해 설 과거의 일을 걱정하고 있다. 과거의 이야기이므로 정답은 a가 된다.

어 구 get the jitters 안절부절못하다, 신경질적으로 행동하다   let bygones be bygones 지나간 일은 잊어버리다

6

M	I could fax you the documents, right?
W	_____

(a) We actually want the originals.
(b) I'm afraid the copier is out of order.
(c) Only if you send it by fax.
(d) I've done it already.

M	팩스로 서류를 보낼 수 있죠, 그렇죠?
W	_____

(a) 사실 저희는 원본을 원합니다.
(b) 복사기가 고장난 것 같아요.
(c) 팩스로 그것을 보내기만 하시면 됩니다.
(d) 전 이미 그걸 했어요.

해설 허락을 받는 내용으로, 팩스가 복사본이라는 것을 이해하면 정답은 a가 된다. 복사기 자체와 연결해서는 답이 될 수 없다.

어구 fax 팩스로 보내다   original 원래의, 원본의   copier 복사 cf. photocopy 복사하다   out of order 고장난

7

M	Don't you think we should ask for a pay raise?
W	_____

(a) But we don't have enough funding.
(b) I'll accept your request.
(c) We surely deserve it.
(d) In my opinion, it's a bit early to give them a pay increase.

M	우리가 봉급 인상을 요구해야 한다고 생각하지 않나요?
W	_____

(a) 하지만 우린 충분한 자금이 없어요.
(b) 당신의 요구를 받아들이겠어요.
(c) 우리는 충분히 그것을 할 만해요.
(d) 제 생각으로는 그들에게 봉급을 인상해 주는 것은 시기상조인 것 같아요.

해설 급여 인상 요구를 제안하는 내용에 대한 답변으로 c가 정답이 된다.

어구 pay raise 급여 인상   funding 자금   request 요청, 요구   in one's opinion ~의 의견으로는

8

M	I wonder if there's been a decision about the position.
W	_____

(a) We have yet to get it approved from the boss.
(b) I'm afraid it's been already filled.
(c) We're still searching for a new firm.
(d) The interview time is listed on the Internet.

M	그 일자리에 대해 결정이 내려졌는지 궁금해요.
W	_____

(a) 저희는 아직 상사로부터 승인받은 것이 없습니다.
(b) 안타깝게도 이미 충원된 것 같아요.
(c) 저희는 아직도 새로운 회사를 찾고 있어요.
(d) 면접 시간이 인터넷에 나와 있어요.

해설 I wonder~가 질문임을 알아야 한다. have yet to는 '하지 못하다'는 의미이다.

어구 decision 결정   approve 승인하다   list 게시하다

9

M It's a pity you have to work on Saturday.

W _____

(a) I wish my job were less demanding.
(b) It's great to be out on Saturday.
(c) I know. I can't stand it when people fail to do it.
(d) Thank you for making me the offer.

M	당신은 토요일에도 일해야만 한다니 안됐어요.
W	_____
(a)	일이 너무 많지 않았으면 좋겠어요.
(b)	토요일에도 나오다니 대단해요.
(c)	알아요. 전 사람들이 그 일을 실패할 때마다 참을 수가 없어요.
(d)	제게 제안해 주셔서 감사합니다.

해설 부정적인 내용임을 먼저 이해해야 한다. 대답도 부정적으로 답한 a가 정답이다.

어구 demanding 큰 노력을 요하는, 지나치게 요구사항이 많은   fail 실패하다   make an offer 제안을 하다

10

M How are we supposed to manage this work after Tyler leaves the company?

W _____

(a) I guess we will have to work after hours.
(b) I didn't know he was let go.
(c) It's about time we considered moving into another office.
(d) I know it's hard to please him.

M	타일러가 회사를 그만두면, 우리가 이 일을 어떻게 관리하기로 되어 있나요?
W	_____
(a)	우리는 몇 시간 후에 일을 해야만 할 것 같아요.
(b)	그가 해고된지 몰랐어요.
(c)	우리가 다른 사무실로 이사하는 걸 고려해야 할 때예요.
(d)	전 그를 기쁘게 하는 건 어렵다고 알고 있어요.

해설 해결책을 묻고 있는 질문의 답은 동사를 정확하게 이해하는 것이 중요하다. 일을 처리해야 하는 내용과 연결되는 것은 a가 정답이 된다.

어구 manage 관리 · 감독하다 cf. manage to 간신히 ~하다   consider 고려하다, 생각하다   move into 옮기다, 이사하다   please 만족시키다, 기쁘게 하다

PART II

11

W Who prepared for the Texas report for the meeting?

M I did, but is there a problem?

W Not at all. I just wanted to compliment you on it.

M _____

(a) Oh, thanks. I'm glad you could make it.
(b) Oh, you had me worried there for a second.
(c) Thank you. It wouldn't have been possible without Texas report.
(d) Actually, I didn't do it. I can't take any credit for it.

W	누가 회의 때 쓸 텍사스 주 보고서를 준비했나요?
M	제가 했습니다만, 문제가 있나요?
W	전혀요. 보고서에 대해 당신을 칭찬하고 싶었던 거예요.
M	_____
(a)	오, 감사합니다. 당신이 제시간에 올 수 있으시 기뻐요.
(b)	오, 순간 걱정했어요.
(c)	고마워요. 텍사스 주 보고서 없이는 불가능했을 거예요.
(d)	사실 제가 그것을 하지 않았어요. 전 그에 대한 공로를 받을 수 없습니다.

해 설 세 번째 문장에서 칭찬하려고 했다는 말에 대한 답변으로 순간 보고서가 잘못되었나 하고 걱정했다(you had me worried there for a second.)는 내용의 b가 정답이며, d는 내용상 어색하다.

어 구 prepare for ∼을 준비하다   compliment 칭찬하다   take credit for ∼의 공을 차지하다, ∼을 자기의 명예로 삼다

12

W	Has the board of directors said anything about our bonus?
M	I heard that they might be temporarily suspended.
W	What?
M	_____
(a)	It doesn't make sense. Did they give a reason?
(b)	They said there would be no bonus because of the economic downturn.
(c)	We haven't done that in ages.
(d)	Then we should organize the group to ask for a raise.

W	이사회가 성과급에 대해 언급한 게 있나요?
M	그건 일시적으로 연기될 것 같다고 들었어요.
W	뭐라고요?
M	_____
(a)	말도 안 돼요. 그들이 이유를 얘기하던가요?
(b)	경기 침체 때문에 성과급은 없을 거라고 했어요.
(c)	우리는 오랫동안 하지 않았어요.
(d)	그러면 우리는 인상을 위해서 단체를 조직해야만 해요.

해 설 보너스를 받을 수 없는 이유에 대해 설명하고 있는 b가 정답이다.

어 구 board of directors 이사회   temporarily 임시적으로, 한시적으로 cf. permanently 영구히   suspend 중단하다, 연기하다   make sense 이치에 닿다, 뜻이 통하다   in ages 오랫동안   organize 조직하다

13

M	I can't believe how much workload we have had these days.
W	I wish we could go home early.
M	Why don't we argue with the manager about it?
W	_____
(a)	No, we'd better go talk to him first.
(b)	Then let's do it as a group. It'll work better.
(c)	My manager is bossing me around.
(d)	Someone has to speak up about it.

M	우리가 요즘 얼마나 많은 일을 했는지 믿을 수 없어요.
W	빨리 퇴근했으면 좋겠어요.
M	이 일에 대해서 과장님과 상의해 보는 건 어떨까요?
W	_____
(a)	아니요. 우선 그에게 말하는 게 좋을 것 같아요.
(b)	그러면 그룹을 지어서 일을 하도록 해요. 더 나을 거예요.
(c)	과장님이 제게 이래라저래라 해요.
(d)	누군가가 그것에 대해 터놓고 말해야만 해요.

해 설 업무량에 대해 건의를 하자는 세 번째 문장을 집중해서 들어야 한다. 구체적인 해결책을 말하는 b가 정답이다.

어 구 workload 작업량, 일량   boss one's around 남을 좌지우지하다, 남에게 명령하다   speak up 용기를 내어 말해 버리다, 터놓고 말하다

14

M　How's your project coming along?

W　I'm still working on it. It's challenging.

M　How far are you from getting it done?

W　_____

(a)　Far from it.

(b)　I've already done it and turned it into the boss.

(c)　I'm trying to finish it by that time.

(d)　I'm not even close. I didn't start it yet.

M　프로젝트는 어떻게 되어 가나요?

W　아직도 진행 중이에요. 힘들어요.

M　언제쯤 끝나나요?

W　_____

(a)　아직 멀었어요.

(b)　전 이미 마쳐서 상사에게 넘겼어요.

(c)　그때까지 끝내려고 노력 중이에요.

(d)　다 하려면 멀었어요. 아직 시작하지 않았거든요.

해　설　일이 얼마나 되었냐는 질문에 대한 답변은 a가 된다. d의 아직 시작을 하지 않았다는 말은 내용상 어색하다.

어　구　come along 진행되다　challenging 힘드는, 도전적인　not even close 심지어 그 근처에도 이르지 못하다

15

M　I saw you talking with the boss. What did he see you about?

W　The Jacob account that I failed to handle.

M　I'm concerned that he might have taken it so seriously about that.

W　_____

(a)　In fact, he let me off this time.

(b)　Don't worry about it. I didn't scold him that much.

(c)　He didn't want me to resign the company.

(d)　He gave me the green light on it.

M　전 당신이 상사와 얘기하는 것을 봤어요. 그가 당신에게 무엇에 대해 나무랐나요?

W　제가 처리하지 못한 제이콥 건 때문이에요.

M　전 그가 그 일을 너무 심각하게 여기는 것 같아 걱정이에요.

W　_____

(a)　사실, 이번에는 봐주셨어요.

(b)　거기에 대해 걱정 말아요. 전 그를 그렇게 많이 꾸짖지 않았어요.

(c)　그는 제가 사직하는 것을 원하지 않으셨어요.

(d)　그는 저에게 그 건에 대해 허가를 해주었어요.

해　설　상대방의 실수에 대한 상사의 결단이 답이 되고 있다. 용서했다는 a가 정답이다.

어　구　handle 처리하다, 다루다　seriously 심각하게　off the time 시간을 좀 내다　scold 잔소리하다　resign 사임하다　give the green light 허가를 주다

16

W	How come your report isn't on my desk?
M	I'm sorry. I'll get it done by tomorrow.
W	This is the second time you delay it. What's your excuse this time?
M	Actually, my wife got sick yesterday and had to look after her.
W	That's what you told me last week.
M	Yes, but she caught a bad cold this time.
W	OK, you are overlooked this time. I hope it won't happen again.

Q. What is correct according to this conversation?
(a) The woman is so nice to help the man with the report.
(b) The man often asks for an extension on his report.
(c) The man will not be able to submit the report tomorrow.
(d) The man hardly looks after his wife when she doesn't get well.

W	어째서 당신 보고서가 제 책상 위에 없는 거죠?
M	죄송합니다. 내일까지 끝내겠습니다.
W	당신이 미룬 지 이번이 두 번째예요. 이번엔 어떤 핑계를 댈 거죠?
M	사실은 어제 제 아내가 아파서 돌봐야만 했어요.
W	그건 지난주에 당신이 제게 한 말이 잖아요.
M	예, 하지만 이번엔 아내가 심한 감기에 걸렸어요.
W	좋아요. 이번만 눈 감아 줄게요. 다시는 이런 일이 일어나지 않도록 해 주세요.

Q. 대화에 따르면 맞는 것은 무엇인가?
(a) 여자는 친절해서 남자가 보고서를 작성하는 것을 도와 준다.
(b) 남자는 종종 보고서의 기한 연장을 요구한다.
(c) 남자는 내일 보고서를 제출하지 못할 것이다.
(d) 남자의 아내가 아플 때, 남자는 아내를 돌볼 수 없다.

해설 second time이라는 말에서 예전에도 기한 연장을 요구한 적이 있음을 알 수 있다. a와 d는 내용상 답이 될 수 없고, c는 반대되는 내용이다.

어구 excuse 변명, 핑계 get sick 병이 나다 overlook 간과하다, ~을 너그럽게 봐주다 extension 연장, 연기 submit 제출하다 get well 병이 낫다

17

M   Did you hear that Andrew moved up to the director?

W   Really? But he was just hired three months ago.

M   That's true. Who would've guessed he got promoted so quickly?

W   I think he pulled some strings.

M   Who knows?

W   Rumor has it that his uncle is one of the board members in this company.

M   Now that explains it.

Q.   What are the man and woman talking about?
(a) Why they didn't get promoted.
(b) Who pushed Andrew to move up to the director.
(c) How Andrew got advanced so fast.
(d) Why Andrew asks his uncle to pull some strings.

M   앤드류가 이사로 진급했다는 소식 들었나요?

W   정말요? 그런데 그는 불과 석 달 전에 채용됐잖아요.

M   맞아요. 그가 그렇게 빨리 진급할 것이라고 누가 상상이나 했겠어요?

W   그는 연줄을 이용한 것 같아요.

M   그걸 누가 알겠어요?

W   소문으로는 그의 삼촌이 우리 회사 이사회의 한 사람이라고 하네요.

M   이제야 알겠네요.

Q.   남자와 여자는 무엇에 관해 이야기하고 있는가?
(a) 왜 그들이 승진하지 못했는지.
(b) 앤드류를 이사로 진급시키는 데 추진한 사람이 누구인지.
(c) 앤드류가 어떻게 빨리 진급했는지.
(d) 왜 앤드류가 삼촌에게 연줄을 요청했는지.

해설   너무 빠르게 승진한 앤드류에 관한 이야기이다. 그의 인맥을 의심하는 내용이므로 정답은 c가 된다.

어구   move up to 승진하다(= go[get] promoted)   who would have guessed 누가 추측할 수 있겠느냐
pull strings (인맥·연줄을) 동원하다   board member 중역, 이사회 구성원   get advanced 승진하다

18

W How's your new manager at the company?

M Well, he's not as good as we expected.

W Do you mean he is not as efficient?

M He does work better than the previous one, but he's kind of picky to work with.

W In what way?

M He won't listen to other staff when we have a meeting.

W It's a shame that he's not up to the expectation.

Q. What can be inferred from this conversation?

(a) The man's previous manager was nicer than the present one.

(b) The man's manager doesn't know his work.

(c) The woman hasn't met the new manager yet.

(d) The man and his manager had a big argument at the meeting.

W 회사의 새로운 관리자가 어때요?

M 글쎄요, 그는 생각했던 것보다 별로예요.

W 그가 효율적이지 않다는 뜻인가요?

M 그는 전임보다 일을 더 잘하고 있어요. 하지만 그는 같이 일하기에는 까다로워요.

W 어떤 식으로요?

M 그는 우리가 회의를 할 때, 다른 직원들에게는 귀를 기울이지 않아요.

W 그가 기대에 못 미치니까 유감이네요.

Q. 대화에서 추론할 수 있는 것은 무엇인가?

(a) 그의 전임 관리자는 현재 관리자보다 더 낫다.

(b) 그의 관리자는 그의 업무를 모른다.

(c) 그는 아직 신임 관리자를 만나지 못했다.

(d) 그와 그의 관리자는 회의에서 크게 다투었다.

해설 a와 b는 내용과 반대되므로 답이 아니며 말싸움을 언급한 d는 답이 될 수 없다. 전체적인 내용에서 여자는 새로운 상사를 만난 적이 없음을 알 수 있다.

어구 efficient 효율적인   previous 이전의, 전의   picky 잔소리꾼, 흠잡는 사람   in what way 어떤 측면에서   staff (집합명사) 한 곳에 소속된 직원   be up to one's expectation ~의 기대에 부응하다

Exercise
Script & Answers

1

M It's about time we put new carpeting in our house.

W _____

(a) It looks good to have there.
(b) Yes. We could hire someone to do re-carpeting.
(c) Well, your carpet looks kind of worn out.
(d) Why don't you help me redecorate my living room?

M 우리 집에 새로운 양탄자를 깔 때가 됐어요.

W _____

(a) 거기에 있으면 좋아 보여요.
(b) 예. 우리는 양탄자를 다시 깔아 줄 사람을 고용해야 해요.
(c) 글쎄요, 당신 양탄자는 좀 낡아 보여요.
(d) 거실을 재단장하려고 하는 데 도와줄래요?

해 설 제안을 하는 내용에서 무엇을 제안하는지를 알아야 한다. It's about time은 '~을 해야 한다'는 의미로, 이미 정해진 일을 말하는 a는 답이 될 수 없다.

어 구 carpeting 양탄자   worn out 닳다. 낡다   redecorate 다시 꾸미다. 재단장하다

2

M Have you started searching for a place for rent in New York?

W _____

(a) Yes. I bought a big car.
(b) No, I'll wait when I get there.
(c) I'm moving out to New York this weekend.
(d) I guess it's very expensive to live in there.

M 당신은 뉴욕에서 임대할 집을 찾기 시작했나요?

W _____

(a) 예, 전 큰 차를 샀어요.
(b) 아니요, 제가 거기에 갈 때까지는 기다릴 거예요.
(c) 전 이번 주에 뉴욕으로 이사해요.
(d) 거기에 사는 건 너무 비싼 것 같아요.

해 설 Have you~?는 동사에 집중해야 한다. 집을 찾기 시작했냐는 질문에 기다릴 것(I'll wait)이라고 답하는 b가 정답이다. d는 yes나 no라는 질문 없이 답한 내용이므로 답이 될 수 없다.

어 구 search 찾다   move out 이사 가다. 전출하다

3

M Did you hear why Samantha got so upset with her landlord?

W _____

(a) I never saw her before.
(b) I guess he wants to raise the rent.
(c) He's supposed to move out in a month.
(d) I heard she didn't pay her phone bill last month.

M 사만다가 집주인한테 왜 그렇게 화가 났는지 들었어요?

W _____

(a) 전 전에 그녀들 본 적이 없어요.
(b) 집주인이 임대료를 올리길 원하는 것 같아요.
(c) 그는 한 달 안에 이사를 가기로 되어 있어요.
(d) 그녀는 지난달 전화비를 내지 않았다고 들었어요.

4

M I guess you should tuck Tom in now.
 	
W _____
 	
(a) Right. He went to bed.
(b) I don't think it's good for you to do it.
(c) I will. It's way past his bed time.
(d) OK. I think it's your turn.
	M 당신이 톰을 감싸야 할 것 같아요.
	
	W _____
	
	(a) 맞아요. 그는 자러 갔어요.
	(b) 그렇게 하는 게 당신에게 좋을 것 같
	   진 않아요.
	(c) 그럴게요. 그는 잠 잘 시간이 훨씬
	   지났어요.
	(d) 좋아요. 이제 당신 차례인 것 같아요.

5

M Haven't I told you not to leave the juice out?
 	
W _____
 	
(a) I thought you had it before.
(b) Sorry, I will cook right away.
(c) I hope it won't happen again.
(d) I'll put it away. I forgot.
	M 제가 당신에게 주스를 내놓지 말라
	   고 말하지 않았나요?
	
	W _____
	
	(a) 전 당신이 했다고 생각했어요.
	(b) 미안해요. 지금 당장 요리할게요.
	(c) 다시는 그런 일이 일어나지 않길 바
	   랍니다.
	(d) 치울게요. 잊어버렸어요.

6

M Someone broke in. Can you come over to my house now? W _____ (a) Wait. I got an alarm with me. (b) Oh, no. I'll be over right away. (c) When did that happen? (d) It's a shame to see such things happen.	M 누군가가 들어왔어요. 지금 제 집으 로 올 수 있나요? W _____ (a) 기다려요. 전 놀랐어요. (b) 오, 아니요. 지금 당장 갈게요. (c) 그건 언제 일어났나요? (d) 그런 일이 일어나다니, 심하네요.

7

M   Why didn't you change the bathroom light bulb this morning when I asked?

W   _____

(a)   It took me three hours to change it.
(b)   There was NBA finals game on TV.
(c)   I'll be ready in a few minutes.
(d)   I thought you were done with it this morning.

M   욕실 전구를 바꿔 달라고 부탁했는데 왜 오늘 아침에 하지 않았죠?

W   _____

(a)   그걸 바꾸는 데 3시간이 걸렸어요.
(b)   TV에서 NBA 결승전이 있었어요.
(c)   조만간 준비할게요.
(d)   당신이 오늘 아침에 한 줄 알았어요.

8

M   Please pick up your stuff on the floor.

W   _____

(a)   I already put it there.
(b)   I'll be right with you.
(c)   Just a moment, I'm on the line.
(d)   I'm sorry, I'll go soon.

M   바닥에 있는 네 물건을 치우거라.

W   _____

(a)   그것을 이미 그곳에 놓았어요.
(b)   전 당신이 마음에 들 거예요.
(c)   잠시만요. 전 통화 중이에요.
(d)   미안하지만, 곧 갈게요.

9

M   I decided to stay with my parents.

W   _____

(a)   It's good to spoil your kids.
(b)   Really? I thought you loved to be with your family.
(c)   It'd be nice not to have to cook for yourself.
(d)   I think you need to find another way to pass time.

M   부모님과 같이 살기로 결정했어요.

W   _____

(a)   아이들의 성격을 버리기 십상이에요.
(b)   정말이요? 전 당신이 가족들과 같이 있고 싶어하는 줄 알았어요.
(c)   당신이 직접 요리를 안 해도 되니 좋겠어요.
(d)   시간을 보낼 다른 방법을 찾아 보세요.

10

W   I'd prefer you stayed home tonight.

M   _____

(a)   But I promised to be with Tina.
(b)   OK, I will tell my friends to wait for me.
(c)   Thanks. I'll make sure to be home by 11.
(d)   I'd rather you rent something to watch tonight.

W   네가 오늘 밤 집에 있었으면 좋겠구나.

M   _____

(a)   하지만 티나와 같이 있기로 약속했
      어요.
(b)   알았어요. 친구들에게 기다리라고
      말할게요.
(c)   고마워요. 11시까지는 꼭 들어올게요.
(d)   당신이 오늘 밤 볼 것을 빌리는 게
      나을 것 같네요.

해설   부모가 자식에게 집에 있으라고 부드럽게 타이르는 말투에서 그럴 수 없는 이유를 말하는 a가 정답이다. 집에 있어야 하
       는데 친구에게 기다리라(tell my friends to wait for me)고 말하는 b는 답이 될 수 없다.

어구   prefer 오히려 ~을 좋아하다. 차라리 ~을 취하다   wait for 기다리다   make sure 확신하다. 꼭 ~하다

PART II

11

W   Dad, I'll be a little late.

M   How come?

W   I have a study club meeting till 9.

M   _____

(a)   OK, see you tomorrow.
(b)   Then I'll call your sister about it.
(c)   I see, but try to be home by 10.
(d)   Don't worry. I won't be home till 9.

W   아빠, 조금 늦을 것 같아요.

M   왜 늦니?

W   9시까지 공부 모임 회의가 있어요.

M   _____

(a)   좋아. 내일 만나자.
(b)   그러면 그것에 관해 네 여동생에게
      전화할게.
(c)   알겠다. 그런데 10시까지는 집에 오
      도록 하렴.
(d)   걱정하지 마. 9시까지는 집에 들어
      가지 않을 거야.

해설   귀가 시간을 정하는 내용으로, 가정에서 흔히 볼 수 있는 내용이다. 텝스 청해에서는 주로 귀가 시간이 엄격하다는 것을
       기억해야 한다.

어구   how come 왜, 어째서(= why)

12

W   I think you are being too nice to your kids.

M   In what way?

W   You let them watch a lot of television.

M   _____

(a)   I don't know where they are.
(b)   But I think education is really important.
(c)   Come on. They are just like most kids.
(d)   They didn't watch it last night.

W   당신은 아이들에게 너무 친절한 것
    같아요.

M   어떤 식으로요?

W   아이들이 오랜 시간 텔레비전을 시
    청하도록 내버려 두잖아요.

M   _____

(a)   전 그들이 어디에 있는지 몰라요.
(b)   하지만 교육은 정말 중요하다고 생
      각해요.
(c)   무슨 소리예요. 그들은 대부분의 아
      이들과 같아요.
(d)   그들은 어젯밤에 그걸 시청하지 않
      았어요.

13

W	I like the way you've done with your house.
M	Thanks. Actually, my friend is an interior designer and helped redecorating.
W	Oh, she's great. Your place looks fantastic.
M	_____

(a) Thanks. I spent a lot of time doing it myself.
(b) I couldn't have done it without your help.
(c) That's why they are so popular these days.
(d) I'm sure she will be delighted to hear that.

W	전 당신이 집을 가꿔온 방식이 마음에 들어요.
M	고마워요. 실제로 제 친구가 인테리어 디자이너고, 재단장하는 걸 도와줬어요.
W	오, 그녀는 대단하네요. 당신 집은 정말 좋아요.
M	_____

(a) 고마워요. 혼자 하느라 많은 시간을 들였어요.
(b) 당신이 도움이 없었다면 할 수 없었을 거예요.
(c) 그게 바로 요즘 그들이 인기 있는 이유예요.
(d) 그녀가 이 소식을 들으면 분명 기뻐할 거예요.

14

W	Thanks for helping me clean up my granny's attic.
M	Think nothing of it. In fact, it's very interesting.
W	Yes. She never wants to throw anything out.
M	_____

(a) That's why he's picky about anything.
(b) I appreciate his help. I owe him one.
(c) Throwing out costs a fortune these days.
(d) Really? I wonder what we will find.

W	할머니 다락방을 청소하는 데 도와줘서 고마워.
M	괜찮아. 매우 즐거웠어.
W	응. 그녀는 아무거나 버리는 것을 원하지 않거든.
M	_____

(a) 그가 어떤 것이던 까다로운 게 바로 그 이유야.
(b) 그의 도움에 감사해요. 그에게 신세를 지었네요.
(c) 요즘 버리는 것은 돈을 낭비하는 거야.
(d) 정말요? 전 우리가 무엇을 찾아야 할지 모르겠어요.

15

W I'm in the red these days.

M Why don't you spend less then?

W Well, it's easier said than done.

M _____

(a) I guess I should stop buying some clothes.
(b) But that's the best you can do at the moment.
(c) It's time you invested in some stocks.
(d) I didn't mean to offend you, sorry.

W 요즘 적자야.

M 그러면 지출을 줄이지 그래?

W 글쎄. 그게 말처럼 쉽지 않아.

M _____

(a) 옷을 사는 걸 중단해야 할 것 같아.
(b) 그런데 그게 지금 네가 할 수 있는 최선이야.
(c) 네가몇몇 주식에 투자할 시간이야.
(d) 너를 화나게 할 생각은 없었어. 미안해.

해 설 적자 생활을 하는 친구에게 조언을 해 주는 내용이다. 두 번째 문장의 흐름과 같은 입장을 주장하는 b가 정답이다. a는 주어의 선택이 잘못되었다. c의 주식 투자는 내용상 어색하다.

어 구 be in the red 적자이다   it's easier said than done 말하기는 쉽지, 말이 행동보다 쉽다   invest 투자하다 stock 주식   offend 화나게 하다

PART III

16

M Honey, did you notice that we are already way over our budget for the last two months?

W I know, but we had to put Linda in the summer school.

M OK, well, I guess it's time we cut down on our expenses.

W Fine. But what should we do from now on?

M First, we should eat out less and give up going on a trip this month.

W It sounds like I have to spend more time cooking.

Q. What did they decide to do?
(a) Set up a better schedule.
(b) Avoid buying some food.
(c) Work overtime to get more money.
(d) Cut down on money on dining out and traveling.

M 여보, 우리가 지난 2개월 동안 이미 예산을 훨씬 초과했다는 걸 알고 있었어요?

W 알고 있었지만, 우리는 린다를 여름 학교에 보내야만 했어요.

M 좋아요. 우리가 비용을 줄일 때라고 생각해요.

W 좋아요. 그런데 지금부터 뭘 해야 하죠?

M 우선 외식을 줄이고, 이번 달에 갈 여행을 포기해야 해요.

W 내가 요리하는데 더 많은 시간을 소요해야 한다는 소리로 들리는군요.

Q. 그들은 무엇을 하기로 결정했는가?
(a) 더 좋은 일정 세우기
(b) 음식 구입을 피하기
(c) 돈을 더 모으기 위해 초과 근무하기
(d) 외식과 여행 비용을 줄이기

해 설 생활비를 줄일 수 있는 계획을 세우는 내용임을 알 수 있다. 남자의 구체적 제안을 들으면 정답을 쉽게 찾을 수 있다. 세 부적인 내용은 한두 문장을 정확하게 들어야 한다.

어 구 way over the budget 예산을 한참 초과하다   cut down on ~을 줄이다. 절제하다(= shrink)   expense 지출, 비용, 생활비   from now on 이제부터는, 앞으로는   give up 포기하다   set up 정비하다, (약속 · 계획을) 잡다   work overtime 야근하다   dine out 외식하다

17

M	Your spaghetti was great.	M	당신 스파게티는 훌륭했어요.
W	Thanks. Actually I learned it from my mom.	W	고마워요. 사실 엄마한테 배웠어요.
M	I guess she must be a good cook.	M	그녀는 틀림없이 훌륭한 요리사일 거예요.
W	Yes. Besides she runs a small restaurant in her hometown.	W	예. 게다가 그녀는 고향에서 작은 식당을 경영하고 있어요.
M	Really? No wonder the sauce is unique.	M	정말요? 소스가 독특한 게 당연하네요.
W	Would you like to try out this spaghetti sauce recipe?	W	이 스파게티 소스 요리법을 시도해 볼까요?
M	I'd love to. Could I have it?	M	좋아요. 제가 먹어도 될까요?

Q. What can you infer from this conversation?
(a) The recipe was passed on from the woman's mom.
(b) The woman helps her mom cook in the restaurant.
(c) The man loves the way the woman treats him.
(d) The man wants to go to the restaurant where the woman's mom runs.

Q. 대화에서 추론할 수 있는 것은 무엇인가?
(a) 요리법은 여자의 엄마에게 전수받은 것이다.
(b) 여자는 식당에서 엄마가 요리하는 것을 돕는다.
(c) 남자는 여자가 그를 대하는 방식을 좋아한다.
(d) 남자는 여자의 엄마가 경영하는 식당으로 가길 원한다.

해설 | 요리법을 엄마에게 전수받았다는 앞부분에서 내용을 짐작할 수 있다. 여기서 남자는 여자의 소스 요리법이 마음에 드는 것이지 c처럼 대우하는 방식의 내용과는 상관이 없다. d는 언급하지 않았다.

어구 | besides 게다가(= moreover)   run 경영하다   unique 고유한   recipe 조리법, 비법   pass on ~을 ~에게 전하다   treat 식사를 대접하다, 접대하다

18

W	We should send Dennis to the summer camp again.	W	데니스를 다시 여름 캠프에 보내야겠어요.
M	I thought he didn't enjoy it at all.	M	전 데니스가 별로 좋아하지 않는다고 생각했는데요.
W	Well, he told me that he decided to join it this year, too.	W	이번 해에는 가는 걸로 결정했다고 말했어요.
M	As I remember he was so lonely last time.	M	제가 기억하기로는 지난해에 많이 외로워했던 것 같아요.
W	Maybe he feels more independent this time.	W	아마도 이번에는 더 자립심이 생긴 것 같아요.
M	OK, if he wants to go, let him.	M	알았어요. 그 애가 가고 싶다면 보내요.

Q. What can be inferred from the conversation?
(a) Dennis still wants to work at the summer camp.
(b) Dennis is reluctant to go to the summer camp.
(c) Dennis was homesick at the last camp.
(d) Dennis will not go to the summer camp.

Q. 대화에서 추론할 수 있는 것은 무엇인가?
(a) 데니스는 여전히 여름 캠프에서 일하고 싶어한다.
(b) 데니스는 여름 캠프에 가는 것을 꺼려한다.
(c) 데니스는 지난해에 캠프에서 집을 그리워했다.
(d) 데니스는 여름 캠프에 가지 않을 것이다.

해설 | 데니스가 작년 여름 캠프에서 외로워했다는 말을 homesick이란 말로 바꾸어 쓴 c가 정답이다. 마지막에 갈 수 있도록 허락해 주었으므로 d는 답이 될 수 없다.

어구 | not at all 조금도 ~아니다   independent 남에게 의존하지 않는   homesick 향수병의, 고향을 그리워하는

Exercise
Script & Answers

1

M	Have you seen Olivia around?
W	_____

(a) Come to think of it, I haven't met her for a while.
(b) I'll go and ask her.
(c) No, I haven't seen her doing such a thing.
(d) Actually she wanted to see you.

M	요즘 올리비아를 본 적 있어?
W	_____

(a) 생각해 보니 한동안 그녀를 보지 못한 것 같아.
(b) 가서 그녀에게 물어볼게.
(c) 아니, 그녀가 그런 일을 하는 건 본 적이 없어.
(d) 사실 그녀는 너를 보고 싶어 해.

해설 Have you~?는 동사에 집중해야 한다. see와 meet는 잘 어울리는 동사이다. b는 내용을 이해하지 못했을 때의 반응이며, c는 행동 자체를 말하고 있으므로 답이 될 수 없다.

어구 around 근처에서, 이 주위에서 Come to think of it (다시) 생각해 보니, 그러고 보니 for a while 잠시 동안

2

M	What do you say to setting up a date for you with a man I know?
W	_____

(a) I love going out with you.
(b) But I didn't like his attitude.
(c) Alright, I'll look for him.
(d) OK. I'll give it a try.

M	내가 아는 남자랑 한 번 만나 보는 게 어때?
W	_____

(a) 너와 외출하는 건 좋아.
(b) 하지만 그의 태도는 마음에 들지 않았어.
(c) 좋아. 그를 찾아볼게.
(d) 좋아. 한 번 해 볼게.

해설 소개팅을 주선해 준다는 제안에 대한 답변으로 c의 look for는 내용상 어색하다. b는 모르는 사람에 대해 말할 수 있는 반응이 아니다.

어구 what do you say ~는 어떨까요? set up (약속 · 계획을) 잡다 go out 외출하다, 데이트하다 attitude 자세, 태도 give it a try 시도하다, 한 번 해 보다

3

W	I ran into Matthew at the reception, but he looked uncomfortable to see me.
M	_____

(a) You could have done that a long time ago.
(b) Who wouldn't be? You broke up with him only a few weeks ago.
(c) I should haven't gone there in the first place.
(d) There's no reason he avoids seeing you there.

W	만찬회에서 매튜랑 우연히 마주쳤는데, 그는 나를 보는 게 불편한 눈치였어.
M	_____

(a) 좀 더 일찍 그렇게 했으면 좋았잖아.
(b) 누군들 안 그렇겠어? 너는 몇 주 전에 그와 헤어졌잖아.
(c) 난 애당초 거기 가지 말았어야 했어.
(d) 그가 거기서 너를 안 보려 피하는 데는 아무 이유도 없어.

4

W	A friend of mine from high school called me out of the blue yesterday.
M	_____

(a) Let me take care of the call if you want me to.
(b) Yes, I said I'd give her a call.
(c) What has she been up to?
(d) I think she was feeling blue yesterday.

W 어제 고등학교 동창 중 한 명이 갑자기 나한테 전화를 했어.

M _____

(a) 원한다면 내가 그 전화를 처리할게.
(b) 응, 내가 그녀에게 전화를 했다고 말했어.
(c) 무슨 일로?
(d) 그녀는 어제 우울했나봐.

5

M	How could you say such things to Susan last night?
W	_____

(a) I didn't mean to hurt your feelings.
(b) It just came out the wrong way.
(c) Susan told me she would have say that too.
(d) It totally slipped my mind.

M 어젯밤 수잔에게 어떻게 그런 얘기를 할 수 있어?

W _____

(a) 네 감정을 상하게 할 의도는 없었어.
(b) 그냥 말이 잘못 나왔어.
(c) 수잔은 자기가 하려던 얘기라고 내게 말했어.
(d) 까맣게 잊고 있었어.

6

W	I heard that you are not on good terms with your girlfriend these days.
M	_____

(a) Yes. We've been getting along well since last month.
(b) How did you find out I broke up with her?
(c) You're right. I have to find the way to reconcile our differences.
(d) Maybe I might help you make up with her.

W 내가 듣기론 요즘 네가 여자친구와 잘 지내지 못한다던데.

M _____

(a) 응, 우리 지난달부터 다시 잘 지내고 있어.
(b) 내가 그녀랑 헤어진 걸 어떻게 알았어?
(c) 네 말이 맞아. 우리 둘 사이의 차이점을 해소해 볼 방법을 찾아야겠어.
(d) 그녀랑 화해하는 데 내가 도움을 줄 수 있을지도 몰라.

7

W   Let me introduce my sister Lora when she comes here.

M   _____

(a)   That's something I've never tried.
(b)   I was hoping you could.
(c)   Actually I haven't seen her before.
(d)   That's what she said when she was here.

W   제 여동생 로라가 도착하면 소개할게요.

M   _____

(a)   한 번도 시도해 보지 못한 일이에요.
(b)   당신이 그럴 수 있길 저도 바랍니다.
(c)   사실 저는 그녀를 만나본 적이 없어요.
(d)   그녀가 여기 있었다면 했을 말입니다.

해설   동생을 소개시켜 준다는 말에 a의 try는 적절하지 않으며, c는 내용의 반복이며, d는 주어의 선택이 잘못됐다.

어구   introduce 소개하다, 만나게 해주다   try 시도하다, 하려고 애쓰다, (옷을) 입어보다

8

W   Sam seems pretty mad about what I said.

M   _____

(a)   I suggest you do such a thing.
(b)   Why don't you tell him you didn't mean it?
(c)   I'm not to blame for it.
(d)   Don't worry. He'll learn his way around soon enough.

W   샘은 내가 한 얘기 때문에 화가 많이 난 것 같아.

M   _____

(a)   네가 꼭 그렇게 했으면 좋겠어.
(b)   그럴 의도가 아니었다고 그에게 말하는 것이 어때?
(c)   그건 내 탓이 아니야.
(d)   걱정 마. 곧 그도 깨닫게 될 테니까.

해설   샘이 화가 나 있는 내용에 대한 조언을 해 주는 b가 답이다. c는 상대방과 관련된 이야기가 아니므로 답이 될 수 없다.

어구   pretty 꽤   why don't you~? ~하는 것이 어때?, ~하지 그러니?   blame 탓하다   learn one's way around[about] 정통하게 되다

9

W   Some people say that there's a lot of bad blood between Jack and Danie.

M   _____

(a)   I think they wanted to delay the meeting.
(b)   I didn't know they were related.
(c)   I guess they had a big argument about the misfired project.
(d)   I'm glad to hear that they made up so soon.

W   어떤 사람들은 잭과 대니 간에 불화가 깊다고 하더라고요.

M   _____

(a)   회의를 연기하려고 그런 것 같아요.
(b)   전그 둘이 친척인 줄 몰랐어요.
(c)   실패한 프로젝트를 두고 그 둘이 크게 다툰 것 같아요.
(d)   그들이 금방 화해했다는 말을 들으니 기쁘군요.

해설   부정적인 흐름에 대한 답은 부정적이어야 한다. d는 반대 내용이며, b는 친척과는 상관없는 말이다. c의 argument는 bad blood와 연결된다.

어구   bad blood 불화, 악감정, 미움   be related 친척인   argument 논쟁, 말다툼   misfired 어긋난   make up 화해하다

10

W   I hear that you are into biking these days.

M _____

(a) Yes. I've been enjoying it since I saw some movies.
(b) What kind of car do you prefer?
(c) No, but I had a serious accident and gave it up.
(d) I'd like to show you how to bike sometime.

W 요즘 자전거에 푹 빠져 있다고 들었어.

M _____

(a) 응. 영화를 좀 본 뒤로 즐기게 되었어.
(b) 어떤 종류의 차를 선호해?
(c) 아니, 하지만 한 번 심하게 사고를 당한 뒤로 그만뒀어.
(d) 언젠가 너한테 자전거 타는 법을 알려주고 싶어.

[해설] be into는 자주 쓰이는 표현이다. '~을 좋아하는, 흠뻑 빠져있는' 등의 의미로 enjoy와 연결이 된다. 질문을 하는 b는 어색하며, d의 가르쳐 주겠다(show you how to bike sometime)는 말은 앞부분에 아무 언급 없이 말하는 게 어색하다.

[어구] into 관심을 가지고, ~에 열중하여   give up 단념하다, 포기하다   show ~을 가르쳐 주다

PART II

11

W Did you hear Joe is getting married?

M How did he find his future wife?

W A matchmaker set up the date for him.

M _____

(a) It sounds very awkward to me.
(b) It's common to hire a matchmaker to get married.
(c) Ancient marriage customs sounds interesting.
(d) That's why he popped the question.

W 조가 결혼할 거라는 소식 들었어?

M 그는 어떻게 아내가 될 사람을 찾아낸 거지?

W 결혼 중매인이 데이트 약속을 잡아줬대.

M _____

(a) 그거 이상한데.
(b) 결혼 중매인을 고용해서 결혼 하는 것도 흔한 일이야.
(c) 고대의 혼례 방식이 무척 흥미로운걸.
(d) 그게 그가 청혼한 이유래.

[해설] 중매인(matchmaker)이 등장했을 때 상대방의 반응을 묻는 문제이다. 서양에서는 어색할 수 있다는 배경 지식을 가지고 있으면 a가 답임을 쉽게 알 수 있다.

[어구] get married 결혼하다 matchmaker 결혼 중매인 awkward 이상한, 어색한 hire 고용하다 ancient 고대의 custom 풍습, 관례 pop the question 청혼하다

12

W I think Monica is a square peg in the round hole.

M What makes you say that? I think she's really lenient.

W How so? She doesn't seem to get along well with others.

M _____

(a) She's always a black sheep of the family.
(b) I think she treats others really nicely.
(c) We'd better ask someone else how she is doing.
(d) I can't agree with you more.

W 내 생각에 모니카는 적임자가 아닌 것 같아.

M 어째서 그렇게 말하는 거야? 난 그녀가 정말 관대한 것 같은데.

W 관대하긴!? 그녀는 다른 사람들과 잘 지내지 못하는 것 같아

M _____

(a) 그녀는 항상 집안의 말썽꾼이야.
(b) 난 그녀가 다른 사람들한테 상냥하게 대한다고 생각해.
(c) 그녀가 어떻게 하고 있는지 다른 사람에게 물어보는 게 낫겠어.
(d) 더 이상 네 말에 동의할 수 없어.

13

W	You did a great presentation.
M	Thank you, but I know our executives seemed very hard to please.
W	Don't worry about it. I'm sure that they all must have felt caught up in the moment.
M	_____

(a) That must have been a great speech for them.
(b) It's a compliment to know you thought like that.
(c) What do you want me to do instead of it?
(d) I didn't know all the executives are listening to that.

W	당신 발표는 훌륭했어요.
M	고마워요. 하지만 임원진들이 매우 까다로워 보였어요.
W	걱정하지 마세요. 모든 임원진들이 그 순간 열중했을 거라고 확신해요.
M	_____

(a) 그들에게 틀림없이 좋은 연설이었을 거예요.
(b) 그렇게 생각해 준다는 것을 아는 것만으로도 칭찬을 받는 거네요.
(c) 그것 대신에 제가 어떤 걸 해주길 원하세요?
(d) 모든 임원진이 그것을 듣고 있을 줄은 몰랐어요.

14

W	Did you know Rick got accepted to the law school?
M	No, but that doesn't surprise me.
W	Really? I thought you two were good friends.
M	_____

(a) We were, but we had a falling-out.
(b) We have known for quite a while.
(c) I'm thrilled for that.
(d) That's what I thought.

W	릭이 법과 대학에 합격한 거 아세요?
M	아니요. 하지만 별로 놀랍지 않아요.
W	정말이요? 전 둘이 좋은 친구라고 생각했어요.
M	_____

(a) 그랬지요. 하지만 사이가 틀어졌어요.
(b) 우리는 서로 안 지 꽤 오래되었어요.
(c) 너무 기뻐요.
(d) 그게 바로 제가 생각한 거예요.

15

M   I can't believe Lilly's seeing a new guy.

W   Me neither. It's so sudden since she broke up with Brad not a long time ago.

M   I know. She might be too lonely after the breakup.

W   _____

(a)   Even so, I wonder what he's like.
(b)   She'd better find a new one.
(c)   I think it's not a good way to cheat her boyfriend.
(d)   It's surprising to be going out with him for a long time.

M   릴리가 새로운 남자를 사귄다니 믿을 수가 없어요.

W   저도요. 브래드와 헤어진 지 얼마 안 되어서 너무 갑작스러워요.

M   알아요. 아마도 그녀가 너무 외로웠나봐요.

W   _____

(a)   그렇다 하더라도 그가 어떤 사람인지 궁금해요.
(b)   그녀는 새로운 사람을 찾는 게 나을 것 같아요.
(c)   그녀의 남자친구를 속이는 건 좋은 방법이 아니라고 생각해요.
(d)   그와 오랫동안 사귀다니 놀라워요.

> 해설   제3자의 내용으로, 친구가 새로운 남자친구를 사귄 것에 대한 놀라움을 이야기하고 있다. 그 남자친구에 대해 궁금해 하는 a가 정답이다.

> 어구   see ~을 만나다, 교제하다   breakup 이별, 불화   cheat ~을 속이다, 사기 치다   go out (이성과) 사귀다

PART III

16

M   So, you asked Brat out for a date yet?

W   No, I'm so afraid that he might turn me down.

M   Don't worry. I'm sure he'll like you.

W   Then can you give me some advice on that?

M   Just ask him to go see a movie.

W   What if he hates movies?

M   I heard he's into movies these days.

Q.   What is the man doing in the conversation?
(a)   Asking the woman out for a movie
(b)   Advising the woman on asking Brat out
(c)   Giving the woman some information about the movies
(d)   Taking the woman out for a date

M   그래서 벌써 브랫에게 데이트 신청을 했다는 거야?

W   아니. 그가 거절할까 봐 너무 걱정돼.

M   걱정하지 마. 그가 널 좋아할 거라고 난 확신해.

W   그럼 네가 조언을 좀 해 줄래?

M   그에게 그냥 영화 보러 가자고 말해 봐.

W   만약에 그가 영화를 싫어하면 어떻게 해?

M   요즘 그가 영화에 푹 빠져 있다고 들었어.

Q.   대화에서 남자는 무엇을 하고 있는가?
(a)   여자에게 영화를 보러 가자고 청한다.
(b)   브랫에게 데이트 신청을 하라고 여자에게 충고를 한다.
(c)   여자에게 영화에 관한 정보를 준다.
(d)   여자와 데이트를 한다.

> 해설   여자의 고민을 들어주면서 조언을 하는 내용이다. 여자와 남자가 서로 데이트를 하는 상황이 아니라 여자가 브랫과 데이트를 하고 싶어하는 상황이라는 것을 이해해야 한다.

> 어구   turn down 거절하다   see a movie 영화를 보다   what if ~하면 어때?   into 관심을 가지고, ~에 열중하여

17

W   Bill, it's been ages since we saw each other.

M   It's been quite a while. How have you been?

W   I've been keeping busy with my new job.
    How about you?

M   I went back to school to study music.

W   Really? I'm very envious of you.

M   Let's go out and have some coffee. I guess we have lots of things to talk about.

W   Sounds like a great idea.

Q. What are they going to do next?

(a) Sharing information about their school

(b) Catching up on things

(c) Making a plan to get together

(d) Celebrating their promotion

W   빌, 우리 얼굴 못 본 지 정말 오래됐다.

M   꽤 오래됐지. 어떻게 지냈어?

W   새 직장에 적응하느라 계속 바빴어. 너는?

M   난 음악을 공부하려고 다시 학교로 돌아왔어.

W   정말? 너무 부럽다.

M   우리 나가서 커피라도 마시자. 우리 얘기할 게 너무 많아.

W   그거 좋은 생각인데.

Q. 그들은 다음에 무엇을 할 것인가?

(a) 학교에 관한 정보를 공유한다.

(b) 이런저런 쌓인 이야기를 나눈다.

(c) 함께 살 계획을 세운다.

(d) 자신들의 승진을 축하한다.

해설   오랜만에 만난 친구와 커피를 마시면서 그동안 못했던 대화를 하자는 내용으로 정답은 b가 된다. catch up은 밀린 일 또는 못했던 일을 따라잡다라는 뜻이다.

어구   quite a while 꽤 오랜 시간   keep busy 계속해서 바쁘다   envious 부러운   catch up on ~의 처진 것을 만회하다, 뒤지지 않다   get together 모이다   celebrate 축하하다   promotion 승진

18

W   I don't know what to do with Johnson and Kate. There is bad blood between them.

M   Why? What went wrong?

W   Johnson criticized on her work in front of other colleagues.

M   But he wanted to point out some important points on that.

W   I know, but that still doesn't justify his behavior.

M   I guess we'd better do something to reconcile their differences.

Q. What can be inferred about Johnson and Kate?

(a) They are well connected.

(b) They are not on good terms these days.

(c) They had a big argument at the meeting.

(d) Kate didn't like the way Johnson did his work.

W   존슨과 케이트를 어떻게 해야 할지 모르겠어요. 서로 사이가 안 좋아요.

M   왜요? 뭐가 잘못되었는데요?

W   존슨이 그녀의 일에 대해 동료 직원들 앞에서 비판을 했어요.

M   하지만 그는 중요한 점을 지적하고 싶었던 거예요.

W   알지만 그렇다고 그의 무례한 행동을 정당화할 수는 없어요.

M   우리가 그들을 화해시키기 위해 조치를 취해야겠어요.

Q. 존슨과 케이트에 대해 추론할 수 있는 것은 무엇인가?

(a) 그들은 사이가 좋다.

(b) 그들은 요즘 사이가 좋지 않다.

(c) 그들은 회의에서 말다툼이 있었다.

(d) 케이트는 존슨이 일하는 방식을 좋아하지 않는다.

해설   존슨과 케이트의 사이가 좋지 않다는 말을 먼저 언급하고 있다. 그 이유는 c처럼 언쟁이 아니라 존슨이 케이트 일을 비판했기 때문이다. a는 반대의 의미이다.

어구   bad blood 악감정, 적의, 불화   colleague 동료   point out ~을 지적하다   justify ~을 정당화하다   reconcile ~을 화해시키다, ~와 조화시키다   connect 잘 지내다, 가까워지다   term 교제 관계, 사이   have an argument 말다툼하다

Exercise
Script & Answers

PART I

1

M	How can you be so sure this bread is stale?
W	_____

(a) I already did it before you came here.
(b) I have no idea about the difference.
(c) There's mold on it.
(d) Right. We should tell the waiter about it.

M 이 빵이 상했다는 걸 어떻게 확신하죠?
W _____

(a) 당신이 오기 전에 벌써 해 봤어요.
(b) 차이를 전혀 모르겠어요.
(c) 표면에 곰팡이가 있잖아요.
(d) 맞아요. 웨이터에게 말해야겠어요.

해 설 음식이 상한 것을 말하고 있지만 어떻게 알 수 있냐는 질문이기 때문에 단순히 웨이터에게 말하자는 d는 답이 될 수 없다. mold라는 단어를 알면 쉽게 풀 수 있는 문제이다.

어 구 stale 신선하지 못한, 곰팡내 나는(= musky)　have no idea 전혀 모르다　mold 곰팡이

2

W	I really love the music in the restaurant.
M	_____

(a) Yes, but the food is good.
(b) That makes two of us. It adds to the atmosphere.
(c) I don't think you are much of a musician.
(d) I think so. We'd better go another place.

W 난 이 레스토랑에서 나오는 음악이 정말 좋아.
M _____

(a) 맞아, 하지만 음식은 맛있어.
(b) 나도 그렇게 생각해. 음악 때문에 분위기가 더 좋은 것 같아.
(c) 네가 음악가 기질이 있으리라고는 생각도 못했어.
(d) 나도 그렇게 생각해. 다른 곳으로 옮기는 게 낫겠어.

해 설 음악이 좋다는 긍정적인 말에 a는 but이라는 접속사가 잘못 쓰였으며, c는 개인의 자질을 말하고 있으므로 답이 아니다. d는 반대 상황이므로 정답은 b가 된다.

어 구 That makes two of us 그건 나도 마찬가지다, 나도 그렇게 생각한다　add to 첨가하다, 증가하다
atmosphere 분위기, 공기

3

M	This fruit smells awful, isn't it?
W	_____

(a) I hope not.
(b) Let me peel it first.
(c) But it tastes good.
(d) I like all kinds of fruit.

M 과일에서 이상한 냄새가 나. 그렇지 않니?
W _____

(a) 그렇지 않길 바랄게.
(b) 일단 껍질을 벗겨 볼게.
(c) 그렇지만 맛은 좋아.
(d) 나는 모든 종류의 과일을 좋아해.

해 설 사실적 생각에 대한 답변으로 a는 어색하다. 냄새가 이상하다는 d의 말은 답이 될 수 없다.

어 구 awful 끔찍한, 무서운　peel ~의 껍질을 벗기다　all kinds of 모든 종류의, 많은, 다량의

4

W   Have you tried the burger in that new restaurant?

M   _____

(a) No, but I might this afternoon.
(b) Yes. I went there to pick up some groceries.
(c) It seemed so expensive, compared to the other places across the street.
(d) Yes, but it was too short for me.

W   새로 생긴 그 레스토랑에서 햄버거를 먹어봤어?

M   _____

(a) 아니, 하지만 오늘 오후에 먹어 보려고.
(b) 응. 야채를 사러 거기에 갔었어.
(c) 그 거리에 있는 다른 식당들에 비해 너무 비싼 것 같았어.
(d) 응. 하지만 나한테는 너무 짧았어.

해 설 경험을 물어보는 Have you~? 표현이다. c는 비싸 보였다는 말이 잘못되었으며, d는 형용사의 선택이 잘못되었다. a의 오후에 먹어 보려고 한다(I might this afternoon)가 정답이 된다.

어 구 compared to ~와 비교해서   short 짧은, (돈·분량이) 부족한

5

W   Which would you like, coffee or tea?

M   _____

(a) Neither. I'm not hungry now.
(b) I take it with lots of cream.
(c) Make it hot, please.
(d) I prefer coffee.

W   커피와 차 중에 무엇을 드시겠어요?

M   _____

(a) 둘 다 싫어요. 지금 배고프지 않아요.
(b) 저는 크림을 많이 넣어 주세요.
(c) 따뜻하게 해 주세요.
(d) 전 커피를 더 좋아해요.

해 설 선택의문문 형태를 이해해야 한다. 음료이므로 a의 hungry는 내용상 어색하다. c는 요리 방법을 묻는 것이므로 답이 될 수 없다.

어 구 neither 어느 쪽도 ~아니다   prefer 오히려 ~을 좋아하다

PART II

6

W   It was a great dinner, wasn't it?

M   I knew you would like it. So what now?

W   Want some coffee? I know a good coffee shop not far from here.

M   _____

(a) OK, lead the way.
(b) Maybe we can go there after dinner.
(c) But I don't know the way there.
(d) Let's decide where to go first.

W   훌륭한 저녁 식사였어, 그렇지 않니?

M   네가 좋아할 줄 알았어. 자, 이제 뭘 할까?

W   커피 마실래? 여기서 멀지 않은 곳에 있는 괜찮은 커피숍을 알아.

M   _____

(a) 좋아. 네가 앞장서.
(b) 저녁을 먹은 후에 가든지 하자.
(c) 하지만 가는 길을 모르겠어.
(d) 먼저 갈 곳을 정하자.

해 설 저녁을 먹은 후(It was a great dinner)라는 단서가 있으므로 b나 d는 답이 될 수 없으며, c는 자신이 추천하는 곳이 아니기 때문에 내용상 어색하다. 길을 안내하라는 a가 정답이 된다.

어 구 lead the way 앞장서다, 길을 안내하다

7

M Did you have a good dinner with Dave?

W Yes, we had a wonderful meal.

M What did you like best?

W _____

(a) Mine was satisfactory.

(b) I'd like to have two.

(c) The smoked salmon.

(d) I prepared something for him.

M 데이브와 저녁 식사는 잘 했어?

W 응. 아주 맛있는 음식을 먹었어.

M 뭐가 제일 맛있었는데?

W _____

(a) 내 것은 만족스러웠어.

(b) 두 개 모두 먹고 싶어.

(c) 훈제 연어

(d) 난 그를 위해 뭔가를 준비했어.

해설 저녁 식사에서 세부적인 부분을 질문하고 있다. 세 번째 문장의 의문사 what이 가장 중요하다. c가 정답이 되며, a는 특정한 것을 물어볼 때의 답으로는 어색하다.

어구 satisfactory 만족스러운   smoked 숯으로 익힌

8

W How may I help you, sir?

M I asked for a medium rare steak, but this is well-done.

W I'm very sorry. I'll get you a new one right away.

M _____

(a) That's OK. It tastes great.

(b) Yes, please. I'd like to pay in cash.

(c) Please tell the chef that it has to be medium rare.

(d) Sorry for the mistake. It won't happen again.

W 손님, 어떻게 도와드릴까요?

M 저는 중간보다 덜 익힌 스테이크를 시켰는데, 이건 완전히 익힌 것이네요.

W 정말 죄송합니다. 즉시 새로 요리해서 가져다 드리겠습니다.

M _____

(a) 괜찮아요. 아주 맛있어요.

(b) 네. 그렇게 해 주세요. 현금으로 계산할게요.

(c) 요리사에게 중간보다 덜 익혀야 한다고 말씀해 주세요.

(d) 실수한 것에 대해 사과드립니다. 다시는 이런 일이 없을 겁니다.

해설 스테이크를 원하는 대로 요리하지 못한 내용에서 a는 답이 될 수 없다. b는 지불 수단을 말하고, d는 웨이터의 답변이 된다. 다시 한 번 당부하는 c가 정답이다.

어구 medium 중간쯤 익힌   rare (고기가) 덜 익은   well-done 잘 구워진   right away 곧바로, 즉시

9

W	It's hard to decide what to order.
M	Well, I'll have spaghetti.
W	Sounds good.
M	Why don't you try seafood here? It was good last time I had one.
W	OK, I'll have seafood.
M	Actually, I'll have that as well.
W	Then let's order two of this.
Q.	What is the conversation about?
(a)	Choosing a good place to eat.
(b)	Taking orders from a customer.
(c)	Deciding which meal to have.
(d)	Asking advice on the meal.

W	뭘 주문해야 할지 모르겠어.
M	음. 난 스파게티를 먹을 거야.
W	좋아.
M	해산물 요리를 먹어 보는 건 어때? 지난번에 먹었는데 맛있었거든.
W	좋아. 난 해산물 요리를 먹을래.
M	사실 나도 그게 먹고 싶은데.
W	그러면 이걸로 두 개 주문하자.
Q.	대화는 무엇에 관한 것인가?
(a)	식사하기 좋은 곳을 고르기
(b)	고객에게 주문받기
(c)	어떤 음식을 먹을지 결정하기
(d)	식사에 관해 조언을 얻기

해 설 음식점에서 메뉴를 선택하는 상황임을 앞부분에서 알 수 있다. 주제는 일반적으로 앞부분에 나온다는 것을 기억해야 한다.

어 구 as well 게다가, 그 위에   meal 식사, 한 끼니

10

M	Excuse me. May I see the manager?
W	Yes, what seems to be the problem?
M	Well, this salad seems like it was made a long time ago.
W	Really?
M	Yes, it's not fresh at all and chicken in here smells stale.
W	I'm sorry, sir. We'll get you another one.
Q.	Which is correct according to the conversation?
(a)	The salad did not taste alright.
(b)	The man did not accept the woman's apology.
(c)	The man is complaining about his drink.
(d)	The woman offered the man a full refund.

M	실례지만 당신이 매니저인가요?
W	네. 무슨 문제가 있으신가요?
M	이 샐러드가 오래 전에 만들어진 것 같아요.
W	정말이요?
M	네. 샐러드가 신선하지도 않고, 그 안에 든 치킨은 상한 냄새가 나요.
W	죄송합니다. 다른 것으로 가져다 드리겠습니다.
Q.	대화에 따르면 맞는 것은 무엇인가?
(a)	샐러드가 맛이 좋지 않았다.
(b)	남자는 여자의 사과를 받지 않았다.
(c)	남자는 음료에 대해 불평하고 있다.
(d)	여자는 남자에게 전액 환불해 줬다.

해 설 샐러드가 신선하지 않음을 불평하고 있다. not fresh나 stale 뜻을 알면 쉽게 찾을 수 있다. c의 음료는 언급하지 않았으며, d의 환불도 언급하지 않았다.

어 구 not at all 전혀 ~아니다   stale 상한   alright 아주 좋은   apology 사과, 사죄

Unit 10

Exercise
Script & Answers

PART I

1

M	Is brown the only color you have in this style of trousers?
W	_____

(a) I'm afraid we are out of brown.
(b) No, that design is not in stock at the moment.
(c) No. There aren't any other colors in that blouse.
(d) No. They come in black and blue.

M	이 스타일의 바지는 갈색밖에 없나요?
W	_____

(a) 죄송하지만, 갈색은 다 떨어졌어요.
(b) 아니요. 그 디자인은 지금 재고가 없습니다.
(c) 아니요. 그 블라우스는 다른 색깔이 없어요.
(d) 아니요. 그 스타일은 검정색과 파란색이 있어요.

해 설) 옷 가게에서 색깔을 묻고 있는 질문이다. 문제의 의도는 다른 색깔이 있는지를 묻는 질문이란 점이다. c는 블라우스(blouse)라는 상품이 틀렸다.

어 구) trousers 바지   out of (물건이) 바닥나, ~이 떨어져   in stock 재고가 있는

2

M	Your new computer was finally delivered today.
W	_____

(a) It's good to know you bought a new one.
(b) Really? I didn't know you ordered it for me.
(c) I can't believe how long it's taken to get here.
(d) I'm relieved to hear that it's been ordered.

M	네가 새로 산 컴퓨터가 드디어 오늘 배달됐구나.
W	_____

(a) 네가 새 컴퓨터를 샀다는 걸 들으니 기뻐.
(b) 정말이야? 네가 나를 위해 컴퓨터를 주문한 줄은 몰랐어.
(c) 배달되기까지 얼마나 오래 걸렸다고.
(d) 주문했다니 안심이 돼.

해 설) 주문한 물건이 도착했다는 말에 대한 답으로 오랜 시간이 걸렸다는(how long it's taken to get) c가 정답이다. b는 주어의 오류이며, d는 단순히 주문했다(it's been ordered)는 말이므로 답이 될 수 없다.

어 구) deliver 배달하다   relieved 안도하는, 안심한

3

M	What do I owe you?
W	_____

(a) Let me ask my manager about it later.
(b) It comes to 34 dollars.
(c) But I'm to blame for it. I owe you a big one.
(d) As my memory serves me, you lent me 50 dollars.

M	얼마인가요?
W	_____

(a) 나중에 매니저에게 물어 볼게요.
(b) 34달러입니다.
(c) 하지만 책임은 내게 있어. 네게 신세를 많이 졌어.
(d) 내 기억이 틀리지 않는다면, 너는 내게 50달러를 빌려줬어.

해 설) What do I owe you?를 이해해야 풀 수 있다는 문제로, 계산할 때 손님이 물어볼 수 있는 내용이다. 단순히 돈만 들

고 d라고 하면 안 된다.

어 구 owe 지불할 의무가 있다, 신세지고 있다   come to (합계) ~이 되다   as memory serves 기억나는 대로

4

M I don't think I can trust the salespeople in that clothing store.	M 나는 그 옷 가게 점원들 말을 믿을 수가 없어.
W _____	W _____
(a) I know. They are always busy with customers.	(a) 나도 알아. 그들은 늘 고객들로 바빠.
(b) Then, who should I make this check out to?	(b) 그렇다면 누구에게 확인하라고 할까?
(c) Right. We might complain the manager to train them to be more courteous.	(c) 맞아. 매장 관리자에게 직원들 예절 교육 좀 시키라고 호소해야겠어.
(d) I don't count on them, either.	(d) 나도 그들 말을 믿지 않아.

해 설 불평하는 내용이기는 하지만 예절 교육을 언급하고 있는 c는 답이 될 수 없다. trust라는 동사를 count on으로 바꾸어 말한 d가 정답이다.

어 구 be busy with ~으로 바쁘다   check out ~을 확인하다   courteous 예의 바른, 정중한   count on 믿다

5

M You know what? I paid only 30 dollars for this camera.	M 있잖아. 이 카메라 겨우 30달러 주고 산 거야.
W _____	W _____
(a) You did? That's too bad.	(a) 네가 그랬다고? 정말 안됐다.
(b) It's a shame you got ripped off.	(b) 네가 바가지를 썼다니, 이거 창피한데.
(c) That's where I bought it last week.	(c) 여기가 바로 지난주에 카메라를 산 곳이야.
(d) I guess that was a good buy.	(d) 잘 산 것 같아.

해 설 only 뒤에 금액이 오면 싸게 샀다는 의미임을 알아야 한다. only 30 dollars는 d의 good buy와 연결된다. 부정적인 의미의 too bad. shame. ripped off는 답이 될 수 없다.

어 구 shame 수치, 창피, 부끄러움   rip off ~에게 값을 턱없이 요구하다   buy 산 물건

PART II

6

W Excuse me, I think I'm lost. I'm looking for Tony's store.	W 죄송하지만, 제가 길을 잃은 것 같은데요. '토니스'라는 가게를 찾고 있어요
M It's just two blocks from here.	M 여기서 두 블록만 가시면 됩니다.
W Thanks. Is it still open?	W 감사합니다. 아직 영업 중이겠죠?
M _____	M _____
(a) Well, I'll let you know this afternoon.	(a) 글쎄요. 오늘 오후에 알려드릴게요.
(b) But Tony is not there.	(b) 하지만 토니는 거기에 없어요.
(c) Yes, but I don't work there.	(c) 네. 하지만 전 거기서 일하지 않아요.
(d) It is, but you'd better hurry.	(d) 그럴 거예요. 하지만 서두르는 편이 좋겠어요.

해 설 처음에는 길을 물었지만 세 번째 문장에서는 아직도 문이 열렸는지를 묻고 있기 때문에 답은 d가 된다. a는 지금 바로 답을 해야 하는 상황이기 때문에 답이 될 수 없다.

어 구 be lost 길을 잃은   you'd better ~하는 게 좋다

7

M	I don't think I can afford this car.
W	What price range do you have in mind?
M	Well, I'm thinking of it between 500 and 700 dollars.
W	_____

(a) I'm afraid that's too steep.
(b) But the car is in great condition.
(c) Let's see what we can work out.
(d) Is it possible to negotiate the price?

M	이 차를 살 수 있을 것 같지 않아요.
W	어느 정도의 가격대를 생각하고 있나요?
M	글쎄요. 500에서 700달러 사이를 생각하고 있어요.
W	_____

(a) 유감이지만, 그건 너무 비싸네요.
(b) 하지만 이 차는 상태가 좋아요.
(c) 우리가 산정할 수 있는 게 뭐가 있는지 한번 봅시다.
(d) 가격을 흥정할 수 있나요?

해 설 차를 사는 과정에서 가격을 흥정하고 있다. 차를 파는 사람이 말할 수 있는 내용은 c밖에 없다. a와 d는 차를 사는 사람이 할 수 있는 말이며, b는 가격과 상관이 없는 내용이다.

어 구 afford (금전적으로) 여유가 있다, ~할 수 있다   range 범위, 한계   steep 터무니없는, 엄청난   work out 금액을 산정하다   negotiate 협상하다, 타협하다

8

M	I'd like to return this cream.
W	What's wrong with it?
M	I got a rash on my face after I used this.
W	_____

(a) Sure. I guess you have the allergy.
(b) No way! I've never heard of it.
(c) You should see a dermatologist.
(d) Are you saying I'm to blame for it?

M	이 크림을 반품하고 싶은데요.
W	무슨 문제가 있나요?
M	이 크림을 바르고 난 뒤에 얼굴에 뾰루지가 났어요.
W	_____

(a) 그럼요. 당신은 알레르기가 있는 것 같아요.
(b) 말도 안 돼요. 전 그런 말을 들어본 적이 없어요.
(c) 피부과 의사에게 진찰을 받으세요.
(d) 제 잘못이라고 말하는 건가요?

해 설 화장품을 반품하는 이유의 답을 찾는 내용이다. rash와 allergy를 연결해서 생각해야 한다. b와 c는 물건을 반품하는 손님에게 할 수 있는 말이 아니다.

어 구 get a rash 뾰루지가 나다   allergy 알레르기, 과민증   see (a doctor) 진찰을 받다   dermatologist 피부과 의사   blame for 비난하다, 나무라다

9

W	I'm sorry sir, but we are closing in 10 minutes.
M	What do you mean? The sign out there says it's open till 8.
W	But we are only open till 6 on Saturday.
M	I thought I had enough time to look around.
W	Sorry for your inconvenience.
M	Then I guess I'll have to go to another store.
Q.	What is correct according to the conversation?
(a)	The man decides to come back to the store another day.
(b)	The woman finishes work at 6.
(c)	The store closes at 6 every Saturday.
(d)	The man is complaining about the change of business hours.

W	죄송합니다만 10분 뒤에 가게 문을 닫습니다.
M	무슨 말인가요? 저기 밖에 있는 표지엔 8시까지 영업한다고 써 있던데요.
W	하지만 저희는 토요일에 6시까지 영업합니다.
M	전 둘러볼 시간이 충분하다고 생각했는데요.
W	불편을 끼쳐 드려서 죄송합니다.
M	그렇다면 다른 가게로 가야겠군요.
Q.	대화에 따르면 맞는 것은 무엇인가?
(a)	남자는 다른 날에 다시 가게에 오겠다고 결심한다.
(b)	여자는 6시에 일이 끝난다.
(c)	가게는 매주 토요일마다 6시에 문을 닫는다.
(d)	남자는 영업시간의 변경에 관해 불평하고 있다.

해 설 여자의 일이 6시에 끝난다(finishes work at 6)는 b는 알 수 없는 내용이다. 영업시간에 대한 남자의 불만으로 보기에는 어려우므로 d도 답이 될 수 없다.

어 구 sign 간판   look around 주위를 둘러보다   inconvenience 불편   complain 불평하다, 호소하다   business hours 영업시간

10

M   Hello. What can I do for you?

W   I'm looking for a tie for my father.

M   Can I interest you in this style? It's big these days.

W   It's good, but it's a bit loud for my father.

M   How about this brown one?

W   I'm not sure if it's right for him.

M   Do you have any particular color in mind?

W   Actually, this is the first time to buy a tie for someone. I guess I might look around more. Thanks anyway.

Q.   What can be inferred from the conversation?

(a)   The woman will buy the tie the man recommends.

(b)   The woman usually buys a tie for a present.

(c)   The woman will spend more time to get her father's gift.

(d)   The woman will ask her father about the tie.

M   안녕하세요. 무엇을 도와드릴까요?

W   아버지께 선물할 넥타이를 찾고 있어요.

M   이런 스타일은 어떠세요? 요즘 이런 스타일이 유행입니다.

W   좋은데요. 하지만 저희 아버지께는 너무 화려한 것 같아요.

M   이 갈색 넥타이는 어떠세요?

W   아버지께 어울릴지 모르겠네요.

M   생각해 두신 특정 색깔이 있으세요?

W   사실 누군가에게 넥타이를 선물하는 건 처음이라서요. 조금 더 둘러봐야 할 것 같아요. 어쨌든 감사합니다.

Q.   대화에서 추론할 수 있는 것은 무엇인가?

(a)   여자는 남자가 추천한 넥타이를 구입할 것이다.

(b)   여자는 주로 선물용으로 넥타이를 구입한다.

(c)   여자는 아버지의 선물을 사는 데 좀 더 시간이 걸릴 것이다.

(d)   여자는 아버지에게 넥타이에 대해 물어볼 것이다.

해설 유추해 내는 내용에서 마지막 결정 사항이 중요하다. 여기서도 더 둘러봐야 한다(I might look around more)고 말했기 때문에 c가 답이 되며, b와 d는 전혀 언급하지 않았다. a는 내용과 정반대되는 상황이다.

어구 interest 흥미를 불러일으키다. 관심을 갖게 하다   big 인기있는, 유명한   loud 화려한   have in mind ~을 마음에 간직하다   recommend 추천하다

Exercise
Script & Answers

PART I

1

M	Can you have this parcel delivered before 5?
W	_____

(a) We will get there after 6.
(b) I'm sorry, but it's not ready to deliver.
(c) Only if you pay extra.
(d) But it's a bit late to meet the deliveryman.

M 5시 전으로 이 소포를 배달해 주실 수 있나요?

W _____

(a) 저희는 6시 이후에 그곳에 도착합 겁니다.
(b) 죄송하지만 그 소포는 배달할 준비 가 되어 있지 않습니다.
(c) **추가 요금을 지불하시면 가능합니다.**
(d) 하지만 배달원을 만나기엔 시간이 조금 늦었습니다.

해설 우체국에서 들을 수 있는 대화이다. 빠른 서비스에는 항상 추가 요금을 지불해야 한다는 것을 기억하자. a는 부탁에 대한 답을 말하고 있지 않기 때문에 답이 될 수 없다.

어구 parcel 소포, 소화물   extra 여분의, 별도 계산   deliveryman 상품 배달원

2

M	I think the fabric of this jacket is delicate.
W	_____

(a) It's easy to wash with the washing machine.
(b) It's better to take it to the dry cleaners.
(c) I didn't do anything wrong with that jacket.
(d) I think you got ripped off.

M 이 재킷 직물은 촘촘한 것 같아.

W _____

(a) 세탁기로 세탁하는 건 쉬워.
(b) 세탁소에 맡기는 게 낫겠어.
(c) 이 재킷을 잘 다뤘는데.
(d) 내가 보기엔 네가 바가지를 쓴 것 같아.

해설 세탁소에 맡겨야 하는 옷에 대해서 말하고 있다. fabric과 delicate라는 단어의 의미를 기억하면서 접근해야 한다. d 는 바가지 요금과 관련된 내용이므로 답이 될 수 없다.

어구 fabric 옷감, 조직   delicate 섬세한, 예민한   dry cleaner 세탁소   get ripped off 바가지를 쓰다

3

M	How would you like to send this package?
W	_____

(a) I need to purchase stamps, first.
(b) I'm afraid it's over the limit.
(c) There are several books in the box.
(d) Whichever way is the fastest.

M 이 소포를 어떻게 보내 드릴까요?

W _____

(a) 먼저 우표를 사야겠어.
(b) 무게 한도를 초과했습니다.
(c) 상자 안에 여러 권의 책이 있어요.
(d) 가장 빠른 걸로요

해설 우체국에서 흔히 묻는, 발송 방법에 대해서 이야기하고 있다. 구체적으로 말하지 않고 가장 빠른 방법을 말하는 d가 정 답이 된다.

어구 over the limit 한도(한계)를 넘어   whichever 어느 쪽의 ~이라도

4

M I'm in a big hurry, but you are holding up a line.

W _____

(a) Mind your business.
(b) But I can't decide what to buy.
(c) It's too heavy for me to hold.
(d) Don't bother. I can manage it myself.

M 저는 정말 급한데, 당신이 길을 막고 있군요.

W _____

(a) 제 일에 참견하지 마세요.
(b) 하지만 뭘 사야 할지 결정을 못하겠어요.
(c) 들고 있기엔 너무 무거워요.
(d) 걱정하지 마세요. 저 혼자서도 할 수 있어요.

해설 기다리는 줄을 너무 지연시키고 있다고 말하는 내용에 대한 적절한 답은 b이다. 상황을 정확하게 이해해야 풀 수 있는 문제이다. a는 텝스 특정상 모르는 사람의 대화에서 답이 될 수 있다.

어구 in a hurry 급히, 허둥지둥   hold up (길을) 막다, 방해하다   mind 신경 쓰다, 관심 가지다   bother 걱정하다, 일부러 ~하다   manage 다루다, 잘 해내다

5

M How much are you asking for your bike?

W _____

(a) I guess it's too expensive.
(b) You surly name it.
(c) Can you get it marked down?
(d) Ask if you can get a good deal.

M 자전거를 얼마에 파실 겁니까?

W _____

(a) 너무 비싼 것 같아요.
(b) 당신이 가격을 정해 보세요.
(c) 가격을 깎아줄 수 있나요?
(d) 값이나 알아보고 가세요.

해설 가격을 흥정하는 내용으로, 자전거를 얼마에 팔 건지 물어보고 있으며, 답은 구체적으로 말하지 않았다. 사고 싶어 하는 사람의 가격대에 맞추려는 표현이다.

어구 name (가격을) 지정하다   mark down 가격을 인하하다

PART II

6

W I'd like to break 100 dollars, please.

M How would you like it?

W Sorry?

M _____

(a) I mean we don't have it.
(b) Do you have an account with us?
(c) We can't do it without your identification.
(d) Would you like it in tens or twenties?

W 100달러짜리 지폐를 잔돈으로 바꾸고 싶은데요.

M (화폐 구성을) 어떻게 드릴까요?

W 죄송하지만 뭐라고 하셨어요?

M _____

(a) 제 말은 저희도 갖고 있지 않다고요.
(b) 저희 은행에 예금 계좌가 있으세요?
(c) 신분증 없이는 해드릴 수가 없습니다.
(d) 10달러짜리로 드릴까요, 아니면 20달러짜리로 드릴까요?

해설 지폐를 바꾸는 과정으로, 은행에서 많이 들을 수 있는 내용이다. Part II에서 세 번째 문장에 Sorry? 또는 What do you mean?이 나오면 두 번째 화자의 말에 집중해야 한다.

어구 break (큰돈을) 잔돈으로 바꾸다   ten 10달러 지폐   twenty 20달러 지폐

7

W I wonder if I can take out a loan.

M Do you have an account with us?

W No, but I have some collaterals.

M _____

(a) I can't lend you any money. I'm in the red.
(b) I'm afraid we can't approve a personal loan here, sorry.
(c) Why don't you ask someone else to give you some money?
(d) I tried, but it didn't work out.

W 대출을 받을 수 있는지 궁금합니다.

M 저희 은행에 예금 계좌가 있으세요?

W 아니요. 하지만 담보는 있어요.

M _____

(a) 당신에게 돈을 빌려줄 수가 없어요. 저도 적자거든요.
(b) 그렇다면 여기에서 개인 대출을 승인해 드릴 수 없습니다. 죄송합니다.
(c) 당신에게 돈을 줄 만한 다른 사람에게 물어보는 게 어때요?
(d) 시도해 봤지만, 잘 안 됐어요.

해설 은행에서 대출을 받는 내용으로, 은행에 계좌가 없으므로 대출이 안 된다는 b가 정답이다. a는 아는 사람에게 돈을 빌리는 내용이므로 답이 될 수 없다.

어구 take out a loan 대출을 받다   collateral 담보, 저당물   be in the red 적자를 내고 있다 *cf.* be in the black 흑자이다

8

M How would you like your hair done?

W I'd like to have my hair dyed.

M Do you have any color in mind?

W _____

(a) What would you recommend doing for my hairstyle?
(b) I'd prefer light brown, please.
(c) I'd rather get a trim.
(d) Yellow one is very popular among young people these days.

M 머리를 어떻게 해드릴까요?

W 머리를 염색하고 싶은데요.

M 생각하신 색이 있으세요?

W _____

(a) 제 머리 스타일에 어울릴 만한 색을 추천해 주세요.
(b) 밝은 갈색이 좋을 것 같아요.
(c) 머리를 약간만 다듬는 게 좋겠어요.
(d) 요즘 젊은이들 사이에서 노란색이 유행이에요.

해설 염색하고 싶은 색깔을 묻고 있다. 단순히 색깔이나 미용실이라는 장소만으로 답을 결정하면 안 된다. have in mind를 prefer로 바꾸어 말한 b가 정답이다.

어구 dye ~를 물들이다, 염색하다   trim ~을 정돈하다, 다듬다

9

M I'm here to have my suit cleaned and pressed.

W Sure. You can pick it up tomorrow afternoon.

M But I really want to wear it tonight. Can I get it sooner?

W There is an express service with an extra charge.

M I don't mind as long as it's done quickly.

W Then please pay another 5 bucks for that.

M OK. Here you are.

W Thanks. It'll be ready in 3 hours.

Q. What is correct about this conversation?

(a) The man is not satisfied with the service the woman offers.

(b) The man wants his laundry done promptly.

(c) The woman can't have the man's suit cleaned by today.

(d) The woman pays the extra charge for the express service.

M 양복을 세탁하고 다림질을 하고 싶은데요.

W 물론입니다. 내일 오후에 찾으실 수 있습니다.

M 그렇지만 오늘 저녁에 찾고 싶은데, 더 빨리 해 주실 수는 없나요?

W 추가 요금을 내시면 빨리 해드릴 수 있습니다.

M 빨리 찾을 수만 있다면 상관없습니다.

W 그러시다면 추가로 5달러를 내세요.

M 좋아요. 여기 있습니다.

W 감사합니다. 3시간 후에 찾으실 수 있습니다.

Q. 대화에 따르면 맞는 것은 무엇인가?

(a) 남자는 여자가 제공하는 서비스가 만족스럽지 않다.

(b) 남자는 자신의 세탁물이 신속히 세탁되길 원한다.

(c) 여자는 남자 양복을 오늘 내로 세탁할 수 없다.

(d) 여자는 빠른 서비스를 위해 추가 요금을 낸다.

해설 세탁소에서 빠른 서비스를 요구하는 내용이다. 오늘 저녁에 필요하다(want to wear it tonight)는 말에 추가 요금을 요구하고 있다. a는 전혀 알 수 없으며, c는 내용과 다르므로 답이 될 수 없다. d는 주어가 남자가 아닌 여자이기 때문에 답이 될 수 없다.

어구 press 다리다 express service 급속 서비스 as long as ~하는 동안 buck 미국 달러(지폐) be satisfied with ~에 만족하다 laundry 세탁물 promptly 즉각, 신속히

10

W   This is the first time to grow plants.

M   We have a wide range of plants. What do you have in mind?

W   Well, I need a low maintenance plant.

M   Then I recommend cactus. It only needs watering once a month.

W   But I heard orchid blooms beautiful flowers.

M   That's correct, but it's easily wilted unless it's a controlled environment.

Q.   What is correct according to the conversation?

(a) The woman is trying to buy some plants which is easy to grow.

(b) The woman is worried about watering plants.

(c) The man recommends the woman to buy the orchid.

(d) The woman thinks the orchid is more beautiful than cactus.

W   화초를 기르는 건 이번이 처음이에요.

M   저희 가게에는 다양한 종의 화초가 있습니다. 어떤 종류를 원하세요?

W   글쎄요. 기르기 쉬운 화초여야 해요.

M   그러시다면 선인장을 추천해 드립니다. 한 달에 한 번만 물을 주시면 됩니다.

W   하지만 제가 듣기론 난이 아름다운 꽃을 피운다던데요.

M   맞는 말이지만, 잘 가꿔진 환경이 아니고서는 쉽게 시들거든요.

Q.   대화에 따르면 맞는 것은 무엇인가?

(a) 여자는 기르기 쉬운 화초를 사려고 한다.

(b) 여자는 화초에 물 주는 것을 걱정한다.

(c) 남자는 여자에게 난을 사라고 권유했다.

(d) 여자는 난이 선인장보다 더 아름답다고 생각한다.

해설   화초를 고르는 내용이다. 손님은 여자이며, 기르기 쉬운 화초를 원한다고 말했으므로 정답은 a가 된다. b는 아직 일어나지 않은 내용이며, c는 위의 대화문과 반대되는 내용이다. d는 여자의 생각이 아니라 들은 내용이다.

어구   low maintenance (유지·관리가) 손쉬운   cactus 선인장   orchid 난초   wilt 식물이 시들다   controlled 통제된, 관리된

Exercise
Script & Answers

PART I

1

M	It's too bad that Bill sprained his ankle. He'll probably miss the finals of football.
W	_____

(a) He might not, since it's not too serious.
(b) You're right. He was holding up too much hope.
(c) Yes. It's been hard for him to miss a game.
(d) I know. He did his best to make the final.

M	빌이 발목을 삐었다니 안됐다. 아마 축구 결승전에는 못 나갈 거야.
W	_____

(a) 그러지 않을 수도 있어. 부상이 심하지 않거든.
(b) 네 말이 맞아. 그는 지나치게 많은 기대를 걸고 있어.
(c) 맞아. 경기 출전을 놓친다는 건 그에게는 힘든 일이야.
(d) 나도 알아. 그는 결승전에 나가기 위해 최선을 다했어.

해 설 운동 경기와 건강상의 문제를 연관시켜 이야기하는 내용이다. 두 번째 문장이 핵심임을 기억해야 한다.

어 구 sprain 삐다 final 결승전

2

M	I hope you feel better soon.
W	_____

(a) Yes. I was kind of upset with my grade.
(b) Thanks. I'm sure I'll be back to work next week.
(c) Not that I know of.
(d) It's so nice of you to offer me such a thing.

M	곧 회복되길 바랍니다.
W	_____

(a) 네. 제 성적을 보니 조금 당황스러웠어요.
(b) 고맙습니다. 확실히 다음 주에는 다시 출근할 겁니다.
(c) 제가 아는 한 그렇지 않아요.
(d) 제게 그런 것을 제안해 주시다니 고맙습니다.

해 설 feel better가 몸의 회복임을 이해하고 풀어야 한다. 아픈 사람에게 회복되길 바란다고 말했을 때, d처럼 제안해 줘서 고맙다는 표현은 어색하다. 회복되는 것과 회사에 다시 복귀하는 것을 연결시켜 풀어야 한다.

어 구 kind of 약간, 다소   not that I know of 내가 아는 한 그렇지 않다

3

M　Have you started working out as you promised you would?

W　_____

(a) No, I won't be able to lose my weight so soon.
(b) I'm sure I'll exercise harder.
(c) I learned that it was hard to keep in shape.
(d) Yes, I joined the gym near my office.

M　약속했던 대로 운동을 시작했나요?

W　_____

(a) 아니요. 그렇게 금방 체중을 줄일 수는 없을 거예요.
(b) 더 열심히 운동을 할 겁니다.
(c) 건강을 유지하는 게 쉽지 않음을 깨달았어요.
(d) 예. 사무실 근처의 헬스클럽에 등록했어요.

해설　운동을 시작했냐는 질문의 적절한 답은 헬스클럽에 등록했다(join the gym)는 d이다. 건강을 유지하다(keep in shape)의 c는 내용상 적절하지 않다. b는 운동의 강도를 나타내는 것이므로 답이 될 수 없다.

어구　work out 운동하다. 연습하다　keep in shape 건강을 유지하다　join 등록하다

4

M　I cut myself cooking. I wound up getting some stitches.

W　_____

(a) The doctor told me I was lucky nerves weren't cut.
(b) I'm relieved to hear that you are OK.
(c) I hope you get better soon.
(d) No one told me about the surgery.

M　요리하다가 좀 베었어요. 몇 바늘 꿰매고 붕대로 감았어요.

W　_____

(a) 의사가 신경을 다치지 않아서 다행이라고 제게 말했어요.
(b) 당신이 이제 괜찮다고 하니 안심이 되네요.
(c) 곧 나아지기를 바랍니다.
(d) 수술에 대해서는 아무도 제게 말해주지 않았어요.

해설　베어서 꿰맸다는 내용에 답은 빨리 회복하길 바란다(get better soon)고 말하는 c이다. b는 지금 상태가 좋다는 의미로 답이 될 수 없다.

어구　cut oneself -ing ~하다가 스스로 베다　wind up (붕대) 감다　relieve 안도케 하다. (긴장을) 풀게 하다　surgery (외과) 수술

5

M　I'm trying to give him some medicine, but he won't swallow it.

W　_____

(a) It'll take time to get results.
(b) At least he is working now.
(c) I know. Medicine doesn't work at all.
(d) He'd better. Try it again.

M　그에게 몇 가지 약을 주려고 하는데, 그가 삼키지 않을 거예요.

W　_____

(a) 결과가 나오려면 시간이 좀 걸릴 겁니다.
(b) 최소한 그는 지금 일을 하고 있어요.
(c) 알아요. 하지만 약은 전혀 효과가 없어요.
(d) 그가 좀 나아졌어요. 다시 한번 시도해 봐요.

해설　약을 먹지 않는 아이에게 다시 한 번 시도하라(Try again)는 d가 정답이다. 약에 대한 효과를 나타내는 a. b는 답이 될 수 없다.

어구　swallow 삼키다　at least 최소한　work (약이) 효과가 있다

6

M	You look pale. What's wrong with you?
W	I feel kind of weak today.
M	Have you taken anything for it?
W	_____

(a) Maybe I should see a doctor.
(b) I left my prescription at home.
(c) No, but I might.
(d) Thanks for your help.

M	얼굴이 창백해 보여. 무슨 일이야?
W	오늘 기운이 없어.
M	약은 먹었어?
W	_____

(a) 진찰을 받아야 할 것 같아.
(b) 처방전을 집에 두고 왔어.
(c) 아니, 하지만 그래야 할 것 같아.
(d) 도와줘서 고마워.

해 설 약을 복용했냐는 질문의 답으로 c가 적절하다. a는 약과는 상관없는 말을 하고 있으므로 답이 될 수 없다. 처방전을 두고 왔다는 b의 말은 약을 복용했는지를 묻는 문제의 답으로 어색하다.

어 구 feel weak 힘이 없다   prescription 처방전

7

M	Have you seen Ella today? She's not around.
W	She's in bed. She's been coming down with something.
M	Oh, no. What's wrong with her?
W	_____

(a) I don't know. I'd better take something for the flu.
(b) I was told that she got a cold.
(c) She was discharged from hospital.
(d) She told me that she blew the test last week.

M	오늘 엘라를 본 적이 있어? 둘러봐도 찾을 수가 없네.
W	그녀는 침대에 누워 있어. 병에 걸렸대.
M	어머. 그녀에게 무슨 일이 있는 거야?
W	_____

(a) 나도 모르겠어. 감기약을 좀 먹는 게 낫겠어.
(b) 그녀가 감기에 걸렸다는 말을 들었어.
(c) 그녀는 병원에서 퇴원했어.
(d) 그녀가 지난주에 시험을 망쳤다고 나한테 말했어.

해 설 제3자 이야기를 하므로 a는 답이 될 수 없다. 병원을 퇴원했다(discharged from hospital)는 c도 부적절하며, 시험 결과를 말하는 d도 답이 될 수 없다.

어 구 flu 감기(= influenza)   get a cold 감기에 걸리다   be discharged from hospital 퇴원하다   blow the test 시험을 망치다

8

M	I heard Curt has to have surgery on his eyes.
W	That's too bad. Do you think he'll be alright?
M	Yes. Normally, it's a straightforward procedure.
W	_____

(a) Sounds like he'll be better soon.
(b) That sounds terrible.
(c) I'm sorry to hear that you were in hospital.
(d) I guess he'll get worse sooner or later.

M	컬트가 눈 수술을 받아야 한다고 들었어.
W	정말 안됐다. 그가 괜찮아질 거라고 생각해?
M	응. 보통 눈 수술은 간단한 시술이야.
W	_____

(a) 그가 빨리 회복할 것 같은 생각이 들어.
(b) 끔찍하게 들린다.
(c) 네가 병원에 있었다는 말을 들으니 유감이다.
(d) 조만간 그가 더 악화될 것 같아.

PART III

9

W	Now that my cast is off, I'm looking forward to starting to exercise again.
M	You shouldn't rush things. It takes time for a broken bone to heal.
W	But my leg feels fine.
M	I don't think so. When I broke my leg, it took over five weeks to recover.
W	How come it took so long?
M	That's how long it normally takes for a broken bone to heal.
W	Well, I guess I should take your advice on that to be on the safe side.

Q. What can be inferred about the woman?
(a) Her leg is recovered completely.
(b) She will not rush into exercising.
(c) Her leg was wounded while exercising.
(d) She will ask the physician about her leg.

W 어제 깁스를 풀었더니 다시 운동을 시작하고 싶어.
M 서두르지 마! 부러진 뼈가 회복하는 데 시간이 걸려.
W 하지만 내 다리는 괜찮은 것 같은데.
M 그렇지 않을 거야. 내 다리가 부러졌을 때, 5주 이상 걸렸어.
W 왜 그렇게 오래 걸렸어?
M 일반적으로 부러진 뼈가 치유되는 데 걸리는 기간이야.
W 안전을 기하기 위해 네 조언을 들어야 할 것 같아.
Q. 여자에서 추론할 수 있는 것은 무엇인가?
(a) 여자의 다리는 완전히 회복되었다.
(b) 여자는 운동하는 것을 서두르지 않을 것이다.
(c) 여자의 다리는 운동하다 다쳤다.
(d) 여자는 의사에게 자신의 다리에 대해 물어볼 것이다.

10

W Did you hear about Larry?

M No, what happened to him?

W He has to have plastic surgery on his nose again.

M Again? Didn't he just have the surgery?

W He did, and normally it's a straightforward procedure.

M But what went wrong?

W There were complications. And now they have to operate again.

M That sounds terrible. I hope everything is OK now.

Q. What is the conversation mainly about?

(a) A friend's terrible accident

(b) The latest techniques in plastic surgery

(c) A friend's unexpected second surgery

(d) Procedures for improving one's appearance

W 래리 소식 들었어?

M 아니. 그에게 무슨 일이 생겼어?

W 그는 다시 코 수술을 해야만 한대.

M 다시? 그는 막 수술을 한 거 아니었어?

W 맞아. 일반적으로 코 수술은 간단한 시술이야.

M 하지만 뭐가 문제였어?

W 합병증이 있었어. 그래서 지금 다시 수술해야만 한대.

M 끔찍하게 들린다. 지금 모든 게 잘 됐으면 좋겠다.

Q. 주로 무엇에 관한 대화인가?

(a) 친구의 끔찍한 사고

(b) 성형 수술에 관한 최근 기술

(c) 친구의 예상치 못한 2차 수술

(d) 사람의 외모를 가꿔주는 절차

해 설   코 성형 수술이 잘못된 래리에 관한 내용으로, 재수술을 받는 c가 정답이 된다.

어 구   plastic surgery 성형 수술   straightforward 수월한, 간단한   procedure 절차   complications 합병증   unexpected 예기치 않은, 뜻밖의

Exercise
Script & Answers

1

| M | What did you like best about your trip to Hong Kong? |
| W | _____ |

(a) I know much about a lot of people.
(b) Food didn't agree with me.
(c) Everything was cheaper than here.
(d) It was great apart from the plane.

M 홍콩 여행에서 가장 좋았던 건 뭐야?
W

(a) 난 많은 사람들에 대해 많은 것을 알고 있어.
(b) 음식이 내게 맞지 않았어.
(c) 모든 것이 여기보다 저렴해.
(d) 비행기를 제외하고는 좋았어.

해 설 무엇이 제일 좋았는지를 묻는 문제이다. d는 구체적 내용이 아니므로 답이 될 수 없다. 저렴했다(Everything was cheaper)는 c가 정답이다.

어 구 agree 성미(체질)에 맞다, 건강에 좋다   apart from ~은 제외하고, ~에 덧붙여

2

| M | I wish I could go to New York with my family for the holidays. |
| W | _____ |

(a) Great. You must be very exciting.
(b) How did you like it?
(c) New York is very beautiful, isn't it?
(d) It's a shame you can't take any days off this month.

M 휴가 동안 가족과 함께 뉴욕에 가고 싶어.
W

(a) 멋져. 정말 신나겠다.
(b) 여행은 어땠어?
(c) 뉴욕은 정말 아름다워. 그렇지 않니?
(d) 이번 달에 네가 하루도 휴가를 낼 수 없다니 안타깝다.

해 설 wish의 의미를 알면 부정적인 내용임을 알 수 있다. 가족과 같이 여행을 가지 못한다는 내용의 정답은 d이다. b는 과거 시제이므로 답이 될 수 없다.

어 구 wish ~이면 좋겠다고 생각하다, ~하기를 원하다   shame 수치, 창피, 부끄러움   take off ~동안 휴가를 내다

3

| M | I just saw the sign outside. You have vacancies, right? |
| W | _____ |

(a) Yes, feel free to take that.
(b) I hope you have a nice room.
(c) Right, some suites are available.
(d) Yes, what name did you reserve it under?

M 밖에 있는 표지판을 봤어요. 빈방 있죠, 그렇죠?
W

(a) 네, 편하게 쓰세요.
(b) 좋은 방이 있기를 바라요.
(c) 네, 스위트룸 몇 개가 비어 있습니다.
(d) 네, 누구 이름으로 예약하셨죠?

해 설 호텔에서 들을 수 있는 대화로 표지판을 보고 들어와 빈방을 묻는 질문이다. d는 예약과 관련된 내용이므로 답이 될 수 없다.

어 구 feel free to 마음대로(거리낌없이) ~하다   available 이용할 수 있는, 쓸 수 있는   reserve 예약하다

4

M   My vacation plans fell through.

W   _____

(a)   Sorry to hear that.

(b)   Why didn't you make a list of it?

(c)   Maybe I'll take a rain check on that.

(d)   There's no need.

M   내 휴가 계획이 수포로 돌아갔어.

W   _____

(a) 안됐다.
(b) 목록을 왜 작성하지 않았니?
(c) 휴가는 다음에 가야 할 것 같아.
(d) 필요 없어.

5

M   I had to spend a restless night on one of those hard seats in the train.

W   _____

(a)   Too bad. Did you take anything for it?

(b)   You'd better call and cancel your train ticket.

(c)   Sometimes, it's better to pay more to ride in comfort.

(d)   Too bad you didn't go on a train ride.

M   딱딱한 기차 좌석에 앉아서 밤새 잠도 못 잤어.

W   _____

(a) 너무 안됐다. 약은 먹었어?
(b) 전화해서 기차표를 취소하는 게 나을 것 같아.
(c) 가끔은 편히 가기 위해서 돈을 더 지불하는 게 나아.
(d) 기차에 타지 못했다니 너무 안됐다.

PART II

6

W   You are all set for your vacation, aren't you?

M   Yes, but I have one thing to take care of.

W   Anything I can do to help?

M   _____

(a)   Let me watch your dogs then.

(b)   I think it's better for you to hire someone.

(c)   I don't have enough money to get out of debt.

(d)   I need someone to mind my orchids while I'm away.

W   휴가 준비 다 끝냈지, 그렇지?

M   응, 끝났어. 하지만 신경 써야 할 일이 하나 있어.

W   내가 뭐 도와줄 거라도 있어?

M   _____

(a) 그러면 내가 네 강아지들을 돌볼게.
(b) 누구를 고용하는 게 나을 것 같아.
(c) 나는 빚을 갚을 만한 충분한 돈이 없어.
(d) 내가 없는 동안 내 난초를 돌봐 줄 사람이 필요해.

7

W Are you going anywhere this summer?

M Yes, I'm going to Jeju Island.

W Are you planning to fly there?

M _____

(a) It's all booked and paid for.
(b) In fact, on a special cruise ship
(c) No, I'm not going there.
(d) I don't think I can afford to go there.

W 이번 여름에 어디 가세요?

M 네, 제주도에 가려고요.

W 비행기를 타고 가실 거예요?

M _____

(a) 전부 예약했고, 돈도 지불했어요.
(b) 사실 특별 유람선을 타고 가요.
(c) 아니요, 전 거기에 가지 않을 거예요.
(d) 거기에 갈 경제적 여유가 없을 것 같아요.

[해 설] 세 번째 문장에 집중해야 한다. 금전적인 이유로 거기에 갈 수 없다는 d의 답은 어색하다. 교통수단의 정답은 b이다.

[어 구] be planning to ~할 계획이다   booked 예약된, 등록된   paid for 지불하다, 지출하다

8

W Dream Travel. How can I help you?

M I'm calling to ask if you have any discounts for large groups.

W Yes, we do. How many will you be traveling with?

M _____

(a) Too many people, I'm afraid.
(b) Why do you have to know about it?
(c) I'm not sure of the exact number yet, but quite a few.
(d) Rates are listed in our tour brochures.

W 드림 여행사입니다. 무엇을 도와드릴까요?

M 단체 그룹의 할인 혜택이 있는지 알아보려고 전화했습니다.

W 예, 있습니다. 함께 여행하실 분이 몇 분이시죠?

M _____

(a) 유감스럽지만, 사람이 너무 많아요.
(b) 왜 그걸 알려고 하죠?
(c) 정확한 숫자는 잘 모르겠지만 꽤 됩니다.
(d) 요금은 저희 여행 소책자에 나와 있습니다.

[해 설] 여행사와의 대화에서 세 번째 문장에 대한 정답은 c이다. a는 how many의 답으로 적절하지 않으며, d는 여행사 직원이 요금에 대해 말할 때 답할 수 있는 내용이다.

[어 구] quite a few 꽤 많은, 상당한 수의   rate 요금, 대금   brochure 소책자, 안내장

9

W   Hello, Seoul Tourist Bureau.

M   Yes, I just arrived from New York. I'd like to know the way to get downtown.

W   Most of the hotels offer a shuttle bus service. Have you booked a hotel yet?

M   Yes, Plaza Hotel.

W   The shuttle bus comes every 30 minutes. You can catch it at the North entrance.

M   How long does it take to get there?

W   It depends on the traffic, but it usually takes about 40 minutes.

M   Thank you.

Q.   What is correct according to the conversation?
(a)   The man is asking the direction to the downtown.
(b)   The man knows much about the hotels in Seoul.
(c)   The man is in a hurry for a meeting.
(d)   The man will wait for a shuttle for 30 minutes.

W   안녕하세요. 서울 여행자 안내 사무소입니다.

M   네, 저는 방금 뉴욕에서 왔습니다. 시내로 가는 길을 알고 싶은데요.

W   대부분의 호텔은 셔틀버스 서비스를 제공합니다. 아직 호텔을 예약하지 않으셨나요?

M   플라자 호텔로 예약했습니다.

W   셔틀버스는 매 30분마다 운행하며, 북쪽 출입구에서 타실 수 있습니다.

M   시내까지 가는 데 얼마나 걸리나요?

W   교통 사정에 따라 다르지만, 대개 40분 정도 걸립니다.

M   고맙습니다.

Q.   대화에 따르면 맞는 것은 무엇인가?
(a)   **남자는 시내로 가는 방향을 묻고 있다.**
(b)   남자는 서울에 있는 호텔에 대해 많이 알고 있다.
(c)   남자는 회의에 가기 위해 서두르고 있다.
(d)   남자는 30분 동안 셔틀버스를 기다릴 것이다.

해 설   두 번째 문장에서 시내로 가는 교통수단을 묻고 있으므로 a가 정답이 된다. b, c는 알 수 없는 정보이며, d의 30분 동안 기다린다(wait for a shuttle for 30 minutes)는 전혀 언급하지 않았다. 다만 시내까지 걸리는 시간이 40분이라고 말하고 있다.

어 구   bureau 안내소   depend on ~에 따라 다르다   traffic 교통량, 교통   direction 방향, 위치   be in a hurry 서두르다

10

M	Have you booked a ticket to Europe yet?	M	유럽행 표를 아직 예매하지 않았어?
W	Sorry, I called around many agencies and asked about prices, but they were all way over our budget.	W	미안. 여러 여행사에 전화해서 물어 봤지만, 모두 우리 예산을 한참 초과 하는 가격이었어.
M	A friend of mine told me that he had a great deal with Ace Travel. Why don't we try that agency?	M	내 친구 한 명이 에이스 여행사와 훌 륭한 거래를 했다고 하던데, 그 여행 사를 한 번 시도해 보는 게 어떨까?
W	Ace Travel? I've never heard of it.	W	에이스 여행사? 전혀 들어본 적이 없는데.
M	It's located on Greenwood Street. It won't hurt to go and ask about our trip.	M	그린우드 가에 위치해 있어. 찾아가 서 우리 여행에 대해 물어보는 것도 나쁘지 않을 거야.
W	OK. Let's check it out this afternoon.	W	좋아. 오늘 오후에 알아보자.
Q.	What can be inferred from the conversation?	Q.	대화로부터 추론할 수 있는 것은 무 엇인가?
(a)	The man will go to Europe with his friend.	(a)	남자는 친구와 유럽에 갈 것이다.
(b)	They have never heard of Europe.	(b)	그들은 유럽에 대해 들어본 적이 없 다.
(c)	The man's friend works for Ace Travel.	(c)	남자의 친구는 에이스 여행사에 근 무한다.
(d)	They are looking for an affordable ticket to Europe.	(d)	그들은 적당한 가격의 유럽행 표를 찾고 있다.

해 설 유럽 여행을 계획하는 내용에서 금전적인 면이 문제가 된다는 내용이다. c는 친구가 에이스 여행사에 근무한다고 했으 므로 답이 될 수 없고, a는 여자와 같이 여행을 갈 예정이므로 답으로 적절하지 않다.

어 구 way over 훨씬, 멀리 locate on ~에 위치하다 affordable 알맞은, 감당할 수 있는

Exercise
Script & Answers

1

W	How could you lose the game against TJ team?
M	_____

(a) I didn't think you wanted to.
(b) You are right about that. It ended in a tie.
(c) But it was a hard decision to make.
(d) Well, they were good players.

W	어떻게 TJ 팀과의 경기에서 질 수 있습니까?
M	_____

(a) 저도 당신이 원했을 거라고 생각하진 않았어요.
(b) 당신이 맞아요. 무승부로 끝났잖아요.
(c) 하지만 어려운 결정이었어요.
(d) 글쎄요. TJ 선수들이 잘했어요.

해설 상대방의 부정적인 일에 해명을 요구하는 내용이다. 결정하는 내용이 아니므로 c는 답이 될 수 없으며, b는 무승부(in a tie)라는 뒤의 내용과 연결되지 않는다.

어구 end in ~으로 끝나다   tie 동점, 무승부   make a decision 결정하다, 결단하다

2

M	What do you say to a game of tennis?
W	_____

(a) Well, it will be on tomorrow.
(b) I'm up for it.
(c) Let's go out now and find one.
(d) I'm afraid it's over.

M	테니스를 치는 건 어때?
W	_____

(a) 글쎄, 내일 있을 거야.
(b) 난 찬성이야.
(c) 우리 나가서 한번 찾아보자.
(d) 안타깝지만 그건 끝났어.

해설 What do you say~?는 제안의 표현이다. 찬성한다는 의미의 b가 적절하다. c는 find one이 내용상 어색하며, it's over라는 d는 끝났다는 의미이다.

어구 what do you say to ~하는 게 어때?   be up for ~할 마음이 있다   be over 끝난

3

W	It was a pity to see our team lose the finals, but there's always another chance.
M	_____

(a) I thought they were out of season.
(b) I can't believe it ended in a tie.
(c) But that's exactly what we said last time.
(d) I guess chances are very slim to win.

W	우리 팀이 결승전에서 지는 걸 보다니, 안타깝지만 항상 다음 기회가 있으니깐.
M	_____

(a) 내 생각에 그들은 한물간 것 같아.
(b) 결승전이 무승부로 끝나다니, 믿을 수가 없어.
(c) 하지만 그건 정확히 우리가 지난번에 했던 말이잖아.
(d) 이길 가능성이 거의 없는 것 같아.

해설 but의 접속사가 나오면 뒤 문장에 집중해야 한다. 다음 기회가 있다(there's always another chance)는 말에 대한 답으로 c를 선택해야 한다. d는 다음 기회를 위로로 삼는 내용과는 연결되지 않는다.

어구 it is a pity to do ~은 유감스러운 일이다   out of season 한물간, 철이 지난   slim 얼마 안 되는, 적은

4

M I wouldn't go to Philips Snow Show if I were you.

W _____

(a) I should've come earlier.
(b) Glad to know before I reserve a ticket.
(c) I was about to call you.
(d) It wasn't as good as I expected.

M 내가 너라면 필립스 스노우 쇼에 가지 않을 텐데.

W _____

(a) 좀 더 일찍 왔어야 했는데.
(b) 표를 예매하기 전에 알게 되어서 다행이야.
(c) 막 네게 전화하려던 참이었어.
(d) 별로였어.

해설 조언을 해 주는 문장으로 조언을 받아드리는 b가 정답이다. a는 come이라는 동사의 선택이 잘못되었고, d는 과거시제가 틀렸다.

어구 If I were you 내가 너라면   not as good as ~만큼 좋지 않은

5

W This song was originally recorded by someone else, but this version is more awesome.

M _____

(a) Could you turn it down?
(b) I thought he liked music.
(c) I really want this recorded by tomorrow.
(d) Let's go to the recital then.

W 이 곡은 원래 다른 사람이 녹음했지만, 이 버전이 훨씬 좋은 것 같아.

M _____

(a) 소리를 낮춰 줄래?
(b) 그가 음악을 좋아할 거라 생각했어.
(c) 이 곡이 내일까지 녹음된다면 정말 좋겠다.
(d) 그러면 독창회에 가자.

해설 음악이 좋다는 말에 독창회에 가자는 제안의 d가 정답이다. b는 주어의 선택이 잘못되었으며, c는 미래시제이므로 답이 될 수 없다.

어구 awesome 놀라운, 경이로운   turn down (라디오 · 텔레비전) 소리를 낮추다   recital 독주회, 독창회

PART II

6

M I bet Park will make a good player.

W But Tom won the game last time, didn't he?

M Yes, but Park practiced a lot and he's doing better.

W _____

(a) Then, let's go out and play a game of tennis.
(b) I didn't know he went back to the team.
(c) I think Tom is not as fast as Park these days.
(d) Still, Tom is the best player when it comes to the game.

M 박 선수가 좋은 선수가 될 거라고 확신해.

W 하지만 지난번엔 톰이 경기에서 이겼어, 그렇지 않니?

M 맞아. 하지만 박 선수도 열심히 연습했고, 계속 나아지고 있어.

W _____

(a) 그렇다면 나가서 테니스를 치자.
(b) 그가 팀에 복귀한 줄은 몰랐어.
(c) 난 요즘 톰이 박 선수만큼 빠르지는 않다고 생각해.
(d) 여전히 톰이 최고의 선수야.

해설 여기서 c는 내용의 흐름상 답이 될 수 없다. 서로 다른 선수를 응원하는 내용이라는 것을 기억해야 한다. 톰을 지지하는 d가 정답이 된다.

어구 go back 복귀하다   when it comes to ~에 관해서라면

7

M	What kind of movie are you into these days?
W	I like comedies a lot.
M	Well, I have one. Want to come over and see it?
W	_____

(a) I'd love to. What time does it start?
(b) Let me check if they have a seat.
(c) Sure. What's the title?
(d) Of course. I was hoping to see it.

M	요즘 어떤 장르의 영화를 좋아해?
W	난 코미디 영화를 정말 좋아해.
M	코미디 영화 한 편을 갖고 있는데, 와서 볼래?
W	_____

(a) 정말 그러고 싶어. 몇 시에 시작해?
(b) 그들이 아직 자리에 있는지 확인해 볼게.
(c) 좋아. 영화 제목이 뭐야?
(d) 물론이야. 나도 봤었으면 했어.

해설 특정한 영화를 말하는 것이 아니므로 d는 답이 될 수 없다. 제목을 묻고 있는 c가 정답이다. 영화관에 가서 보는 내용이 아니므로 a, b는 답이 될 수 없다.

어구 come over 오다, 찾아오다   check if ~인지 확인하다   have a seat 자리에 앉다

8

W	I feel a bit down today.
M	What's worrying you?
W	My sister lost the game today.
M	_____

(a) There will be another chance to prove yourself.
(b) Poor you! How did you do that?
(c) At least she played well.
(d) I didn't know you were interested in school life.

W	오늘 기분이 좀 가라앉았어.
M	무슨 걱정이라도 있어?
W	내 여동생이 오늘 시합에서 졌어.
M	_____

(a) 네 실력을 보여줄 기회가 또 있을 거야.
(b) 가엾어라. 어쩌다가 그랬어?
(c) 최소한 그녀는 잘했잖아.
(d) 네가 학교 생활에 관심있는 줄은 몰랐어.

해설 여자의 여동생 이야기이므로 a, b는 주어의 선택이 잘못되었다. 무언가에 관심을 갖는 내용이 아니므로 d도 답이 될 수 없다. 상대방을 위로해 주는 at least를 들어야 한다.

어구 prove oneself 자기가 ~임을 입증(증명)하다   Poor you 안됐구나

9

W	I think golf is a great way to stay fit.
M	Well, it needs a lot of money to buy the equipment.
W	But it's fun and there are good chances to make a new friend.
M	I hear it involves so much work and sweat, though.
W	That's true, but once you get used to it, you will be into it.
M	I don't like that kind of sport. It's not for me.

Q. What are the man and the woman talking about?
(a) What sports are good for health.
(b) Why golf is hard to learn.
(c) How the woman becomes a better player.
(d) Whether playing golf is good or not.

W 건강을 유지하는 데 골프가 좋은 것 같아요.

M 글쎄요. 골프 장비들을 구입하는 데 돈이 많이 들잖아요.

W 하지만 골프는 재미있고, 새로운 친구를 사귈 수 있는 좋은 기회도 있잖아요.

M 그렇지만 많은 노력과 땀을 수반한다고 하던데요.

W 맞는 말이에요. 하지만 한 번 익숙해지면 당신도 좋아할 거예요.

M 저는 그런 종류의 운동을 좋아하지 않아요. 저와는 맞지 않는 것 같아요.

Q. 남자와 여자는 무엇에 대해 이야기하고 있는가?
(a) 어떤 운동이 건강에 좋은가.
(b) 왜 골프는 배우기 어려운가.
(c) 어떻게 하면 여자가 더 나은 선수가 될 수 있을까.
(d) 골프를 치는 것이 좋은가, 좋지 않은가.

해설 골프에 대한 서로 다른 의견을 말하는 내용이다. 서로 다른 의견은 whether로 말하는 경우가 많다는 것을 기억해야 한다. a는 여러 가지 스포츠를 말한 것이 아니므로 답이 될 수 없다.

어구 stay fit 건강을 유지하다   involve 포함하다, 수반하다   once 한번 ~하면   get used to ~에 익숙해지다   into 관심을 가지고, ~에 열중하여

10

W What did you think of the movie we saw last night?

M I thought it was pretty dull.

W Yeah, it went boring from the beginning. I wish it had lived up to our expectation.

M Right. I didn't expect the plot to be so loose.

W At least the scene the guy was saved by other people was good.

M We could say that. The other scenes were disappointing compared to it.

Q. What is correct about this conversation?

(a) They thought the movie was second to none.

(b) The movie got a bad review.

(c) They found the saving scene good.

(d) They disliked the acting in the movie.

W 어젯밤에 본 영화 어떤 것 같아?

M 꽤 지루했던 것 같아.

W 맞아. 시작부터 따분했어. 우리 기대에 부응했더라면 좋았을 텐데.

M 맞아. 구성이 그렇게 느슨할 줄은 몰랐어.

W 적어도 그 남자가 다른 사람들에 의해 구출되는 장면은 좋았어.

M 맞아. 그에 비해 다른 장면들은 실망스러웠어.

Q. 대화에 따르면 맞는 것은 무엇인가?

(a) 그들은 그 영화가 최고였다고 생각한다.

(b) 그 영화는 혹평을 받았다.

(c) 그들은 구출 장면이 좋았다고 생각한다.

(d) 그들은 연기가 별로였다고 생각한다.

해 설 영화에 대한 부정적인 내용에 한 장면만 좋다고 말한 c가 정답이다. d는 언급하지 않았다. a는 칭찬이며, b는 기대했던 만큼은 아니다(I wish it had lived up to our expectation.)고 말하므로 답이 될 수 없다.

어 구 dull 지루한   from the beginning 처음부터, 애초부터   live up to one's expectation ~의 기대에 부응하다   disappointing 실망스런   compared to ~에 비하면   be second to none 누구에게도(무엇에게도) 뒤지지 않다

Exercise
Script & Answers

1

W	Can you ask Jacob to come to my dinner this Saturday?
M	_____

(a) I'll make sure I get there on time.
(b) I'd be glad to help you prepare for the party.
(c) That name rings a bell now.
(d) I'll try, but he's been busy lately.

W	제이콥에게 이번 주 토요일 저녁 식사에 올 수 있냐고 물어봐 줄래?
M	_____

(a) 정시에 도착하겠다고 약속할게.
(b) 파티 준비를 도울 수 있어서 기뻐.
(c) 지금 갑자기 그 이름이 떠올라.
(d) 물어는 볼게. 하지만 최근 들어 그가 좀 바빠.

해 설 상대방에게 부탁하는 내용을 파악하고, 동사에 집중해서 들으면 답을 확실히 찾을 수 있다. a. b는 동사의 선택. 즉 내용이 다르다. c는 이름 자체를 말하는 것이 아니므로 답이 될 수 없다.

어 구 ring a bell 생각나게 하다, 연상케 하다

2

M	Who are you taking to the dance, Mary or Sue?
W	_____

(a) Either one is good for you.
(b) You must ask them first.
(c) Sue is too picky and not my type.
(d) Whatever you say, they won't listen.

M	댄스 파티에 누구를 데리고 갈 거야? 메리, 아니면 수?
W	_____

(a) 둘 중 누구라도 너와 어울려.
(b) 너는 그들에게 먼저 물어봐야 해.
(c) 수는 너무 까다롭고 내 타입도 아니야.
(d) 네가 무슨 말을 하든, 그들은 들으려고 하지 않을 거야.

해 설 선택의문문은 답이 까다롭게 나올 수 있다. 두 사람 중에 누구를 선택할 거라고 말하지 않고, 한 명이 별로 마음에 들지 않는다고 말하는 c가 정답이다.

어 구 picky 성미가 까다로운

3

M	What are you planning to go as to Halloween party?
W	_____

(a) You will see.
(b) It's just 'trick or treat.'
(c) Teachers will get a kick out of it.
(d) I'm prepared for mixed candies.

M	너 할로윈 파티 때 뭘 입을 거야?
W	_____

(a) 보면 알게 될 거야.
(b) 그냥 '장난이요 과자요'야.
(c) 선생님들은 꽤 재미있어 하실 거야.
(d) 여러 가지 섞어 담은 사탕을 준비했어.

해 설 할로윈 파티에 대한 배경 지식이 있으면 훨씬 더 수월하게 풀 수 있다. 어떤 의상을 입을 거냐는 물음에 나중에 알게 될 거야(You will see)라고 말하는 a가 정답이 된다.

어 구 as to ~에 관해   get a kick out of ~으로 큰 쾌감(기쁨)을 얻다

4

W   Andrew, have you chipped in for Mark's present yet?

M   _____

(a) Yes, I'm getting him a bike.
(b) No, tomorrow will be OK.
(c) Not yet, how much should I contribute?
(d) Everyone in the office is putting in 10 dollars.

W   아직도 마크에게 줄 선물 값을 내지 않은 거야, 앤드류?

M   _____

(a) 응. 그에게 자전거를 사줄 거야.
(b) 아니. 내일이면 될 거야.
(c) 아직 안 냈어. 내가 얼마를 내면 되는 거야?
(d) 사무실 직원 모두 10달러씩 내고 있어.

해설 chip in은 '선물을 사기 위해 친구들이 돈을 준다'는 의미로, 뜻만 알면 쉽게 풀 수 있는 문제이다. chip in을 contribute로 바꾸어 쓰고 있다. d는 c에 대한 답변이 된다.

어구 chip in 돈을 추렴하다. 제 몫을 내다, 기부하다   put in ~을 기부하다, 예금하다

5

M   Thanks for coming. I was afraid you might be too busy to make it.

W   _____

(a) Not at all. I was looking forward to coming here.
(b) I would have never missed it.
(c) I have a prior engagement, I'm afraid.
(d) No, but I was stuck in traffic.

M   와 줘서 고마워요. 너무 바빠서 못 오는 줄 알았어요.

W   _____

(a) 아니에요. 여기 오기를 기대하고 있었어요.
(b) 결코 놓치지 말았어야 했는데.
(c) 미안하지만 선약이 있어요.
(d) 아니요. 교통 체증에 걸렸어요.

해설 오지 못할까 봐 걱정했다는 말에 기대하고 있었다(I was looking forward to coming here.)라고 말하는 a가 정답이다. 여기서 교통 체증에 걸렸다는 d는 내용상 어색하다.

어구 make it (장소에) 이르다, 나타나다, 출석하다   look forward to ~을 고대하다, 기대하다   stick ~을 꼼짝 못하게 하다, 움직이지 못하게 하다

PART II

6

M   This is a bottle of wine from Chile. I was saving it for a special occasion.

W   Wow, great. Do we drink it now?

M   OK. Let's just open it now. I'll bring some appetizers.

W   _____

(a) Right on. I guess some fruit will do.
(b) Actually, I don't drink, thanks.
(c) When are we drinking that wine?
(d) I'll get some cheese on my way back home.

M   칠레산 와인입니다. 특별한 경우를 위해 제가 아껴두었어요.

W   와, 좋아요. 우리 지금 그걸 마시나요?

M   좋아요. 지금 열게요. 전채 요리를 좀 가져올게요.

W   _____

(a) 좋아요. 제 생각엔 과일 조금이면 될 것 같아요.
(b) 고맙지만 전 술을 마시지 않아요.
(c) 우리 언제 저 와인을 마시나요?
(d) 집으로 오는 길에 치즈를 좀 사올게요.

해설 파티에서 와인을 마시는 내용이다. 와인과 어울리는 과일을 언급한 a가 정답이다. b는 흐름상 어색하며, d는 파티가 진행되고 있는 상황에 적절하지 않은 답이다.

어구 appetizer 전채 요리   right on 좋아, 그렇다, 옳소   on one's way home 집에 돌아오는 도중에

7

M   I'm busy preparing for office party.

W   Just take your time.

M   You haven't arranged anything for the party, have you?

W   _____

(a)   No, it's not until this weekend. There's time.

(b)   No, but I already had it done.

(c)   I'm tied up getting ready for the party.

(d)   Do you want me to throw a party?

M   사무실 파티를 준비하느라 바빠.

W   천천히 해.

M   파티 준비를 아무것도 안 한 건 아니지. 그렇지?

W   _____

(a)   아니. 이번 주말까지 시간이 있잖아.

(b)   아니. 하지만 벌써 그렇게 했어.

(c)   난 파티 준비를 하느라 바빠.

(d)   내가 파티를 열었으면 좋겠어?

8

M   Emma's birthday is coming.

W   Yeah, I was about to say that.

M   I want to get her something nice to surprise her.

W   _____

(a)   Books at her level will do. She loves reading.

(b)   We'd better ask her about her favorite food.

(c)   A lot of children's books recommend ages on them.

(d)   I gave her something unique.

M   곧 엠마의 생일이야.

W   그래. 막 말하려고 했어.

M   그녀를 놀래켜 줄 만한 좋은 선물을 주고 싶어.

W   _____

(a)   그녀 수준에 맞는 책이면 괜찮을 거야. 그녀는 독서를 좋아하거든.

(b)   그녀가 제일 좋아하는 음식이 무엇인지 물어보는 게 낫겠어.

(c)   많은 아동 도서에는 권장 연령층이 나와 있어.

(d)   나는 그녀에게 독특한 것을 줬어.

9

W I'm afraid we'll have to cancel the barbecue party this Sunday.

M How come? I'm all set for that.

W They say it's expected to rain this weekend.

M Don't worry about it. We can have it on the porch.

W But it's going to rain cats and dogs. I don't think it won't do.

M I'm sure everything will be OK. Just count on me.

W You don't seem bothered at all.

Q. What can be inferred about the man from this conversation?

(a) He doesn't want to be bothered by the woman.

(b) He seems to be a carefree person.

(c) He bets that rain may spoil the barbecue.

(d) He thinks what she said doesn't make sense at all.

W 이번 주 일요일에 열 계획이었던 바비큐 파티를 취소해야 할 것 같아서 유감스러워요.

M 왜요? 전 준비됐는데.

W 이번 주말에 비가 올 것 같다고 해서요.

M 그건 걱정하지 마세요. 베란다에서 할 수 있어요.

W 그렇지만 비가 억수같이 쏟아질 거라고 했어요. 제 생각도 그래요.

M 분명히 모든 게 괜찮을 거에요. 그냥 저를 믿어 봐요.

W 당신은 걱정이 없어 보이네요.

Q. 대화에서 남자에 대해 추론할 수 있는 것은 무엇인가?

(a) 그는 여자에게 방해받고 싶어 하지 않는다.

(b) 그는 천하태평인 사람으로 보인다.

(c) 그는 비가 와서 바비큐 파티를 망칠 거라고 확신한다.

(d) 그는 그녀의 말이 이치에 맞지 않는다고 생각한다.

해 설 전체적인 내용의 흐름을 알아야 풀 수 있는 문제이다. 여자가 어떤 말을 하더라도 남자는 긍정적으로 대처하므로 정답은 b가 된다. 두 번째 들을 때, 남자의 말에 집중하면 더 쉽게 답을 찾을 수 있다.

어 구 porch 현관, 베란다   rain cats and dogs 비가 억수같이 쏟아지다   count on ~를 믿다   carefree 근심(걱정)이 없는, 태평한   make sense 말이 되다, 사리에 맞다

10

M　How come you are not going to the reception?

W　I might stay home tonight.

M　But everyone is expecting you.

W　I'm too tired. I've been working overtime 4 days in a row.

M　What if someone calls?

W　Just tell him I've come down with the flu.

Q.　What will likely take place after the conversation?

(a)　The man will dissuade the woman to attend the reception.

(b)　The woman will not make it to the reception.

(c)　The man will call to tell the woman is sick.

(d)　The man and the woman will go somewhere else.

M　어째서 만찬회에 안 가세요?

W　오늘 밤엔 집에 있으려고요.

M　하지만 모두들 당신을 기다리고 있어요.

W　전 너무 피곤해요. 4일 연속으로 야근을 했거든요.

M　만약 누군가가 전화하면요?

W　그냥 제가 감기에 걸렸다고 말해 주세요.

Q.　대화 다음에 일어날 일은 무엇인가?

(a)　남자는 여자에게 만찬회에 참석하라고 설득한다.

(b)　여자는 만찬회에 참석하지 않을 것이다.

(c)　남자는 여자가 아프다고 말하기 위해 전화를 할 것이다.

(d)　남자와 여자는 다른 곳으로 갈 것이다.

해설　여자가 주인공으로 만찬회에 가고 싶지 않다는 내용이 주제가 된다. 여자의 말을 집중해서 들으면, 여자는 파티에 가지 않을 것임을 알 수 있다. d는 알 수 없는 사실이며, a는 내용과 반대된다. c는 전화 오는 상황을 걱정하는 것이므로 답이 될 수 없다.

어구　reception 환영회, 만찬회　in a row 잇따라, 연속적으로　come down with 병에 걸리다　dissuade 설득하다, ~하지 않도록 만류하다　attend 출석하다, 참석하다　make it (장소에) 이르다, 나타나다, 출석하다

Exercise
Script & Answers

1

M	I think some people on strike are going to extremes.
W	_____

(a) I know. They should do more aggressive actions.
(b) Something should be done to get them to free.
(c) I wish they were not taking things too far.
(d) I think they are extremely poor in morals.

M	파업 중인 사람들 중 일부는 극단으로 몰고 갈 것 같아.
W	_____

(a) 알아. 그들은 보다 공격적인 행동을 취해야만 해.
(b) 그들을 석방시키기 위해서는 무슨 조치가 취해져야만 해.
(c) 난 그들이 이 상황을 너무 극단적으로 받아들이지 않기를 바라.
(d) 난 그들이 도덕적으로 몹시 형편없다고 생각해.

해설 개인적인 의견은 일반적으로 동의하는 내용이 나오며, 비슷한 어휘로 바꾸어 쓰게 된다. 여기서는 take things too far가 '지나치다'는 의미로 go to extremes를 대신하고 있다.

어구 go to extremes 극단으로 흐르다. 극단적인 언동을 하다　aggressive 공격적인, 과격한　far (정치적으로) 극단적인　morals (사회의) 풍기, 도덕

2

W	How is your charity fundraising coming along?
M	_____

(a) I'm afraid I've had fewer donors this year.
(b) It's because of the economy recession.
(c) I bought a lot of stuff in the charity party.
(d) Fundraising party always needs a lot of money.

W	자선 기금을 마련하는 일은 어떻게 되어 가나요?
M	_____

(a) 안타깝게도 올해는 기부자 수가 더 줄었어요.
(b) 그건 경제 침체 때문이에요.
(c) 자선 파티에서 많은 물건을 샀어요.
(d) 기금 마련 파티에는 항상 많은 돈이 필요해요.

해설 의문사 how로 물었다는 것을 알면, 지금 상황을 말하는 a가 정답임을 알 수 있다. c. d는 기금 모금을 말하기는 하지만 how에 대한 답변으로는 적절하지 않다.

어구 fundraise 모금 활동에 참여하다　donor 기부자, 후원자　recession 경기 침체, 불경기

3

M The government needs to create programs that will get people into jobs.

W _____

(a) There are some problems to create so many sales or labor jobs.
(b) I agree, but we should assist people to get a job.
(c) I know. Jobs are hard to come by these days, and it might help people get one.
(d) Working environment is more important than any other in our society.

M 정부는 사람들에게 일자리를 제공해 줄 프로그램을 만들어야 해.

W _____

(a) 너무 많은 판매직이나 노동직을 창출하는 데에는 몇몇 문제가 있어.
(b) 동의하지만, 우리는 사람들이 일자리를 갖도록 도와야만 해.
(c) 나도 알아. 요즘 일자리를 찾기란 쉽지 않아. 그리고 그 프로그램은 사람들이 일자리를 찾는 데 도움을 줄 거야.
(d) 우리 사회에서는 근로 환경이 다른 무엇보다도 중요해.

[해 설] 개인적은 주장을 나타내는 말에 대한 답으로 b도 가능하지만 but이라는 접속사 때문에 답이 될 수 없다. a는 특정한 직업을 말하는 게 아니므로 답이 될 수 없다.

[어 구] assist ~을 돕다, 거들다   working environment 근로 환경

4

W I don't like the way young people think and act these days. They are too much.

M _____

(a) Maybe you should learn a hard lesson.
(b) I never saw them acting like that.
(c) You took the words right out of my mouth.
(d) Who would have guessed that they were gone like that?

W 저는 요즘 젊은이들이 생각하고 행동하는 방식이 마음에 들지 않아요. 너무 지나쳐요.

M _____

(a) 당신도 뼈아픈 교훈을 얻을지 모릅니다.
(b) 저는 그들이 그렇게 행동하는 것을 본 적이 없어요.
(c) 제가 하고 싶은 말을 당신이 하셨네요.
(d) 그들이 그렇게 가리라고 누가 생각이나 했겠습니까?

[해 설] 요즘 젊은 사람들에 대한 부정적 견해에 동의하는 c가 정답이다. 개인적 의견에 부정적으로 답하는 b가 어색하다고 생각해야 한다. d는 내용상 답이 될 수 없다.

[어 구] who would have guessed 누가 추측할 수 있었겠느냐

5

W Have you thought about the computer upgrade I mentioned the other day?

M _____

(a) I thought I got an OK from you.
(b) Getting a new computer is costly.
(c) Yes, but I don't think it's really necessary.
(d) What are you asking me for? You've already made up your mind to buy one.

W 지난번에 말했던 컴퓨터 업그레이드에 대해 생각해 봤어?

M _____

(a) 네게 승낙을 얻었다고 생각했는데.
(b) 새로 컴퓨터를 구입하는 건 비용이 많이 들어.
(c) 응. 하지만 그럴 필요는 없을 것 같아.
(d) 내게 원하는 게 뭔데? 너는 벌써 하나 구입하기로 결정했잖아.

[해 설] 컴퓨터 업그레이드를 제안했던 내용의 반응으로 필요성을 못 느끼겠다고 말한 c가 답이다. 허락을 받았다는 a는 내용상 어색하고, 새 컴퓨터를 구입하자는 b도 답이 될 수 없다.

[어 구] costly 비싼   ask for 요구하다, ~을 달라고 부탁하다   make up one's mind 결심하다, 결론을 내리다

6

W	My stock won't go up.		W	내 주식이 오르지 않아.
M	We may see another recession for the time being.		M	당분간은 또 한 번의 경기 침체가 있을 것 같아.
W	Then what should I do with my stock?		W	그러면 내 주식을 어떻게 해야 할까?
M	_____		M	_____
(a)	You'd better invest in stock.		(a)	주식에 투자하는 게 나아.
(b)	Let me check if I can take out a loan.		(b)	대출을 받을 수 있는지 알아볼게.
(c)	All I can say is hanging on to them.		(c)	내가 할 수 있는 말은 갖고 있으라는 게 다야.
(d)	Only after you pay your debt will take place a real recovery.		(d)	네가 빚을 갚은 후에야 진정한 경기 회복이 일어날 거야.

해 설   주식에 관한 내용으로는 대개 부정적인 답변이 자주 나온다. 대출을 받는 내용이 아니므로 b는 답이 될 수 없고, d는 너무 막연한 답변이다.

어 구   recession 경기 침체, 불경기   for the time being 당분간, 우선은   take out a loan 대출을 받다   hang on 버티다, 참다   take place 발생하다   recovery 경기 회복

7

W	What do you think of some common genetically modified foods?		W	일반적인 유전자 조작 식품에 대해 어떻게 생각하세요?
M	I'm concerned that they might cause drastic health problems.		M	극심한 질병을 유발하지 않을까 걱정스러워요.
W	You said that. It may not be noticed for years to come.		W	저도 같은 생각이에요. 수년 동안이나 발병하지 않을 수도 있어요.
M	_____		M	_____
(a)	Well, I've eaten some of them, but I'm perfectly fine.		(a)	글쎄요. 저도 몇 가지는 먹어 왔지만, 아주 건강해요.
(b)	Most women are more health-conscious nowadays.		(b)	대부분의 요즘 여성들은 건강에 대한 의식을 갖고 있어요.
(c)	I hope the problem will highly unlikely come up.		(c)	그럴 가능성이 거의 없었으면 좋겠어요.
(d)	Maybe I might consider becoming a vegetarian.		(d)	채식주의자가 되는 걸 고려해야겠어요.

해 설   유전 조작 식품에 대한 우려의 생각과 바람을 말하고 있다. 기본 어휘를 알고 있어야 풀 수 있는 문제이다. b의 단순히 여성들이 건강에 신경쓴다는 말은 내용상 어색하다.

어 구   genetically modified 유전자 조작의   drastic 과격한, 급진적인   conscious 의식이 있는   highly unlikely 아주 가능성이 없는   come up 유행하다, 다가오다   vegetarian 채식주의자

8

W Did you hear about the bus fare going up again?

M What? It is the second time this year.

W I can't believe how high the bus fare is these days.

M _____

(a) I understand that the government is planning to make the better environment.

(b) I'm glad that we finally go on the right track.

(c) I think I'd be better off riding a bike to work then.

(d) It's about time we changed our old car to a new one.

W	버스 요금이 또 인상될 거란 얘기 들었어?
M	뭐라고? 올해 들어서만 두 번째야.
W	요즘 버스 요금이 얼마나 비싼지 믿을 수 없을 정도야.
M	_____

(a) 정부가 더 나은 환경을 만들기 위해 계획을 세우고 있다는 것은 이해해.

(b) 마침내 우리가 제대로 나가고 있는 것 같아 기뻐.

(c) 그렇게 되면 회사에 자전거를 타고 가는 게 나을 것 같아.

(d) 우리 낡은 차를 새 걸로 바꿀 때야.

[해 설] 버스 요금이 계속 오른다는 말에 자전거를 타고 다녀야겠다고 말한 c가 정답이다. 내용을 정확하게 이해하면 새 차를 사는 d와 더 좋은 환경을 언급하고 있는 b는 답이 될 수 없음을 알 수 있다.

[어 구] fare 요금, 운임   on the right track 올바른 방향으로 향하여, 확실한 목표에 따르고 있어   be better off ~ 하는 편이 낫다(현명하다)

PART III

9

W Jack, how come your homework is not handed in yet?

M I'm sorry, Ms. Fink. My computer broke down yesterday.

W Are you trying to say you lost your homework?

M I'm afraid so. It crashed without any reason.

W Didn't I tell you to make a backup all the time?

M Yes. I'll make sure of it from now on.

W Please have your homework ready by this afternoon.

Q. What can be inferred from this conversation?

(a) Ms. Fink has told Jack to save his work before.

(b) Jack backed up many things Ms. Fink does.

(c) Ms. Fink takes some point off for late assignment.

(d) Jack doesn't know much about computers.

W	잭, 어째서 아직까지 숙제를 제출하지 않았니?
M	죄송해요. 핑크 선생님. 어제 제 컴퓨터가 고장이 났어요.
W	숙제를 날려 버렸다고 말하려는 거니?
M	죄송해요. 무슨 이유에서인지 고장이 났어요.
W	내가 항상 백업을 하라고 말하지 않았니?
M	맞아요. 지금부터는 꼭 그렇게 할게요.
W	오늘 오후까지 숙제를 다 하도록 하렴.

Q. 대화에서 추론할 수 있는 것은 무엇인가?

(a) 핑크 선생님은 잭에게 그가 작업한 것을 백업해 두라고 말씀하셨다.

(b) 잭은 핑크 선생님이 한 것처럼 많은 것을 저장해 두었다.

(c) 핑크 선생님은 늦게 제출한 숙제는 감점을 한다.

(d) 잭은 컴퓨터를 잘 알지 못한다.

[해 설] 항상 백업하라고 말하지 않았니(Didn't I tell you to make a backup all the time?)라고 말한 내용에서 답을 찾을 수 있다. 컴퓨터에 대해서 잘 모른다고 한 d는 언급하지 않았다. 감점한다(take some point off)고 언급한 c 또한 언급하지 않았다.

[어 구] hand in 제출하다   break down 고장나다   crash 갑자기 기능을 마치다   make a backup 백업을 하다   all the time 언제나, 그동안 내내   from now on 이제부터는   assignment 숙제   take off 깎다

10

W   So, how are you going to get a new computer for our little Billy?

M   Don't worry about it. We can easily order one on the Net.

W   But wouldn't it be too risky? We've never done it to buy such an expensive one through the Internet.

M   It's very convenient and also we can compare the prices among many different sites without wasting time out there.

W   What if they require personal information to have it ordered?

M   There is always the security system to protect individual personal information.

W   Well, I guess we have no other choice since Billy's birthday is near.

M   I'll take care of it, so stop worrying about it.

Q.   What can be inferred from this conversation?
(a)   They decided to go shopping for a computer.
(b)   They will buy a computer with the security system.
(c)   They will choose a quick way to buy a computer for Billy.
(d)   They will buy a cheaper computer for Billy.

W 작은 아들 빌리를 위해서 어떻게 새 컴퓨터를 마련할 거예요?

M 걱정하지 말아요. 인터넷으로 쉽게 살 수 있어요.

W 그건 너무 위험하지 않나요? 인터넷으로 그렇게 비싼 걸 사본 적이 없잖아요.

M 편리할 뿐 아니라 나가지 않고도 많은 다른 사이트를 통해 가격을 비교할 수 있어요.

W 주문할 때 개인 정보를 요구하면 어떡해요?

M 항상 개인 정보를 보호하기 위한 보안 시스템이 있어요.

W 그러면 다른 방법이 없네요. 곧 빌리 생일도 다가오는데.

M 내가 알아서 처리할 테니 걱정하지 말아요.

Q. 대화에서 추론할 수 있는 것은 무엇인가?
(a) 그들은 컴퓨터를 구입하러 쇼핑을 하기로 결정했다.
(b) 그들은 보안 시스템이 되는 컴퓨터를 구입할 것이다.
(c) 그들은 빌리를 위해 컴퓨터를 구입할 수 있는 빠른 방법을 선택할 것이다.
(d) 그들은 빌리를 위해 저렴한 컴퓨터를 구입할 것이다.

해 설   여자는 개인 정보 유출의 이유로 인터넷으로 컴퓨터를 구입하는 것을 망설이지만, 곧 빌리의 생일이 다가오기 때문에 c의 빠른 구입 방법을 선택한다.

어 구   on the Net 인터넷으로   risky 모험적인, 대담한   convenient 편리한   compare 비교하다   security system 보안 시스템   individual 개인의, 개인적인   have no choice 선택의 여지가 없다, 대안이 없다   take care of 처리하다, 수습하다

Exercise
Script & Answers

PART I

1

M	It's very warm for a winter's day.
W	_____

(a) Yes, because of heating system in this building.
(b) That's true. It's rather chilly.
(c) You are right. It's almost like a spring.
(d) I didn't know you were interested in a winter.

M	겨울치고는 날씨가 꽤 따뜻하다.
W	_____

(a) 응. 이 건물의 난방 시스템 때문이야.
(b) 맞아. 조금 추운 것 같아.
(c) 맞아. 거의 봄 같아.
(d) 네가 겨울에 관심있는 줄은 몰랐어.

[해 설] 형용사에 집중해서 들어야 하는 2형식 문장이다. 2형식 문장에서는 형용사를 다른 말로 바꾸어 말하는 것이 정답이다.

[어 구] rather 약간, 얼마간   chilly 차가운

2

M	Thunderstorm was so scary last night.
W	_____

(a) Yeah, it kept me up all night.
(b) I was frightened to hear the news.
(c) It was so scaring a movie that I couldn't see it.
(d) I didn't hear anything about it.

M	어젯밤 천둥 번개가 너무 무서웠어.
W	_____

(a) 응. 천둥 번개 때문에 난 밤새 깨어 있었어.
(b) 뉴스를 듣기가 겁이 나.
(c) 영화가 너무 무서워서 난 볼 수가 없어.
(d) 그것에 대해 들은 바가 없어.

[해 설] 주관적 입장에서는 일반적으로 동의하는 것이 답이 된다. 여기서는 scary라는 감정을 it kept me up의 표현으로 동의하고 있다.

[어 구] scary 무서운   keep up ~을 밤잠을 못 자게 하다   frightening 깜짝 놀란, 겁이 난   so ~ that 너무 ~해서 ~하다

3

M	How can you stand this cold?
W	_____

(a) I don't know how cold it is here.
(b) I need to put on a sweater.
(c) I think I might catch a cold.
(d) Actually, I like it this way.

M	어떻게 이런 추위를 견딜 수 있어?
W	_____

(a) 여기가 얼마나 추운지 모르겠어.
(b) 스웨터를 입어야겠어.
(c) 감기에 걸린 것 같아.
(d) 사실 난 이게 좋아.

[해 설] 이 문제에서 How can you~?는 방법을 묻는 질문이 아니라 '상대방을 이해할 수 없다'는 의미로 쓰였다.

[어 구] stand 참다, 견디다   catch a cold 감기에 걸리다

4

M	This umbrella is stuck. Can you open it for me?
W	_____
(a)	Ask your manager to sort it out first.
(b)	I'll check what I can do.
(c)	Let me see if you can do it.
(d)	Of course, I'll help you find it.

M	우산이 걸렸어요. 좀 펴주시겠어요?
W	_____
(a)	우선 관리자에게 해결해 달라고 요청하세요.
(b)	제가 할 수 있는 게 뭔지 확인할게요.
(c)	당신이 할 수 있는지 봅시다.
(d)	물론이죠. 당신이 찾을 수 있도록 도와줄게요.

해 설 두 문장에서 두 번째 문장을 더 집중해서 들어야 한다. 부탁에 대한 답변으로 b가 정답이 된다. d는 find라는 동사의 선택이 잘못되었고, c의 you can do는 입장의 오류이다.

어 구 stuck 꽂히다, 찔리다   sort out 해결하다, 이해하다   see if ~인지 알아보다

5

M	What's the weather like today?
W	_____
(a)	When it rains, it pours.
(b)	I guess it's no better than yesterday.
(c)	Sunny weather is my favorite one.
(d)	I've already checked it out for you.

M	오늘 날씨는 어때요?
W	_____
(a)	비가 오면, 억수로 퍼붓는다.
(b)	어제보다 나을 게 없어 보이는데.
(c)	난 화창한 날씨가 좋아.
(d)	너를 위해 내가 벌써 알아봤지.

해 설 what이 like를 만나면 how의 의미가 된다. 여기서는 어제와 날씨를 비교하는 b가 정답이다.

어 구 when it rains, it pours 비가 오기만 하면 억수로 쏟아진다. 설상가상   check out 알아보다

PART II

6

M	Don't forget to take your jacket when you go for a walk.
W	I think it's not too cold without it.
M	But it'll cool off later.
W	_____
(a)	I don't like the cold weather.
(b)	I guess I'd better take it on the safe side, then.
(c)	Why don't you take your sweater?
(d)	I didn't expect to be so.

M	산책하러 나갈 때 외투 챙기는 거 잊지 마세요.
W	외투 없이도 그렇게 춥지 않을 것 같아요.
M	하지만 나중에는 추울 거예요.
W	_____
(a)	추운 날씨가 싫어요.
(b)	그렇다면 조심하는 게 낫겠네요.
(c)	스웨터를 입지 그래요?
(d)	이렇게 될 줄은 생각도 못했어요.

해 설 상대방의 설득을 마지막에 받아드리는 것이 정답이나. c는 주어의 오류로 답이 될 수 없다. d는 과거시제 때문에 답이 될 수 없다.

어 구 cool off 서늘해지다(하게 하다). 식다, 식히다   take on the safe side 조심하다, 신중을 기하다

7

W　I was walking in the rain without an umbrella.

M　You should have waited inside until the rain stopped.

W　But I just wanted to be home early.

M　_____

(a) They say the acid rain is bad for your health.

(b) Great. I'm glad you avoided being wet.

(c) It happens to anyone, so there's no need to get worked up.

(d) I guess I might as well take my umbrella with me when I'm out.

W　우산도 없이 빗속을 걸었어요.

M　당신은 비가 그칠 때까지 실내에서 기다려야만 했어요.

W　하지만 집에 일찍 돌아오고 싶었어요.

M　_____

(a) 산성비는 당신 건강에 해롭다고 했어요.

(b) 좋아요. 당신이 비에 젖지 않아서 다행이에요.

(c) 누구에게든 일어나는 일이니 화낼 필요없어요.

(d) 저도 외출할 때 우산을 챙겨야겠어요.

해설 과거의 일을 이야기하고 있으며, 이에 조언을 해 주는 a가 정답이다. c는 비를 맞은 것과는 상관없는 답변이다.

어구 acid rain 산성비　get worked up 화내다, 흥분하다, 불안해 하다　might as well ∼하는 거나 마찬가지이다. 차라리 ∼하는 편이 좋다

8

W　A winter's getting warmer.

M　It's too bad for my uncle.

W　What do you mean by that?

M　_____

(a) It's wilted, I'm afraid.

(b) I don't mind at all.

(c) He sells a gas heater.

(d) I like winter clothes.

W　겨울이 점점 따뜻해지고 있어.

M　하지만 삼촌에게는 좋지 않은 소식이야.

W　그게 무슨 말이야?

M　_____

(a) 유감스럽게도 시들어 버렸어.

(b) 전혀 신경쓰지 않아.

(c) 그는 가스 난방기를 판매하거든.

(d) 나는 겨울용 외투를 좋아해.

해설 세 번째 문장에서 구체적인 사항을 물으면, 두 번째 화자의 입장을 기억해야 한다. 겨울이 따스한 게 유감이라는 c가 정답이다. d의 '겨울 옷을 좋아한다'와 연결시키기는 어렵다.

어구 wilt 시들다, 말라 죽다　mind 신경 쓰다, 싫어하다

9

W	Did you hear tomorrow's weather forecast?	W	내일 일기 예보 들었어요?
M	I did, and it sounds very serious.	M	들었어요. 그런데 날씨가 좋지 않아요.
W	I'm really worried about my father's orchard.	W	아버지의 과수원이 정말 걱정돼요.
M	I hope it won't be as bad as they say.	M	예보에서 말한 대로 나쁘지 않길 바라요.
W	I hope so, too.	W	저도 그래요.
M	Why don't you call and see if he's doing alright?	M	전화해서 아버지가 잘하고 계시는지 확인하는 게 어때요?
W	I think I might this afternoon.	W	오늘 오후에 전화해야겠어요.

Q.	Why is the woman concerned about the weather?	Q.	여자는 왜 날씨에 대해 걱정하는가?
(a)	Her father is coming down with the disease.	(a)	그녀의 아버지는 병에 걸리셨다.
(b)	She has to fly to her father.	(b)	그녀의 아버지가 계신 곳으로 가기 위해 비행기를 타야 한다.
(c)	The bad weather could destroy her father's orchard.	(c)	날씨가 나쁘면 그녀 아버지의 과수원을 망칠 수도 있다.
(d)	She has to help her father.	(d)	그녀는 아버지를 도와야 한다.

해설 날씨가 좋지 않을 거라는 일기 예보에 농장을 하고 있는 아빠를 걱정하는 내용이다. 악천후와 농장과의 연관성을 생각하면 답을 쉽게 찾을 수 있다. 아빠의 걱정이 단순히 아파서라고 말하는 a는 답이 될 수 없다.

어구 orchard 과수원   come down with 병에 걸리다   destroy 파괴하다

10

M	Has the forecast said this snow will let up today?	M	일기 예보에서 오늘 눈이 그칠 거라고 했나요?
W	I don't think so. I haven't heard anything about it.	W	아닌 것 같아요. 아무 말도 못 들었어요.
M	But I have to fix the roof. There is a leak in the ceiling.	M	하지만 지붕을 고쳐야 해요. 천장이 새고 있어요.
W	I think it could wait until the weekend.	W	주말로 미뤄도 될 것 같아요.
M	It will be more serious if I don't fix it right away.	M	바로 문제를 해결하지 않으면 더 심각해질 거예요.
W	Then, let me check the weather forecast and work out what we can do.	W	그러면 제가 날씨를 확인하고, 우리가 어떻게 할 수 있는지 알아볼게요.

Q.	What will the woman likely do next?	Q.	여자는 다음에 무엇을 할 것 같은가?
(a)	Go out and fix the roof.	(a)	나가서 지붕을 고친다.
(b)	Find out what the weather will be like.	(b)	날씨가 어떤지 알아본다.
(c)	Call the repair shop to fix the roof.	(c)	지붕을 고치기 위해 수리집에 전화한다.
(d)	Inquire about the broken roof.	(d)	부러진 지붕에 대해 물어본다.

해설 앞으로의 할 일에 대해서 물을 때는, 마지막 부분에 집중해야 한다. 날씨를 확인하고, 문제를 해결한다고 했으므로 b가 정답이 된다.

어구 let up 비나 눈이 그치다   leak 누수   could wait 미루다   work out 해결하다   inquire 물어보다

Exercise
Script & Answers

1

I'd like to tell you about the presentation this Friday. Please keep in mind that your information must include enough evidence to support your research. If you fail to mention relevant academic theory regarding economic development for your argument, you will be asked to do the report again at a later date. Also, please note that your presentation should be linked to the study we have discussed in the class this week, as I mentioned to you earlier. Should you have any questions, please see me after class.

Q. Which is correct according to the speaker?

(a) Students will get an F if they fail to mention relevant information.

(b) The presentation must be related with the information discussed in class.

(c) Class has not discussed economic improvement for the presentation.

(d) Students will give presentations in a random order.

이번 금요일에 있을 발표에 대해 얘기하고자 합니다. 여러분이 말하고자 하는 정보에는 연구를 뒷받침할 수 있는 충분한 증거가 제시되어야 한다는 점을 명심하십시오. 만약 경제 발전과 관련된 학술적 이론을 제시하지 못할 경우, 후에 보고를 다시 해야 합니다. 또한 이전에 말했듯이, 발표는 이번 주 수업에서 다뤘던 내용과 연관이 있어야 한다는 점을 명심하세요. 질문이 있으면 수업 후 저를 찾아오세요.

Q. 화자에 따르면 맞는 것은 무엇인가?

(a) 관련 정보를 제시하지 못할 경우, 학생들은 F학점을 받게 될 것이다.

(b) 발표는 수업 중 논의되었던 정보와 관련이 있어야 한다.

(c) 발표를 위한 경제 발전을 수업에서 논의한 적이 없다.

(d) 학생들은 무작위순으로 발표를 하게 될 것이다.

해설 발표에 관련된 내용으로, 세부적인 사항을 묻는 문제이기 때문에 메모를 해야 한다. Please note that your presentation~에서 정답을 알 수 있다. a와 d는 언급을 하지 않았다. c 또한 내용으로는 정확하게 알 수 없다.

어구 evidence 증거, 증명   research 연구, 탐구   relevant 관련된, 적절한   argument 논의, 토론   should you 만약   related 관련 있는, 서로 관련된   improvement 진보, 향상   in a random order 무작위순으로

2

In this lecture, we'll have a chance to understand what was behind *The Scarlet Letter*, one of the most popular novels. Its author, Nathaniel Hawthorne, carried a sense of regret throughout his life. He suffered from feeling guilty since his ancestor was involved in infamous trials. Hester Prynne, the main character in the story, was considered to show Hawthorne's feelings, struggling to create a new life of repentance and dignity.

Q. What is the professor trying to say?

(a) Nathaniel Hawthorne became the popular author by *The Scarlet Letter*.

(b) *The Scarlet Letter* is an autobiography of Nathaniel Hawthorne.

(c) His sense of shame surfaces in *The Scarlet Letter*.

(d) *The Scarlet Letter* is among his most important works.

이번 강의는 널리 알려진 소설 중 하나인 『주홍글씨』의 이면에 있는 내용이 무엇인지 얘기할 것입니다. 『주홍글씨』의 저자인 나다니엘 호손은 그의 조상들이 악명 높은 사건에 연루되었기 때문에 죄책감에 시달리며, 평생을 후회하며 살았습니다. 소설 속 주인공인 해스터 프린은 후회와 존엄이라는 새로운 삶을 살기 위해 고군분투하는 호손의 감정을 보여줍니다.

Q. 교수가 말하고자 하는 것은 무엇인가?

(a) 나다니엘 호손은 『주홍글씨』로 유명해졌다.

(b) 『주홍글씨』는 나다니엘 호손의 자서전이다.

(c) 그가 가진 수치심이 『주홍글씨』에 드러나 있다.

(d) 『주홍글씨』는 그의 주요 작품 중 하나이다.

해 설 주홍글씨 작가에 대한 내용으로 배경 지식이 있다면 훨씬 수월하게 풀 수 있다. 이 내용에서 주홍글씨는 작가의 감정을 보여주는 것이지 자서전은 아니므로 b는 답이 될 수 없다. 반복되는 regret, guilty와 같은 의미로 shame을 쓰고 있다.

어 구 sense of regret 후회감   throughout 완전히, 두루, 처음부터 끝까지   suffer from ~으로 고생하다   be involved in ~에 관여되다   infamous 불명예의, 악명 높은, 악랄한   trial 재판, 사건   repentance 후회, 회개   dignity 존엄, 위엄   autobiography 자서전   surface 표면화시키다

3

In today's class, we're going to examine how public education was organized in Athens, Greece in ancient times. Education in Athens was regarded as an important factor reflecting their strong democratic government. It emphasized to help young people develop their knowledge, an appreciation for the arts, and the ability to think for themselves. Athenians were also trained in a wide variety of athletic skills until the age of 16.

Q. What can be inferred from the lecture?
(a) Education in Athens was intended to prepare for war.
(b) The system of the government has been shifted in many ways.
(c) Education in Athens was strongly linked to the democratic principles.
(d) Private education was taught to young people until the age 16.

오늘 수업에서는 고대 그리스 아테네에서 공교육이 어떻게 이루어졌는지에 대해서 알아볼 것입니다. 아테네에서 교육은 강력한 민주 정부를 반영하는 중요한 요소로 간주되었습니다. 공교육은 젊은 이들이 지식을 쌓고, 예술을 올바르게 이해하고, 사고력을 기를 수 있도록 도와주는 데 중점을 두었습니다. 또한 아테네인들은 16살까지 다양하고 폭넓은 운동 기술을 교육받았습니다.

Q. 강의에서 추론할 수 있는 것은 무엇인가?
(a) 아테네 교육은 전쟁을 준비하기 위한 것이었다.
(b) 정부 시스템은 여러 가지 방법으로 전환되었다.
(c) 아테네 교육은 민주주의 원칙과 밀접한 관련이 있었다.
(d) 젊은이들은 16살까지 사교육을 받았다.

해 설 아테네의 과거 교육에 관한 내용이다. a의 전쟁을 준비했다(prepare for war)는 말은 내용과 일치하지 않는다. 그리고 b의 정부 시스템과 d의 사교육은 언급되지 않았다.

어 구 examine 고찰하다, 검토하다   public education 공교육   regard A as B A를 B로 간주하다   reflect 반영하다, 나타내다   democratic 민주주의, 민주 정치의   emphasize 강조하다   appreciation 평가하기, 진가를 알기   Athenian 아테네인   athletic 경기의, 체육의   intend ~을 의도하다, ~하려고 생각하다   shift ~을 바꾸다, 변경하다   principle 원리, 원칙, 주의

Exercise
Script & Answers

1

There are still many students who are having trouble reading even after they entered school. That's why Aid to Students was founded. We help students whose reading ability was far behind their peers, improve reading and return to their regular schools. We offer many experts to help them achieve a good level of literacy. If your kids suffer reading, just give us a call at 233-2567.

Q. Who is the Aid to Students project for?

(a) Students who need after school day care
(b) Students who are behind in their reading level
(c) Students just starting to learn how to read
(d) Exceptional students who want to advance their reading level

학교에 입학한 후에도 책을 읽는 데 어려움을 겪는 학생들이 여전히 많습니다. 이를 위해 Aid to Students가 설립되었습니다. 저희 Aid to Students는 읽기 수준이 동급생들보다 훨씬 뒤처지는 아이들의 읽기 능력을 향상시킨 후 일반 학교로 돌아갈 수 있도록 도와 줍니다. 저희는 아이들의 읽기 능력을 도울 수 있는 전문가들이 많습니다. 만약 당신 아이가 책을 읽는 데 어려움이 있다면 233-2567로 전화주십시오.

Q. Aid to Students 프로젝트는 누구를 위한 것인가?

(a) 방과 후 탁아(소)가 필요한 학생들
(b) **읽기 수준이 뒤처지는 학생들**
(c) 막 읽는 방법을 배우기 시작한 학생들
(d) 읽기 수준을 향상시키고 싶은 특별한 학생들

해 설 ┃ 책 읽는 데 어려움을 겪고 있는 학생들을 위한 곳에 대한 공지이다. 첫번째 문장을 보면 누구를 위한 프로그램인지 알 수 있다. 주제를 묻는 문제와 같다고 생각하면 된다. 마무리할 때 다시 한 번 대상을 언급하고 있다.

어 구 ┃ have trouble -ing ~하는 데 어려움이 있다 behind ~보다 뒤져서, ~보다 못하여 peer 동료, 동등한 사람 literacy 읽고 쓰는 능력, 교양이 있음 exceptional 특별한, 보통을 벗어난 advance 개선하다. 향상시키다

2

Welcome to the Annual Apple Picking Festival. You will have a chance to receive $100 cash prize by picking the most apples within 20 minutes in the contest. That's not all. We're also holding interesting games for kids. The child who can count apples the fastest within 10 minutes gets a $10 gift certificate from Askely Department Store and a blue ribbon. There will also be a music performance highlighting this Apple Picking Festival. So come on in and enjoy yourself!

Q. Which of the following is correct about the event?

(a) The contest winner for picking apples gets a cash prize.
(b) The festival is held in Askely Department Store.
(c) The contest for kids lasts 20 minutes.
(d) There is a music performance for kids.

해마다 열리는 사과 따기 축제에 오신 것을 환영합니다. 대회 중 20분 내에 가장 많은 사과를 따는 사람이 현금 100달러를 상품으로 받게 됩니다. 이게 끝이 아닙니다. 아이들을 위한 흥미로운 게임이 열립니다. 10분 이내에 가장 많은 사과를 세는 아이는 10달러짜리 Askely 백화점 상품권과 상을 받게 됩니다. 또한 이번 사과 따기 축제를 빛낼 음악 공연이 있을 것입니다. 그러니 오셔서 즐기시기 바랍니다.

Q. 행사에 따르면 맞는 것은 무엇인가?

(a) **사과 따기 대회 우승자는 상품으로 현금을 받는다.**
(b) 축제는 Askely 백화점에서 열린다.
(c) 아이들을 위한 대회는 20분 동안 열린다.
(d) 아이들을 위한 음악 공연이 있다.

해 설 ┃ 사과 따기 행사의 세부적인 내용으로, 숫자에 유의해서 들어야 한다. 그리고 상품으로 언급되는 현금, 상품권, 상 등을 잘 정리해야 한다.

어 구 ┃ annual 1년의, 해마다의 pick ~를 하나하나 꺾다, 따다 gift certificate 상품권 blue ribbon 최고(일등) 상 highlight 눈에 띄게, 강조하다 last 계속하다, 지속하다

3

Today, I'd like to remind you of this library policy. Since we are open from 9 a.m. to 5 p.m., Monday to Saturday, you can return your books via the return slot next to the main door after hours. Please note that all books must be returned by 10 p.m. on the due date. Overdue materials must be returned during business hours, or you will be billed. Our late charge is $1.50 per day.

Q. Which is correct according to the message?

(a) Overdue materials must be returned via the return slot.

(b) All books can be returned after hours.

(c) You must return late materials when it is open.

(d) The library's policy has been changed recently.

오늘 여러분들께 도서관의 정책을 알려 드리려고 합니다. 월요일부터 토요일, 아침 9시에서 오후 5시까지 개관하기 때문에 그 이후에는 정문 옆에 있는 반환구를 통해 책을 반납해 주십시오. 모든 책은 반드시 만기일 저녁 10시까지 반납해야 한다는 점을 명심하십시오. 반납 기일이 지난 책들은 영업시간에 반납해야 하며, 연체료를 지불해야 합니다. 연체료는 하루에 1.50달러입니다.

Q. 메시지에 따르면 맞는 것은 무엇인가?

(a) 반납 기일이 지난 책들은 반환구에 반납해야 한다.

(b) 모든 책들은 영업시간 후 반납해야 한다.

(c) 반납 기일이 지난 책들은 영업시간에 반납해야 한다.

(d) 최근 도서관 정책이 바뀌었다.

해 설 도서관 규정에 대한 내용으로 Please note that all books~를 보면 답을 알 수 있다. 그러므로 b는 답이 될 수 없고, 연체된 책은 영업시간에 반납해야 한다고 언급하고 있다. d는 알 수 없는 정보다.

어 구 return slot 반환구 after hours 정규 일과 시간 후에 during the business hours 영업시간 동안에 overdue 기한이 지난 bill ~에게 청구서를 보내다, 계산서에 기입하다 late charge 연체료

Exercise
Script & Answers

1

Ladies and gentlemen, may I have your attention, please? Hong Kong Airline Flight 432 to New York has been delayed for two hours due to the inclement weather this morning. Boarding will begin now at 8:20 a.m. and our estimated departure time is 8:45 a.m. at Gate 30. First class and business passengers or passengers needing special assistance are asked to board now. In a few minutes, we will ask rows 37 through 52 to begin boarding. Thank you for your cooperation.

Q. Which is correct according to the announcement?

(a) The first class passengers have boarded.

(b) The Hong Kong Airline's flight is bound for New York.

(c) The flight will be departing in 30 minutes.

(d) The plane will be leaving as scheduled.

신사 숙녀 여러분, 잠시 안내 말씀드리겠습니다. 뉴욕행 432편이 오늘 아침 혹독한 날씨로 인해 2시간 연기되었습니다. 탑승은 오전 8시 20분에 시작되며, 출발 예상 시간은 오전 8시 45분으로 30번 게이트입니다. 일등석, 비즈니스석 승객들과 특별한 도움이 필요한 승객들은 지금 탑승해 주시기 바랍니다. 잠시 후 37번째 줄에서 52번째 줄까지 탑승을 시작하겠습니다. 협조해 주셔서 감사합니다.

Q. 안내 방송에 따르면 맞는 것은 무엇인가?

(a) 일등석 승객들은 탑승했다.

(b) 홍콩 항공사 비행기는 미국행이다.

(c) 비행기는 30분 후에 출발할 것이다.

(d) 비행기는 예정대로 출발할 것이다.

해 설 비행기 관련 내용 중에서 비행기 지연이 가장 많이 출제된다. 지연의 원인과 출발 시간을 정확히 들어야 한다.

어 구 due to ~때문에   delay 연기하다   inclement 험악한, 매서운, 추운   boarding 탑승, 승선, 승차   estimated 예상된, 추측의   row 줄, 열   cooperation 협동, 협조   be bound for ~행이다, ~에 가려고 하다   as scheduled 일정대로, 계획대로

2

Ladies and gentlemen, may I have your attention, please? Due to changes in the American Free Trade Agreement, Canadians and all others entering the U.S. must fill out an Immigration Form and may be asked to pay a tariff. Please make sure that aliens show the documentation of employment along with their passport and visa.

Q. What is newly required of passengers entering the U.S.?

(a) A Free Trade Agreement Form

(b) A Customs Declaration Form

(c) An Immigration Form

(d) A Work Permit

여러분 주목해 주십시오. 미국 자유무역협정이 변경됨에 따라 캐나다인과 미국에 들어오는 모든 다른 사람들은 이민국 신청서를 작성해야 합니다. 그리고 관세를 지불하셔야 합니다. 외국인들은 확실하게 여권, 비자와 채용 서류를 보여 주셔야 합니다.

Q. 최근 미국에 입국하는 승객들에게 요구되는 것은 무엇인가?

(a) 자유무역협정 신청서

(b) 세관 신고서

(c) 이민국 신청서

(d) 노동 허가서

해 설 요구 사항은 앞부분에 언급되고 있다. b는 전혀 언급되지 않았으며, 자유무역협정은 언급되었으나 신청서를 말하는 것은 아니다.

어 구 fill out 작성하다   tariff 관세   alien 외국인   employment 고용, 일자리   declaration 신고(서)   permit 허가(증)

3

May I have your attention, please? Since the snowstorm at Ohio Airport has cleared, we are finally resuming all flights to New York in 40 minutes. Flight 178 for New York will start boarding at Gate 15. Please note that the gate for Flight 178 has been changed from Gate 12 to Gate 15. After 40 minutes, we will start with those traveling with children. Please proceed to Gate 15 for boarding.

Q.   What is the main point of the announcement?

(a)   Flight 178 will be delayed for 40 minutes.

(b)   The airport was closed due to the snowstorm.

(c)   Flight 178 will begin boarding in 40 minutes.

(d)   The snowstorm delayed the boarding for Flight 178.

주목해 주십시오. 오하이오 공항에 눈보라가 그치면서 마침내 40분 후에 모든 뉴욕행 비행을 재개합니다. 178편 뉴욕행은 15번 게이트에서 탑승을 시작합니다. 178편의 게이트가 12에서 15로 바뀌었음을 명심하십시오. 40분 후에 저희는 아이들을 동반한 승객분들부터 탑승을 시작하겠습니다. 탑승을 위해 15번 게이트로 가 주시기 바랍니다.

Q.   안내의 요점은 무엇인가?

(a)   178편은 40분 동안 지연될 것이다.

(b)   공항은 눈보라 때문에 닫혔다.

(c)   178편은 40분 후에 탑승을 시작할 것이다.

(d)   눈보라 때문에 178편의 탑승이 지연되었다.

해설   세부적인 내용이라면 b와 d도 가능한 사실이다. 하지만 전체 내용을 포괄하는 c가 정답이 된다.

어구   clear 맑아지다, 걷히다   resume 재개하다   note that 주의하다, 주목하다   travel 여행하다, 이동하다   proceed 나아가다

Exercise
Script & Answers

1

Welcome to City Bank's automated customer response menu. Please listen carefully. If you would like to check your account balance, press one. If you would like to speak to someone regarding credit card usage or other billing matters, press two. If you have questions about opening a new account, press three. For any other questions, please stay on the line, and our service representative will be with you shortly. Thank you for calling City Bank.

Q. What should callers do if they want to wire money?

(a) Press one.
(b) Press two.
(c) Press three.
(d) Stay on the line.

시티은행의 고객 자동 응답 메뉴에 오신 것을 환영합니다. 주의 깊게 들어 주시길 바랍니다. 계좌 잔액을 확인하고 싶으시면, 1을 누르십시오. 신용카드 사용 혹은 청구 관련 문제에 대해 문의를 원하시면, 2를 누르십시오. 새 계좌를 개설하는 데 문의가 있으시면, 3을 누르십시오. 기타 질문은 통화 상태로 기다려 주시면 서비스 담당 직원과 곧 연결될 것입니다. 저희 시티은행에 전화를 주셔서 감사합니다.

Q. 전화를 건 사람이 돈을 송금하고 싶을 때 무엇을 해야 하는가?

(a) 1을 누른다.
(b) 2를 누른다.
(c) 3을 누른다.
(d) 전화상에서 대기한다.

해설 자동 응답 내용은 내용의 구성이 정해져 있다. 질문을 잘 들어야 하는데 돈을 송금하는 내용은 언급하지 않았으므로 other questions가 된다.

어구 balance 잔고 regarding ~에 관한 usage 사용(법), 취급(법) billing 청구액 stay on the line (전화상에서) 기다리다, 대기하다

2

Thank you for calling the Kenbus Medical Clinic. For emergency, please leave your number, and our assistant will call you back shortly. For consultations, please visit the clinic, which is located on 15th Avenue, between Wilmette Boulevard and Milwakee Street. Our office hours are Monday through Friday from 7 a.m. to 5 p.m. We are closed on Sundays, and public holidays. It is required to make an appointment on the line before visiting the clinic.

Q. Which is correct according to the message?

(a) Appointment should be made by leaving a message.
(b) The clinic is located on Wilmette Boulevard.
(c) Consultation should be arranged when leaving the number.
(d) Public holidays are open from 7 a.m. to 5 p.m.

켄버스 병원에 전화해 주셔서 감사합니다. 응급 상황일 경우, 전화번호를 남겨 주시면 저희 직원이 즉시 전화드리겠습니다. 상담을 원하실 경우, 저희 병원을 찾아주십시오. 위치는 15번가에 있으며 윌맷 대로와 밀워키 가 사이에 있습니다. 영업시간은 월요일부터 금요일, 7시부터 5시까지입니다. 일요일과 공휴일에는 쉽니다. 병원 방문 전에 전화로 예약을 하시기 바랍니다.

Q. 메시지에 따르면 맞는 것은 무엇인가?

(a) 메시지를 남겨야 예약이 된다.
(b) 병원은 윌맷 대로에 위치해 있다.
(c) 상담을 하려면 전화번호를 남겨야 한다.
(d) 공휴일에는 7시부터 5시까지 영업한다.

해설 자동 응답기 내용으로 병원에서 나오는 방송이다. b는 전치사구를 잘못 이해했으며, d는 공휴일에는 쉰다.

어구 clinic 진료소, 개인 병원 shortly 곧 public holiday 공휴일, 축(제)일 on the line 전화로 arrange 정하다, 준비하다

3

Thank you for calling Indi restaurant located on 18th and Loyal Street. We have brunch hours from 10 a.m. to 11 a.m., Friday through Sunday with one of the finest dishes in our restaurant. For more dishes, please check our website right now. You'll love the ingredients and the price. We are closed on Mondays. We do not accept reservations. Thank you for calling.

Q. Which is correct according to the message?

(a) They only serve brunch.

(b) They are open everyday.

(c) They serve the cheapest dish in the local.

(d) They have reasonable dishes on the brunch menu.

18번가에 위치한 인디 음식점에 전화해 주셔서 감사합니다. 10시부터 11시까지 저희 식당에서 가장 맛있는 요리 중 한 가지가 금요일부터 일요일까지 브런치 시간대에 제공됩니다. 더 많은 메뉴를 원하시면 저희 웹사이트를 확인하십시오. 당신은 재료와 가격에 만족하실 겁니다. 저희는 월요일에 영업을 하지 않으며, 예약을 받지 않습니다. 전화해 주셔서 감사합니다.

Q. 메시지에 따르면 맞는 것은 무엇인가?

(a) 음식점은 브런치만 제공한다.

(b) 음식점은 매일 영업한다.

(c) 음식점은 그 지역에서 가장 저렴한 음식을 제공한다.

(d) 음식점은 브런치 메뉴로 저렴한 음식을 제공한다.

해설 a는 알 수 없는 내용이며, 가격이 저렴하기는 하지만 다른 음식점과 비교해서 말하지 않았으므로 c는 답이 될 수 없다.

어구 brunch (점심을 겸한) 늦은 아침 식사, (아침을 겸한) 이른 점심 식사   dish 요리   ingredient 재료

Exercise
Script & Answers

1

If your business has been in crisis and your profits have been diminishing, it's time to take control. That's where Top Notch Consultant comes in. We provide you with a lot of useful information and straightforward advice by our nation's leading experts. Many companies have already been verified that we helped them boost their sales and profits almost overnight. We take pride that we are known for integrity as well as dedicated service. Call us today and start turning your business around.

Q. What does Top Notch Consultant do?

(a) It helps you improve your intelligence.

(b) It helps you make a mark.

(c) It teaches you about business advertising.

(d) It instructs you on training new employees.

여러분의 사업이 위기에 처해 있고, 수입이 줄고 있다면 지금이 바로 관리를 해야 할 때입니다. 여기에 Top Notch Consultant가 있습니다. 국내 일류 전문가들이 여러분에게 유용한 정보와 올바른 충고를 해 드릴 것입니다. 저희 회사는 많은 기업의 매출과 수익을 거의 하룻밤 새에 늘리는 데 도움을 준 것은 이미 증명되었습니다. 헌신적인 서비스뿐만 아니라 정직으로 알려진 데 대해 저희 회사는 자부심을 가집니다. 오늘 전화하셔서 여러분의 사업을 회복시키세요.

Q. Top Notch Consultant가 하는 일은 무엇인가?

(a) 당신의 지능을 높이는 데 도움을 준다.

(b) 명성이 나도록 도움을 준다.

(c) 비즈니스 광고에 대해 알려준다.

(d) 신입 직원을 교육시키는 방법을 알려준다.

해설 성공적인 사업에 대한 컨설팅을 해 주는 회사의 광고로, 성공적인 사업을 하기 위한 내용을 말하는 b가 답이다.

어구 diminish 줄이다, 감소하다, 떨어뜨리다　top notch 최고의, 일류의　straightforward 솔직한, 정직한　leading 일류의, 뛰어난　expert 전문가　verify ~을 검증하다, 입증하다　boost 후원하다, 인상하다, 증가하다　sales 매출액　profit 이익, 이자　integrity 정직, 성실　dedicated 헌신적인, 전념한　make one's mark 이름을 내다, 성공하다　instruct 가르치다, 교육하다

2

You may find it hard to believe. We at BESTWAY offer BEST Advantage to give you 10% off everything in time for the back-to-school rush. This is the best way you can have to save cash. Yes, that's right! Students save 10% on everything at BESTWAY with BEST Advantage! We'll also give away a computer mouse when you apply for this membership card by this week. If you haven't yet joined, please stop by our information desk and fill out an application.

Q. Which is correct about the BEST Advantage Card?

(a) It can be used as a credit card.

(b) It offers a 10% discount to join the membership.

(c) It can be used for on-line and off-line shopping.

(d) It gives a good deal on products.

아마 믿기지 않으실 것입니다. BESTWAY에서는 신학기에 맞춰 모든 물건을 10% 할인 등 최고 혜택을 드리고 있습니다. 이것이 여러분이 돈을 아낄 수 있는 최선의 방법입니다. 예, 그렇습니다. 학생이라면 BESTWAY에서 구입하는 모든 물건을 10% 할인해 주는 최고의 혜택을 누릴 수 있습니다. 또한 이번 주까지 멤버십 카드를 신청하시면 컴퓨터 마우스를 드립니다. 아직 가입하지 않으셨다면, 안내소에 들르셔서 신청서를 작성하세요.

Q. 최고 혜택 카드에 대해 맞는 것은 무엇인가?

(a) 신용카드를 사용할 수 있다.

(b) 멤버십에 가입하면 10% 할인을 해 준다.

(c) 온라인과 오프라인 쇼핑에서 사용할 수 있다.

(d) 상품을 저렴한 가격에 판매한다.

해 설 제품을 할인한다는 광고이다. 온라인 쇼핑에 대해서는 언급하지 않았으므로 c는 답이 될 수 없으며, b는 회원 가입 시 혜택이 주어진다고 했으므로 답이 아니다.

어 구 advantage 이익, 혜택   in time for ~에 맞춰서   back-to-school 신학기의   give away 거저주다, 수여하다   apply for 신청하다, 지원하다   fill out 기입하다, 작성하다   application 신청서   deal 거래

3

It is obvious that more and more companies are looking for skilled and efficient individuals. Once they recruit them, they give them jobs with real futures and opportunities for advancement. There's an affordable and rewarding way for you to get there: on-line Technical College. On-line Technical College introducing a high-tech training improves your career in as little as six months! Technical College offers degree and certificate programs in a variety of fields. Pick up the phone and ask about their hundreds of promising career programs.

Q. What is promoted in this announcement?

(a) Advantages of community colleges over universities
(b) Education at community colleges for better job opportunities
(c) Scholarship programs at community colleges
(d) Cooperation between local government and community colleges

점점 더 많은 기업들이 숙련되고 유능한 사람들을 찾고 있다는 것은 명백한 사실입니다. 일단 기업은 그들을 고용해서 유망한 일자리와 승진 기회를 제공합니다. 그곳에 도달할 수 있는 저렴하고 보람있는 방법이 온라인 기술 대학에 있습니다. 첨단 교육을 도입한 온라인 기술 학교는 6개월 만에 여러분의 경력을 향상시켜 줄 것입니다. 기술학교는 다양한 분야에서 학위와 증명서 프로그램을 제공하고 있습니다. 수화기를 들고 수백 개의 유망 직업 프로그램을 문의하십시오.

Q. 광고문에서 홍보하는 것은 무엇인가?
(a) 대학교보다 유리한 지역 전문 대학의 이점
(b) 더 나은 일자리 기회를 위한 지역 전문 대학의 교육
(c) 지역 전문 대학의 장학금 프로그램
(d) 지방 정부와 지역 전문 대학 간의 협력

해 설 회사와 관련된 광고인 것 같지만 초급 대학을 광고하는 내용이다. c와 d는 전혀 언급하지 않았으며, a처럼 종합 대학교와 비교를 한 것도 아니다.

어 구 skilled 숙련된, 노련한   efficient 유능한, 실력 있는   individual 개인   affordable 알맞은, 적당한, 감당할 수 있는   rewarding 보답하는, 보상받는, ~할 만한 가치가 있는   certificate program 증명서 프로그램   a variety of 갖가지, 다양한   field 분야, 범위   promising 전도 유망한, 장래가 있는   scholarship 장학금   community college (지방 자치 단체에 의한) 지역 전문 대학

Exercise
Script & Answers

1

As for the infectious disease outbreak after the earthquake, the government has to do something preventative. It is essential that a plan be affordable and effective. However, the plans the government revealed yesterday are neither feasible, nor affordable. They are just missing the point, resulting in wasting a lot of money. They seem to be aggravating people's fears. I wish someone had more foresight with something so critical as public health.

Q. What could be inferred about the government according to the talk?

(a) It has wasted a lot of money on clearing the destroyed scene.

(b) It said that the plans they implemented were successful.

(c) It failed to make the workable plan to protect the disease.

(d) It didn't make to-do lists to prevent the disease.

지진 후 발생하는 전염병에 관해서 정부는 예방책을 제시해야만 한다. 적절하고 효과적인 계획이 필요하다. 그러나 어제 밝힌 정부 계획은 실현 가능성도 없으며, 적절하지도 않았다. 계획은 취지를 벗어났으며, 상당한 양의 지출 손실로 끝날 것이다. 계획은 사람들의 공포심만 더 조장시키는 것 같았다. 누군가가 공중 보건과 같은 사항에 대해 비판적인 통찰력을 지니고 있기를 바랄 뿐이다.

Q. 대화에 따르면 정부에 대해 추론할 수 있는 것은 무엇인가?

(a) 피해 지역을 복구하는 데 많은 돈을 소비했다.

(b) 정부가 시행한 계획은 성공적이었다.

(c) 질병을 방지하기 위한 실행 가능한 계획을 세우는 데 실패했다.

(d) 질병을 방지하기 위한 할 일 목록을 세우지 않았다.

해 설 공중 보건에 대한 정부의 계획을 비난하고 있다. 그러므로 긍정적으로 말하고 있는 b는 답이 될 수 없다. a와 d는 전혀 언급되지 않았다.

어 구 as for ~에 관해서는, ~은 어떤가 하면 infectious 전염성의, 전염병의 outbreak 발병, 발생 preventative 예방적인, 예방의 essential 필수의, 본질적인 affordable 알맞은 neither ~도 아니다 feasible 실행할 수 있는, 그럴듯한, 가능한 miss the point 핵심을 벗어나다 result in ~로 끝나다, 되다 aggravate 악화시키다, 화나게 하다 foresight 선견(지명), 통찰력, 예견 implement ~를 이행하다, 수행하다 workable 실행할 수 있는, 성취될 수 있는 protect 보호하다 prevent 막다, 예방하다 to-do list 해야 할 일

2

I'm not convinced about much of their opinions on this movie. I think that it is a disgrace to art. There isn't any artistic value in the movie and it even distorts the interpretation of art. Everyone, I believe, is against a release of this kind of obscene movie. What the advocates say about this movie doesn't make sense at all. I strongly insist that it should be banned from the theater and never shown to adolescents.

Q. What can be inferred from the talk?

(a) The speaker is directly involved in movie-making.

(b) The speaker is advocating the ban of the movie.

(c) The speaker is supportive of the release of the movie.

(d) The speaker is one of the members in the parent association.

이 영화에 대한 그들의 의견 대부분이 핵심에서 벗어나고 있다고 확신합니다. 이는 예술에 대한 치욕이라고 생각합니다. 이 영화에서 예술적인 가치는 찾아 볼 수 없으며, 심지어 예술에 대한 해석조차 왜곡합니다. 저는 모든 사람이 이런 외설 영화의 상영을 반대할 것이라고 생각합니다. 이 영화의 지지자들이 하는 말은 논리에 맞지 않습니다. 극장에서 상영되어서는 안 되며, 청소년들에게 절대로 상영되어서는 안 된다고 강력하게 주장하는 바입니다.

Q. 이야기에서 추론할 수 있는 것은 무엇인가?

(a) 화자는 영화 제작에 직접적으로 관여하고 있다.

(b) 화자는 영화 상영 금지를 지지한다.

(c) 화자는 영화 상영을 지지한다.

(d) 화자는 학부모회 일원 중 한 명이다.

해 설 한 영화에 대한 비평적 이야기다. a와 c는 내용과 반대되는 내용이므로 답에서 제외되며, d는 언급하지 않았다.

어 구 convinced 확신하는   disgrace 불명예, 치욕   distort 왜곡하다, 비틀다   obscene 외설한, 음탕한   advocate 지지자, 옹호자   make sense 말이 되다, 사리에 맞다   insist 주장하다, 강조하다   ban from ~을 금지하다   adolescent 젊은이, 청소년, 젊은이의, 청소년의   supportive 지지하는

3

I counter the plan that the government spends more money on urban development this year. It is obvious that there is no need to develop and improve the natural areas. The government should come up with a way to reduce the budget on the development. The government has yet to address who will pay for the consequences of this course of action. If this plan is implemented, much less money will go to domestic programs such as medical care, education, and crime prevention.

Q. What is the speaker's view on the government's plan?

(a) More money should be spent on the urban development.

(b) The budget on their plan should be cut.

(c) Budget deficit will endanger public welfare.

(d) Budget spending should put weight on domestic programs.

올해 정부가 도시 개발에 더 많은 경비를 지출하는 계획에 반대합니다. 지연 지역을 개발하고 개선할 필요가 없다는 것은 명백합니다. 정부는 개발 예산을 삭감할 방법을 제안해야 합니다. 정부는 이러한 방책의 결과에 누가 돈을 지불할지에 대해서는 아직 검토하지 않았습니다. 만약 이 계획이 시행된다면 훨씬 적은 예산이 의료보험, 교육, 범죄 예방 부문과 같은 국내 프로그램으로 분배될 것입니다.

Q. 정부 계획에 대한 화자의 관점은 무엇인가?

(a) 도시 개발에 더 많은 돈을 투자해야 한다.

(b) 도시 개발 계획의 예산을 삭감해야 한다.

(c) 예산 부족이 공공복지를 위태롭게 할 것이다.

(d) 예산 소비는 국내 프로그램에 더 비중을 두어야 한다.

해 설 도시 개발 예산을 삭감해야 한다는 이야기다. 예산 부족 자체를 말하는 것이 아니라 정부 계획이 시행되면 다른 프로그램에 지장을 줄 것이라 말하므로 c는 정답이 될 수 없다.

어 구 counter 반대하다   come up with ~을 제안하다   address ~를 검토하다, 대처하다   consequence 결과, 결말   course of action 방책   prevention 예방(책)   deficit 부족액, 적자   public welfare 공공 복지

Exercise
Script & Answers

1

It was in the 1920s when boys had their hair slick back and wore bright jackets and very wide trousers, which were called the "Roaring Twenties." At that time, women used to wear dresses which came down to just above the knees. And they wore their hair short. Most of the youth used to be into the crazy dances like the Charleston.

Q. What is this talk about?

(a) How people used to think about music in the early twenties.

(b) Why people were into the trend of fashion in the 1920s.

(c) What people used to wear and listen to in the 1920s.

(d) Why people called the 1920s the roaring twenties.

1920년에 남자들은 깔끔하게 머리를 뒤로 넘기고, 밝은색 재킷을 입고 통이 넓은 청바지를 즐겨 입었는데 당시 이들을 '포효하는 1920년대'라 불렀다. 당시 여자들은 무릎까지 내려오는 드레스를 입었고, 머리는 짧았다. 대부분의 젊은이들은 찰스톤처럼 현란한 춤에 빠져 있었다.

Q. 이야기는 무엇에 관한 것인가?

(a) 1920년대 초 음악에 대한 사람들의 생각

(b) 사람들이 1920년대 패션 유행에 빠졌던 이유

(c) 1920년대 사람들 사이에서 유행했던 패션과 음악

(d) 사람들이 1920년대를 포효하는 20년대라고 부른 이유

해 설 1920년대를 묘사하고 있다. 음악을 언급하고 있기는 하지만 음악에 대한 생각이 아니기 때문에 a는 답이 될 수 없다. d는 이유에 대해서는 언급하지 않았다. 유행에 대한 원인은 글에서 찾을 수 없기 때문에 b도 또한 답이 될 수 없다.

어 구 slick 매끈매끈한, 미끄러운   roaring 포효하는, 활발한, 떠들썩한   come down 내리다. 내려오다

2

It took quite a while that the European form of ballet was rooted in North America because the settlers got their own religious philosophies, which railed against promiscuous dancing, especially involving people from the other gender. Some religious sects considered it to be profane in their religion. Later, a few puritans allowed expressive movement if it was followed according to strict religious guidelines.

Q. What is this talk about?

(a) How ballet became popular in Europe.

(b) Why the settlers in North America criticized ballet.

(c) How ballet became settled in North America in the past.

(d) How ballet was associated with the religious group.

유럽 형태의 발레가 미국에 뿌리를 내리는 데 오랜 시간이 걸렸다. 이는 정착인들이 특히 다른 성을 가진 사람들을 포함하는 난잡한 춤에 대해 비난하는 그들만의 종교 철학을 가졌기 때문이다. 몇몇 종교 분파는 이를 불경스러운 것으로 여겼다. 후에 몇몇 청교도인들은 엄격한 종교 지침에 따를 경우, 그러한 표현 운동을 허용하였다.

Q. 이야기는 무엇에 관한 것인가?

(a) 발레가 유럽에서 대중화된 방법

(b) 미국 정착인들이 발레를 비난한 이유

(c) 과거 발레가 미국에 정착할 수 있었던 방법

(d) 발레가 종교 단체와 관련이 있었던 방법

해 설 유럽의 발레가 미국에 정착하기까지 시간이 걸린 이유들을 말하고 있으므로 정답은 c이다. a는 유럽을 이야기하는 내용이 아니었으며, 발레와 종교 단체와의 관계를 말하는 것이 아니므로 d는 답이 될 수 없다.

어 구 root ~을 깊이 뿌리박게 하다. ~을 고착시키다   settler 정착인, 정착자   rail 심하게 비난하다. 야단치다   promiscuous 난잡한, 뒤범벅의, 엉망의   sect 분파, 종파   profane 불경스런, 상스러운   puritan 청교도, 청교도의   guideline 방침, 지침   associated 연합된, 관련된

3

The insignia dated back to the 1100s as it identified the knight as the crusaders. It was put on flags carried into battle, on the coat of the knight and on the cover worn by the knight's horse. The insignias also became popular among the noble families. They were used to identify the wealth and mark their clothes with it.

Q. What is correct according to the insignia?

(a) The knights were identifying themselves by wearing it.
(b) The knight personalized their possessions by wearing it.
(c) The people were allowed to mark official documents by using it.
(d) The nobles protected themselves by keeping it.

휘장은 기사들을 십자군 원정 기사들로 식별했던 1100년도로 거슬러 올라간다. 그들은 휘장을 깃발에 매달아서 전쟁터에 가지고 다녔고, 기사들의 갑옷이나 말에 부착하여 착용하기도 하였다. 휘장은 또한 귀족 가족들간에 인기가 있었다. 휘장은 재산을 확인하고, 그들의 옷을 표시하기 위해 사용되었다.

Q. 휘장에 따르면 맞은 내용은 무엇인가?

(a) 기사들은 휘장을 착용함으로써 서로를 구별하였다.
(b) 기사는 휘장을 착용함으로써 그들의 재산을 개인화하였다.
(c) 휘장을 사용하여 공식 문서를 표시하는 것이 허용되었다.
(d) 귀족들은 휘장을 지님으로써 스스로를 보호했다.

해설 휘장의 의미에 대한 역사이다. 첫 문장에서 as it identified the knight as the crusaders라고 말했으므로 답은 a가 된다. b는 기사들이 아니라 귀족들이었고, d는 용도로 언급되지 않았다.

어구 insignia 휘장, 표장 date back to ～로 거슬러 올라가다 crusader 십자군 전사, 개혁 운동가 mark ～에 붙이다, ～을 나타내다 personalize ～을 개인화하다

Exercise
Script & Answers

1

A research study found that gun-related murders reached about half of all homicides committed last year in the United States. However, it is said that they have never had more than 100 gun-related deaths in some other countries, like Great Britain and Japan, since bans on weapon were enforced. They concluded that these kinds of strict laws against violent criminals would likely help prevent crime as they keep weapons out of the hands of people.

Q. What is the main point of the speech?

(a) Stricter gun control was straightened in the U.S.

(b) The research said that gun control laws might influence on the number of crimes.

(c) Great Britain suffered from gun-related murders arising last year.

(d) The research said that gun-related murders are increasing in the U.S.

연구 결과 작년 미국 내에서 발생한 총기 관련 살인이 전체 살인의 절반을 차지하는 것으로 밝혀졌다. 그러나 영국, 일본과 같은 나라에서는 무기 소지 반대법이 시행된 이후로 100명 이상의 총기 관련 사망자가 발생한 적이 한 번도 없었다고 한다. 이러한 폭력 범죄에 맞선 엄격한 법이 사람들의 무기 소지를 막아 범죄를 예방하는 데 도움을 줄 것이라는 결론을 내렸다.

Q. 연설의 요점은 무엇인가?

(a) 더 엄격한 총기 규제가 미국에서 이뤄졌다.

(b) 연구 결과 총기 규제 법률이 범죄 수에 영향을 미치는 것으로 밝혀졌다.

(c) 지난해 영국은 총기 관련 살인이 증가했다.

(d) 연구 결과 총기 관련 살인이 미국에서 증가하고 있는 것으로 밝혀졌다.

해설 They conclude~ 부분을 보면 답을 알 수 있다. 여기서 미국의 총기 관련 살인이 증가한다는 말은 하지 않았으며, a 처럼 강화했다는 말도 내용과 반대가 된다. 총기 통제와 범죄 사건의 관련성을 말하고 있다.

어구 gun-related 총기 관련의 homicide 살인, 살인자, 강력계 commit 범하다, 저지르다 enforce 실시, 시행, 집행하다 straighten 바로잡다, ~을 해결하다 arise 발생하다, 나타나다

2

The government announced today that it conducted a province-wide investigation into the catering industry, after a high number of businesses were reported to have failed to meet the Food Sanitation guidelines. Starting next week, investigators from the Food Safety Office will perform inspections on several major catering companies. Also, sanitation and safety checks on the restaurants will be performed and service records will be audited. They will fall under greater government control and be forced to meet stricter guidelines.

Q. What is the news report mainly about?

(a) Complaints about the safety of catering business

(b) The number of restaurants that are not safe enough

(c) Government measures to make food in the restaurant safe

(d) Actions taken by rental firms to improve services

정부는 오늘 많은 수의 기업들이 식품 위생 지침을 어긴 것으로 보고된 후 요식 조달업에 대해 지역 단위의 조사를 실시했다고 발표했다. 다음 주부터 식품 위생 조사가들은 몇몇 주요 음식 조달 회사들을 상대로 조사를 할 것이다. 또한 음식점들의 위생 및 안전 점검을 실시할 것이며, 서비스 기록들은 감사를 받게 될 것이다. 기업들은 정부의 통제 하에서 더욱 엄격한 지침을 지켜야 할 것이다.

Q. 뉴스 보도는 주로 무엇에 대한 것인가?

(a) 음식 조달 업체들의 안정성에 관한 불만

(b) 안전하지 않는 음식점의 수

(c) 음식점의 음식을 안전하게 하려는 정부의 방안

(d) 서비스를 개선하기 위해 임대 회사가 취한 조치

해설 식품 위생 지침을 어긴 요식 조달업의 조사, 음식점들의 위생 및 안전 점검을 실시할 것이라는 말에 c가 답이 된다.

어 구 conduct 수행하다, 처리하다   catering 요식 조달업, 출장 연회업   sanitation 위생   guideline 지침, 정책
audit 감사하다   fall 되다   under control 통제되는, 지배되는   be forced to 억지로 ~ 강요당하다

3

Research revealed that about 4.5 million people were on probation last year. According to the report from the Justice Department, there was a slight increase in the number of adults under supervision by the criminal justice system by 2.3 percent. Perhaps there is a lesson from the overall figures that we should not rely too much on the justice system in order to solve social problems.

Q. What can be inferred from the report?

(a) Reform measures of criminal law are currently under discussion.

(b) The Justice Department has failed to educate children against crime.

(c) The number of prisons have remained steadily.

(d) Alternatives to imprisonment should be created.

한 조사에 따르면 작년에 450만 명이 수감되었다고 한다. 법무부에 따르면 형사 사법 제도에 의해 보호 관찰을 받은 성인의 수가 2.3%로 약간 증가했다고 한다. 전체적인 수치를 통해 우리는 사회 문제를 해결하는 것으로 사법 제도에 너무 의존해서는 안 된다는 것을 배울 수 있다.

Q. 보고서에서 추론할 수 있는 것은 무엇인가?

(a) 범죄 법 기준에 대한 개혁이 현재 논의 중이다.

(b) 법무부는 범죄에 대해 아이들을 교육시키는 데 실패했다.

(c) 교도소의 수가 꾸준히 유지된다.

(d) 징역에 대한 대안이 만들어져야 한다.

해 설 마지막 문장의 사법 제도에 너무 의존해서는 안 된다는 말에 새로운 대안이 나와야 한다는 것을 유추할 수 있다. a의 범죄 법 자체에 대한 개혁은 언급하지 않았으며, b의 아이들의 범죄 교육도 언급하지 않았다.

어 구 on probation 보호 관찰로, 집행 유예로   supervision 감독, 관리   Justice Department 법무부   justice system 사법 제도   overall 전체의, 총체적인   figure 합계 수, 총액   rely on 의존하다   alternative 대안

PART IV • 날씨

1

Here's a weather news for motorists. Be ready for the icy conditions today. There's an 80 percent chance of snow due to the cold front over our area. You are advised to put on the snow tires in case of the snowstorm before you leave home in the morning. Patches of ice could make the roads more slippery. Drive with extreme care.

Q. What is the forecaster's recommendation?

(a) Put on your snow tires.

(b) Drive carefully tomorrow morning.

(c) Check your tire pressure before you leave.

(d) Stay off the icy roads.

운전자들을 위한 일기 예보입니다. 오늘은 추운 날씨에 대비하셔야 합니다. 한랭 전선의 영향으로 이 지역에 눈이 올 확률은 80%입니다. 아침에 집을 떠나기 전, 눈보라에 대비해 스노우 타이어를 장착하십시오. 빙판으로 도로가 매우 미끄러우니 각별히 주의해서 운전하십시오.

Q. 일기 예보자는 무엇을 권장하는가?

(a) 스노우 타이어를 장착하세요.

(b) 내일 아침에 조심해서 운전하세요.

(c) 출발 전에 타이어 압력을 확인하세요.

(d) 빙판길을 피하세요

해 설 오늘의 날씨를 말하며 눈이 오는 상황에서 스노우 타이어를 언급한다. b는 내일을 말하므로 정답이 될 수 없으며, c도 타이어만 듣고 결정해서는 안 된다.

어 구 motorist 자동차 운전자   cold front 한랭 전선   be advised to ~를 해야 한다   patches of ice 얼음 덩어리   slippery 미끄러운   stay off 삼가다, 멀리하다

2

Good evening. Here's a brief look at the weather for next week in cities across the United States. Most of the West will have to endure a hot and dry weekend and more of the same is expected for Monday. Highs will be mainly in the 80 degrees Fahrenheit under partly cloudy skies. More intense heat will visit Washington next week as temperatures climb to at least 95 degrees in New York, there will be a good chance of a shower after a week long heat with temperatures getting up to about 85 degrees. In the South, the weather continues to be fantastic. If you live in Florida, you're going to have a beautiful day next week until Wednesday — warm and sunny with plenty of blue skies approaching 70 degrees.

Q. Which is correct according to the report?

(a) There will be a shower in Washington next week.
(b) Temperatures will be as high as 95 degrees in New York.
(c) Most of the West will be warm and humid with blue skies.
(d) Washington will be really extremely hot next week.

좋은 저녁입니다. 다음 주 미국 전역 도시들의 일기 예보를 간략히 살펴보겠습니다. 서부 대부분 지역은 덥고 건조한 한 주를 보낼 것이며, 월요일에도 그러할 것으로 보입니다. 최고 온도는 화씨 80도로 부분적으로 흐릴 것입니다. 뉴욕은 적어도 온도가 화씨 95도까지 올라가는 가운데, 워싱턴은 더욱더 열기가 강렬할 것이며, 한 주간 화씨 85도까지 오른 후 소나기가 내릴 것으로 보입니다. 남부는 지속적으로 날씨가 좋을 것입니다. 만약 플로리다에 사신다면 다음 주 목요일까지 화창한 날을 보내실 것입니다 – 파란 하늘을 보이며 포근하고 화창한 가운데 화씨 70도까지 오를 것입니다.

Q. 보도에 따르면 맞는 것은 무엇인가?
(a) 다음 주 워싱턴에 소나기가 내릴 것이다.
(b) 뉴욕은 화씨 95도까지 오를 것이다.
(c) 서부 대부분 지역은 파란 하늘을 보이며 포근하고 습할 것이다.
(d) 다음 주 워싱턴은 매우 더울 것이다.

해 설 워싱턴에 대한 정보가 답이 된다. 온도가 95도까지 올라가는 곳은 뉴욕이 아니라 워싱턴이며, 워싱턴에 비가 온다는 언급도 없었다.

어 구 brief 간단한, 간략한 endure 견디다, 인내하다 mainly 주로, 대부분 Fahrenheit 화씨 climb 오르다, 상승하다 get up to 도달하다

3

This is Dana Fisher, NNC News. Hundreds of people had to evacuate small West Texas towns Monday as a storm struck the area. The storm hospitalized dozens and flooded homes, and tourists were stranded at the airport, which was closed temporarily due to fierce winds. Since thunderstorms and locally heavy rain are expected to hit for the middle of this week. It is not determined when these people will be allowed to return to their homes.

Q. Which is correct according to the news report?

(a) Towns in West Texas had a rare storm.
(b) The affected area normally has heavy rainfall.
(c) Tourists will return home by the middle of the week.
(d) Many people were injured and taken to the hospital due to the heavy storm.

NNC 뉴스의 다나 피셔입니다. 서부 텍사스 마을에 태풍이 몰아쳐 수백 명의 사람들이 월요일에 피난해야만 했습니다. 태풍으로 수십 명이 병원에 입원을 하고, 가옥이 물에 잠겼으며, 여행객들은 강풍으로 인해 공항이 일시적으로 폐쇄되자 공항에서 발이 묶였습니다. 이번 주 중에 천둥을 동반한 폭풍우와 국지성 호우가 예상되는 가운데 이들이 언제 집으로 돌아가게 될지는 아직 미지수입니다.

Q. 뉴스 보도에 따르면 맞는 것은 무엇인가?
(a) 서부 텍사스 마을에는 폭풍이 거의 없었다.
(b) 피해 지역은 대개 폭우가 내린다.
(c) 여행자들은 주 중에 집으로 돌아갈 것이다.
(d) 많은 사람들이 폭풍으로 부상을 당해 병원으로 후송되었다.

해 설 태풍에 의한 피해 상황을 말하고 있다. a와 b는 전혀 언급되지 않았으며, 피해 상황을 말하고 있는 The storm hospitalized dozens를 듣고 정답이 d임을 알아야 한다.

어 구 evacuate 철수시키다, 비우다 strand 좌초시키다, 오도 가도 못 하게 하다 fierce 거센

Exercise
Script & Answers

1

Many people try to find the ways to cope with stress. Here's a tip for those who search for finding successful stress management. A study shows that it's best to handle the stress by addressing what causes the problem. However, it is said that many people tend to pay more attention to the symptoms of stress. They drink and smoke to ease up their tensions. It is recommended that we avoid such unhealthy responses, which will lead to nowhere.

Q. What is the main point of the talk?

(a) Manage stress with reliable consultants.

(b) Focus on the source of stress, and not stress itself.

(c) The best solution to stress is to reduce the working hours.

(d) Stress is caused mostly by mismanagement.

많은 사람들이 스트레스를 다루는 방법을 찾으려고 노력한다. 여기 성공적으로 스트레스를 다루는 방법을 찾는 분들을 위한 팁이 있다. 가장 좋은 방법은 스트레스 원인을 알아내는 것이라고 연구 결과 밝혀졌다. 그러나 많은 사람들이 스트레스 증세 자체에 더 많은 관심을 보인다고 한다. 그들은 긴장을 완화하기 위해 술을 마시고 흡연을 한다. 아무런 도움이 되지 않고 건강에 해로운 반응을 피하는 것을 권장한다.

Q. 이야기의 요점은 무엇인가?

(a) 믿을 만한 상담가와 함께 스트레스를 다룬다.

(b) 스트레스가 아닌 스트레스의 발병 원인에 초점을 맞춘다.

(c) 스트레스에 가장 좋은 해결책은 근무 시간을 줄이는 것이다.

(d) 스트레스는 대부분 잘못 다뤄서 생겨난다.

해 설 여기서는 스트레스 대처법의 원인을 찾으라고 권한다. A study shows that it's best to~가 답이 되는 문장이다. 여기서 However는 추가적인 의미를 제시한다. d는 언급하지 않았다.

어 구 cope with 잘 처리하다, 다루다   address 대처하다, ~를 검토하다   management 취급, 처리   ease up 완화하다, 누그러뜨리다   tension 긴장, 불안   recommendable 추천할 만한   nowhere 아무데도 없는 곳, 무명   reliable 믿을 수 있는, 확실한   source 원인, 근본

2

Many people may think that children's misbehavior can wildly result from sugar consumption. However, according to a report released today, it claims that sugar has nothing to do with preschoolers' aggressive behavior. They implemented the research that the boys whose behavior, consumed sugar, was observed each day for fifteen days, but there were no noticeable changes in behavior. The researcher concluded that there was no evidence that boys show increased aggression after having snacks containing sugar.

Q. What is this talk about?

(a) People should discipline the children more strictly.

(b) Artificial sweeteners are the cause of most aggressive behavior.

(c) Sugar does not increase the aggression in children.

(d) People should find alternative ways to prevent children's misbehavior.

많은 사람들은 아이들의 나쁜 행동이 설탕을 먹기 때문에 생겨나게 되는 것이라 생각하고 있다. 그러나 오늘 공개한 보고에 따르면 설탕은 아이들의 공격적인 행동과 관련이 없다고 한다. 그들은 설탕을 먹은 아이의 행동을 15일간 매일 지켜보는 연구를 하였으나 눈에 띌 만한 행동 변화가 없었다. 연구가들은 설탕을 포함한 스낵을 먹은 후 증가된 공격성을 보이는 아이들에 대한 증거는 없다는 결론을 내렸다.

Q. 이야기는 무엇에 관한 것인가?

(a) 사람들은 아이들을 더 엄하게 다스려야 한다.

(b) 인공 감미료는 공격적인 행동의 원인이다.

(c) 설탕은 아이들의 공격성을 증가시키지 않는다.

(d) 아이들의 나쁜 행동을 예방하기 위한 대안을 찾아야 한다.

해 설 설탕 섭취와 관련된 아이들의 공격성을 말하고 있기 때문에 a는 답이 될 수 없다. 일반적으로 알고 있는 상식과 다르다는 것을 밝히는 연구 결과이다.

어 구 misbehavior 나쁜 행동, 부정 행위 wildly 난폭하게, 거칠게 release 공개하다, 발표하다 preschooler 취학 전의 아동 aggressive 공격적인 observe 관찰하다 noticeable 눈에 띄는, 두드러진 artificial sweetener 인공 감미료

3

Smoking has been prevalent among many adolescents recently, even though smoking is one of the most preventable causes of death. Since an increasing number of stars have been shown smoking on TV, it was considered to be a trend to young people. But many experts warn that smoking cigars may increase the risk of cancer. They also say that smoking is harmful to the brain, leading to lack of production of growth hormones.

Q. What is the main idea of the talk?

(a) Many stars prefer smoking to drinking.

(b) There is no way to keep adolescents from smoking.

(c) Stopping smoking is the best way to keep in health.

(d) Smoking in youth affects on health as well as growth.

비록 흡연이 예방이 가능한 사망 원인들 중 하나이지만 최근에 흡연은 많은 청소년들 사이에서 유행하고 있다. 점점 더 많은 수의 스타들이 TV에서 흡연하는 모습을 보여줌으로써 젊은 사람들에게 하나의 유행이 되어 버렸다. 그러나 많은 전문가들은 흡연이 암에 걸릴 확률을 높인다고 경고한다. 그들은 또한 흡연이 뇌에 해로우며, 성장 호르몬의 결핍을 야기한다고 말한다.

Q. 이야기의 요지는 무엇인가?

(a) 많은 스타들이 술보다 흡연을 선호한다.

(b) 청소년들의 흡연을 막을 수 있는 방법이 없다.

(c) 금연은 건강을 유지하는 가장 좋은 방법이다.

(d) 청소년 흡연은 성장뿐만 아니라 건강에 영향을 끼친다.

해설 흡연은 특히 청소년들에게 해롭다고 경고하고 있다. 청소년이라는 의미의 단어 adolescents, young people를 기억해야 한다. 일반적으로 흡연은 부정적인 내용이 나온다.

어구 prevalent 유행하는, 널리 퍼진   preventable 막을 수 있는, 예방할 수 있는   growth hormone 성장 호르몬

Exercise
Script & Answers

1

I've called this meeting for all the board of directors, to sort out the matter on the proposed relocation of our company headquarters. After we took it into consideration, we realized that construction on the premise chosen won't be suitable, and an assessment of adverse environmental impact on it may affect the public relations for the company. Therefore, I suggest that we give up our current proposal and start finding a better site to relocate to.

Q. What is the speaker's main point in the talk?

(a) The current proposal has been approved by the executives.

(b) Proposals for a new relocation is not feasible.

(c) The company's construction project has succeeded.

(d) Company practices are under discussion in public.

제안된 회사 본사 이전 문제를 해결하기 위해서 이사회 모임을 소집했습니다. 이전 문제를 고려해 본 결과, 선택한 건물의 공사가 적절하지 않으며, 불리한 환경 영향 평가가 회사 홍보 활동에 영향을 끼칠 것이라는 점을 깨달았습니다. 그래서 현 제안 사항을 접고, 더 나은 이전 부지를 물색할 것을 제안합니다.

Q. 이야기에서 화자의 요지는 무엇인가?

(a) 현 제안 사항은 임원진들에 의해 승인되었다.

(b) 새로운 장소로의 이전 관련 제안은 실행 가능하지 않다.

(c) 회사의 건설 프로젝트는 성공적이다.

(d) 회사 업무가 공개 토의 중에 있다.

해 설 | 회사가 이전할 장소의 부적합을 지적하며, 다시 부지 찾는 것을 건의하는 내용이다. Therefore 이하의 내용이 주제가 된다.

어 구 | board of director 이사회   sort out 해결하다   relocation 이전, 재배치   take into consideration ~을 고려하다   premise 건물, 점포   assessment 평가   adverse 반대의, 불리한   impact 영향(력)   public relations 홍보(성의) 활동   executive 임원, 경영진   under discussion 심의 중인   practice 업무, 영업

2

As you already knew, our organization has been struggling since last year due to the economic recession in our nation. It made it difficult for us to keep maintaining the current situation. Therefore, we have no choice but to let 12 executives go and shrink some of the subsidiaries. Also, a new president, George Wilson, will be tapped to head up our firm succeeding former president Tom Miller. I hope you understand our present circumstance and this realignment can help us get over this hardship.

Q. What is correct according to this talk?

(a) Tom Miller will be replaced as a new president.

(b) There will be a lay-off of some staff.

(c) There will be a reduction on branch offices.

(d) The organization has recovered from the recession.

이미 알고 있다시피, 저희 단체는 지난해 이후 국가 경기 침체로 인해 고군분투해 왔습니다. 이로 인해 현 상황을 유지하는 것이 어려웠습니다. 그래서 부득이하게 12명의 임원진을 해고하고, 지사를 줄였습니다. 또한 새로 회장이 되신 조지 윌슨 씨가 전 회장님인 톰 밀러 씨의 뒤를 이어 회사를 이끌 분으로 선출될 것입니다. 현재 저희가 처한 상황을 이해하시고, 회사 내 재조정이 이런 역경을 극복하는 데 도움이 되길 바랍니다.

Q. 이야기에 따르면 맞는 것은 무엇인가?

(a) 톰 밀러 씨가 새로운 회장으로 교체될 것이다.

(b) 몇몇 직원들은 해고될 것이다.

(c) 지사에서 직원 감축이 있을 것이다.

(d) 단체는 경기 침체에서 회복되었다.

해 설 | shrink some of the subsidiaries.에서 정답을 찾을 수 있다. b는 일반 직원이 아니라 임원진이기 때문에 답이 될 수 없다. 그리고 톰 밀러는 전 회장이었기 때문에 a는 답이 될 수 없다.

어 구 | struggle 노력하여 해내다, 고군분투하다   economic recession 경기 침체   subsidiary 지사   tap 회원으

로서 선출하다   head up ~의 우두머리가 되다, 주재하다   realignment 재편성, 재조정, 재배열   get over 극복하다   hardship 고난, 역경, 어려움   replace ~의 후임자가 되다   lay-off (일시적) 해고   reduction 축소, 삭감

3

Today, I got an e-mail, calling attention to the rudeness when our sales representative dealt with his customer. There was another complaint that some workers talked on the phone too long in a personal matter, which delayed the service on the line. As we take great pride in our reputation for a polite, and friendly service, you are asked to rectify these problems. From now on, I'll take appropriate disciplinary actions in this kind of cases.

Q. What is the main purpose of this talk?

(a) To apologize for the inconvenience

(b) To warn staff to be more courteous dealing with customers

(c) To appreciate the friendly service this company provided

(d) To let the employees know about the change of the actions

오늘 저는 저희 영업 사원이 손님께 저지른 무례함에 관한 내용의 이메일을 한 통 받았습니다. 일부 직원들이 사적인 문제로 전화를 너무 오래 사용해서 서비스를 제때 받지 못하고 있다는 불만 사항도 있었습니다. 공손하고, 친절한 서비스의 명성에 큰 자부심을 가지고 있는 회사로, 여러분은 이러한 문제들을 해결해야 합니다. 지금부터 제가 이와 유사한 경우를 보게 되면 규율에 맞는 조치를 취할 것입니다.

Q. 이야기의 주된 목적은 무엇인가?

(a) 불편을 끼친 데 대해 사과하기 위해

(b) 직원들이 손님을 맞을 때 좀 더 공손할 것을 경고하기 위해

(c) 회사가 제공하는 친절한 서비스에 감사하기 위해

(d) 직원들에게 방침의 변화에 대해 알리기 위해

[해 설] 말하는 내용의 의도는 후반부에 드러나고 있다. 일반적으로 부정적 내용은 후반부에 나오며, 앞부분에서는 문제 제기를 한다. From now on~이후의 문제가 이 글의 주제가 된다.

[어 구] call one's attention ~의 주의를 환기시키다   sales representative 영업 사원   deal with 다루다, 취급하나   take great pride in ~에 큰 자부심을 가지다   rectify 개정하다, 수정하다   appropriate 알맞은, 적절한   disciplinary 규율상의, 훈련 상의   courteous 예의 바른, 공손한

Exercise
Script & Answers

1

Few people are aware of how complicating to make drink cans, or any other aluminum product is. Contrary to the popular belief, there are many processes to go though such as digging or purifying. It also requires extreme energy up to 50 times more than to recycle from old cans. This is, making the recycled product helps reduce use of our energy supplies, resulting in less pollution from power stations. Also, it will help ease the problem of all our rubbish in landfill sites.

Q. Which of the following can be the best title of the passage?

(a) The ways to save energy

(b) Importance of landfill sites

(c) Reasons to recycle cans we use

(d) Serious air pollution from making cans

음료수 캔 또는 기타 알루미늄 제품을 만드는 것이 얼마나 복잡한지를 알고 있는 사람은 많지 않다. 우리가 일반적으로 알고 있는 것과는 달리 땅을 파고 정화 같은 거쳐야 할 과정이 많다. 또한 이미 사용한 캔을 재활용하는 것보다 50배 이상의 많은 에너지를 필요로 한다. 즉, 재활용 제품을 생산하는 것은 에너지 공급량을 줄이고, 발전소에서 나오는 오염을 줄이는데 도움을 준다.

Q. 이야기에 가장 어울리는 제목은 무엇인가?

(a) 에너지 절약 방법

(b) 매립지의 중요성

(c) 우리가 사용하는 캔들을 재활용 하는 이유

(d) 캔을 생산할 때 생기는 심각한 대기 오염

해 설 주제가 뚜렷이 드러나 있지는 않지만 재활용의 장점들을 이야기하고 있다. a는 방법들을 언급하지 않았다.

어 구 be aware of ~을 알고 있다   complicate 복잡하게 하다   contrary to ~와는 반대로   process 과정. 순서   recycle 재활용하다   supply 공급량. 지급량   result in ~한 결과를 초래하다   ease 덜다. ~를 완화하다   rubbish 쓰레기

2

One of the biggest mistakes that the present government has made is to depend on nuclear power. It has been used in many countries over the past four decades at a relatively low cost. However, it is obvious that we should block extensive use of nuclear energy because of the problem of the waste it produces. This highly dangerous material will definitely be buried deep in the ground or dumped on the ocean bed and last for hundreds of thousands of years. Many solutions have been suggested but none of them are feasible and affordable.

Q. Which of the following best summarizes the above passage?

(a) Something should be done to obstruct environmental pollution due to nuclear power.
(b) Research on nuclear waste should be done before any nuclear developments.
(c) We should avoid fears about the danger of nuclear power.
(d) Nuclear power plants should be shut down all around the world.

현 정부가 한 큰 실수 중 하나는 원자력 발전에 의존하고 있다는 점이다. 상대적으로 저렴한 가격에 지난 40여 년간 많은 나라에서 사용되었다. 그러나 원자력 에너지가 생산하는 폐기물 문제 때문에 원자력 에너지의 광범위한 사용은 분명히 막아야 한다. 이 극도로 위험한 물질을 땅속 깊이 파묻거나 해저에 버려야 하는데 이것은 수십만 년간 지속이 된다. 많은 해결책이 제시되었으나 어떤 것도 실현 가능하거나 적절하지 않았다.

Q. 위 단락을 가장 잘 요약한 것은 무엇인가?

(a) 원자력 발전 때문에 환경 오염을 막기 위한 조치가 취해져야 한다.
(b) 원자력 폐기물에 대한 연구가 원자력 개발 연구 이전에 이뤄져야 한다.
(c) 원자력 발전의 위험성에 대한 두려움을 피해야 한다.
(d) 전 세계의 원자력 발전소는 폐쇄되어야 한다.

해 설 원자력이 낳을 수 있는 환경 오염에 대해 지적하고 있다. c와 d는 전혀 언급하지 않았으며, 원자력 개발 이전이라는 시점이 언급되지 않았기 때문에 b도 답이 될 수 없다. However 다음에 나오는 문장이 주제가 된다.

어 구 decade 10년간 relatively 상대적으로 block 막다, 방해하다 bury 묻다, 매장하다 dump 내버리다 ocean bed 해저 feasible 가능한 affordable 적절한, 알맞은 obstruct 막다, 차단하다, 방해하다 shut down 그만두게 하다, 막다

3

Some scientists armed with a state-of-the art microscope have reported that the heart can, in fact, regenerate new muscle cells after a heart attack, creating new therapies tapping into this regenerative ability. Yet, these are still many years away, and many doubts that this will help repair all the damaged cells. Other scientists have created new foods in the laboratory through biotechnology, putting some animal genes into plant genes. However, it is still unknown that whether these new foods are safe and what problems might come up.

Q. Which of the following can be inferred from the article?

(a) Scientists put a lot of efforts to create genetically engineered products.
(b) The advancement of science has yet to verify the safety and the effectiveness.
(c) New technology will work to stop the aging process.
(d) In years to come new medicines will be able to cure heart attacks.

최신식 현미경을 가진 일부 과학자들은 실제로 심장이 심장 발작을 일으킨 후 재생력을 이용해 치료하면 새로운 근육 세포들을 재생시킬 수 있다고 보고했다. 그러나 이는 아직도 몇 년 뒤의 일이며, 많은 이들은 이것이 손상된 세포를 재생시킬 수 있을 지에 대해서 의문을 가지고 있다. 다른 과학자들은 생명 공학을 통해 연구실에서 몇 가지 동물의 유전자를 식물 유전자에 넣어 새로운 음식을 만들어 냈다. 그러나 이러한 음식들의 안전 여부와 어떤 문제가 생길지는 아직 알려지지 않고 있다.

Q. 기사에서 추론할 수 있는 것은 무엇인가?

(a) 과학자들은 유전자 변형 생산품을 만들기 위해 많은 노력을 기울인다.
(b) 과학의 진보는 여전히 안전과 효율성을 입증해야 한다.
(c) 새로운 기술은 노화를 방지하는 데 효과가 있을 것이다.
(d) 몇 년 후 심장 발작을 치료할 새로운 약이 출시될 것이다.

해 설 Yet의 의미가 중요하게 다루어지는 내용이다. 두 가지 일을 나열하고, 거기에 대한 결과는 아직 밝혀지지 않았다는 말을 하므로 정답은 b이다. a와 d는 언급되지 않았다.

어 구 be armed with ~을 갖추고 있다   state-of-the art 최첨단 기술을 사용한, 최신식의   regenerate 재생시키다. 소생시키다   tap into 활용하다. 이용하다   biotechnology 생명 공학   gene 유전자. 유전 인자   unknown 알려지지 않은. 미지의   advancement 진보, 발달   genetically engineered 유전자 조작에 의해 생성된   effectiveness 유효(성), 효과적임

Section C | Actual Test

PART I

1
★★★

M Don't forget to turn the lights off when you leave.
W _____

(a) I always make sure to do it, so don't worry.
(b) I already turned it off yesterday.
(c) Don't worry. I will definitely turn in the right one.
(d) Is it my turn this time?

해석 M 나갈 때 불 끄는 거 잊지 마.
W _____
(a) 난 항상 확실하니깐 걱정하지 마.
(b) 어제 벌써 그걸 껐어.
(c) 걱정하지 마. 정확한 것을 제출할 거야.
(d) 이번이 내 차례야?

해설 조언에 대한 글이다. 뒷부분에 시간이 언급되었으므로 b는 정답이 아니며, d는 상황에 맞지 않는다.

어구 turn in 제출하다
turn 차례

정답 (a)

2
★★★

M Can you proofread my paper today?
W _____

(a) I'm pressed for time, but I will.
(b) Sorry, I didn't have time to read it.
(c) How can I make it up to you?
(d) OK. I'll check if he's alright.

해석 M 오늘 내 논문을 교정해 줄 수 있어?
W _____
(a) 시간에 쫓기지만 해 볼게.
(b) 미안. 아직 읽을 시간이 없었어.
(c) 네 기분을 내가 어떻게 풀어줄까?
(d) 알았어. 그가 괜찮은지 확인해 볼게.

해설 부탁을 하는 내용으로, 학교에서 많이 나오는 내용의 동사 proofread를 기억해야 한다. I will은 Yes의 의미로 쓰인다.

어구 proofread 교정을 보다
make it up to ~를 보상, 변상하다
check if ~인지 확인하다

정답 (a)

3
★★★

M I'm going to the store. Need anything?
W _____

(a) You don't need to.
(b) No, but I'll go with you.
(c) Yes, may I help you?
(d) Is it really necessary?

해석 M 상점에 갈 건데, 필요한 거 있어?
W _____
(a) 그럴 필요없어.
(b) 아니. 하지만 같이 가 줄게.
(c) 응. 내가 도와줄까?
(d) 그게 정말 필요할까?

해설 우선 줄인 말에 익숙해야 제대로 이해할 수 있다. anything과 연결하려면 b가 적절하다. 상황만으로 a를 답으로 착각하면 안 된다.

어구 don't need to ~하지 않아도 된다

정답 (b)

4
★★★

M What's the weight limit on the domestic flight?
W _____

(a) I think it's about 20 bucks per bag.
(b) You can always take the next one.
(c) It's not as heavy as you might think.
(d) I haven't seen it posted yet.

해석 M 국내선은 무게 제한이 얼마인가요?
W _____
(a) 가방 당 20달러 정도인 것 같아요.

(b) 당신은 항상 다음 편에 탑승할 수 있어요.

(c) 당신이 생각한 것만큼 무겁진 않아요.

(d) 아직 게시되어 있는 것을 못 봤어요.

해설 비행기에 탑승하기 전, 짐을 부칠 때 물을 수 있는 질문이다. 무게를 말하는 것을 짐작했으면 풀 수 없는 문제이다.

어구 weight limit 무게 제한
buck 달러(= dollar)
post 게시하다

정답 (d)

5
★
★★
★★★

M I've checked all the aisles, but I can't find a ladle.

W _____

(a) Then when do you think you will have some?

(b) Sorry, it's already checked out.

(c) I guess it's out of stock then.

(d) But I saw them looking at the aisle 3.

해석 M 이 통로를 다 찾아봤지만 국자를 찾을 수가 없어요.

W _____

(a) 그러면 언제쯤 당신이 그걸 가질 수 있을 거라고 생각합니까?

(b) 죄송하지만, 이미 대출됐어요.

(c) 재고가 떨어진 것 같아요.

(d) 하지만 저는 3번 통로에서 그들을 봤어요.

해설 대형 마트에서 물건을 찾는 내용임을 aisle을 통해 알 수 있다. ladle이 국자인 것을 몰라도 풀 수 있는 문제이다.

어구 aisle 통로
ladle 국자
check out 대출하다
out of stock 물건이 없는

정답 (c)

6
★
★★
★★★

M I haven't had a bite all day. Mind if I join you for dinner?

W _____

(a) You must be starving.

(b) No thanks, I already had dinner.

(c) Why not? Meet us in the lobby in 5 minutes.

(d) Why? Were you busy or something?

해석 M 하루 종일 아무것도 안 먹었어. 같이 저녁 식사를 해도 될까?

W _____

(a) 배가 많이 고프겠다.

(b) 괜찮아. 난 이미 저녁을 먹었어.

(c) 물론이야. 5분 후에 로비에서 만나.

(d) 왜? 바쁘기라도 했어?

해설 두 번째 문장에 집중해야 한다. 저녁을 같이 먹어도 되냐고 묻고 있으므로 c가 정답이 된다.

어구 have a bite 간단하게 먹다
mind if I ~해도 되요?
starve 굶다
or something ~인지 무엇인지

정답 (c)

7
★
★★
★★★

M How long will it take to get this report done?

W _____

(a) I won't know until I check it out.

(b) It took about 3 days to finish.

(c) Call Sally to tell the due date.

(d) Almost 3 hours to be there.

해석 M 이 보고서를 끝내는 데 얼마나 걸릴까?

W _____

(a) 확인해 봐야 알겠는데.

(b) 끝내는 데 3일이 걸렸어.

(c) 샐리에게 전화해서 마감일을 알려줘.

(d) 거기 가는 데 거의 3시간이 걸려.

해설 How long~?이라는 의문사를 들으면 답이 될 수 없는 보기는 잘 들린다. b는 시제가 틀렸으며, d는 동사의 선택이 잘못되었다.

어구 get done 끝내다
I won't know until ~하면 알게 되다
due date 마감일

정답 (a)

8
★
★★
★★★

M Can you drop by the bank on your way to work?

W _____

(a) Sure, I'll drop by it after work.

(b) Sure, but I'll be a little late.

(c) But the bank is not far from it.

(d) Actually, I don't have any cash.

해석 M 출근길에 은행에 들를 수 있어?

W _____

(a) 물론이야. 퇴근 후에 들를게.

(b) 물론이야. 하지만 조금 늦을 것 같아.

(c) 하지만 은행은 멀지 않아.

(d) 사실 현금이 없어.

해설 출근길에 은행을 들르라는 말에 거리가 멀지 않다는 c의 대답은 어색하고, 은행이라는 단어를 듣고 현금을 생각한 d도 답이 될 수 없다. 정답은 조금 늦어서 못 간다는 b가 된다.

어구 drop by 들르다
on the way to 가는 길에

정답 (b)

9

M Riggs doesn't think that what you did was right.

W _____

(a) Serves him right for not listening to me.
(b) I'm delighted that she did such a thing.
(c) So what? I couldn't care less.
(d) I know. He is so thoughtful.

해석 M 릭스는 네가 잘못했다고 생각해.

W _____

(a) 내 말 듣지 않더니 쌤통이다.
(b) 그녀가 그런걸 해서 너무 기뻐.
(c) 그래서 뭐? 내가 알 게 뭐야.
(d) 나도 알아. 그는 정말 사려 깊어.

해설 제3자의 부정적인 생각을 말하고 있으며, 이는 상대방과 관련된 이야기이다. d는 반대적인 내용의 형용사를 쓰고 있다.

어구 couldn't care less 개의치 않다
thoughtful 사려 깊은

정답 (c)

10

M I'm thinking of getting Maggie a chess set for Christmas.

W _____

(a) Are you certain that's what she likes?
(b) I wish you could come over for Christmas.
(c) I'd like to play a game of chess, too.
(d) OK, I can't get it done by then.

해석 M 크리스마스 선물로 메기에게 체스 세트를 사주려고 해.

W _____

(a) 그게 그녀가 원하는 게 맞아?
(b) 유감스럽게도 크리스마스에 갈 수 없어.
(c) 나도 체스 게임을 하고 싶어.
(d) 알았어. 나는 그때까지 끝낼 수 없어.

해설 get의 의미가 '사다'라는 의미로 기억하고 접근해야 한다. b는 크리스마스라는 고유명사의 반복으로 답이 될 수 없고, c는 선물을 사는 것과 관련이 없다.

어구 what she likes 그녀가 좋아하는 것
get done 끝내다

정답 (a)

11

M Your work looks fabulous. You have a gift for art.

W _____

(a) Thanks. A lot of effort went into it.
(b) But it was pretty expensive.
(c) Thanks. I spent much time choosing it.
(d) I know. An art work is hard to appreciate.

해석 M 당신 작품은 너무 훌륭해요. 예술에 타고난 소질이 있네요.

W _____

(a) 고마워요. 많이 노력했어요.
(b) 하지만 너무 비쌌어요.
(c) 고마워요. 그것을 고르는 데 시간이 많이 걸렸어요.
(d) 알아요. 예술 작품을 감상하는 건 어려워요.

해설 칭찬하는 내용으로 이해하고 답을 선택해야 한다. 칭찬의 일반적인 답은 고맙다는 말이다.

어구 have a gift for ~에 재능이 있다
effort 노력
appreciate 감상하다

정답 (a)

12

M Did I take the right turn?

W _____

(a) You did. I hope it won't be far now.
(b) It's a left turn.
(c) OK, if you insist.
(d) I think it's my turn this time.

해석 M 제가 제대로 돌았나요?

W _____

(a) 네. 이제 멀지 않길 바라요.
(b) 좌회전이에요.
(c) 알았어요. 정 그러시다면.
(d) 이번엔 제 차례예요.

해설 운전하는 상황으로, the right turn은 우측이 아닌 '올바른'의 의미라는 것을 알아야 한다.

어구 if you insist 정 그러시다면
turn 차례

정답 (a)

13

W I don't think I had the pleasure.

M _____

(a) Think nothing of it. You would do the same for me.
(b) Hi. My name is Paul Johnson.
(c) I think I misjudged the time.
(d) I'm just mortified.

해석 W 처음 뵙겠습니다.

M _____

(a) 별거 아니에요. 당신도 그러셨을 텐데요.
(b) 안녕하세요. 제 이름은 폴 존슨입니다.
(c) 시간을 잘못 계산했네요.
(d) 서는 분해요.

해설 처음 만난 사람에게 말하는 표현이라는 것을 기억해야 한다. 처음 만나는 사람과의 대화라는 상황을 이해하면 도움이 된다.

어구 think nothing of 경시하다
misjudge 잘못 판단하다, ~을 오해하다
mortify ~에게 굴욕감을 주다, 실망시키다

정답 (b)

14
★★★

W It's been ages since we had a decent dinner with our granny.

M _____

(a) Be patient. Dinner will be served shortly.
(b) You're asking for it.
(c) I loved it. It was indeed a decent meal.
(d) All right. How about setting up time this Saturday?

해석 W 할머니와 함께 좋은 저녁 식사를 한 지 오래되었어요.
M _____
(a) 참으세요. 곧 저녁이 나올 거예요.
(b) 당신이 자초하고 있는 거예요.
(c) 너무 좋았어요. 정말 맛있는 식사였어요.
(d) 그래요. 이번 주 토요일로 시간을 잡으면 어때요?

해설 It's been ages를 단순히 오랜만에 만나는 인사라고만 기억하면 안 된다. 무언가를 못 해본 지 오래 되었다는 의미이므로 가까운 시일 내에 하자는 d가 정답이 된다.

어구 decent 훌륭한, 적당한
granny 할머니
ask for it 자업자득이다, 재난을 자초하다
set up time 시간을 잡다

정답 (d)

15
★★★

M I think young people have little compassion for people in need nowadays.

W _____

(a) Tell me about it. They always participate in social work these days.
(b) What gives you that idea? I never saw them doing it.
(c) That explains why volunteering has been reduced lately.
(d) Maybe it's time that parents made the stricter curfew.

해석 M 요즘 젊은 사람들은 도움을 필요로 하는 사람들에게 관심을 갖지 않는 것 같아요.
W _____
(a) 맞아요. 요즘 그들은 항상 사회 복지 활동에 참여해요.
(b) 왜 그렇게 생각해요? 저는 그들이 그것을 하는 걸 보지 못했어요.
(c) 그게 바로 자원봉사가 줄어든 이유군요.
(d) 부모님들은 엄격한 통금 시간을 만들어야 해요.

해설 개인 의견을 말하는 내용으로 젊은 사람들에 대한 부정적인 내용을 언급한다. 청해에 나오는 little은 일반적으로 부정관사 a 없이 부정으로 쓰이는 경우가 많다.

어구 have compassion for ~을 측은히 여기다
in need 필요한
tell me about it 맞아, 내 말이 그 말이야
social work 사회 복지 활동
curfew 통금 시간

정답 (c)

16
★★★

M I'm really into action movies these days.
W So am I.
M Then, want to come over and see one on DVD?
W _____

(a) But I don't have a DVD player.
(b) Sure. What's the movie called?
(c) Actually, I've already seen it.
(d) Great. Where should we go for the movie?

해석 M 요즘 액션 영화에 푹 빠졌어.
W 나도 그래.
M 그러면 우리 집에 와서 DVD로 한 편 볼래?
W _____
(a) 하지만 난 DVD 플레이어가 없어.
(b) 물론이야. 영화 제목이 뭐야?
(c) 사실 난 그 영화를 봤어.
(d) 좋아. 영화 보러 어디로 갈까?

해설 구체적으로 영화를 보자는 게 아니므로 c는 답이 될 수 없다. 구체적인 이름을 물어본 b가 정답이다.

어구 be into+명사 ~를 좋아하다
Want to come over? do you가 생략된 형태

정답 (b)

17
★★★

W Is Mr. Ken in?
M He's not in at the moment.
W Did he say when he'll be back?
M _____

(a) Sorry, he just went out on an errand.
(b) Yes, I'm just returning his call.
(c) No, but I can take a message for you.
(d) Yes. He said he would be away tomorrow.

해석 W 켄 있어요?
M 그는 지금 없어요.
W 그가 언제 돌아온다고 말했나요?
M _____
(a) 아쉽게도 그는 막 심부름을 갔어요.
(b) 네. 저는 회답 전화를 하는 거예요.
(c) 아니요. 그러나 메시지를 받아 드릴게요.
(d) 네. 그는 내일 떠날 거라고 말했어요.

해설 부재중에 언제 돌아올 건지를 물어보는 세 번째 문장에 집중해야 한다. 의문사만 듣고 d라고 하면 안 된다.

어구 at the moment 지금
go on an errand 심부름을 가다
return one's call 회답 전화를 하다

정답 (c)

18
★★★

W Are you an undergrad or a grad student?
M What do you think I look like?
W Beats me.
M _____

(a) I can't decide it.
(b) I'm working on my Ph.D.
(c) I'm in the chemistry department.
(d) I regret you asked me that.

해석 W 학부생이세요, 졸업생이세요?
　　　M 뭐라고 생각하세요?
　　　W 전혀 모르겠는데요.
　　　M _____
　　　(a) 결정을 못 하겠어요.
　　　(b) 박사 과정을 밟고 있어요.
　　　(c) 저는 전공이 화학이에요.
　　　(d) 유감스럽게도 당신이 물어보았네요.

해설 첫번째 질문을 기억해야 풀 수 있는 문제이다. 여기서는 대학원생을 박사 과정에 있다고 바꿔 쓴 b가 정답이다.

어구 undergrad 학부생(= undergraduate)
　　　grad 대학원의(= graduate)
　　　work on ∼에 착수하다, ∼을 연구하다

정답 (b)

19
★★★

W Have you sent your mother's birthday present?
M Not yet, but I will do this afternoon by surface mail.
W Won't it get there too late?
M _____

(a) I don't think so. It should arrive in time for that.
(b) I'm afraid of her, actually.
(c) I think it's much cheaper than airmail.
(d) Then, I guess I'll send it this afternoon.

해석 W 엄마 생신 선물 보냈어?
　　　M 아직 안 보냈어. 하지만 오늘 오후에 보통 우편으로 보낼 거야.
　　　W 너무 늦게 도착하지 않을까?
　　　M _____
　　　(a) 아니. 제때 도착할 거야.
　　　(b) 사실 그녀가 무서워.
　　　(c) 항공 우편보다 훨씬 저렴한 것 같아.
　　　(d) 그러면 오늘 오후에 보낼게.

해설 보통 우편으로 보내는 것에 대한 염려의 말로, 확실히 제때 도착한다는 a가 답이다. 시간적인 면에 대해 c처럼 가격을 말하는 것은 내용상 어색하다.

어구 surface mail 보통(속달) 우편
　　　in time 제시간에, 늦지 않고
　　　airmail 항공 우편

정답 (a)

20
★★

W Mind if I stay up late at the library?
M Do you have to?
W I have to do some research to get my report done by tomorrow.
M _____

(a) But the library will be open around the clock.
(b) OK, but try to be home by 11.
(c) Didn't you work at the library last week?
(d) It's not too good idea to finish it.

해석 W 도서관에 늦게 까지 있어도 돼요?
　　　M 꼭 그래야만 하니?
　　　W 내일까지 끝내야 할 보고서를 조사해야 하거든요.
　　　M _____
　　　(a) 하지만 도서관은 24시간 개방할 것입니다.
　　　(b) 알았다. 하지만 11시까지는 집에 오너라.
　　　(c) 지난주에 도서관에서 일하지 않았니?
　　　(d) 그것을 끝내는 건 좋은 생각이 아니구나.

해설 허락을 받는 내용으로, 첫 문장을 제대로 이해해야 정답을 찾을 수 있는 문제이다. c는 일하는 것과 관련이 없으며, a의 도서관 개방은 전혀 언급되지 않았다.

어구 stay up 밤 늦도록 자지 않고 있다
　　　do some research 연구하다
　　　around the clock 24시간 꼬박

정답 (b)

21
★★★

W I can't stand that reckless driver.
M What did he do wrong?
W He was cutting in the lane without using blinkers.
M _____

(a) You could've yielded a bit.
(b) OK. He'll be a nice driver.
(c) Next time, I'll try to use my blinkers.
(d) I thought your blinkers broke down.

해석 W 저런 난폭 운전자를 참을 수가 없어요.
　　　M 그가 뭘 잘못했는데요?
　　　W 방향 지시등도 켜지 않고, 차선에 끼어들었어요.
　　　M _____
　　　(a) 당신이 양보해 줄 수도 있었잖아요.
　　　(b) 알았어요. 그는 운전을 잘할 거예요.
　　　(c) 다음에는 방향 지시등을 사용할게요.
　　　(d) 당신 방향 지시등이 고장난 줄 알았어요.

해설 다른 사람이 운전하는 것에 대한 불평의 답변으로, 양보하라는 조언이 정답이 된다. b와 c는 주어의 선택이 잘못되었다.

어구 reckless 험한, 무모한, 부주의한
　　　cut in lane 차선에 끼어들다
　　　blinker 방향 지시등
　　　yield 양보하다, 길을 비켜주다

정답 (a)

22

M I feel like having some ice cream. Do you know any good parlor around here?

W Yes. There's one near here. I've been there twice.

M How do I get there?

W _____

(a) You can go there tomorrow if possible.

(b) Sorry, I'm not the right person to ask.

(c) Take the bus number 5 and get off at the third stop.

(d) I got here by taxi. It didn't take that long.

해석 M 아이스크림이 먹고 싶은데, 이 근처에 있는 맛있는 아이스크림 가게를 알고 있어?

W 응. 이 근처에 있어. 거기에 두 번 가봤어.

M 어떻게 가야 해?

W _____

(a) 가능하면 내일 가.

(b) 미안한데 나도 모르겠어.

(c) 5번 버스를 타고 세 번째 정거장에서 내리면 돼.

(d) 택시를 타고 여기에 왔어. 그렇게 오래 걸리지는 않았어.

해설 길 안내 문제로, 상대방이 이미 알고 있다고 했으므로 b는 답이 될 수 없다. d는 여기에 오는 것이므로 적절하지 않다.

어구 parlor 가게
get off 내리다
take long 오래 걸리다

정답 (c)

23

M I'm very impressed. This kind is hard to make.

W I'm enrolled in a pottery lesson.

M It shows!

W _____

(a) Thanks. I got an enrollment to learn cooking.

(b) Thanks. I really enjoy it.

(c) Show me how to make it.

(d) Do you have the booklet for this?

해석 M 감동받았어요. 이런 종류는 만들기 어려운데.

W 도자기 수업을 듣고 있어요.

M 그런 것 같아요.

W _____

(a) 고마워요. 저는 요리 수업에 등록했어요.

(b) 고마워요. 정말 재미있어요.

(c) 만드는 방법을 알려주세요.

(d) 이것의 소책자를 가지고 있나요?

해설 상대방의 작품에 대한 칭찬의 반응을 찾아야 한다. a는 요리를 말하므로 답이 될 수 없다.

어구 enroll 등록하다
pottery 도자기
enrollment 입학, 등록, 가입
booklet 소책자

정답 (b)

24

M Jane, why are you still here?

W I'm looking for Mark.

M I thought you were supposed to meet him.

W _____

(a) No, he wouldn't do that to me.

(b) Yes, and my patience is waning.

(c) No, I shouldn't have waited for him.

(d) No, I didn't meet him yesterday.

해석 M 제인, 왜 아직도 여기에 있어?

W 마크를 찾고 있어.

M 네가 마크와 만나기로 되어 있다고 생각했는데.

W _____

(a) 아니. 그는 내게 그러지 않을 거야.

(b) 응. 내 인내심이 한계에 이르렀어.

(c) 아니. 그를 기다리지 말았어야 했어.

(d) 아니. 어제 그를 못 만났어.

해설 세 번째 문장에서 만나기로 했는데(you were supposed to meet him)라는 문장과 문맥이 통하는 것은 b이다. 약속과 관련된 내용은 세 번째 문장의 말이 일반적으로 가장 중요하다.

어구 be supposed to ~하기로 되어 있다
wane 악화되다, 감소되다, 작아지다

정답 (b)

25

W Are you all set for your vacation?

M Almost. I have one thing to take care of before I leave.

W Anything I can do to help?

M _____

(a) Don't worry, I'll watch your house.

(b) I suggest you get some hired help.

(c) I'm looking for a place to live.

(d) I need someone to water my plants while I'm away.

해석 W 휴가 준비는 다 했어요?

M 거의요. 떠나기 전에 처리할 게 하나 있어요.

W 제가 도와줄 게 있나요?

M _____

(a) 걱정하지 마세요. 제가 당신 집을 봐 드릴게요.

(b) 도와줄 사람을 고용하는 게 좋겠어요.

(c) 살 집을 찾고 있어요.

(d) 제가 없는 동안 화초에 물을 줄 사람이 필요해요.

해설 여행 가기 전에 필요한 일을 말하고 있는 d가 정답이다. 사람이 필요하다는 것은 도움이 필요하다는 것과 같은 의미이다.

어구 be all set for 준비하다
take care of 처리하다, ~을 돌보다, ~의 책임을 지다
watch 봐주다
water 물을 주다

정답 (d)

26
★
★★

M I didn't know you'd come back to work so soon.
W Me neither. 8 weeks went by very fast.
M Is that the limit for the maternity leave?
W _____

(a) Actually, I hope to stay longer.
(b) I guess you have to specify my contract.
(c) Well, anymore will be unpaid.
(d) Yes. Quicker than I anticipated.

해석 M 그렇게 빨리 돌아올 줄 몰랐어요.
　　　W 저도요. 8주가 빨리 지나갔네요.
　　　M 8주까지지만 출산 휴가를 받나요?
　　　W _____
　　　(a) 사실 저는 더 머물고 싶어요.
　　　(b) 당신이 제 계약서를 일일이 설명해야 합니다.
　　　(c) 출산 휴가를 더 받게 되면 급여를 받을 수가 없어요.
　　　(d) 네. 예상보다 빨라요.

해설 8주의 출산 휴가를 끝내고 돌아온 여직원에게 출산 휴가의 한도에 대해 묻는다. 그 질문에 그 이상은 급여를 받지 못한다고 말하는 c가 정답이다. a는 여자의 바람을 말하는 내용이다.

어구 go by (시간이) 지나가다
　　　maternity leave 출산 휴가
　　　specify 지정하다
　　　anticipate 예기하다, 예상하다

정답 (c)

27
★
★★

M Oh, I'm so sorry. I wasn't looking where I was going.
W That's all right.
M Do you think you can get rid of that stain?
W _____

(a) That's where I usually go after lunch.
(b) I'm afraid not. Give me a ring when you are done.
(c) Sure. Just try to do your best.
(d) No problem. I can take it to the dry cleaner's.

해석 M 미안해요. 제가 딴 곳을 보고 있었어요.
　　　W 괜찮아요.
　　　M 그 얼룩을 뺄 수 있을까요?
　　　W _____
　　　(a) 그곳이 제가 점심 후 주로 가는 곳이에요.
　　　(b) 아무래도 안 될 것 같아요. 끝나면 전화주세요.
　　　(c) 물론이죠. 최선을 다하세요.
　　　(d) 문제 없어요. 세탁소에 가져다 주면 돼요.

해설 무언가를 엎지른 것에 대한 사과를 하고, 얼룩을 지울 수 있는지를 물어보고 있다. 두 번째 화자가 긍정적으로 말했으므로 긍정적으로 답한 d가 정답이다.

어구 get rid of 제거하다
　　　take it to+장소 ~에 맡기다
　　　dry cleaner 세탁소

정답 (d)

28
★
★★

W How did you wind up buying such an exorbitant bag?
M Well, beats me.
W If only you had shopped around before making the decision.
M _____

(a) I couldn't come up with a reason for a rip-off.
(b) Yes. I checked all the stores, but I couldn't find it.
(c) In fact, I just bought the very first one I saw.
(d) I wouldn't believe how expensive it was.

해석 W 어떻게 그렇게 비싼 가방을 샀어?
　　　M 글쎄, 모르겠어.
　　　W 결정하기 전에 둘러보았으면 좋았을 텐데.
　　　M _____
　　　(a) 바가지 요금의 이유가 생각나지 않았어.
　　　(b) 맞아. 모든 가게를 확인했는데 결국 못 찾았어.
　　　(c) 사실 처음에 본 것을 샀을 뿐이야.
　　　(d) 얼마나 비싼지 믿을 수가 없었어.

해설 비싼 물건을 산 것에 대해 구체적으로 이야기한다. 단순히 비싼 것을 산 이유를 물어보는 게 아니기 때문에 a는 답이 될 수 없다. 구체적인 질문에 대한 적절한 답변은 c가 된다.

어구 wind up ~을 끝마치다, 끝내다, 마지막에는 ~이 되다
　　　exorbitant 엄청난, 터무니없는
　　　beat 손들게 하다, 쩔쩔매게 하다
　　　shop around 여러 곳을 쇼핑하다
　　　come up with ~을 안출하다, 제안하다
　　　rip-off 바가지 요금
　　　the very 바로 그

정답 (c)

29
★
★★

W I saw the soccer game last night. Our team left a lot to be desired.
M You took the words right out of my mouth.
W I think they have much room for training.
M _____

(a) But he tried hard this time.
(b) I guess years of hard work eventually paid off.
(c) You are right. They were the best team among others.
(d) You said that. They should take an aggressive step to improve their skills.

해석 W 어젯밤 축구 경기를 봤어요. 아쉬움이 많이 남아요.
　　　M 당신 말이 맞아요.
　　　W 그들은 더 많은 훈련을 해야 할 것 같아요.
　　　M _____
　　　(a) 그러나 그는 이번에 열심히 했어요.
　　　(b) 열심히 일한 보람이 있군요.
　　　(c) 맞아요. 그 팀이 가장 우수해요.
　　　(d) 맞아요. 그들의 기술을 향상시킬 수 있도록 적극적인 조치를 취해야 해요.

해설 서로 축구 경기의 결과에 대한 실망감을 이야기하는 내용으로, 정답도 같은 흐름을 가져야 한다. b, c는 긍정적인 내용이므로 정답이 될 수 없다.

어구 leave a lot to be desired 아쉬움이 남다
take the words right out of one's mouth 남이 말 하려는 것을 먼저 말하다, 남의 말을 가로채다
room 여지, 기회, 가능성
pay off 소기의 성과가 나다, 잘 되어가다
take a step 조치를 취하다

정답 (d)

30
★
★
★

M The boss is leaving for London tomorrow.
W I wasn't expecting him to go on a business trip this month.
M He's scheduled to sign the contract taking over ACE Company.
W _____

(a) I bet it will help boost our sales if he does.
(b) Well, I still can't come up with the reason why he does such a thing.
(c) I think he has what it takes for a boss.
(d) Why does he want to end a relationship?

해석 M 내일 사장님이 런던으로 떠나세요.
W 이번 달에 사장님이 출장을 가실 거라고는 예상하지 못했어요.
M ACE사의 인수 계약 건을 체결하기로 되어 있어요.
W _____

(a) 그가 그렇게 하면 틀림없이 판매에 도움이 될 거예요.
(b) 그가 왜 그런 일을 하는지 알 수가 없어요.
(c) 그는 사장이 될 자격이 없는 것 같아요.
(d) 그는 왜 관계를 끝내고 싶어 하는 거죠?

해설 세 번째 문장을 이해해야 정확한 답을 찾을 수 있다. 계약을 체결하는 것이니 정답은 a가 된다. b와 d는 부정적인 내용으로 위 내용과 반대되는 상황이다.

어구 sign a contract 계약을 체결하다
boost ~를 끌어올리다, 증대시키다
have what it takes 성공에 필요한 소질이 갖추어져 있다

정답 (a)

31
★
★
★

W Can you spare me some time?
M Sure, what's up?
W Can you fill in for me tomorrow afternoon?
M How come you want me to cover for you out of the blue?
W I just realized that I promised my son to go to the soccer game together.
M Well, I have to check my schedule first. Can I get back to you on that?
W OK, but please, let me know by 9 tonight.

Q. What is the woman trying to do?
(a) Asking the man to cover for her today
(b) Checking if the man can go out with her tomorrow
(c) Asking the man a favor
(d) Asking the man to go to the soccer game with her son

해석 W 시간 좀 내줄래요?
M 물론이죠. 무슨 일이에요?
W 내일 오후에 저 대신 일 좀 해줄 수 있어요?
M 왜 갑자기 제게 부탁을 하는 거죠?
W 아들과 축구 경기를 보러 가기로 약속한 게 막 생각났어요.
M 우선 제 일정을 확인해 볼게요. 다시 연락드려도 되죠?
W 네. 하지만 오늘 9시까지는 말해 주세요.
Q. 여자는 무엇을 하려고 하는가?
(a) 그녀 대신 오늘 일해 달라고 남자에게 부탁하기
(b) 내일 남자와 같이 외출할 수 있는지 확인하기
(c) 남자에게 부탁하기
(d) 그녀의 아들과 축구 경기를 보러 가라고 부탁하기

해설 앞부분에서 내일 오후에 대신 일을 해달라고 부탁하고 있다. 여기서 a는 오늘(today)이 틀렸다. 부탁을 favor라는 단어로 바꾸어 말할 수 있다.

어구 fill in for 대신 일하다
out of the blue 뜻밖에, 불시에
cover for 대신 일하다
favor 친절, 호의

정답 (c)

32
★
★
★

M What did you call me for today?

W I need your advice on something.

M What is it about?

W We realized that the product we recently launched turned out to be defective.

M That must be really serious problem.

W What should we do about it?

M First of all, you should inform everyone about this problem and get everyone involved.

W OK, I'll get in touch with them before they get off work today.

M I'll call a meeting to sort out this matter, and I'm sure we will come up with the best solution.

Q. What are they talking about?

(a) The flaw they found in their product

(b) The problem the woman made

(c) The meeting they should call

(d) Launching the new product

해석 M 오늘 왜 전화했어요?

W 조언이 필요해서요.

M 뭔데요?

W 최근 우리가 출시한 상품에 하자가 생겼어요.

M 그건 심각한 문제인데요.

W 어떻게 해야 할까요?

M 우선 모든 사람들에게 알리고 참여시키세요.

W 알겠어요. 오늘 퇴근 전까지 사람들에게 연락할게요.

M 문제를 해결할 수 있도록 제가 회의를 소집할게요. 좋은 해결책이 나올 거라고 확신해요.

Q. 그들은 무엇을 말하고 있는가?

(a) 그들의 상품에서 발견한 결함

(b) 그녀가 일으킨 문제

(c) 그들이 소집해야 할 회의

(d) 새로운 신상품 출시

해설 하자가 있는 상품의 문제를 해결하기 위해 회의를 소집해야 하는 내용이다. 상품에 있는 문제 자체만을 말하는 것이 아니므로 a는 답이 될 수 없다. 문제를 해결하기 위한 회의에 대한 내용이므로 c가 정답이다.

어구 launch 출시하다
inform 알리다
get in touch 연락하다
get off work 퇴근하다
sort out 해결하다
flaw 결함, 하자

정답 (c)

33
★
★

W I can't decide what to buy for Nancy's birthday.

M Well, I'm going to get her a scarf.

W That sounds good. Then I'll take these blue gloves.

M Actually, I'll have that same color. I guess these two will match well.

W OK, I'm sure she will love them.

Q. What is the conversation mainly about?

(a) Making blue jewelry for a friend's birthday

(b) Choosing a good store

(c) Deciding which gift to get

(d) Suggesting what to buy for a customer

해석 W 낸시 생일 선물로 뭘 사야 할지 결정을 못하겠어.

M 음, 나는 스카프를 살 거야.

W 좋아. 그러면 난 이 파란색 장갑을 살래.

M 사실 나도 같은 색깔을 사야겠어. 이 두 개가 잘 어울릴 것 같아.

W 그래. 그녀는 분명히 좋아할 거야.

Q. 대화는 주로 무엇에 대한 것인가?

(a) 친구 생일 선물로 파란 빛깔의 보석 만들기

(b) 좋은 가게 고르기

(c) 사야 할 선물 결정하기

(d) 손님을 위해 물건을 제안하기

해설 친구 생일 선물을 사는 내용이다. 서로 다른 선물을 고르고 결정하는 내용이므로 c가 정답이다. 앞부분만으로 정답을 쉽게 알 수 있다.

어구 match well 잘 어울리다
get+물건 물건을 사다

정답 (c)

34
★
★
★

M Hey, we missed you at the club party.

W I know. I was coming down with something.

M You'll come to the next one, won't you?

W It depends on whether I can spare time or not.

M Well, I hope you can come.

W Yeah, I'll try to.

Q. What is mainly being discussed?

(a) The woman's affairs

(b) The woman's interest going out

(c) The woman's participation at the party

(d) The woman's excuse for not enjoying the club party

해석 M 클럽 파티에서 당신을 볼 수 없었어요.

W 알아요. 아팠거든요.

M 다음에는 올 거죠?

W 시간을 낼 수 있을 지에 따라 달라요.

M 오면 좋겠어요.

W 네. 그렇게 해볼게요.

Q. 주로 논의되고 있는 것은 무엇인가?

(a) 여자의 관심사
(b) 데이트에 관한 여자의 관심
(c) 여자의 파티 참석
(d) 클럽 파티가 재미없었던 여자의 이유

해설 여자가 파티에 참석하지 못했음을 유감스럽게 생각하는 것으로 시작한다. 다음 파티의 참석 여부도 묻고 있으므로 정답은 c가 된다.

어구 come down with 병에 걸리다
depend on ~에 달려 있다
affair 일, 관심사

정답 (c)

35
★
★
★

W Do you know when we will arrive at Seattle?
M Our plane will touch down one in the morning.
W How will we find the hotel in that early in the morning?
M I'm sure there will be some near the airport, so don't worry about it.
W That will be too steep though.
M But it's only for one night, and all travel expenses can be reimbursed.

Q. What are the man and woman discussing?

(a) Finding accommodation in Seattle
(b) Staying at Seattle for vacation
(c) Landing at Seattle late at night
(d) Arranging seats on a flight

해석 W 시애틀에 언제 도착하는지 알아요?
M 우리 비행기는 새벽 1시에 착륙해요.
W 그렇게 이른 아침에 어떻게 호텔을 찾을 거예요?
M 분명히 공항 근처에 호텔이 있을 거예요. 그러니 걱정하지 마세요.
W 하지만 비쌀 거예요.
M 그렇지만 하룻밤이고, 모든 여행 경비는 상환받을 수 있어요.
Q. 남자와 여자는 무엇을 이야기하고 있는가?
(a) 시애틀에서 숙소 찾기
(b) 휴가 동안 시애틀에 머물기
(c) 저녁 늦게 시애틀에 도착하기
(d) 비행기 좌석 예약하기

해설 시애틀에 새벽에 도착하고 난 후 호텔을 찾는 것을 말하고 있다. 호텔을 accommodation으로 바꾸어 말한 a가 정답이다.

어구 touch down 착륙하다
steep 터무니없는, 엄청난
accommodation 숙박 시설
land 착륙하다
arrange seats 좌석을 예약하다

정답 (a)

36
★
★
★

W Professor Patton, is it possible to audit your class?
M You are surely accepted to sit in on my class if you do one thing.
W What might that be?
M Well, I ask auditing students to attend the class at least 3 times.
W That won't be a problem. I'll turn up for every class.
M Good, then I'll see you in my next class.

Q. What is the woman doing in the conversation?

(a) Promising to come to class on time
(b) Obtaining permission to sit it on the class
(c) Getting advise on the internal audit
(d) Inquiring about getting good grades

해석 W 패튼 교수님, 교수님 수업을 청강해도 될까요?
M 네가 한 가지만 한다면, 내 수업을 청강해도 좋단다.
W 그게 뭐예요?
M 청강하는 학생들은 적어도 3번은 수업에 참석해야 한단다.
W 문제 없어요. 매 수업 시간마다 갈게요.
M 좋아. 그러면 다음 수업에 보자꾸나.
Q. 대화에서 여자는 무엇을 하려고 하는가?
(a) 시간 맞춰 수업을 듣는 것을 약속하기
(b) 수업 청강을 허락 받기
(c) 사내 감사에 대한 조언을 얻기
(d) 좋은 성적을 받는 것에 대해 묻기

해설 청강을 허락받는 내용이다. 우선 청강하다는 audit과 sit on을 이해해야 한다. audit의 의미를 '감사'로 착각해 c를 답으로 하면 안 된다.

어구 audit 청강하다
sit it on 청강하다
turn up 참석하다
internal audit 사내 감사
inquire 묻다, 질문하다

정답 (b)

37
★
★

W Paul, you bought a new laptop recently, right?
M Yeah, I got one last week. It's really good.
W I want to buy my computer too, but I can't seem to decide what to get.
M Well, you might want to search something you like online.
W Is that what you did?
M Yes. That way I can compare the models easily.

Q. What is the main topic of this conversation?

(a) How to shop for a laptop
(b) Where to buy a camera online
(c) How to buy a computer on an installment plan
(d) How to compare the prices of computers

해석 W 폴, 최근에 새 노트북을 샀네, 그렇지?
M 응. 지난주에 샀는데 아주 좋아.
W 나도 하나 사야 하는데 어떤 것을 사야 할지 모르겠어.
M 글쎄, 네가 좋아하는 것을 온라인으로 찾아봐.
W 너도 그렇게 했어?
M 응. 그렇게 하면 모델들을 쉽게 비교할 수 있어.
Q. 대화의 주제는 무엇인가?
(a) 노트북을 사는 방법
(b) 온라인으로 카메라를 살 수 있는 곳
(c) 할부로 컴퓨터를 사는 방법
(d) 컴퓨터 가격을 비교하는 방법

해설 온라인을 통해 컴퓨터를 사는 것을 제안하고 있다. 조언을 하는 내용은 how to 동사로 많이 말한다. c는 할부를 언급했으므로 답이 될 수 없다.

어구 can't seem to ~할 수 있을 것 같지 않다
on an installment plan 할부로, 분할 지불로

정답 (a)

38
★
★

M I'm not sure moving to a bigger apartment was a good decision.
W Why not? You said you were happy with that.
M I know but it's difficult to cover the loan I took out for the finances.
W I'm sure you will get over it eventually.
M I hope so. But my business is slow at the moment.
W Don't worry. Things are bound to pick up.

Q. What is the woman doing in the conversation?

(a) Advising the man to take the loan
(b) Encouraging the man to work harder
(c) Telling the man how to pay off the debt
(d) Reassuring the man of his current situation

해석 M 큰 아파트로 이사가기로 결정한 게 잘한 건지 모르겠어요.
W 왜 그래요? 행복하다고 했잖아요.
M 하지만 재정적인 면에서 대출을 갚기가 쉽지 않아요.
W 결국 잘 극복할 거라 믿어요.
M 그러길 바라요. 그러나 지금 사업이 잘 안 돼요.
W 걱정하지 마세요. 다 잘 될 거예요.

Q. 대화에서 여자는 무엇을 하고 있는가?
(a) 남자에게 대출을 받으라고 조언하기
(b) 더 열심히 일하라고 남자에게 권고하기
(c) 빚을 갚는 방법을 남자에게 말하기
(d) 현재 상황을 남자에게 안심시키기

해설 남자가 아파트를 사기 위해 대출 받은 돈을 갚는 어려움과 사업이 잘 안 되는 어려운 상황을 말했을 때, 여자는 잘 될 거라고 격려해 주고 있다. 이것을 reassure라는 동사로 바꾸어 말하고 있다.

어구 cover ~를 충분히 치르다, ~를 메우다
loan 대출
be bound to ~할 예정이다
pick up 경기가 좋아지다

정답 (d)

39
★
★
★

W Oh, darn! It's almost 6 o'clock. I lost track of time.
M What's going on?
W I promised that I'd meet my classmate at 6.
M Really? Where?
W At the Hall's mall. It usually takes 15 minutes to get there.
M Then, hurry, if the traffic isn't bad, you won't be too late.

Q. Which is correct according to the conversation?

(a) The woman's friend might wait for her for a while.
(b) The man will grab a cab for the woman.
(c) The woman forgot to tell Jenny to meet her later.
(d) The man reminds the woman about her appointment.

해석 W 오 이런, 벌써 6시네요. 시간 가는 줄도 몰랐어요.
M 무슨 일이에요?
W 6시에 친구를 만나기로 약속했거든요.
M 정말요? 어디서요?
W 홀 쇼핑몰에서요. 거기까지 가는 데 약 15분 정도 걸려요.
M 그러면 서두르세요. 막히지만 않으면, 그렇게 많이 늦지 않을 거예요.
Q. 대화에 따르면 맞는 것은 무엇인가?
(a) 여자의 친구는 그녀를 조금 기다릴 것이다.
(b) 남자는 여자를 위해 택시를 잡아줄 것이다.
(c) 여자는 제니에게 나중에 만나자고 말하는 것을 잊었다.
(d) 남자는 여자에게 약속을 상기시킨다.

해설 여자가 약속 시간을 잊어서 서두르는 내용이다. 6시에 만나기로 되었는데 약속 장소에 가는 데 15분 이상이 걸리니 a가 정답이다. 문장이 보기에 나오면 동사의 선택에 주의해야 한다.

어구 lose track of ~을 놓치다, 잊다
remind 상기시키다

정답 (a)

40
★
★
★

W How's the new manager at the company?
M Well, he seems quite different from our previous one.
W So, do you think he'll be the right man for the job?
M I can't be certain for that but he wants to be active on everything.
W That might work out for the better.
M That's a wait and see situation.

Q. Which is correct according to the conversation?

(a) The previous manager was like the new one.
(b) The new manager tries to take positive steps.
(c) The man and woman agree that the new manager will do well.
(d) The man expects the new manager to do the better job.

해석 W 회사에 새로 온 매니저는 어때요?
M 글쎄, 예전 분과는 많이 다른 것 같아요.
W 그러면 그가 일에 적임자라고 생각해요?
M 확실하지는 않아요. 하지만 모든 일에 적극적이세요.
W 훨씬 좋아지겠네요.
M 두고 봐야 알 수 있는 거죠.
Q. 대화에 따르면 맞는 것은 무엇인가?
(a) 예전 매니저는 지금 매니저와 비슷하다.
(b) 새로운 매니저는 적극적으로 행동하려고 노력한다.
(c) 남자와 여자는 새로운 매니저가 잘 할 거라는 점에 동의한다.
(d) 남자는 새로운 매니저가 더 잘 할 거라고 예상한다.

해설 남자는 새로운 매니저가 일을 잘 할 거라고 말하지 않았으며, 단지 적극적이라고 언급하고 있다. 그리고 두고 봐야 한다고 말했으므로 c와 d는 답이 될 수 없다.

어구 the right man for the job 적임자
work out 효과가 있다, 도움이 되다
wait and see 일이 되어 가는, 형편을 살피는
take steps 조치를 취하다
do well 잘 되다, 성공하다

정답 (b)

41
★
★
★

W I'd like to sign up for the seminar at 7:20, please.
M I'm sorry, but that seminar is full.
W But I need that seminar to do my report.
M But that meeting is also held at 9:40 you could take that.
W I can't because of my schedule. What can I do?
M You should probably see someone in charge of this seminar for help.

Q. Which is correct according to the conversation?

(a) The woman wants to defer her registration.
(b) The woman asks to see the lecturer of the seminar.
(c) The man advises the woman to leave early.
(d) The man suggests the woman take another meeting.

해석 W 7시 20분 세미나를 신청하고 싶은데요.
M 죄송하지만 그 세미나는 만원입니다.
W 하지만 제 보고서를 작성하기 위해서는 세미나에 참석해야 합니다.
M 당신이 참석할 수 있는 세미나가 9시 40분에 또 열립니다.
W 제 스케줄 때문에 안 돼요. 어떻게 해야 하죠?
M 도움을 요청하기 위해서 이 세미나의 담당자를 만나는 게 좋을 것 같네요.
Q. 대화에 따르면 맞는 것은 무엇인가?
(a) 여자는 등록을 연기하고 싶어 한다.
(b) 여자는 세미나 강연자를 만나길 원한다.
(c) 남자는 여자에게 일찍 가라고 조언한다.
(d) 남자는 여자에게 다른 회의를 선택하라고 제안한다.

해설 남자는 여자에게 7시 20분 세미나는 만원이어서 9시 40분 세미나를 신청하라고 하지만 여자는 스케줄 때문에 안 된다고 한다. 그러므로 답은 d가 된다.

어구 sign up 참가하다
in charge of ~을 맡고 있는, 담당의
defer 연기하다
registration 등록, 등록된 사람들

정답 (d)

42
★
★
★

W Hi, what are you reading?

M A novel written by Steven Miller.

W Let me see. Oh, I've read the review in the paper the other day.

M You must have known the story then.

W Just part of it. It got the great review.

M I found it interesting, and I'm getting into it.

W I wouldn't mind reading the book. Can I borrow it later?

Q. Which is correct about the woman according to the conversation?

(a) The woman read all of the Steven Miller's books.

(b) The woman is going to go to the store to get the book.

(c) The woman wants to give the man a book.

(d) The woman knows a little bit of the plot on the book.

해석 W 뭘 읽고 있어요?

M 스티븐 밀러가 쓴 소설책이요.

W 한번 봐요. 며칠 전에 이 책의 평을 읽었어요.

M 그러면 내용을 알겠네요.

W 약간이요. 이 책은 호평을 받았어요.

M 재미있는 것 같아요. 점점 책에 빠져들고 있거든요.

W 그 책을 읽고 싶네요. 나중에 빌려 줄래요?

Q. 대화에 따르면 여자에 대해 맞는 것은 무엇인가?

(a) 여자는 스티븐 밀러의 책을 모두 읽었다.

(b) 여자는 책을 사기 위해 가게에 갈 것이다.

(c) 여자는 남자에게 책을 주길 원한다.

(d) 여자는 그 책의 내용을 조금 알고 있다.

해설 소설책의 평을 읽었다고 하면서 내용을 조금 안나는 발늘 언급했으므로 답은 d이다. 그 소설가 책을 더 읽었다고 말할 수 없으므로 a는 답이 아니다.

어구 review 평
the other day 일전에, 며칠 전에
part of 한 부분
get into ~에 열중하다

정답 (d)

43
★
★
★

W You never seem to be done with your computer.

M What's wrong with my using it?

W It's just that you seem to spend too much time on it.

M Just few hours wouldn't hurt.

W But I'm concerned if you have a habit of playing with it too much every time you come home from work.

M Well, it surely helps me soothe after a long day.

Q. What can be inferred from this conversation?

(a) The man will unlikely change his habit.

(b) The man is not willing to share his computer.

(c) The woman does not like waiting for the computer.

(d) The woman does not know how to use the computer.

해석 W 컴퓨터를 계속 할 것 같네요.

M 제가 컴퓨터를 하는데 무슨 문제가 있나요?

W 컴퓨터에 너무 많은 시간을 소비하는 것 같아서요.

M 몇 시간 정도는 괜찮아요.

W 퇴근 후에 집에 오면 항상 너무 많은 시간 동안 컴퓨터를 하는 것 같아 걱정이에요.

M 그건 힘든 하루 후 제 긴장을 풀어 주는데 도움이 돼요.

Q. 대화에서 추론할 수 있는 것은 무엇인가?

(a) 남자는 습관을 바꾸려 하지 않을 것이다.

(b) 남자는 컴퓨터를 같이 쓰려고 하지 않는다.

(c) 여자는 컴퓨터를 기다리는 것을 싫어한다.

(d) 여자는 컴퓨터 사용법을 모른다.

해설 여자는 남자의 컴퓨터 사용에 대해 불만을 이야기히지만 마지막까지 남자는 도움이 된다는 입장을 고수한다. 그러므로 a를 답으로 유추할 수 있다.

어구 have a habit of ~하는 버릇이 있다
soothe 달래다, 진정시키다, 편하게 하다

정답 (a)

44
★
★
★

M Hello, I'm here to talk to Mr. Brown. I arranged to meet him at 3 today.

W I'm sorry, but he's at a company's meeting.

M But he told me to drop by at around 3. I'm supposed to give him information on the real estate.

W I understand, sir, but he can't be interrupted right now.

M Then when do you expect him to be finished?

W Perhaps in half an hour.

M I guess it won't hurt to wait for him for a while.

Q. What can be inferred from this conversation?

(a) The man will phone Mr. Brown immediately.

(b) Mr. Brown is presently thinking of selling his house.

(c) The meeting Mr. Brown is in will be cut short.

(d) The man will wait until Mr. Brown is free.

해석 M 안녕하세요. 브라운 씨를 만나려고 왔는데요. 오늘 3시에 만나기로 되어 있어요.

W 죄송하지만 그는 지금 회의 중이세요.

M 하지만 제게 3시에 오라고 하셨어요. 부동산 정보를 드리기로 했거든요.

W 알지만 지금은 브라운 씨를 방해할 수 없습니다.

M 그러면 브라운 씨가 언제쯤 그 회의를 마칠까요?

W 30분 후요.

M 그러면 잠시 기다려도 되겠네요.

Q. 대화에서 추론할 수 있는 것은 무엇인가?

(a) 남자는 바로 브라운 씨께 전화할 것이다.

(b) 브라운은 머지않아 그의 집을 팔 생각을 하고 있다.

(c) 브라운 씨가 참석한 회의는 단축될 것이다.

(d) 브라운 씨가 한가할 때까지 남자는 기다릴 것이다.

해설 마지막 부분에 기다린다는 말을 언급하고 있으므로 정답은 d이다. b는 부동산이라는 말만으로 알 수 없고, c는 언급하지 않았다.

어구 real estate 부동산
it won't hurt to ~해도 상관없다
cut short 단축하다

정답 (d)

45
★
★
★

M Hello?

W Hey, David. This is Linda. Don't tell me you forgot to give me a ride to the airport today.

M Oh, my! I'm sorry, I lost track of time, but I think there's still enough time, isn't there?

W Yep. I'm glad I gave you a call on right time.

M Considering the traffic, I think I can be there in 40 minutes.

W That's perfectly fine with me. Thanks again for your help.

Q. According to the conversation, what will the man probably do next?

(a) Drive to the woman's place.

(b) Go to the airport.

(c) Give her a ride to the workplace.

(d) Wait for the woman to arrive at the airport.

해석 M 여보세요?

W 데이비드, 린다예요. 오늘 공항에 데려다 주기로 한 거 잊지 않았죠?

M 오, 이런. 미안해요. 시간 가는 줄 몰랐어요. 하지만 아직 충분한 시간이 있는 것 같은데, 그렇죠?

W 네. 제때에 전화를 해서 다행이네요.

M 교통량을 고려해 봤을 때, 40분 후면 그곳에 도착할 수 있을 것 같아요.

W 저는 괜찮아요. 도와줘서 고마워요.

Q. 대화에 따르면 남자는 앞으로 무엇을 할 것인가?

(a) 여자 집에 간다.

(b) 공항에 간다.

(c) 사무실까지 여자를 태워 준다.

(d) 공항에 도착할 여자를 기다린다.

해설 공항에 가기 위해 여자를 태워 주는 것이므로 공항에 가는 것이 아니라 여자의 집에 먼저 들러야 한다. 그러므로 답은 a가 된다.

어구 considering ~을 고려할 때
traffic 교통량

정답 (a)

46
★
★
★

Welcome to the new employee orientation session. I'm sure you will have great opportunities to develop yourself by working in Motive Company, the world's leading company and get the secure position in the future. One of the most important things I'd like to mention today is the dress code. We expect all employees to wear formal business attire. You are asked to wear suits and ties or the choice of wearing a skirt or pants. However, every second Friday, business casual is allowed, but please be advised not to wear any jeans or T-shirts. We take a pride in a professional appearance.

Q. What is this announcement mainly about?

(a) Company policy on the dress code for new employees
(b) Casual dress day on every second Friday
(c) Welcoming new executives
(d) Instruction on Motive company

해석 신입 사원 오리엔테이션에 오신 걸 환영합니다. 세계적 기업인 모티브사에 근무함으로써 여러분은 자기 계발의 큰 기회를 갖게 될 것이며, 미래에 확고한 지위도 얻게 될 것이라고 확신합니다. 오늘 설명 드리고 싶은 가장 중요한 부분 중 하나가 복장 규정입니다. 우리는 모든 직원들이 격식을 갖춘 정장을 입길 바랍니다. 여러분들은 정장과 타이를 입어야 하고, 치마와 바지는 선택할 수 있습니다. 격주 금요일에는 비즈니스 평상복이 허용됩니다. 하지만 청바지나 티셔츠를 권장하지는 않습니다. 저희는 직업인다운 용모를 자랑스럽게 생각합니다.
Q. 주로 무엇에 관한 공지인가?
(a) 신입 사원의 복장 규정에 관한 회사 정책
(b) 격주 금요일에 실시되는 평상복 복장
(c) 신입 임원 환영
(d) 모티브사에 대한 설명

해설 신입 사원을 위한 회의에서 복장 규정을 설명하고 있다. 복장과 관련된 내용임을 반복하는 명사를 통해 이해해야 한다. 회의 글에서는 대부분 주제가 앞부분에 있다.

어구 session 회의
leading 주도적인
secure 안정된
dress code 복장 규정
attire 복장

정답 (a)

47
★
★
★

Many people talk about the benefits of organic food. It has been proven for many years that it is healthful and, especially if you eat dairy or meat products, going organic has never been more essential to keep your family in health. It was reported that many of cows and farm animals are fed a dangerous cocktail of antibiotics, hormones, antiparasite drugs and many other medicines on a daily basis. These drugs are passed directly onto the consumers of their dairy products or meat, and it can be a contributing factor to meat-related diseases like heart disease and high blood pressure.

Q. What is the main idea of the passage?

(a) Eating organic dairy and meat will reduce heart diseases.
(b) Genetic modification is a growing threat to our food sources.
(c) Good health depends on eating organic food.
(d) Various drugs can be a contributing factor to diseases.

해석 많은 사람들이 유기농 식품의 이익에 관해 이야기합니다. 수년 동안 유기농 식품은 건강에 좋다고 증명되어 왔습니다. 특히 당신이 유제품이나 육류 상품을 먹는다면, 유기농으로의 전향은 당신 가족을 건강하게 유지하기 위해 필수적입니다. 많은 소와 가축이 매일 항생제, 호르몬, 기생충 처방약, 많은 기타 약품의 위험한 혼합물을 먹고 있다고 보고되고 있습니다. 이 약들은 유제품 및 육류 소비자들에게 직접적으로 전달되고 있고, 심장 질환이나 고혈압 같은 육류 관련 질병의 주된 요인이 될 수 있습니다.
Q. 딘릭의 쮸세는 무엇인가?
(a) 유기농 유제품이나 육류를 먹는 것은 심장 질환을 감소시킬 것이다.
(b) 유전자 변형은 우리 식재료를 점점 위험하고 있다.
(c) 건강을 잘 유지하는 것은 유기농 음식을 먹는 것에 좌우된다.
(d) 다양한 약은 질병의 주된 요인일 수 있다.

해설 유기농 식품이 중요하다는 것을 반대적인 식품의 부정적인 사례를 들어 설명하고 있다. 주제를 It has been proven~ 에서 언급하고 있다.

어구 organic 유기농의
cocktail 혼합물
antibiotic 항생제
antiparasite 구충제의
dairy 유제품의
contributing 주된
meat related 육류와 관련된
genetic modification 유전자 변형

정답 (b)

48
★★★

There's no need to line up for tickets. We at One Stop Online offers many ticketing services that allow you to buy a ticket online. Worried about fraud? Not a problem in our website because we provide you with an identification number assigned to each ticket. All you need to do is remember your ticket's ID number and go straight to the usher. Can't be any easier. You'll find the process the simplest. For your next ticketing, visit One Stop Online ticketing office.

Q. What is this advertisement about?
(a) Information on good tickets
(b) Discount tickets
(c) Booking tickets online
(d) Identification to prevent fraud

해석 티켓을 위해 줄을 설 필요가 없습니다. 저희 원스톱온라인(One Stop Online)은 여러분이 온라인으로 티켓을 구매할 수 있도록 많은 발매 서비스를 제공하고 있습니다. 사기가 염려되십니까? 저희는 여러분들에게 각 티켓마다 인증번호를 부여하기 때문에 저희 웹사이트에서는 문제가 되지 않습니다. 여러분이 하셔야 할 일은 여러분 티켓의 ID를 기억하고, 안내인에게 가는 것입니다. 더 이상 쉬울 수가 없습니다. 당신은 본 절차가 가장 간단하다는 것을 알게 될 것입니다. 다음 발매를 위해서는 원스톱온라인(One Stop Online) 발매 사무실을 방문하시기 바랍니다.
Q. 무엇에 관한 광고인가?
(a) 좋은 티켓에 관한 정보
(b) 할인 티켓
(c) 온라인을 통한 티켓 예약
(d) 사기 방지를 위한 인증

해설 온라인 티켓 구매 사이트를 광고하는 내용이다. 광고 글은 주제가 두 번째 문장에 위치하는 경우가 많으므로 집중적으로 들어야 한다.

어구 line up 줄을 서다
ticketing 표 발매
fraud 사기
assigned 할당된
usher 안내원
can't be any easier 아주 쉬운

정답 (c)

49
★★★

Today, I'd like to take this opportunity to introduce about this class. This class tells you how to teach children English in an effective method. Games are a great way to teach them English because it gives them a lot of fun and makes them stimulated in English. They are also the fastest way to improve their speaking skill when games motivate them to speak more of English. Another way to help them learn English is give them a chance to talk with native speakers. Kids will develop the ability by communicating with other native speakers. One thing we have to keep in mind that both ways must be included in the education objective behind them.

Q. What is this lecture about?
(a) Ways to teach English effectively
(b) How to help kids learn English at home
(c) Some tips to develop the children's potential
(d) Communicating skills provided by native speakers

해석 오늘 전 이 기회를 수업에 관한 소개로 삼고 싶습니다. 이 수업은 효과적인 방법으로 어린이들에게 영어를 가르치는 방법을 알려줄 것입니다. 게임은 어린이들에게 영어를 가르치는 중요한 방법으로, 많은 재미를 주고, 영어에 흥미를 갖게 하기 때문입니다. 또한 게임이 어린이들에게 더 많이 영어를 말하게끔 동기를 부여할 때, 게임은 그들의 말하기 능력을 향상시키는 데 가장 빠른 방법입니다. 어린이들에게 영어를 학습하는데 도움을 주는 또 다른 방법은 원어민과 말할 기회를 제공하는 것입니다. 어린이는 다른 원어민들과 대화를 함으로써 능력을 개발할 것입니다. 두 가지 방법에 대해 명심해야 하는 한 가지는 그 이면에 교육 목적이 포함되어야 한다는 것입니다.
Q. 무엇에 관한 강의인가?
(a) 영어를 효과적으로 가르치는 방법
(b) 집에서 어린이들이 영어를 학습하는데 도움을 주는 방법
(c) 어린이들의 잠재력을 개발하기 위한 몇 가지 조언
(d) 원어민에 의해 제공되는 말하기 능력

해설 영어 공부에 필요한 효과적인 방법을 제안하고 있는 글이다. 강의에서 소개 글은 반드시 앞부분에 주제가 나온다. 여기에서는 Games are~가 주제 글이 된다.

어구 effective 효과적인
stimulated 관심을 갖게 하는
motivate 동기를 부여하다
objective 목적

정답 (a)

50
★
★
★

There is a report that left-handers are more likely to have a good imagination. Left-handedness can, however, cause problems for people. Some left-handed children see letters and words backwards. They read 'd' for 'b', and 'was' for 'saw.' Another problem is that other left-handed children start to stutter when they are forced to write with their right hand. They may even suffer from stuttering all their life.

Q. What is this talk about?

(a) Left-handers have many advantages.
(b) Stuttering results from left-handedness.
(c) Left-handers have some problems.
(d) It is important to write in a right hand.

해석 왼손잡이가 풍부한 상상력을 지니고 있다는 보고가 있습니다. 그러나 왼손잡이는 사람들에게 문제를 일으킬 수 있습니다. 몇몇 왼손잡이 어린이들은 문자와 단어를 거꾸로 봅니다. 그들은 'b'를 'd'로 읽고, 'saw'를 'was'로 읽습니다. 또 다른 문제는 그들이 오른손으로 쓰도록 강요받을 때, 왼손잡이 어린이들은 말을 더듬기 시작한다는 것입니다. 그들은 평생 동안 말을 더듬는 고통을 겪을지도 모릅니다.
Q. 무엇에 관한 담화인가?
(a) 왼손잡이는 많은 장점을 갖는다.
(b) 말을 더듬는 것은 왼손잡이가 그 원인이다.
(c) 왼손잡이는 몇 가지 문제를 지니고 있다.
(d) 오른손으로 글을 쓰는 것은 중요하다.

해설 연구 결과에 대한 이야기로, 주제는 앞부분에 있다. 그러나 however 다음에 주제가 있음을 기억해야 한다. 왼손잡이에 대한 문제점들을 말하고 있다.

어구 be likely to ~할 가능성이 있다
have an imagination 상상력을 갖다
backwards 거꾸로
stutter 더듬다
be forced to ~하지 않을 수 없다

정답 (c)

51
★
★

One of the world's biggest birds, the condor, is in danger of extinction because of fishing. An increasing number of them are caught and drowned in fishing nets each year. The birds get stuck as they try to eat bait from the long line of hooks trailed by the boats. As cautionary measures, experts suggest that fishermen should put lines out. And if they put weights on the lines, the lines would sink out of sight, so the peckish birds wouldn't see them.

Q. What is true about the deaths of condors?

(a) Fishermen catch them in fishing nets.
(b) Condors get caught in nets, trying to eat bait.
(c) The weights on lines sink and drown condors.
(d) Condors cannot see the fishing nets.

해석 세계에서 가장 큰 새 중 하나인 콘도르가 낚시로 인해 멸종 위기에 놓였습니다. 매년 많은 수가 낚시 그물에 잡혀 익사하고 있습니다. 새들은 보트에서 흘려보낸 낚시 바늘의 긴 줄에 달린 미끼를 먹으려고 할 때마다 걸리고 맙니다. 경고 조치로, 전문가들은 낚시꾼들이 낚싯줄을 밖으로 내놓아야만 한다고 제안합니다. 그리고 낚시꾼들이 낚싯줄의 무게를 늘리면, 낚싯줄은 시야에서 벗어나 가라앉게 되고, 배고픈 새들은 그것을 보지 못할 것입니다.
Q. 콘도르의 죽음에 관한 사실은 무엇인가?
(a) 낚시꾼들이 낚시 그물로 콘도르를 잡는다.
(b) 콘도르는 미끼를 먹으려고 할 때, 그물에 잡힌다.
(c) 낚싯줄의 무게가 콘도르를 가라앉히고, 익사시킨다.
(d) 콘도르는 낚시 그물을 볼 수 없다.

해설 콘도르의 새가 멸종 위기에 처한 내용으로 구체적인 원인을 묻고 있는 질문이다. 정답은 The birds get stuck 부분이나. 의문문으로 묻는 내용은 질문을 집중해서 들어야 한다.

어구 in danger of 위험에 처한
extinction 멸종
drown ~을 물에 빠뜨리다
get stuck 걸리다
bait 미끼, 먹이
trail ~을 수면에 흘려보내다
cautionary 경계의, 주의를 촉구하는
put out 밖으로 내놓다, ~을 옮기다
out of sight 보이지 않는 곳에, 먼 곳에
peckish 배고픈

정답 (b)

52
★
★
★

Need someone to help your kid develop his potentials? We now offer 16 week lessons from the comfort of your home. A new method that is very interesting and effective is available to your child. A trained tutor will visit your home to deliver the lessons at a convenient time. All your kids need to do is to get ready to have fun while learning any subjects they are not good at. Just pick up the phone and call us today at 1-800-432-1100.

Q. What is the advertisement about?

(a) A private tutoring
(b) A group teaching
(c) A lesson conducted over the phone
(d) A lesson for children learning music

해석 당신의 자녀가 지닌 잠재력을 개발하는 데 도움을 줄 사람이 필요한가요? 저희는 당신 집에서 편안하게 받을 수 있는 16주 수업을 제안합니다. 매우 흥미 있고, 효과적인 새로운 방법을 당신 자녀가 이용할 수 있습니다. 교육을 받은 선생님이 편한 시간에 당신 집을 방문하여 학습을 제공할 것입니다. 당신의 자녀가 해야 할 일은 서투른 주제를 학습할 때 흥미를 가질 준비를 하는 것입니다. 수화기를 들고 오늘 1-800-432-1100로 전화를 주시기 바랍니다.
Q. 무엇에 관한 광고인가?
(a) 개인 교습
(b) 그룹 교육
(c) 전화로 이루어지는 수업
(d) 어린이 학습 음악에 관한 수업

해설 광고 글은 앞부분만 잘 들으면 무엇을 광고하는지를 파악할 수 있다. comfort of your home 또는 visit your home을 들으면 집으로 방문하는 과외임을 알 수 있다.

어구 comfort 안락, 편안함
tutor 가정 교사, 개인 교사
deliver ~를 하다
conduct ~를 실시하다, 행동하다

정답 (a)

53
★
★
★

In this lecture, I'd like to give you some information on the oriental styled castle buildings dating back to around the 1500s. On the contrary of the magnificence itself, these stone structures were built to function as sanctuary in times of danger. It was considered as a protection, rather than a nice place to live in. They were not as splendid as we might think nowadays. In addition, there were so many people involved in order to build this kind of huge house, causing some of them to perish after endless drastic workload.

Q. Which is correct according to the lecture?

(a) Castles were the symbol of the wealth of the nation.
(b) Castles were functionally built to prevent people from danger.
(c) Many soldiers were involved to build the castles for ages.
(d) Castles were thought to be too splendid to live in.

해석 본 강의에서, 전 여러분에게 1500년대로 거슬러 올라가 동양 양식의 성 건축에 관한 몇 가지 정보를 주려고 합니다. 그 자체로서 장엄한 것과는 반대로 돌 구조물은 위험한 시기에 신전으로 사용하기 위해 만들어졌습니다. 살기 위한 좋은 장소보다는 방어 장소로 여겨졌습니다. 돌 구조물은 요즘 우리가 생각하는 것만큼 그렇게 화려하지 않았습니다. 게다가 이런 큰 구조물을 짓기 위해 많은 사람들이 참여했고, 끝이 없는 과중한 업무량으로 인해 몇몇은 죽음을 맞이 했습니다.
Q. 강의에 따르면 맞는 것은 무엇인가?
(a) 성은 국가 부의 상징이었다.
(b) 성은 위험으로부터 사람들을 보호하기 위해 기능적으로 만들어졌다.
(c) 많은 군인들이 수년 동안 성을 짓기 위해 참여했다.
(d) 성은 너무 화려해서 살지 못하는 것으로 간주되었다.

해설 역사 강의로서, 세부 내용을 묻는 질문이다. 여기서는 function as sanctuary라는 말을 바꾸어 말한 b가 정답이 된다. c는 군인이라는 언급이 없었으며, d는 반대되는 내용이다. a도 실제 소개하고 있는 성의 개념과 다르다.

어구 oriental 동양의
date back 거슬러 올라가다

정답 (b)

54
★
★
★

We offer tours of undergraduate residence each Monday and Friday at 9:00 a.m. Anyone who is new to the campus is welcome. Included is the information on the housing and dining on campus. We also offer free education on how to use the library after the tour. This will enable freshmen to be more easily adjusted to campus life. Be reminded that these free tours are offered during April. Reservations are required. Please contact Visitor Information Services right now.

Q. Which is correct about this announcement?

(a) Tours are compulsory to all freshmen.
(b) People interested in the tour must make a reservation.
(c) Tours are offered during all Spring.
(d) Visitors will get information on a school curriculum.

해석 저희는 매주 월요일과 금요일 오전 9시에 대학생 숙소 투어를 제공하고 있습니다. 본 대학에 처음 온 분이면 누구나 환영합니다. 대학 내의 숙소와 식사에 대한 정보가 포함됩니다. 저희는 또한 투어 후에 도서관을 이용하는 방법에 대해 무료로 교육을 제공합니다. 이는 신입생들이 대학 생활에 보다 쉽게 적응하도록 해줄 것입니다. 본 무료 투어는 4월 중에 제공된다는 것을 기억하기 바랍니다. 예약은 필수입니다. 지금 바로 방문객 정보 서비스로 연락주시기 바랍니다.
　　Q. 공지에 따르면 맞는 것은 무엇인가?
　　(a) 모든 신입생들은 투어에 참여해야 한다.
　　(b) 투어에 관심 있는 사람들은 예약을 해야 한다.
　　(c) 투어는 봄에 제공된다.
　　(d) 방문객은 학교 교과 과정에 대한 정보를 얻을 것이다.

해설 대학 캠퍼스를 소개하는 내용으로, 많은 메모를 해야 정답을 찾을 수 있다. 마지막 부분에 Reservations are required에서 정답을 얻을 수 있다. 의무적인 것은 아니므로 a는 정답이 될 수 없고, 4월에 제공된다는 것을 봄이라는 말로 바꾸어 말할 수는 없다. d는 언급하지 않았다.

어구 residence 숙소
　　enable ~할 수 있게 하다
　　be adjusted to 적응하다
　　be reminded 기억하다
　　compulsory 강제적인, 강요하는
　　curriculum 교과 과정

정답 (b)

55
★
★
★

First of all, I'd like to tell you about the Clery Act, named after Jeanne Clery. She was a 19-year-old student at Leigh University in Pennsylvania, raped, beaten, and killed in her room in 1986. The law was finally passed by Congress in 1990 after many years of legal battles, and information on a crime report in a college became readily available elsewhere. Therefore, keep in mind that it pays to know the safety records of all your candidate colleges when you look up a college view book.

Q. Which is correct about the Clery Act?

(a) It requires college view books to be available to the public.
(b) It has been announced since 1986.
(c) It requires colleges to publicize their crime records.
(d) It is named after the first victim of campus rape in Pennsylvania.

해석 우선 지니 클레리의 이름을 딴 클레리 법안에 대해 설명하고자 합니다. 그녀는 펜실베이니아의 리 대학의 19살 학생으로, 1986년 그녀의 방에서 강간당하고, 두들겨 맞고, 살해되었습니다. 본 법은 수년 동안의 법적 투쟁을 한 후 1990년에 마침내 국회에서 통과되었으며, 한 대학의 범죄 보고서에 관한 정보가 전역으로 쉽사리 공개되었습니다. 따라서 여러분이 대학 안내서를 찾아볼 때는 모든 후보 대학에 대한 안전 기록을 알아보는 것이 도움이 된다는 것을 명심하기 바랍니다.
　　Q. 클레리 법안에 따르면 맞는 것은 무엇인가?
　　(a) 그것은 대학 안내서가 일반인에게 공개되도록 요구한다.
　　(b) 그것은 1986년 이래로 공표되었다.
　　(c) 그것은 범죄 기록을 공개하도록 대학에게 요구한다.
　　(d) 그것은 펜실베이니이에 있는 대학의 첫번째 강간 희생자의 이름을 딴 것이다.

해설 한 법안에 대해 설명을 하고 있는 내용으로, 많은 정보를 메모하면 도움이 된다. a의 대학 안내서에 명시해야 한다는 언급은 없으므로 답이 될 수 없다.

어구 name after ~의 이름을 따서 명명하다
　　rape 강간을 당하다
　　legal 법률의, 법률상의
　　battle 투쟁, 싸움
　　readily available 손쉽게 구할 수 있는
　　pay 효과가 있다
　　look up 찾아 보다
　　view book 대학 안내서
　　publicize 공개하다

정답 (c)

56

★
★
★

High Tech, a leading software development firm seeks an experienced technical professional with a strong financial background. Candidates will implement new technical solutions and support existing products regarding market data and Internet software on the cutting edge. Requirements: At least 5 years of project management experience. Candidates must have programming skills using major computer languages. Bachelor's degree and strong interpersonal skills are also required.

Q. Which is correct about this job recruitment?

(a) Candidates must have skills handling computer programming.
(b) Candidates must launch a new computer management system.
(c) Candidates are allowed to have two weeks of paid holidays.
(d) Candidates must have experience implementing new technical solutions.

해석 선도적인 소프트웨어 개발 기업인 High Tech가 확실한 재무 경력이 있는 경력직 기술 전문가를 찾습니다. 지원자는 최신 기술인 인터넷 소프트웨어와 시장 자료와 관련하여 새로운 기술 솔루션을 구축하고 기존의 제품을 지원하게 될 것입니다. 지원자는 최소 5년의 프로젝트 관리 경험과 주요 컴퓨터 언어를 이용한 프로그래밍 기술을 보유해야 합니다. 학사 학위와 좋은 대인 관계 능력 또한 요구됩니다.
Q. 구직에 따르면 맞는 것은 무엇인가?
(a) 지원자는 컴퓨터 프로그래밍을 다룰 줄 알아야 한다.
(b) 지원자는 새로운 컴퓨터 관리 시스템에 착수해야 한다.
(c) 지원자에게는 2주간의 유급 휴가가 지급된다.
(d) 지원자는 새로운 기술 솔루션을 구축한 경력이 있어야 한다.

해설 구인 광고의 구체적인 내용을 묻는 질문으로, 컴퓨터를 다루는 일을 한다는 것을 알 수 있다. 그러므로 a가 정답이 된다. d는 앞으로 할 일을 말하는 것이다. c는 전혀 언급하지 않았다.

어구 experienced 노련한, 숙련된
implement 실행하다
existing 기존의
on the cutting edge 최신 기술의
bachelor 학사
interpersonal 대인 관계

정답 (a)

57

★
★
★

Let me introduce one of the most beautiful countries, Britain. First of all, we all know that Scotland, England, Wales, and Northern Ireland all have diverse customs and cultures. We recommend that you visit all the different parts of the United Kingdom to taste the different flavors of each country. Many historical romantic movies about Scotland has stimulated much interest in the Scottish Highlands. For example, *Brave Heart* and *Rob Roy* were both filmed in Scotland. There are some of the most beautiful and rugged sceneries in the world.

Q. Which is correct according to this passage?

(a) All parts of Britain have similar flavors of the country.
(b) Some of the historical movies took place in Scotland.
(c) Scotland represents all customs and cultures of the United Kingdom.
(d) There are historical stories about Scotland in many movies.

해석 세상에서 가장 아름다운 나라 중의 하나인 영국을 소개하겠습니다. 우선 우리는 스코틀랜드, 잉글랜드, 웨일즈, 북 아일랜드 모두가 다양한 관습과 문화를 가지고 있다는 사실을 알고 있습니다. 여러분이 영국의 독특한 나라를 모두 방문하여 국가가 지닌 독특한 특색을 음미하기를 추천합니다. 스코틀랜드에 관한 많은 수의 역사적이고, 낭만적인 영화가 스코틀랜드 고지 지방에 많은 관심을 불러일으키고 있습니다. 예를 들어, 『브레이브 하트』와 『로 브로이』는 모두 스코틀랜드에서 제작되었습니다. 세상에서 가장 아름답고 바위가 많은 풍경이 이곳에 있습니다.
Q. 단락에 따르면 맞는 것은 무엇인가?
(a) 영국의 각 나라들은 유사한 특색을 가진다.
(b) 몇몇 역사적인 영화가 스코틀랜드에서 제작되었다.
(c) 스코틀랜드는 영국의 모든 관습과 문화를 대표한다.
(d) 스코틀랜드에 관한 역사적인 이야기가 많은 영화에 등장한다.

해설 영국을 소개하는 글로, 후반부에 정답을 말하는 Many historical romantic movie~를 들면 된다. c와 d는 언급하지 않았으며, a는 반대되는 내용이다.

어구 diverse 다양한
taste 경험하다, 맛보다
flavor 특징, 특색
stimulate ~을 자극하여 ~하게 하다, ~을 고무하다
rugged 바위가 많은
take place 일어나다, 개최하다

정답 (b)

58
★
★
★

Making excuses about not having enough time for a regular workout? But a recent study suggests that it only requires about 15-20 minutes a day to stay in shape. Start exercising as soon as you get up, and it will ensure that you feel more refreshed. Try a few simple breathing exercises at lunch time, and you can have an energy boost for the day. Exercising right before you go to bed will help to promote a good night sleep and a happy next morning.

Q. What can be inferred about this instruction?

(a) It is best to go out to do exercising actively three time a day.

(b) Allowing a few minutes during the day will help you stay fit.

(c) It is not recommended to do a few simple exercises right before lunch.

(d) The best times for practicing are either first thing in the morning or last thing at night.

해석 규칙적인 운동을 하기 위한 충분한 시간이 없다고 변명하십니까? 하지만 최근 연구에서는 건강을 유지하는데 하루에 약 15~20분만 필요로 한다고 시사하고 있습니다. 아침에 일어나자마자 운동을 시작해 보세요. 그러면 당신은 더욱 상쾌함을 느낄 수 있을 겁니다. 점심 시간에 몇 번의 간단한 숨쉬기 운동을 해보세요. 그러면 당신은 하루에 필요한 에너지를 증대시킬 수 있습니다. 잠자리에 들기 바로 전에 하는 운동은 숙면을 촉진하거나 다음날 아침에 도움을 줄 것입니다.
Q. 지침으로부터 추론할 수 있는 것은 무엇인가?
(a) 하루에 세 번 야외에서 운동을 활발하게 하는 것이 최상이다.
(b) 하루 동안 몇 분의 시간을 내는 것은 당신이 건강을 유지하는 데 도움을 줄 것이다.
(c) 점심 식사 바로 전에 약간의 간단한 운동을 하는 것은 추천할 만하지 않다.
(d) 운동하기 가장 좋은 시간은 이른 아침이거나 늦은 저녁이다.

해설 운동과 관련된 조언의 글이다. 시간을 조금이라도 내면 건강을 유지할 수 있다고 말하는 it only requires~부분이 답이 된다. d는 가장 좋은 시간을 언급하지 않았기 때문에 답이 될 수 없다.

어구 **workout** 운동
in shape 건강한
ensure 확실히 하다
boost 활력
promote 향상시키다
fit 건강한

정답 (b)

59
★
★

I'd like to give my opinion on the use of Electronic surveillance. I'm convinced that detection devices such as tiny microphones, laser sensors, video cameras, etc. can make electronic surveillance possible in the workplace, causing not only unnecessary stress but also invading people's privacy. A friend of mine used to be a receptionist with a perfect ten-year employment record, but she was let go because of information collected by the company's computer system. The new monitoring system recorded that she was spending too long a time with each visitor. She said she was helping company sales by being friendly to customers.

Q. Which of the following can be inferred from this talk?

(a) Electronic surveillance systems are necessarily evil in today's workplace.

(b) Electronic surveillance systems are not that practical in monitoring workers' performance.

(c) Electronic surveillance systems can make it possible to let go many workers.

(d) High-tech surveillance systems can have negative effects on work.

해석 전자 감시의 사용에 관한 제 의견을 말하고자 합니다. 극소형 마이크, 레이저 센서, 비디오 카메라 등과 같은 탐지 장치가 직장에서 전자 감시를 가능하게 하고 있는데, 이는 불필요한 스트레스를 야기할 뿐만 아니라 사람들의 사생활을 침해하고 있다고 확신합니다. 제 친구 중 하나는 완벽한 10년 경력을 가진 호텔 접수 계원이었지만, 최시의 컴퓨터 시스템에 의해 수집된 정보 때문에 해고되었습니다. 그녀가 각 방문자와 너무 오랜 시간을 소비한다는 것을 새로운 감시 시스템이 기록했습니다. 그녀는 고객에게 친절하게 대함으로써 회사 영업에 도움이 되었다고 말했습니다.
Q. 담화로부터 추론할 수 있는 것은 무엇인가?
(a) 전자 감시 시스템은 오늘날 직장에서 반드시 나쁜 것만은 아니다.
(b) 전자 감시 시스템은 직장인의 업무를 감시하는데 유용하지 못하다.
(c) 전자 감시 시스템은 많은 직장인을 해고하는 것을 가능하게 할 수 있다.
(d) 첨단 감시 시스템은 작업에 부정적인 영향을 미칠 수 있다.

해설 전자 감시에 대한 부정적인 개인의 의견을 말하고 있다. 개인의 의견을 말할 때는 긍정인지, 부정적인 내용인지를 먼저 이해하는 것이 중요하다. 여기서는 친구의 사례를 들며 회사에 안 좋은 영향을 준다는 것을 주장하고 있다.

어구 **electronic surveillance** 전자 감시
detection 탐지
invade 침해하다
let go 해고하다
monitor 감시하다
performance 일, 작업
have an effect on ~에 영향을 미치다

정답 (d)

60

★
★
★

There is no debate that Vincent van Gogh has become the most widely loved and reproduced painter in the history of Western art. But not many people know that he had only sold two pictures before his death, while he produced over 800 paintings and a comparable number of drawings in his short life. There was his devoted brother, Theo van Gogh, who Vincent van Gogh wrote a running commentary to including more than 700 articulate letters. They played a most integral part in his posthumous fame.

Q. What can be inferred to the passage?

(a) The painter detested his brother.
(b) The painter was not famous before his death.
(c) The painter made his brother become famous after his death.
(d) The painter wrote more than 700 articulate letters to his devoted wife.

해석 빈센트 반 고흐가 서양 미술사에서 가장 널리 사랑을 받고, 재탄생한 화가가 됐다는 사실에는 재론의 여지가 없다. 그러나 그가 짧은 생애 동안 800개 이상의 그림과 이에 준하는 그림을 남긴 반면, 그가 죽기 전에 단 두 개의 그림만 팔았다는 사실을 많은 사람들은 모르고 있다. 그의 헌신적인 형제 테오 반 고흐에게 빈센트 반 고흐는 700통의 편지를 포함해서 해설적인 기록을 남겼다. 편지는 그의 사후 명성에 있어서 중요한 몫을 하였다.

Q. 단락으로부터 추론할 수 있는 것은 무엇인가?
(a) 그 화가는 형제를 혐오했다.
(b) 그 화가는 생전에 유명하지 않았다.
(c) 그 화가는 그의 형제를 사후에 유명하게 만들었다.
(d) 그 화가는 그의 헌신적인 아내에게 700통 이상의 명료한 편지를 썼다.

해설 반 고흐에 대한 설명의 글로, 그림이 두 점만 팔렸으며 사후의 명성이라는 말에서 b가 정답임을 알 수 있다.

어구 debate 언쟁
comparable 필적하는, 비길 만한
devoted 헌신적인
running commentary 필요에 따라 수시로 행하는 해설, 비평
articulate 명료한, 분명한
play a part 역할을 하다
integral 중요한
posthumous 사후의
detest 혐오하다

정답 (b)

www.nexusON.com

Memo

TEPS

Test of English Proficiency
developed by
Seoul National University

How to TEPS 시크릿 청해편

- 출제 가능한 모든 TEPS 청해 유형 주제별로 분류
- 청해 심화 학습을 위한 Possible Answers 수록
- 문제 풀이 후 Dictation을 통한 반복 학습
- 청해 명강사의 유쾌통쾌 풀이법 제시

서울대 텝스 관리위원회 최신기출 스피킹·라이팅 | 서울대학교 TEPS관리위원회 문제 제공 · 유경하 해설 | 340쪽 | 28,000원
서울대 텝스 관리위원회 최신기출 i-TEPS | 서울대학교 TEPS관리위원회 문제 제공 · 넥서스 TEPS연구소 해설 | 296쪽 | 19,800원

독해 · 청해 · 문법

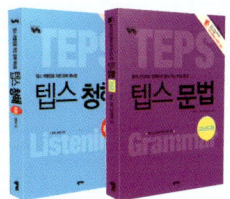

How to 텝스 독해 기본편 | 양준희 · 넥서스 TEPS연구소 지음 | 312쪽 | 17,500원
How to 텝스 독해 중급편 | 장우리 지음 | 360쪽 | 17,500원
How to 텝스 독해 고난도편 | 넥서스 TEPS연구소 지음 | 324쪽 | 17,500원
How to 텝스 청해 중급편 | 양준희 지음 | 276쪽 | 18,500원
How to 텝스 문법 고난도편 | 테스 김 · 넥서스 TEPS연구소 지음 | 160쪽 | 12,500원

텝스 기출모의 1200 | 넥서스 TEPS연구소 지음 | 456쪽 | 18,500원
How to TEPS 실전력 500 · 600 · 700 · 800 · 900 | 넥서스 TEPS연구소 지음 | 308쪽 | 실전력 500~800: 16,500원, 실전력 900: 18,000원
서울대 텝스 관리위원회 속성 실전테스트 | 서울대학교 TEPS관리위원회 문제 제공 | 164쪽 | 9,800원
텝스 기출모의 5회분 | 넥서스 TEPS연구소 지음 | 364쪽 | 14,500원

어휘

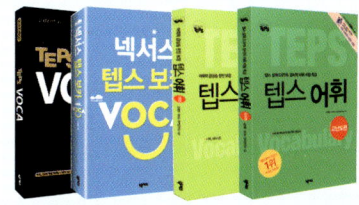

서울대 최신기출 TEPS VOCA | 넥서스 TEPS연구소 · 문덕 지음 | 544쪽 | 15,000원
How to TEPS VOCA | 김무룡 · 넥서스 TEPS연구소 지음 | 320쪽 | 12,800원
How to TEPS 넥서스 텝스 보카 | 이기헌 지음 | 536쪽 | 15,000원
How to 텝스 어휘 기본편 | 고명희 · 넥서스 TEPS연구소 지음 | 304쪽 | 15,500원
How to 텝스 어휘 고난도편 | 김무룡 · 넥서스 TEPS연구소 지음 | 296쪽 | 17,000원

How to TEPS 시크릿 청해편 · 독해편 | 유니스 정(청해), 정성수(독해) 지음 | 청해: 22,500원, 독해: 14,500원
텝스, 어려운 파트만 콕콕 찍어 점수 따기(청해 PART 4 · 문법 PART 3,4) | 이성희 · 전종삼 지음 | 176쪽 | 13,000원

고급 (800점 이상)

How to TEPS 실전 800 어휘편 · 청해편 · 문법편 · 독해편 | 넥서스 TEPS연구소 (어휘, 청해, 독해), 테스 김(문법) 지음 | 어휘: 12,800원, 청해: 20,000원, 문법: 18,000원, 독해: 19,000원
How to TEPS 실전 900 청해편 · 문법편 · 독해편 | 김철용(청해), 이용재(문법), 김철용(독해) 지음 | 청해: 17,000원, 문법: 16,500원, 독해: 17,500원

How to TEPS L/C | 이성희 지음 | 400쪽 | 19,800원
How to TEPS R/C | 이정은 · 넥서스 TEPS연구소 지음 | 396쪽 | 19,800원

How to TEPS Expert L | 박영주 지음 | 340쪽 | 21,000원
How to TEPS Expert GVR | 박영주 지음 | 520쪽 | 28,000원
How to TEPS Expert 고난도 실전 모의고사 | 넥서스 TEPS연구소 지음 | 388쪽 | 21,500원

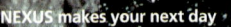